I libri di Bruno Vespa

Ad Bruno e
Gabriella
Con grande affetto
Paola

Bruno Vespa

L'AMORE E IL POTERE

Da Rachele a Veronica,
un secolo di storia italiana

Rai Eri

MONDADORI

Dello stesso autore
nella collezione I libri di Bruno Vespa

Telecamera con vista
Il cambio
Il duello
La svolta
La sfida
La corsa
Il superpresidente
Dieci anni che hanno sconvolto l'Italia
Scontro finale. Chi vincerà l'ultimo duello
Scontro finale. Ultimo atto
La scossa
Rai, la grande guerra
La Grande Muraglia
Il Cavaliere e il Professore
Storia d'Italia da Mussolini a Berlusconi
Vincitori e vinti
L'Italia spezzata

http://www.brunovespa.net

http://www.librimondadori.it

ISBN 978-88-04-57268-8

I edizione ottobre 2007

Indice

L'amore e il potere

A Fede e Ale, con l'augurio
che incontrino la donna giusta

Guai se non vi fosse la valvola di sicurezza della compagnia femminile nella vita di un uomo destinato a salire.

MARGHERITA SARFATTI, *Dux*

Premessa

«Certo che risposerei mia moglie. Perché? Ne ero innamorato e lo sono tuttora.» Questa risposta di Romano Prodi è risuonata al piano nobile di palazzo Chigi come un tuono. Mai la parola «amore», sepolta da tonnellate di pudore, era infatti comparsa nei dialoghi tra il presidente del Consiglio e sua moglie Flavia. Così, quando il Professore la pronunciò, ne fu dato l'annuncio nei corridoi con la stessa enfasi con cui, duemila anni prima, fu comunicata alla folla la resurrezione di Lazzaro.

Basta un semplice esempio per capirci. Un giorno Sandra Zampa, capo ufficio stampa di palazzo Chigi e vecchia amica di Flavia, stava rivedendo con lei le bozze del libro (*Insieme*) scritto a quattro mani dai coniugi Prodi. A un certo punto si parlava di musica: Flavia aveva usato un'espressione tipo «mi piace...», e Sandra le aveva suggerito di sostituirla con «amo». La moglie del Professore la guardò basita: «Io non uso mai questo termine...».

A poche centinaia di metri da palazzo Chigi, in quel santuario dell'opposizione che è palazzo Grazioli, Silvio Berlusconi mi fa una sintesi (quattro ore in tre incontri) delle sue vicende sentimentali e, quando parliamo di Veronica, con cui ha diviso l'ultimo quarto di secolo, mi dice: «È stata ed è la donna della mia vita. È la compagna migliore che un uomo avrebbe potuto desiderare».

L'amore e il potere è il racconto della storia d'Italia dell'ultimo secolo vissuta attraverso le donne che sono state al fianco dei suoi protagonisti: da Benito Mussolini a Romano Prodi, da Vittorio Emanuele III a Silvio Berlusconi, da Alcide De Gasperi a Bettino Craxi, da Antonio Gramsci a Walter Veltroni. Storie diverse, talvolta serene talvolta drammatiche. Molti dei nostri leader hanno avuto più di un matrimonio, e spesso la loro vita politica si è intrecciata con delicate vicende personali. Ma sempre, sia pur con sfumature differenti, le donne hanno avuto un'influenza tutt'altro che trascurabile sull'esistenza, e quindi sulle scelte, di chi ci ha governato o di chi, comunque, ha avuto nella politica italiana un ruolo decisivo. Alcune di queste donne non avevano mai parlato prima d'ora, altre hanno vinto la ritrosia che da molti anni le aveva indotte al silenzio. Le ringrazio tutte sinceramente, come ringrazio i loro uomini, ai quali negli ultimi quindici anni ho sempre chiesto solo valutazioni e confidenze politiche, e che hanno sgranato gli occhi quando li ho invitati a parlare d'amore.

La prevedibile curiosità del lettore – e soprattutto, immagino, della lettrice – sui contemporanei mi ha suggerito di collocare all'inizio del volume le storie di Prodi e di Berlusconi, e le riflessioni, spesso del tutto inedite, delle loro mogli, Flavia e Veronica. Dal secondo capitolo ho adottato, invece, l'ordine cronologico, partendo dall'incredibile vita sentimentale di Benito Mussolini, conosciuta dai più solo nella sua tragica conclusione, e che è stata per lui un autentico secondo lavoro. Svolto con la stessa passione del primo...

I

Romano e Silvio, Flavia e Veronica
Storie incrociate d'amore e potere

Flavia Prodi: monocamera con bagno a palazzo Chigi

«Ha ragione Romano quando dice che abitiamo in un monocamera con bagno.» La camera è al primo piano di palazzo Chigi. Enorme. Il lettone, a destra dell'ingresso, guarda il tapis roulant e la cyclette, attrezzi Technogym dell'amico Nerio Alessandri che, da Cesena, ha conquistato il mondo. Ogni mattina il Professore si massacra di allenamenti lì sopra, mentre guarda i primi notiziari alla Tv. Non vuole riguadagnare i chili persi tra il 2005 e il 2006 in campagna elettorale, quando mi confidò con grande (e comprensibile) mestizia di non bere un bicchiere di vino da diciotto mesi.

«Si alza poco dopo le 7 del mattino» mi dice Flavia Prodi «prende un caffè e corre per quaranta minuti sul tapis roulant. Lui va a letto presto, io magari lavoro fino a tardi. Così, prima mi svegliava ascoltando la radio. Adesso, per fortuna, usa le cuffie.» Poi aggiunge: «Da questa stanza non posso uscire in vestaglia e pantofole, perché si entra già negli ambienti ufficiali». E mi mostra la chiave di un provvidenziale cancelletto che separa l'anticamera dalla famosa e immensa Sala Verde (la vediamo frequentemente in Tv perché ospita le gigantesche riunioni tra il governo e le «parti sociali»).

I Prodi dispongono inoltre di una specie di salotto-tinello: una scrivania, poltrone e divani semplici ma comodi per leggere e guardare la televisione, e dove magari fare uno spuntino. C'è poi la sala da pranzo «minore»: qui, a mezzogiorno, il Professore mangia con i collaboratori più stretti. «Con loro mi fermo anch'io» dice la moglie «ma se per caso capita un ministro, e accade sempre più spesso, me ne sto per i fatti miei.»

«Ecco la cucina.» È grande, serve tutto il palazzo. Quando ci sono i pranzi di Stato, l'office che separa la cucina dalla sala da pranzo minore viene sgomberato e i portastoviglie sostituiti da portafiori, perché di qui passano i capi di governo stranieri per accedere alla sala da pranzo grande. I colloqui ufficiali avvengono nel salotto più bello, l'unico – par di capire – con tutti mobili originali del Settecento. Un tempo era la camera da letto dei principi Chigi, proprietari del palazzo a cui diedero il nome. In effetti, il salotto è spettacolare: profumo di Versailles in una struttura complessivamente brutta, scomoda e piena di falsi.

(Quando Massimo D'Alema era presidente del Consiglio, tra il 1998 e il 2000, gli diedi un suggerimento: «È indecente che il capo del governo del paese con il più fantastico patrimonio artistico del mondo debba ricevere i grandi della Terra fra croste come queste. Chieda ai sovrintendenti, che sono tra l'altro quasi tutti comunisti come lei, di prestarle a turno una grande opera in modo che l'onore artistico nazionale sia salvo...». D'Alema seguì il consiglio, ma qualche mese dopo lessi sull'«Espresso» che i sovrintendenti gli avevano negato i prestiti, poiché considerano cosa loro le opere dei musei che dirigono. D'altra parte, non è una novità. Negli anni Trenta Mussolini – che aveva, si sa, un potere decisionale superiore a quello dei suoi successori – dopo aver lottato furiosamente per prestare un paio di Botticelli a un'importantissima mostra londinese, giurò esausto che mai avrebbe ripetuto l'esperienza: «Preferisco farmi cavare tutti i denti che trattare ancora una volta con questi qui». Ed era Mussolini.)

L'appartamento presidenziale ha solo un secondo bagno e nessuna camera da letto per ospiti. Nel 1996, allorché per la prima volta Prodi venne ad abitare qui come presidente del Consiglio, dovette sistemare un paio di brande alla bell'e meglio per far dormire i figli quando venivano da Bologna a trovarlo. Nonostante gli ampliamenti successivi con inutili salotti, il problema rimane. Accade così che il presidente del Consiglio italiano non può fare quel che è normale per moltissime famiglie: ospitare una persona. Ma tant'è.

«Adesso capisce perché un giorno le dissi che questa casa assomiglia a una prefettura [*che pure, grande o piccola, una stanza di riguardo per gli ospiti ce l'ha*]» commenta la signora Flavia mentre rientriamo nel salotto-tinello. «Intendiamoci, per l'organizzazione del lavoro di Romano, questo appartamento è perfetto. E poi c'è un clima tra l'assurdo e il provvisorio che fa bene alla testa...»

«Amare? Ma io non uso quella parola»

Possiamo finalmente parlare d'amore. Oddio, meglio dire «matrimonio», perché Flavia Prodi quella parolona – «amore» – se la tiene stretta, come abbiamo visto nella Premessa quando gelò l'amica Sandra Zampa che le aveva dato un umanissimo suggerimento. Immaginate, dunque, la cautela con cui mi racconta la sua storia con il marito.

Un chiarimento, innanzitutto. Un giorno ormai lontano lei disse a Piero Chiambretti: «Non esisto». Perché ha cambiato idea? «Si capisce solo progressivamente come organizzarsi meglio nella vita» mi risponde. «Meglio, nel senso di vivere tranquilli, vivere come davvero si desidera. Ho capito che stare vicino a Romano, come ho sempre fatto, inevitabilmente mi comportava un po' di visibilità, anche per il semplice fatto di essere presente in singole circostanze. Tutto sommato, non mi è dispiaciuto, mi ha consentito di imparare molte cose. In fondo, è stata la naturale conseguenza di come Romano e io abbiamo sempre vissuto.»

Bene, cominciamo dall'inizio. «Romano è del 1939, io del 1947. Quando ci siamo conosciuti, lui era già laureato e io facevo ancora il liceo. Siamo anche lontani parenti, ciascuno di noi ha sempre saputo dell'esistenza dell'altro, ma non ci siamo mai frequentati fino al 1966, quando il mio gruppo parrocchiale di Reggio Emilia ha iniziato a lavorare con il circolo dei laureati cattolici frequentato da Romano. Abbiamo cominciato a uscire – si dice così, vero? – poco prima dei miei esami di maturità.»

A Romano Prodi chiedo se ricorda il modo con cui si dichiarò. Nel prosieguo del volume ne vedremo delle belle: dalle dichiarazioni spettacolari di Berlusconi a quella (l'unica, che si sappia) fatta al cimitero del Verano da Giulio Andreotti, a quella scritta da Giovanni Leone sul programma di sala di un concerto. Il Professore mi confessa: «Non ricordo alcuna frase del genere. Il rapporto è stato costruito progressivamente quando siamo arrivati a sommare decine di chilometri di passeggiate insieme».

Flavia Prodi mi confida di essersi accorta solo molto tardi di aver avuto altri corteggiatori. «Non ne sapevo niente» mi dice il marito. «E, d'altra parte, se non lo sapeva lei, era ben difficile che lo sapessi io. Comunque non mi sono mai curato di sapere chi erano e che "chances" avevano i miei concorrenti. Peraltro è quello che ho sempre fatto e faccio anche in politica. L'importante è raggiungere l'obiettivo.»

«Ci siamo sposati tre anni dopo, il 31 maggio 1969» continua la moglie. «I nostri genitori erano d'accordo. Il papà di Romano era ingegnere alla Provincia, la mamma maestra, ma a un certo punto aveva dovuto ritirarsi, perché con nove figli... Mio padre era insegnante, mia madre aveva rinunciato a proseguire gli studi dopo la licenza liceale. Mio padre, per la verità, avrebbe voluto che aspettassi la laurea, ma io studiavo a Bologna, Romano lavorava lì. C'erano tutte le condizioni perché ci sposassimo, ed eravamo convinti della nostra scelta.»

Si arrivò quindi al matrimonio, celebrato da Camillo Ruini, il grande amico di un tempo ormai lontano. «No, non è stato Camillo Ruini a celebrare il matrimonio. Figuriamoci se il nostro parroco ci avrebbe rinunciato. Ruini, che era assistente dei laureati cattolici, ha pronunciato l'omelia. Lei mi chiede perché negli anni recenti si è raffreddato il nostro rapporto con il cardinale. Be', la freddezza è stata frutto delle rispettive responsabilità: lui era presidente della Conferenza episcopale italiana, Romano era entrato in politica.»

Perché ha sposato suo marito? «Gli volevo bene, e questo era sufficiente. È un percorso naturalissimo tra persone giovani. Allora si facevano scelte più istintive, adesso i giovani ragionano troppo. Ho finito l'università da sposata. Sono stati anni bellissimi. Abitavamo vicino all'ateneo, dove Romano aveva cominciato a insegnare. Molti colleghi di mio marito abitavano fuori sede: a mezzogiorno davo da mangiare a tutti. Sono una brava cuoca? Guardi, la famiglia di Romano è fatta da 110 persone: 8 fratelli sposati (il nono, Giorgio, è morto), 31 nipoti, 44 pronipoti... Questo mi ha insegnato a non spaventarmi delle quantità. Sono in grado di mettere a tavola qualunque numero di persone anche senza preavviso. Naturalmente servo tortelli surgelati, verdi o di zucca. Il resto è fantasia. Sa come vanno le cose: quando un marito fa carriera, alla moglie si scoprono virtù insospettabili, come quella che farei cappelletti con le mie mani, uno per uno... Mai fatto cappelletti a mano, né tutti quei piatti emiliani che richiedono molto tempo. Per saper "aggiungere un posto a tavola" bisogna certo essere più disinvolti in cucina...»

A proposito, come se la cava suo marito ai fornelli? «Si arrangia. Nella nostra casa di Bruxelles veniva la portinaia a fare le pulizie e, se non c'ero io, Romano se la cavava. Come se la cava con il resto. Non gli ho mai fatto la valigia, per dire, né gli ho mai lucidato le scarpe.»

«Con mio marito ho fatto anche la disc jockey alla radio»

La vita dei giovani Prodi fu condizionata dagli orari di Nino Andreatta, di cui Romano era assistente. «Orari micidiali. Anch'io frequentavo scienze politiche con indirizzo economico e, quando diedi l'esame di economia industriale, dove insegnava Romano, dovetti fare le pratiche per cambiare cattedra.»

Un paio d'anni e giunse il primo figlio. «Nel 1971 nacque Giorgio, che adesso fa l'economista e ha un contratto di ricercatore a Ferrara. Nel 1974 arrivò Antonio, che fa il biologo con una specializzazione per il mondo vegetale ed è borsista a Bologna. Sono sposati entrambi, e hanno due figli a testa. Abbiamo avuto nei loro confronti un atteggiamento non particolarmente severo. I figli dicono, per la verità, che io sono un muro di gomma.»

Un muro di gomma? «Che so, i ragazzi mi dicevano: mamma, domani possiamo andare a mangiare la pizza a Forlimpopoli? Sì, rispondevo. Un'ora dopo lasciavo cadere la frase: ragazzi, temo che domani sera ci sarà nebbia... Poco dopo: ragazzi, domani sera non avete anche il basket? Insomma, alla fine non andavano...»

È vero che avreste voluto altri figli e non sono venuti? «È vero.»

È vero che è più brava come moglie e come mamma piuttosto che come nonna? «Diciamo che i miei figli, come tutte le giovani coppie, richiederebbero più attenzioni, e io, invece, devo dedicare ancora molto tempo a fare la moglie (e in un'altra città, per giunta), oltre ad avere tuttora qualche impegno di lavoro.»

Flavia e Romano sanno anche divertirsi. Alberto Clò e Angelo Rovati, i due amici di sempre, hanno girato un filmino in cui il Professore e la moglie si esibiscono nella loro canzone preferita (*Siamo la coppia più bella del mondo*), con un discreto tasso di autoironia.

«Abbiamo avuto momenti divertenti anche nella nostra vita professionale in comune» mi racconta Flavia Prodi. «Alla fine degli anni Settanta, prima che Romano diventasse presidente dell'Iri, ho fatto perfino la conduttrice di un programma radiofonico. Si chiamava "Tutte le carte in tavola" e, oltre a Romano, partecipavano altri due economisti, Mario Baldassarri – che poi sarebbe stato viceministro dell'Economia nel secondo governo Berlusconi –, e Angelo Tantazzi, attuale presidente di Borsa italiana. Mi divertivo un mondo a scegliere le canzoni.»

Nel vostro filmino di nozze, la colonna sonora è dei Beatles... «La scelta di mettere i Beatles (per la parte non religiosa, ovviamente) è stata di un amico che si è improvvisato regista del nostro matrimonio. I Beatles a noi piacevano, certo, ma Romano, quando eravamo fidanzati, mi ha regalato soprattutto i dischi di Joan Baez e di Simon & Garfunkel.»

Lei ha sposato un professore e si è ritrovata moglie di un politico. «Romano prese la decisione che mi lasciò senza fiato nel 1978, quando entrò per sei mesi come tecnico in un governo Andreotti. Avevo 31 anni e due figli. Mio padre era morto in ottobre e Romano fu invitato a entrare nel governo in novembre. Questo accrebbe la mia emozione, anche se lunghi colloqui con Andreatta mi avevano in qualche modo preparato a un futuro politico di mio marito. Contenta della scelta di Romano? "Emozionata" è il termine giusto. Fu comunque un cambiamento di vita e di ambiente radicale, anche negli aspetti minori. La prima cosa che feci? Andai a comprarmi un abito da sera...»

«Vesto male? Rappresento il made in Italy di medio livello»

A proposito di abiti, lei sa che alcuni stilisti la criticano. Qualcuno le rimprovera di non rappresentare bene il made in Italy. «Sa che le dico? Indosso un made in Italy di medio livello. Mia madre mi ha sempre detto che ero trascurata. Aveva ragione, soprattutto quando ero cicciottella. Dopo l'operazione sono dimagrita e m'impongo una maggiore attenzione. Comunque, gli stilisti non mi si sono mai proposti.»

L'operazione alla quale si riferisce la signora Prodi richiama un momento molto difficile del 2003. Le venne diagnosticato un aneurisma aortico: era necessario un intervento urgente e delicato. Prodi apprese la notizia a Bruxelles (era presidente della Commissione europea) e telefonò al medico che aveva operato re Alberto. «Sono pronto a operare anche sua moglie» gli disse lui «ma, visto che abitate a Bologna, al Sant'Orsola c'è un centro di eccellenza per questo tipo di patologie.» Il cardiochirurgo Roberto Di Bartolomeo le sostituì una valvola difettosa e, durante la lunga convalescenza, Prodi fu (anche fisicamente) molto vicino alla moglie, a cui portava bouquet di roselline bianche. Per i compleanni e gli anniversari di matrimonio, invece, le rose sono sempre rosse. La signora Flavia ha poi perso sedici chili «per non sforzare la nuova valvola cardiaca un po' troppo piccola», e per solidarietà il marito si è messo a dieta anche lui.

Torniamo indietro di vent'anni. «Mentre era chiaro che l'esperienza di Romano al governo sarebbe stata comunque provvisoria, molto più pesante fu nel 1982 la decisione di accettare la presidenza dell'Iri. Sapevo che non sarebbe stata breve (durò, infatti, quasi sette anni), i figli stavano crescendo, bisognava decidere se restare a Bologna o trasferirci tutti a Roma. Decidemmo di restare a Bologna. Romano cercava di fermarsi quando andava in treno da Roma a Milano, ma la situazione non era facile. La seconda volta fu chiamato nel 1993. Io non ero contenta che ripetesse l'esperienza. Ma ricordo un'allarmata telefonata di Ciampi, che era presidente del Consiglio, al mattino presto. Aveva bisogno di una risposta immediata, e Romano accettò nell'arco della stessa giornata. Se ero coinvolta? No, l'Iri era soltanto roba sua. Avevo soggezione perfino ad andare a prenderlo in ufficio. La politica no, nella politica Romano mi ha coinvolto sempre.»

Ha ragione allora il Professore quando afferma che lei è la sua migliore consigliera? «Vuol dire semplicemente che ci capita di parlare di tutto, lo abbiamo sempre fatto, e questo comporta inevitabilmente una reciproca influenza. Non ho mai percepito, però, di aver determinato "sue" decisioni. Piuttosto credo di essere stata utile nel fornirgli informazioni, aiutandolo nella conoscenza dei settori in cui io opero professionalmente. Vede, le politiche sociali e sanitarie, proprio perché toccano la vita quotidiana di tutte le persone, sembrano facilmente analizzabili e valutabili. Ognuno pensa di essere in grado di esprimere pareri. In realtà, si tratta di settori molto complessi che richiedono una conoscenza precisa di aspetti istituzionali, ma anche di patrimoni culturali e ideali. Ecco, credo di averlo aiutato a capire meglio questi settori, e la loro intrinseca complessità.»

Ma lei ha collaborato in modo attivo anche nella politica sul campo... «Ho lavorato molto nelle campagne elettorali. Ho dato la mia disponibilità per gli aspetti organizzativi, ho curato alcune raccolte di documentazione, ho costruito dossier preparatori a interventi di Romano per le aree di mia competenza. Ho anche partecipato, autonomamente, a tavole rotonde e a incontri politici sempre in materia di welfare, cose che facevo anche prima che Romano entrasse in politica. Abbiamo sempre avuto un interesse comune per la politica sociale. Vede, io mi sono laureata nel 1971 e l'anno dopo ho cominciato a insegnare nelle scuole per assistenti sociali, che allora non avevano il livello universitario. Quando furono dotate del corso di laurea, ho mantenuto l'insegnamento con un contratto che conservo tuttora. Non ho fatto il concorso per diventare professore ordinario o associato per avere la libertà di seguire mio marito.»

«Grazie al lavoro di mia moglie» mi dice il Professore «ho capito la complessità e la fatica di alcune professioni, e il valore economico e sociale di alcuni settori. La "fatica" degli insegnanti, per esempio, ma soprattutto la "complessità" degli interventi sociali. Insomma, gestire servizi sociali e sanitari richiede spesso abilità più complesse che la gestione di molte altre attività d'impresa. Non sempre Flavia e io la pensiamo allo stesso modo, perché l'osservatorio dal quale guardiamo le cose è diverso. Ma un confronto "costruttivo" lo portiamo avanti sempre.»

«Pensavo che ci sarebbe stato un ricambio generazionale»

Torniamo al momento in cui suo marito decise di candidarsi a presidente del Consiglio. «L'idea dell'Ulivo maturò da riflessioni fatte insieme con Andreatta dopo la vittoria di Berlusconi nel 1994. Nacque dall'abitudine bolognese di chiacchierare tutti insieme. E condivisi le motivazioni che portarono Romano alla scelta di candidarsi. Era il proseguimento di una riflessione sulla politica che è stata sempre presente nella nostra vita. Fin dai tempi in cui studiava alla Cattolica di Milano, lui si pose il problema del superamento dello steccato che divideva i laici e i cattolici. L'Ulivo è nato in quest'ottica. Aggiunga che l'esperienza di Romano alla London School of Economics gli consentiva di sommare all'esperienza di base una cospicua dose di pragmatismo. Ne accentuò l'interesse per la politica legata alle professioni. L'idea di chiamare Romano a fare il ministro tecnico nel governo Andreotti era nata, d'altra parte, da un suo intervento sul futuro dell'impresa pubblica fatto a un convegno di Montecatini. Quando gli offrirono per la prima volta la presidenza dell'Iri, Romano tornò a casa a chiedermi: che facciamo? Quando si è trattato di entrare attivamente in politica, non mi ha chiesto niente. Era una scelta naturale, che avevamo maturato insieme. Era il frutto della convinzione che occorresse rispondere all'ingresso in politica di Berlusconi con qualcosa di nuovo...»

E nacque il primo governo Prodi... «Quando Romano andò la prima volta a palazzo Chigi, vivemmo due anni intensi. Poi ci fu la crisi con Rifondazione, la polemica di Cossiga sul centrosinistra con o senza il trattino tra centro e sinistra. Infine, il governo cadde. Come reagimmo emotivamente? Quando ci fu la sfiducia (per un voto), ero nella stanza di Romano. Naturalmente fummo molto dispiaciuti perché cadeva un progetto, ma il pensiero di fare una vita più tranquilla mi compensò largamente.»

In quell'occasione scopriste, come definirle?, delle infedeltà personali, gente che vi era vicina quando suo marito aveva potere e che si allontanò nel momento in cui lo perse? «Mah, la politica è una strana cosa, il cambiamento di posizioni fa parte del mestiere. Ma anche su questo punto sono abbastanza ottimista. Quando il governo cadde, facemmo subito un bel viaggio in Egitto con Arturo Parisi, la moglie e una coppia di nostri cugini. Poi arrivò il Natale. Poi la nomina a presidente della Commissione europea. E, prima del giuramento, ci furono tre mesi di lavoro preparatorio a Bruxelles. La vita in Belgio mi piaceva. L'Unione europea è un'istituzione senza storia, non ci sono obblighi di rappresentanza, soprattutto per la moglie del presidente. Non c'è alloggio di servizio, così comprammo un piccolo appartamento. Andavo a Bruxelles a settimane alterne e tutte le serate libere stavamo in casa. Cinque anni di relax.»

Ha incoraggiato suo marito a riprovare con l'impegno politico in Italia? «Onestamente pensavo che, durante la nostra permanenza a Bruxelles, da noi ci sarebbe stato un ricambio generazionale. Per un po' di tempo, perciò, mi sono sentita liberata dall'idea di un nuovo impegno politico. Dopo la quiete di Bruxelles mi sarebbe piaciuto un ritorno tranquillo in Italia. Pensavo semmai che a Romano avrebbero dato un incarico internazionale per analizzare qualche problema in giro per il mondo. Ma il ricambio generazionale non c'è stato e, in fondo, era naturale che riprovasse lui. Nel 1996 la scelta di correre richiese un impegno personale maggiore. Anch'io vissi quell'esperienza con maggiore tensione: sentivo che Romano aveva scelto quel compito come una sfida. Aveva detto: bene, ci sto. Dieci anni dopo l'abbiamo vissuta più come un compito che ti è capitato e al quale non puoi sottrarti.»

«Risposerei mia moglie perché ne sono innamorato»

Che differenza trova fra i due mandati? «Da un punto di vista operativo, la differenza sta nel fatto che il ruolo del presidente del Consiglio è cambiato. Adesso Romano impiega molto più tempo in riunioni, in mediazioni...»

Ha notato in suo marito un desiderio di rivalsa? «Posso dire che non c'è stato nemmeno il tempo di pensarci? Qui ti cade un problema al giorno sul tavolo...»

Si aspettava una conflittualità così pronunciata? «Sì, perché ormai è una conseguenza della struttura dei partiti.»

Le è mai venuta voglia di suggerire a suo marito di mandare tutti al diavolo? «A me non vengono mai reazioni istintive. Io sono una che ragiona sulle cose trentamila volte. Se uno dovesse perdere la pazienza, sarebbe stato perfino inutile provare. È chiaro che in questa fase il compito di Romano è di fare quello che fa e di sopportare quel che sopporta.»

Su questo punto, ecco la risposta del presidente del Consiglio: «Il compito che mi è stato dato con questo mandato di governo è un po' diverso da quello del 1996. La legge elettorale ha frammentato il sistema partitico, e quindi il mio compito è inevitabilmente anche di ricomporre le volontà politiche. Questo richiede mediazioni a volte estenuanti. Ma è il mio compito. Oggi, nell'autunno del 2007, le cose vanno meglio di un anno fa. C'è, complessivamente, molto meno bisogno di mediazione perché c'è una progressiva presa di coscienza del fatto che un buon compromesso duraturo è preferibile a un momentaneo successo».

Se fosse necessario, farebbe missioni come quelle fatte dall'ormai single Cécilia Sarkozy?, chiedo a Flavia Prodi. «Le istituzioni italiane non prevedono nessun ruolo per la moglie del presidente del Consiglio.»

Arriva il momento più difficile (e più rapido) del nostro colloquio, quello relativo ai sentimenti. «Romano romantico? La parola "romantico" mi dice poco. È affettuoso, questo sì. Quando ci conoscemmo, mi fece un corteggiamento assai serrato perché io ero molto giovane e lui mi chiamava a una scelta importante, a un impegno grosso. Poco prima del matrimonio, nel 1969, lui stette per alcuni mesi in Inghilterra, io ero al mio primo anno di università e mi scrisse molto. Allora non c'era la teleselezione internazionale, bisognava prenotare le interurbane e aspettare. Perciò Romano mi scriveva molte lettere, e io le scrivevo a lui. Poi, negli anni, nelle ricorrenze, mi ha sempre mandato rose rosse.» (Quando riferisco a Prodi che la moglie si limita a definirlo «affettuoso», lui non si meraviglia: «A Flavia le parole troppo forti o un po' enfatiche piacciono poco. Non vuole mai usarle. E anch'io non ne sono uno specialista».)

E lei è romantica? «Diciamo che ho un carattere espansivo.»

È gelosa? «Direi di no, anche perché siamo vissuti incollati per tutta la vita.»

Lo risposerebbe? «Certamente sì. Sono stata fortunata: nella vita ho fatto le cose che mi piacevano.»

E Prodi risposerebbe Flavia? «Sì, perché ne ero innamorato e lo sono tuttora.»

Gli chiedo se bisticciano per questioni di carattere. «Sempre per la stessa ragione. Tutti gli anni quasi litighiamo sulle vacanze, anche perché Flavia non si decide mai e non si muoverebbe mai da dov'è. Io, invece, avrei voglia di decidere le ferie con un decente anticipo. È sempre stato impossibile e penso che, il prossimo anno, verso la fine della primavera ci sarà la solita discussione e le solite mie lamentele. Ma poi non se ne farà nulla e si deciderà come al solito all'ultimo minuto.»

Può ricordare un momento politicamente difficile in cui sua moglie le è stata particolarmente vicina? «Flavia mi è stata sempre vicina, un po' perché in fondo ci divertiamo, ma anche per assicurarmi un po' di distacco dalle emergenze quotidiane della politica.»

Concludo con la signora Prodi: le piacerebbe vedere la carriera di suo marito coronata con il Quirinale? «Il Quirinale incombe sulla vita quotidiana, e io ho molta voglia di tornare a fare cose normali.»

Il Quirinale non è certo il pensiero dominante di Romano Prodi nel cuore dell'autunno 2007. Nella pagina precedente il presidente del Consiglio dice di aver meno bisogno di mediazioni rispetto all'autunno del 2006. Eppure, ogni giorno fatica a tenere insieme i riformisti e la sinistra radicale. Il Fondo monetario internazionale, l'Unione europea, le agenzie di rating, la Banca d'Italia, la Corte dei conti hanno bocciato all'unanimità l'impianto della legge finanziaria per il 2008. Eccessive spese, poco riguardo per il debito pubblico. E se non bastasse, Prodi deve fronteggiare la guerriglia quotidiana delle troppe anime della coalizione, con la sinistra radicale che gli ha sparato addosso la marcia del 20 ottobre contro la politica sociale del governo e con frange dell'ala moderata che minacciano di lasciare l'Unione dopo la nascita del Partito democratico. Dal 14 ottobre ha dovuto fare i conti anche con un presidente del Consiglio ombra come Walter Veltroni, che porta avanti un programma largamente incompatibile con quello dell'Unione.

Il Professore, comunque, va avanti. Ha imparato da Giulio Andreotti a non vedere e a non sentire le bombe che gli esplodono ai fianchi. Nella speranza che gliene cada una addosso il più tardi possibile.

Berlusconi: «Le diedi le rose rosse, lei pianse, io piansi...»

«Il mio primo amore? Castello di Baradello a Como. Facevo la terza elementare. Aveva i boccoli neri. Non l'ho mai dimenticata.»

Quando il discorso con Silvio Berlusconi scivola dalla politica ai sentimenti, lui tenta di ritrarsi. Gianni Letta dice che l'impresa è impossibile («Ci vorrebbe un libro solo per lui...»), ma poi la dimensione «storica» del racconto convince il Cavaliere ad aprirsi ai ricordi. Che diventano inarrestabili.

«Nel 1955, frequentando un corso di francese alla Sorbona, conobbi la figlia di un corrispondente di guerra britannico che risiedeva a Parigi. Nacque un'affettuosa simpatia, ma all'improvviso lei mi annunciò che doveva andarsene da Parigi, con suo padre, il giorno dopo. Ci recammo insieme al Bois de Boulogne. Giocando, e non solo, tra gli alberi, lei si slogò una caviglia. La presi in braccio e mi avviai verso casa sua: c'era lo sciopero del metrò e riuscii a fermare un taxi quando eravamo ormai all'Étoile. Arrivammo davanti al portone e mi resi conto di non averle mai fatto un regalo. La deposi su una panchina, le dissi che sarei tornato subito. Avevo notato, poco prima, un bellissimo mazzo di rose rosse esposto nella vetrina di un fioraio, ma non mi bastavano i soldi. La fioraia si intenerì. "Sei italiano, vero?" mi disse. "Prendi tutte le rose. Mi darai il resto quando potrai." Tornai dalla ragazza con questo enorme fascio di rose. Lei scoppiò a piangere. Gliele misi in braccio e la spinsi dentro il portone. Poi corsi giù sul lungosenna, correndo per due ore senza riuscire a fermare le lacrime.»

La storia non finisce qui. «Nel 1994 diventai presidente del Consiglio e ricevetti una lettera: "Ti ricordi di me? Verrò a Roma, posso passare a salutarti nella tua Downing Street?". Arrivò con il marito e due figli. Confesso che mi fece una certa impressione...»

Tra i 16 e i 18 anni Berlusconi trascorse le vacanze estive sulla Riviera adriatica. «Facevo molto sport: pugilato, canottaggio, e ottimi tempi sui cento metri piani. Le foto di quegli anni sono ancora l'orgoglio della mia mamma. "Silvio" diceva sempre "è il più bello della spiaggia." La sera intrattenevo il pubblico e cantavo nei caffè-concerto a Miramare, a Rimini, a Cattolica. Andavano di moda le svedesi...»

Poi arrivò il periodo delle crociere. «Avevo scommesso con mio padre che sarei riuscito a essere autosufficiente. D'estate, nella pausa degli esami, partecipavo con la Original Lambro Jazz Band, che d'inverno suonava al Santa Tecla di Milano, alle crociere delle navi Costa nel Mediterraneo. E m'impegnavo, con tre "stipendi", come cantante la sera, come intrattenitore per i giochi sul ponte di giorno e come guida turistica nelle varie città che raggiungevamo. Era divertente, ma non si trattava certo di una vacanza!»

Poi arrivò la collaborazione musicale con Fedele Confalonieri, che a Milano era il capo dell'orchestra in cui Silvio suonava il basso e cantava. «Ero anche il responsabile delle pubbliche relazioni. Specie con le belle ragazze» mi racconta il presidente di Forza Italia «perché erano loro a decidere dove farsi portare a ballare dai loro cavalieri. Per convincerle meglio, ci ballavo anch'io. Quando tornavo a cantare, dedicavo una canzone "a una gentile signorina in sala...". Erano contente in quattro o cinque, perché pensavano tutte che fosse per loro. E, in fondo, avevano ragione. Fedele s'infuriava perché, diceva, senza il basso mancava la base armonica e ritmica e, dopo una discussione più accesa del solito, mi licenziò. In quindici giorni il locale fu costretto a chiudere, perché tutto il pubblico femminile, con il corteo di spasimanti, mi aveva seguito in un altro locale. E Fedele dovette traslocare l'orchestra in Libano, proprio negli anni in cui era scappato lì Felicino Riva...»

L'incontro con Carla: «Soffriamo la solitudine...»

«Sempre fra un trenta e un trenta e lode» continua Berlusconi «riuscii a diventare un esperto in cornici d'arte e a mettere su una piccola attività commerciale che visitava i Cral delle grandi aziende per vendere, a condizioni vantaggiose, gli elettrodomestici della Ignis, della Chiminello e della Lincoln. Il papà di Fedele Confalonieri era il responsabile della filiale di Milano della Ignis, di cui lo zio, il cavalier Giovanni Borghi, era il proprietario. Una signora aveva acquistato da noi un frigorifero e le avevamo assicurato che l'avrebbe avuto per il giorno del suo compleanno, che era di sabato. Purtroppo, il frigorifero arrivò dalla fabbrica di Comerio soltanto nella tarda serata del venerdì, quando non c'era più nessuno nella filiale per consegnarlo. Ma io avevo già come punto d'onore indefettibile quello di mantenere gli impegni. Convinsi allora il papà di Fedele ad aprire personalmente il magazzino il sabato mattina, affittai un camioncino, caricai il frigorifero e lo trasportai sino all'indirizzo della cliente. Che brutta sorpresa! Abitava al quinto piano, e non c'era ascensore. Con l'aiuto del portiere mi caricai il frigo sulle spalle, salii tutti i piani, uno a uno, con una fatica disumana, e resi felice la nostra cliente che era gentile e avvenente... [*Mi par di capire che la signora compensò piacevolmente il sacrificio del giovane Berlusconi.*] Da allora la mia considerazione e il mio rispetto per chi si mette sulla schiena carichi del genere è assoluta.»

La piccola azienda cominciò a vendere anche prodotti della Siemens. «Contribuii al lancio di un asciugacapelli leggero, molto avanzato per quei tempi. Quando alcuni decenni dopo venne a trovarmi a palazzo Chigi il presidente mondiale della Siemens, gli raccontai l'episodio, e lui s'impegnò a ricercare uno di quegli oggetti per donarmelo.»

(Fu a questo punto che Gianni Letta, il quale assisteva alla conversazione, si ricordò che il capo della filiale italiana della Siemens, Luigi De Vecchis, gli aveva telefonato per avvertirlo di aver trovato uno di quegli asciugacapelli nel museo aziendale. Letta lo richiamò, e la consegna avvenne l'indomani stesso: l'apparecchio, nero e di piccole dimensioni, era un cono rigido senza braccio, molto simile alle vecchie cornette dei telefoni di bachelite. Era, in effetti, un phon molto avanzato per la metà degli anni Cinquanta, visto che sarebbe utilizzabile anche oggi da chi viaggia. Berlusconi promise a De Vecchis che lo avrebbe collocato nelle stanze dove conserva i suoi ricordi più cari.)

Nel 1959 conobbe la sua prima moglie, Carla Elvira Dall'Oglio. «Avevo accompagnato una mia amica alla stazione centrale di Milano e, mentre la salutavo con la mano, vidi un'altra mano agitarsi davanti a me per salutare un ragazzo che era salito sullo stesso treno. La titolare della mano era bellissima. Uscii dalla stazione e me la ritrovai intenta a osservare una vetrina. Raggiunsi la mia auto al parcheggio e mi avviai sulla strada di casa. Ma, alla fermata della "circolare", rieccoti la bellissima che saliva sull'autobus. "Sta andando nella mia direzione" pensai. "Se scende prima..." Morale: di fermata in fermata arrivai sino a piazza Etiopia, dall'altra parte di Milano. Lei scese, si avviò verso il centro della piazza, io la precedetti, parcheggiai e le andai incontro venendo dalla direzione opposta. "È incredibile" le dissi "ma lei mezz'ora fa non stava alla stazione centrale? L'ho vista e l'ho ammirata mentre stava salutando una persona..." Lei arrossì: "Salutavo il mio ragazzo...". "Anch'io la mia ragazza. Adesso, però, siamo soli. Soffriamo la solitudine..." "Di già?" Fu allora che, mutuando una battuta di Alberto Sordi, le dissi: "Ma è proprio nei primi momenti che si soffre di più...". Le estorsi il numero di telefono, diedi inizio a una corte appropriata, e Carla diventò... mia moglie.»

Si sposarono cinque anni dopo, nel 1965. Carla aveva 25 anni, Silvio 29. Nel 1966 nacque Marina, nel 1969 Piersilvio. Nel frattempo il successo imprenditoriale di Berlusconi cresceva e nel 1977, a 41 anni, fu nominato Cavaliere del lavoro, il più giovane d'Italia. Da Carla si separò nel 1985, quando – come vedremo – aveva già conosciuto Veronica.

«Con Carla, anche dopo la separazione, ho sempre avuto uno splendido rapporto. È stata un'ottima madre, ha tirato su benissimo i nostri due figli. Tra noi non sono mai venuti meno l'affetto e il rispetto, ma Carla si era accorta di aver sposato un uomo diverso da quello che lei considerava ideale. Quale? Uno che alle 5 tornasse a casa, s'infilasse le pantofole e dedicasse a lei e ai figli tutta la sua attenzione. Lo diceva in maniera esplicita. Io, invece, rientravo a mezzanotte, lavoravo anche il sabato pomeriggio e la domenica, perché quegli anni furono decisivi per affermarmi come imprenditore e non disponevo dei 56.000 collaboratori che avrei avuto in seguito. Con Carla, comunque, ci siamo frequentati anche dopo le nozze con Veronica. Ho passato diverse vacanze con lei, con Marina, con Piersilvio, con Fedele e con Gianni alle Bermuda.»

Letta conferma: «Fu la presenza gradevolissima di una signora dotata di una discrezione assoluta».

«Perché smisi di giocare e di fumare»

Come molti italiani, il giovane Berlusconi ricorda con nostalgia la sua prima automobile, una Fiat 500, che diventò l'occasione di una divertente avventura con una delle sue prime ragazze. «Comprai la prima "500" negli anni dell'università» mi racconta «e cercai di trasformarla in una fuoriserie. Feci rivestire da un amico i sedili in pelle rossa e disegnare una striscia rossa intorno alla carrozzeria. Per inaugurare la nuova automobile, invitai la mia ragazza a trascorrere un weekend in Liguria, a Varigotti. Allora non c'era l'autostrada e sulla provinciale per Genova dovemmo fermarci a un passaggio a livello. Si formò un capannello di persone. Mi incuriosii, mi avvicinai e vidi che si faceva il gioco delle tre carte. Avevo, già allora, una grande fiducia nel mio acume. Guardai un po' di giocate, ritenni di aver capito il trucco, e mi misi a giocare. Vinsi, ritornai a giocare e vinsi di nuovo. Stava arrivando il treno. Il tenutario del banco mi apostrofò: "Devi darmi la rivincita. Se hai coraggio, gioca tutto quello che hai vinto". Punto sull'onore, giocai e, naturalmente, persi. Da allora ho capito che i dilettanti non devono mai sfidare i professionisti.

«Passò il treno, si sollevò la sbarra del passaggio a livello, tutte le auto ripartirono e rimase indietro soltanto la mia "500" con la ragazza che mi aspettava. Non ebbi il coraggio di dirle: "Sono un cretino, ho perso tutto con quel tale là. Niente weekend a Varigotti, ti riporto a casa". Inaccettabile. Mi restava una sola possibilità: appellarmi al vincitore. Mi dissi: "Se funziona, giuro che non scommetterò mai più in vita mia". Gli descrissi la situazione. "Non farmi fare questa figura con la mia ragazza. Fidati di me, rendimi i miei soldi, te li rimando per posta lunedì." Lui era un napoletano simpatico, si fidò, gli rimandai i soldi con un regalo. Ho mantenuto il giuramento: non ho mai più scommesso, né mai più scommetterò in vita mia.»

Non gioca più dal 1958, e non fuma più dal 1964, per rispettare un altro solenne impegno assunto con se stesso in un momento professionale molto difficile, all'inizio della sua carriera di costruttore. Il fascino del grande seduttore gli servì, come vedremo, anche in quell'occasione. «A 28 anni avevo dato inizio alla costruzione di una piccola città per 4000 abitanti alle porte di Milano. Incappammo in una terribile crisi, non si vendeva un appartamento. I miei soci mi avevano avvertito: se non riusciamo a vendere un intero condominio, noi abbandoniamo l'impresa. Venne in visita una delegazione di un fondo pensioni, abituale investitore in immobili. Era guidata dal presidente del fondo, decisamente contrario a un investimento fuori Roma. La delegazione, proveniente da Roma, aveva deciso di anticipare la visita di quindici giorni rispetto al programma che ci avevano comunicato. Non vi dico come ci demmo da fare per presentare gli appartamenti, il giardino, i servizi, nelle migliori condizioni. Per completare l'opera telefonai a tutti i parenti e agli amici più cari per convocarli quella mattina: volevo dimostrare che c'era grande interesse per i nostri appartamenti. La visita andò bene, ma il presidente restava perplesso. Cominciò a guardarsi intorno e notò che una ragazza andava a salutare e a baciare tutti i "visitatori" di quel sabato mattina. "Come mai li conosce tutti?" mi chiese. Era mia cugina. Ignara, aveva telefonato a tutti i nostri parenti e dovunque le avevano risposto: "Sono andati da Silvio". "Che cosa sarà mai successo?" si domandò, e venne anche lei. Quando arrivò, trovò parenti e amici, e li salutò affettuosamente tutti, uno per uno. Quel tipo aveva un occhio tremendo...

«I suoi collaboratori erano comunque d'accordo sull'acquisto, ma mi dissero che era indispensabile convincere lui. Cercai allora di conoscere qualcuno che gli fosse vicino. Ci riuscii con una sua segretaria. Le chiesi di aiutarmi: "Quando il presidente viene a Milano, prenotami il posto in treno di fronte al suo". Così fu. Lui si sedette ignaro, io mi coprivo con un "Corriere della Sera" aperto sul viso. Quando il treno si fu avviato, abbassai il giornale. Lui restò di sale: "Ecco il mio nemico" esordì. Ma alla fine, quando arrivammo a Milano, eravamo dei vecchi amici. Naturalmente, dovetti garantire il reddito, il contenimento delle spese, i costi di amministrazione. Ma quando, un mese dopo, il comitato del fondo si riunì per la decisione definitiva, il presidente fu tra i più convinti assertori della convenienza dell'acquisto. Io aspettavo in un bar di via Nazionale che mi comunicassero la decisione. Per me era vitale perché, in difetto, avrei dovuto chiudere il cantiere. Fumavo una sigaretta dietro l'altra, il tempo passava, la decisione non arrivava. Feci un altro fioretto: "Se deliberano l'acquisto, non fumerò più una sola sigaretta in tutta la vita". Acquistarono e, da allora, io non ho più toccato una sigaretta.»

Fin qui le avventure giovanili di Silvio Berlusconi. O meglio, un'idea pallidissima di quello che sono state. Perché, come sostiene Letta, per raccontarle tutte non basterebbe un libro intero. Fu tuttavia nel 1980, quando aveva 44 anni, che la vita del Cavaliere cambiò grazie alla donna che è tuttora sua moglie.

Veronica: «Avevo freddo e Silvio mi regalò una coperta»

«La solidità del nostro rapporto» mi confida Veronica Berlusconi «si è costruita nel tempo. Siamo come il Duomo di Milano, in cui i lavori non finiscono mai. Posso dire che lo stiamo costruendo tuttora, rendendo solida con l'amicizia e la fiducia la nostra condizione sentimentale. Io voglio molto bene a mio marito e penso di avere con lui un rapporto di amicizia sia nei momenti caldi che in quelli freddi. Ma non potremo affermare di aver messo a posto l'ultima pietra fino a quando non avremo compiuto per intero il percorso. Se avremo davanti ancora un po' di anni e il nostro rapporto durerà, potremo dire di aver costruito per intero un rapporto solido e solidale.»

La sala da pranzo di villa Belvedere è illuminata dalla dolcezza del primo autunno 2007. Il sole filtra dai roseti del parco e illumina da destra la tavola; da sinistra, l'accarezza la luce veneziana di uno dei Canaletto più caldi e vocianti che mi sia stata data l'occasione di vedere. Il Solenne, l'essenza nobile da meditazione del vino di ghiaccio della Cascina Baricchi di Neviglie, accompagna una conversazione che la signora Berlusconi lascia spaziare dall'arte alla letteratura fino ai sentimenti più profondi di una vita intensa, ricca di bilanci, nonostante l'ancor giovane età.

La sua autonomia di giudizio ha indotto Walter Veltroni, alla vigilia dell'incoronazione come leader del Partito democratico, a offrirle un posto di riguardo nel nuovo pantheon della sinistra («Venga con noi. L'ho incontrata in Campidoglio. È aperta e curiosa. Una persona rara»). Le donne del Pd hanno reagito male («Siamo deluse e ci siamo sentite un po' fesse»). Lei ha declinato con garbo («Grazie, ma non posso. Come moglie del leader dell'opposizione ho un ruolo e lo rispetto: ci sono confini che non possono essere superati»), ma ha aggiunto che sentir pronunciare da un uomo di sinistra il cognome Berlusconi per la prima volta al di fuori di un contesto negativo l'aveva colpita. E ha incassato l'ammirazione del marito.

Per più di vent'anni la preoccupazione principale di Veronica è stata l'educazione dei figli, e il bilancio è largamente positivo: Barbara, la maggiore, studia filosofia all'Università Cattolica di Milano; Luigi, il più piccolo, ha cominciato economia alla Bocconi; Eleonora ha trascorso una fetta d'estate con la mamma per arredare (mobili Ikea) il piccolo appartamento di New York, dove studia anche lei economia. I tre ragazzi sono molto uniti tra loro e ai genitori e, nonostante non siano più dei bambini, la madre si fa un punto d'onore di esser presente, di regola, a pranzo e a cena. Il padre, in genere, è qui la domenica sera e il lunedì sera, dividendosi per il resto della settimana tra la vicinissima villa San Martino di Arcore, la residenza buia e solenne di palazzo Grazioli, a Roma, e La

Certosa di Porto Rotondo, con i suoi perenni e fantastici lavori botanici.

Silvio Berlusconi e Veronica Lario si conobbero ventisette anni fa.

«Avevo da poco assunto la gestione e la direzione del teatro Manzoni di Milano» mi racconta lui «e una sera, nel 1980, andai alla prima del *Magnifico cornuto*, di Fernand Crommelynck, con Enrico Maria Salerno. Veronica era la protagonista femminile, e Salerno, nella commedia, ne era perdutamente innamorato. Restai ammiratissimo della performance di Veronica e la raggiunsi in camerino per complimentarmi con lei e con Salerno.»

«Silvio è tuttora convinto che quello sia stato il nostro primo incontro» precisa lei. «In realtà, un anno prima Alberto Lionello recitava al Manzoni con Erika Blanc. Io lavoravo in un'altra compagnia, e un attore mio amico mi disse che c'era una cena in casa del nuovo proprietario del teatro. Conobbi allora quello che sarebbe diventato mio marito. Mi corteggiò subito, ma evidentemente un anno dopo se n'era già dimenticato...»

Dal secondo incontro, il corteggiamento durò quattro mesi. «Una corte solo telefonica, perché lei era sempre in giro con la compagnia...» ricorda lui.

«Telefonate e tenerezze» ricorda lei. «Le telefonate erano continue. Quando recitavo a Roma, abitavo in una casa freddissima. Lui mi mandò una bella e soffice coperta, e fu un pensiero molto dolce. A Roma ci incontrammo di nuovo.»

«Dovevamo mettere un punto fermo nella nostra vita»

«Io ero direttore del "Tempo"» mi racconta Gianni Letta, al quale Veronica è legatissima. «Conoscevo Berlusconi come imprenditore televisivo, ma ci eravamo incontrati soltanto qualche volta. Un giorno chiese di vedermi e mi disse: "Dopodomani debutta al Quirino la compagnia di Enrico Maria Salerno. La protagonista è un'attrice bravissima, fantastica. Se si potesse darle una mano...". Il critico drammatico del giornale era Giorgio Prosperi: grande autorevolezza, ma grande severità, al quale non avevo mai raccomandato nessuno. Gli segnalai Veronica, e lui mi chiamò la notte stessa della prima, dopo lo spettacolo: "Guarda, è veramente brava. Ne scriverò bene molto volentieri...".»

«Veronica aveva davvero un grande talento» continua Berlusconi. «Acuta, curiosa, sensibile, intelligente. Aveva studiato al liceo artistico, disegnava benissimo. Non aveva frequentato l'università perché aveva perso da piccola il padre e doveva lavorare per vivere, scegliendo di fare teatro...» E così Lella Bartolini prese il nome d'arte di Veronica Lario.

Era nata nel 1956 da Flora, una bella donna di Rioveggio, che faceva la cassiera alla Standa, e da Vladimiro, impiegato in un'azienda pubblica e con la passione per la scultura, che avrebbe trasmesso alla figlia.

Di quella passione è rimasto un solo cimelio, che chiedo alla signora Berlusconi di mostrarmi. È una figura maschile nuda, in atteggiamento drammatico: cerca di proteggersi con le braccia da un pericolo ignoto. Il movimento è tipico degli esercizi scolastici avanzati e la scultura ha grazia e carattere. Un bel pezzo, insomma. «Mia madre aveva conservato il gesso» mi racconta «e, per evitare che si rompesse, lo ha fatto fondere nel bronzo. Così un giorno lo portai in casa.» Mal gliene incolse. Rientrando una sera, il marito chiese: «"Che cos'è questo orrore? Veronica, dove l'hai comprato? Quanto l'hai pagato? Non si può restituire?". Quando una figlia gli disse che era mia, restò di sale. "Be', in fondo non è poi così male..." commentò. E lo lasciò dov'era.»

Ma torniamo ai suoi anni giovanili. Da bambina dimostrò subito un certo carattere e, a 8 anni, rifiutò di fare la prima comunione. «Eppure» mi spiega «ho portato sempre dentro di me un forte senso religioso, anche se sono stata poco praticante. Mi considero una credente, anzi mi sento sicuramente cattolica. Credo nel mistero di un'entità superiore e lo coltivo dentro di me. Cerco di associare un sentimento religioso alle cose che faccio. Cerco di inquadrarle in un contesto morale. Non sarà sufficiente, ma è questo il sentimento che mi accompagna tuttora.»

Gli insegnanti del liceo artistico di Bologna la ricordano come una ragazza sobria, che, al contrario di quanto accadeva negli anni Settanta alle sue compagne, non indossava mai la minigonna. «La mia passione era la scultura e mi sarebbe piaciuto continuare, ma ero molto attratta dal teatro. Guardavo poco la televisione, e quel che guardavo erano soprattutto commedie. Se conosco Gilberto Govi e una generazione di attori lontana dalla mia, lo devo allo straordinario patrimonio della Rai, che ha consentito anche ai miei figli di vedere Lionello e Gassman. Sarebbe un peccato se questo patrimonio andasse perduto. Da ragazza non ero sicura di voler fare l'attrice. M'iscrissi comunque ai corsi di recitazione dell'Antoniano di Bologna e andai avanti un po' per necessità e un po' perché conobbi un ragazzo con il quale cominciai a fare le mie prime audizioni teatrali. Mi presero allo Stabile di Firenze, lui andò a lavorare con Giulio Bosetti. Fu il mio primo fidanzato: andai con lui alla cena di via Rovani a Milano in cui vidi Silvio per la prima volta. Il nostro legame durò tre anni, fino a quando non conobbi quello che sarebbe diventato mio marito...»

Non fu un colpo di fulmine a legarli, secondo Veronica, ma una sensazione più consapevole: «Entrambi avevamo bisogno di mettere un punto fermo nella nostra vita. Un rapporto d'amore da costruire, una situazione da consolidare. Lui aveva una famiglia esistente, seppure in una situazione già compromessa, io cercavo stabilità».

Quando si conobbero, nel 1980, Veronica aveva 24 anni, Silvio 44. Andarono a vivere insieme nel 1981 e i primi tempi non furono facili («Oggi che conosco bene Silvio, posso capire»): il trauma della doppia famiglia e della separazione, come accade sempre in questi casi, all'inizio si fece sentire, anche se poi i rapporti si normalizzarono e, oggi, sono molto distesi.

«Un'alternativa politica a Silvio? Pensavo che in tanti anni...»

«Quel che ci avvicinò» mi confida Veronica Berlusconi «fu il desiderio di stabilire un affetto solido. Io rispecchiavo questo suo desiderio perché ero molto innamorata, molto presa, molto fiduciosa. Lui mi dava la solidità della persona che aveva vent'anni più di me e che pensavo mi avrebbe garantito un futuro sereno.»

Nel 1984 arrivò Barbara, seguita nel 1986 da Eleonora e nel 1988 da Luigi.

«Quando Carla e io ottenemmo il divorzio» dice Berlusconi «mi sposai con Veronica. Avevamo già tre figli.»

«Non furono tuttavia i tre figli a portarci al matrimonio» precisa la moglie. «Non ne avvertivamo l'esigenza, i bambini non costituivano per noi un problema. Non avevamo mai parlato di nozze. Fu Gianni Letta a insistere. Il dottor Letta è stato una figura fondamentale nella nostra famiglia.»

Anche Bettino e Anna Craxi, che erano vostri amici, insistettero per il matrimonio. «Sì, ma il merito fu soprattutto di Gianni.»

Si sposarono il 15 dicembre 1990 a palazzo Marino, sede municipale di Milano, dopo un decennio di convivenza. Testimoni per lo sposo, Bettino Craxi e Fedele Confalonieri; per la sposa, Anna Craxi e Gianni Letta.

Quel giorno Veronica non poteva immaginare che suo marito sarebbe diventato presidente del Consiglio. «Ho conosciuto mio marito» mi dice «come imprenditore geniale. Il legame con la politica di persone del genere, soprattutto nel campo dell'edilizia – come ci insegna la storia di questo paese –, è quello di avere rapporti con tutti. E qui il ruolo di Gianni Letta è stato fondamentale. La politica che ho conosciuto io era dunque fatta di relazioni. Con tanta gente, ma soprattutto con Bettino Craxi, con il quale era maturata un'amicizia autentica.»

Tra il 1992 e il 1993 Tangentopoli cambiò tutto. La scomparsa fisica dei cinque partiti che avevano governato ininterrottamente l'Italia dal 1946 lasciò aperto il campo alla sola sinistra. Non c'era allora l'Ulivo, c'erano i «progressisti», cioè – di fatto – quel che fino a tre anni prima si chiamava Pci, con i suoi dirigenti, il suo formidabile apparato organizzativo, e qualche zattera di naufraghi che si era accostata all'unico scoglio protettivo rimasto. «Mio marito» ricorda la signora Berlusconi «mi spiegò che sentiva minacciato tutto ciò che aveva costruito fino a quel momento e sentiva minacciata la stessa libertà dell'Italia. Alle ragioni private, si era aggiunta una motivazione sociale.»

Si disse (e io stesso lo scrissi nel mio libro del 1994 *Il cambio*) che Veronica avesse implorato in lacrime il marito di non fare il passo decisivo. Lei lo smentisce: «Non l'ho mai pregato di non entrare in politica, non mi sarei mai permessa di farlo. Quando mi prospettò la sua scelta, restai tuttavia perplessa perché non immaginavo che la "politica di relazioni" potesse trasformarsi in un impegno diretto. Letta e Confalonieri, che fino a quel momento avevano vissuto i rapporti con la politica nella mia stessa prospettiva, erano anch'essi contrari».

Ma il Cavaliere tirò dritto. «Mio marito si comportò di nuovo come imprenditore, l'uomo che mette a rischio tutto se stesso su un progetto in cui crede. E ce la fece.»

A proposito, posso chiederle per chi ha votato in questi anni? «Prima che Silvio scendesse in politica, votavo socialista. Dal 1994 voto per lui.»

Immaginava che, dopo tredici anni, sarebbe stato di nuovo in corsa per palazzo Chigi? «Ho sempre pensato che Silvio si considerasse prestato alla politica e che, in un periodo così lungo, il paese avrebbe potuto esprimere delle alternative. Invece, queste non ci sono state, e lui è rimasto la soluzione costante e centrale alla quale molti hanno guardato e guardano tuttora. Così, l'imprenditore prestato alla politica ormai non si può più considerare tale.»

La politica lo ha cambiato? «No. Visto il riscontro popolare che ha da tanti anni, non posso far altro che ammirare la sua capacità comunicativa, che la gente accoglie con simpatia. Penso che lui sia spinto dal desiderio di mantenere quel che promette.»

Ha notato qualche sua frustrazione per non aver potuto fare quel che avrebbe voluto? «Forse sì.»

Come vede il politico che è in suo marito? «Lui piace molto alla gente. Ha una storia straordinaria e, anche se si dice che viviamo in un paese di invidiosi, le storie straordinarie piacciono pure a noi. Questo lo premia. Penso che sia premiato soprattutto il suo lato umano, la sua vicinanza alla gente. Silvio si presenta per quello che è, con i suoi pregi e i suoi difetti.»

Berlusconi è l'uomo politico più amato e detestato della storia dell'Italia repubblicana, con un radicalismo superiore a quello che contrappose De Gasperi e Togliatti. Ebbene – cosa straordinaria per la moglie di un uomo massacrato dai media come nessun altro –, non una parola si è mai levata contro sua moglie. «In un sondaggio sulle donne italiane più amate» commenta il Cavaliere «Veronica risultò al primo posto, addirittura prima di Sophia Loren.»

«Mi travesto da Superman per i miei nipoti»

Eppure, la signora Berlusconi si è mostrata sempre pochissimo, sia nell'anno del primo governo del marito sia nei cinque del secondo. «Ha partecipato» ricorda il Cavaliere «soltanto quando il cerimoniale lo imponeva per la presenza delle mogli degli altri primi ministri. Così è stato, per esempio, per il G8 di Napoli e per la visita al Cremlino da Eltsin.»

Come mai ha centellinato le sue presenze?, le chiedo. «Non ho mai sposato questo ruolo di rappresentanza, adeguandomi volentieri alla tradizione italiana che assegna alla first lady un ruolo secondario. In politica deve apparire chi la fa. È vero che, quando mio marito faceva l'imprenditore, ho partecipato a un numero maggiore di occasioni sociali, ma anche lì l'ho fatto per ragioni di riguardo. Lei sa che qualche volta, per descrivere il rigoglio fisico e l'abbondanza di una donna, si dice: "È tanta". Bene, mio marito "è tanto". Non ha bisogno di aggiungere niente a se stesso, sta bene da solo...» E prosegue: «In ogni caso, durante il secondo mandato di Silvio ero presente all'incoronazione di Benedetto XVI, sono intervenuta quando Putin è venuto a Roma con la moglie, quando sono arrivati George e Laura Bush, quando i Blair ci hanno raggiunto in Sardegna. Era il periodo in cui mio marito portava la bandana...».

A proposito di bandana, come giudica i «ritocchi» di suo

marito? «Li accetto, ma non vuol dire che li approvo. Ho capito, però, che per lui è importante sentirsi in forma quando si confronta con uomini politici più giovani. Silvio dà priorità all'aspetto fisico, quando fa questi ritocchi è contento, porta serenità, e allora va bene così, anche se non sono d'accordo.»

Torniamo al ruolo di first lady. Quando il discorso cade su Flavia Prodi, che al contrario di Veronica è un'autentica collaboratrice politica del marito, mi dice: «Ho grande stima di lei perché la vedo molto impegnata e, sul piano dell'immagine, mostra molto meno di quello che fa. Se avesse avuto un ruolo pubblico più appariscente, in momenti di difficoltà come quelli che si sono avuti negli ultimi mesi avrebbe manifestato addirittura una supremazia nei confronti del marito».

Pur occupando dal 1994 un posto centrale nella politica italiana, il Cavaliere non ha mai pensato di trasferirsi a Roma. «La scelta di mandare i bambini a scuola qui non è mai stata messa in discussione» mi spiega la signora Berlusconi «e lui è tornato sempre qui, alle sue sicurezze. Ha bisogno di staccare ogni tanto, è legato ad Arcore, ai luoghi conosciuti. Questo vale tuttora, ma valeva soprattutto nei primi tempi del suo ingresso in politica, quando la casa in Sardegna non era vissuta da lui come oggi, e il suo vero momento di relax e di beneficio era tornare qui, alla sua realtà familiare.» E aggiunge: «La lontananza, il fatto che ci siamo visti sempre non tantissimo, ha smussato anche le numerose differenze caratteriali. In ogni caso, ci prendiamo, andiamo abbastanza d'accordo. Lui è fatto per il pubblico, io per il privato. La nostra storia è questa».

La lontananza del padre non è stata avvertita dai figli per la costante e attentissima presenza della madre. «Veronica è una mamma dolcissima, ma inflessibile» afferma Berlusconi «anche adesso che i ragazzi sono grandi e autonomi. Li ha educati in modo irreprensibile. Non c'è bisogno di sollecitarli negli studi, perché hanno assimilato il senso del dovere. E anche nei rapporti con gli altri sono attenti, precisi, rispettosi.»

«Quando Silvio faceva l'imprenditore, era un po' più presente in famiglia» mi racconta la moglie. «I figli hanno pagato di più il prezzo della politica, che l'ha reso praticamente assente. Eppure, l'idea di famiglia gli piace molto, viene dagli insegnamenti che ha ricevuto. Ama avere figli, essere circondato dai nipoti, è affascinato dall'idea della continuità. È un padre generoso, che si preoccupa molto dell'avvenire dei ragazzi.»

Berlusconi conferma la sua passione per i nipoti: Gabriele, che ha quasi 5 anni, e Silvio, che ne ha appena compiuti 3. Naturalmente, i travestimenti del nonno sono coerenti con la sua autostima: «Sono convinti che il nonno sia Superman, e io faccio di tutto per non deluderli. Una volta arrivai a legare un Superman di stoffa sotto l'elicottero, e si convinsero che stessi volando...».

Veronica: «Cerco di contenere la mia gelosia...»

«Cerco di contenere la mia gelosia» mi dice Veronica Berlusconi, quando il discorso torna sui sentimenti. «Potrei esprimerla meglio. Avrei potuto lasciarmi andare di più? Ci sono stati momenti molto difficili, anche drammatici, in cui uno si scopre, si conosce...»

E mi conferma l'autenticità di un vecchio e divertente episodio riportato da Maria Latella nella sua biografia *Tendenza Veronica*. Nel 1996 Berlusconi disse di aver trovato una microspia nel suo ufficio di palazzo Grazioli a Roma. Ci fu naturalmente uno scandalo e ci si chiese chi potesse aver sistemato la «cimice» per captare i colloqui più riservati del Cavaliere. A qualcuna delle persone più vicine alla famiglia scappò la battuta: «Sarà stata Veronica». E lei: «Può darsi».

Tocchiamo qui il punto più delicato della nostra conversazione, quello che ci condurrà alla sua famosa lettera alla «Repubblica». «Non scopro niente di inedito» afferma «se dico che mio marito è molto aperto alle conoscenze e alle avventure. È naturale che all'inizio, soprattutto, questo mi abbia portato a momenti di sofferenza, ma rispetto a quanto è accaduto poi posso considerarmi una gelosa moderata. Caratterialmente, se conosco una persona, non sono portata subito ad aprirmi. Lui, in questo senso, è molto più curioso e disponibile alle novità. Questa diversità ci ha accompagnato sempre, nel tempo siamo riusciti a costruire tra noi anche una forte amicizia (l'ho fatto soprattutto io) e certamente, da parte mia, una forte comprensione. Non è stato facile, ma l'ho fatto. Una persona gelosa si comporta diversamente.»

Un'astuta scenata di gelosia la simulò invece il marito il 4 ottobre 2002. Alla fine di una conferenza stampa congiunta con il primo ministro danese Anders Fogh Rasmussen, che è un uomo di fascino, il Cavaliere disse: «Penso di presentarlo a mia moglie, perché è molto più bello di Cacciari. Con tutto quello che si dice in giro, povera donna...». Venne così allo scoperto un gossip di palazzo secondo cui l'attuale sindaco di Venezia, allora preside della facoltà di filosofia dell'università San Raffaele, avrebbe avuto una relazione con Veronica Berlusconi. A Maria Latella, lei raccontò di aver ricevuto perfino una telefonata della madre: «Vi hanno visto insieme a Venezia...». Non era vero, ma le voci correvano con insistenza. «Avventure? Ma se non ci conosciamo nemmeno» replicò il professor Cacciari, e cinque anni dopo le cose non sono cambiate. «Non ci siamo mai incontrati» mi conferma la signora Veronica. In compenso, il marito mi rivela una confidenza fatta dallo stesso Cacciari a Francesco Cossiga sui brillantissimi studi accademici di Barbara Berlusconi.

Il Cavaliere non ama fare sorprese soltanto ai nipoti. Ne ha fatta una galantissima alla stessa Veronica il 19 luglio 2006, per il suo compleanno. Me la racconta lui stesso: «Tutto è stato organizzato con la complicità di Barbara e di alcune amiche di Veronica. Lei aveva espresso il desiderio di andare a Santiago de Compostela in compagnia di Barbara. Durante il volo, mia figlia le propinò una pasticca di Tavor e Veronica si svegliò solo poco prima dell'atterraggio. Guardò fuori dal finestrino, vide un paesaggio quasi desertico e disse: "Strano, me la ricordavo più verde la Spagna in questa stagione...". Barbara le svela allora il suo stratagemma: aveva "dirottato" l'aereo su Marrakech perché la mamma da tanto tempo aveva espresso il desiderio di visitarla. Bene, dopo la sosta in albergo, Veronica e mia figlia vanno in giro per acquisti. In ogni negozio una donna velata la accoglie facendolesi incontro e offrendole qualcosa da comprare. Ma poi si toglie il velo ed è un'amica di mia moglie. Sette negozi, sette veli, sette amiche. In quelle ore io ero ancora a Roma e intervenivo nel dibattito sulla politica estera alla Camera. Ero in ritardo, temevo di dover rinunciare. Ma finalmente lasciai Montecitorio, raggiunsi il mio aereo che mi aspettava sulla pista e arrivai a Marrakech in tempo per la cena. Mi cambiai in automobile, indossando un caftano blu che mi ricopriva dalla testa ai piedi. Il proprietario del locale dove mia moglie e le sue amiche festeggiavano il compleanno, opportunamente informato, aveva chiesto a Veronica se poteva offrirle un omaggio. Così, quando entrai nella grande sala seguito da una piccola orchestra e mi diressi verso di lei con passo cadenzato recando tra le braccia un involucro, Veronica non si meravigliò più di tanto. Mi inginocchiai davanti a lei e le porsi l'involucro ricoperto da un velo azzurro. Lei era piacevolmente sorpresa, sollevò il velo e si accorse che il regalo era avvolto in una carta con la grafica di un famoso gioielliere romano. Fu un attimo: guardò di nuovo l'involucro, riconobbe le mie mani, si commosse, scoppiò a piangere e mi abbracciò». (Il regalo, per inciso, era una collana di rubini e di diamanti.) Durante il suo racconto, Berlusconi sfoglia l'album con le foto che immortalano la serata, scatto dopo scatto.

«Quella sera mio marito mi fece molta tenerezza» mi confida la moglie. «Giocando nella dimensione del sogno e della fantasia, fece un gesto affettuoso per accontentare tutti: me, Barbara, che era stata bravissima, se stesso.»

La calda estate di villa Certosa

Pochi giorni dopo la serata di Marrakech, raggiunsi Berlusconi in Sardegna per uno dei colloqui riportati nel mio libro *L'Italia spezzata*. C'era anche sua moglie, pranzammo insieme molto piacevolmente, e Veronica, che non vedevo da più di dieci anni, confermò la sua piena autonomia intellettuale dal marito. La sua presenza era quasi eccezionale. Villa Certosa è infatti il rifugio privato del Cavaliere, anche se i loro figli ci vanno spesso. La prima volta che venni qui, nel 1994, il parco era di otto ettari. Quando ci tornai, dieci anni dopo, era diventato di ottanta: il giardino botanico privato forse più curato al mondo, con decine di migliaia di piante e migliaia di specie diverse.

Nell'estate del 2006 Berlusconi si trovava in una difficilissima condizione psicologica: aveva perso le elezioni per pochissimi voti e, per di più, con la consapevolezza che – brogli a parte – sarebbe stato sufficiente a lui e ai suoi alleati evitare anche uno solo dei tanti piccoli errori commessi per vincerle senza problemi. Vedersi sfuggire il potere, ribaltando contro ogni previsione un risultato che sembrava acquisito da anni, avrebbe steso chiunque. Lui superò i primi mesi di depressione tuffandosi in quel meraviglioso parco giochi per adulti che è la sua villa di Porto Rotondo, tra feste e allegre compagnie.

Veronica capiva, forse, ma non apprezzava, anche perché i giornali facevano diventare tuono ogni starnuto del marito che, per parte sua, non si curava di nascondere il desiderio di una certa mondanità. Intendiamoci, come riconosce la moglie nella nostra conversazione, in tutta la sua vita Berlusconi ha avuto un debole per le nuove conoscenze e per le avventure. Ed è sempre stato un uomo galante, anche durante le manifestazioni politiche. Disse a Bologna nel 2002: «Ma che belle gambe che vedo nelle prime file!». A Catania, tre anni dopo: «Mi hanno dovuto togliere il rossetto dal viso. Erano tracce dei baci scambiati con le signore poco fa. Meno male che non c'era Veronica, perché ne avrei passate delle belle...». A Genova, nel gennaio 2007, quando ormai la sua euforia politica era ripresa: «Lo dico alle signore: sono pronto a prendere il numero di telefono e anche a innamorarmi». Gli sono stati attribuiti nei decenni flirt a non finire, da Valeria Marini ad Aida Yespica: lui, ogni volta, ha smentito. E, a onor del vero, ha fatto sempre il galante anche con signore insospettabili. Il 21 giugno 2005 spiegò ai cittadini di Parma come era riuscito a soffiare alla Finlandia la sede dell'Agenzia alimentare europea: «Ho rispolverato tutte le mie arti di playboy nei confronti della signora presidente». (Naturalmente, tutto finì sui giornali, e la signora Tarja Halonen fece convocare l'ambasciatore italiano a Helsinki per esprimergli lo stupore del governo finlandese.)

La fatidica «goccia» cadde a fine gennaio 2007, durante la serata per la consegna dei Telegatti, gli Oscar della televisione assegnati da Canale 5. Berlusconi partecipò alla festa che seguì la trasmissione e, come sempre, fu galante con tutte le donne presenti. Incrociando Aida Yespica le disse: «Con te andrei dovunque», mentre con Mara Carfagna, la bella showgirl oggi deputata di Forza Italia, si lasciò sfuggire un «Se non fossi già sposato, ti sposerei subito».

Quando ne parliamo per questo libro, il Cavaliere – come talvolta gli accade nel rivisitare le sue frasi «scomode» – mi dice che le sue parole furono diverse: «Tu sei una donna da sposare». Ma sui giornali uscì l'altra versione, e Veronica ritenne che era giunto il momento di saldare tutti insieme parecchi conti rimasti in sospeso.

«La lettera? Non mi aspettavo un'eco così forte»

«La decisione di scrivere la lettera alla "Repubblica"» mi spiega la signora Berlusconi «nacque dalla convinzione che mio marito, a un certo punto, stesse oltrepassando il limite. Stavo leggendo in quei giorni l'ultimo romanzo di Philip Roth, *Everyman*, in cui il protagonista va alla ricerca dell'eterna giovinezza e dell'esuberanza sessuale nonostante gli anni che passano. E studiavo questo personaggio per capire meglio l'esuberanza di mio marito. Silvio ha attraversato momenti di grande euforia, con comportamenti che si riflettevano anche sulla famiglia, e c'era la necessità di non far sembrare che la famiglia fosse accondiscendente. L'ho fatto per me e per i miei figli.»

Sono stati sufficienti i complimenti dei Telegatti per scatenare la reazione? «I complimenti a due signore erano soltanto l'apparenza. Altra era la sostanza.»

Il terremoto avvenne la mattina del 31 gennaio 2007, quando «la Repubblica» pubblicò la lettera di Veronica Berlusconi in prima pagina, girandola in un'intera pagina interna con un corpo tipografico enorme e il titolo: *Veronica Berlusconi: mio marito mi deve pubbliche scuse.*

Eccone il testo:

Egregio Direttore, con difficoltà vinco la riservatezza che ha contraddistinto il mio modo di essere nel corso dei 27 anni trascorsi accanto ad un uomo pubblico, imprenditore prima e politico illustre poi, qual è mio marito. Ho ritenuto che il mio ruolo dovesse essere circoscritto prevalentemente alla dimensione privata, con lo scopo di portare serenità ed equilibrio nella mia famiglia. Ho affrontato gli inevitabili contrasti e i momenti più dolorosi che un lungo rapporto coniugale comporta con rispetto e discrezione. Ora scrivo per esprimere la mia reazione alle affermazioni svolte da mio marito nel corso della cena di gala che ha seguito la consegna dei Telegatti, dove, rivolgendosi ad alcune delle signore presenti, si è lasciato andare a considerazioni per me inaccettabili: «... se non fossi già sposato la sposerei subito», «con te andrei ovunque».

Sono affermazioni che interpreto come lesive della mia dignità, affermazioni che per l'età, il ruolo politico e sociale, il contesto familiare (due figli da un primo matrimonio e tre figli dal secondo) della persona da cui provengono, non possono essere ridotte a scherzose esternazioni. A mio marito ed all'uomo politico chiedo quindi pubbliche scuse, non avendone ricevute privatamente, e con l'occasione chiedo anche se, come il personaggio di Catherine Dunne, debba considerarmi «La metà di niente». Nel corso del rapporto con mio marito ho scelto di non lasciare spazio al conflitto coniugale, anche quando i suoi comportamenti ne hanno creato i presupposti. Questo per vari motivi: per la serietà e la convinzione con la quale mi sono accostata a un progetto familiare stabile, per la consapevolezza che, in parallelo alla modifica di alcuni equilibri di coppia che il tempo produce, è cresciuta la dimensione pubblica di mio marito, circostanza che ritengo debba incidere sulle scelte individuali, anche con il ridimensionamento, ove necessario, dei desideri personali. Ho sempre considerato le conseguenze che le mie eventuali prese di posizione avrebbero potuto generare a carico di mio marito nella sua dimensione extra familiare e le ricadute che avrebbero potuto esserci sui miei figli. Questa linea di condotta incontra un unico limite, la mia dignità di donna che deve costituire anche un esempio per i propri figli, diverso in ragione della loro età e del loro sesso. Oggi nei confronti delle mie figlie femmine, ormai adulte, l'esempio di donna capace di tutelare la propria dignità nei rapporti con gli uomini assume un'importanza particolarmente pregnante, almeno tanto quanto l'esempio di madre capace di amore materno che mi dicono rappresento per loro; la difesa della mia dignità di donna ritengo possa aiutare mio figlio maschio a non dimenticare mai di porre tra i suoi valori fondamentali il rispetto per le donne, così che egli possa instaurare con loro rapporti sempre sani ed equilibrati.

La citazione del romanzo della Dunne non è casuale: la protagonista del libro, infatti, è una donna sposata con tre figli che viene abbandonata dal marito. (Era arrivata alle orecchie dello stesso Berlusconi la notizia – completamente infondata – che lui stesse pensando ad avviare una pratica di divorzio.)

Ezio Mauro, direttore del quotidiano, non solo non anticipò nulla della lettera che aveva ricevuto il giorno precedente, ma evitò di pubblicarla nella prima edizione, che uscendo intorno a mezzanotte avrebbe consentito agli altri giornali di impossessarsene. Un colpo giornalistico ineccepibile. Naturalmente, si parlò di trattative macchinose con chissà quali retroscena.

«Non era, invece, una lettera meditata da tempo» precisa la signora Berlusconi. «Decisi di scriverla dopo aver letto quel che i giornali riferirono sulla serata dei Telegatti. Chiamai il direttore della "Repubblica" e gli mandai la lettera.»

Si aspettava la prima pagina e un risalto così inconsueto? (Secondo il Cavaliere, la moglie pensava che la lettera sarebbe finita nella pagina dedicata alla corrispondenza...) «Non mi aspettavo certamente un'eco così forte. Volevo tuttavia rispondere pubblicamente a un uomo pubblico. Nell'ambito privato ci avevo provato già diverse volte senza risultato. Se vivi con un uomo pubblico, di riflesso diventa pubblica l'intera famiglia. E se sia io che i figli siamo figure pubbliche, non avevo altra scelta per arginare la situazione che era venuta creandosi. Ed è stata una scelta terapeutica.»

«Sì, ho riflettuto sull'ipotesi di una rottura»

Non c'è stata un po' di malizia nello scegliere il giornale che più aveva attaccato suo marito? (Berlusconi accredita la tesi che Veronica, arrabbiatasi per aver letto sulla «Repubblica» il resoconto dei Telegatti, abbia scelto proprio quel giornale per la replica.) «No, non ho fatto una valutazione, come dire?, politica. Non c'è stata nessuna malizia da parte mia.»

Il Cavaliere prese malissimo la pubblicazione che, in pochi minuti, fece letteralmente il giro del mondo. «Nessuno mi chiamò subito» mi confida la moglie. Nemmeno Gianni Letta, che tanti incendi aveva domato in quasi trent'anni di conoscenza e che entrambi i coniugi riconoscono come una fonte di saggezza. Letta e Paolo Bonaiuti («le vecchie zie» le chiama Berlusconi) erano al lavoro per convincere il Cavaliere a scrivere un'immediata lettera di scuse che chiudesse al più presto il caso, evitando che i telegiornali della sera e i quotidiani dell'indomani facessero esplodere soltanto la bomba della lettera alla «Repubblica».

Una bozza fu approntata a fine mattinata, poi Berlusconi (con le «vecchie zie») andò a pranzo con gli ambasciatori dell'Unione europea, e infine alle 16.30 la lettera di scuse fu diffusa alle agenzie di stampa, in tempo utile anche per i telegiornali del pomeriggio. Eccone il testo:

> Cara Veronica, eccoti le mie scuse. Ero recalcitrante in privato, perché sono giocoso ma anche orgoglioso. Sfidato in pubblico, la tentazione di cederti è forte. E non le resisto. Siamo insieme da una vita. Tre figli adorabili che hai preparato per l'esistenza con la cura e il rigore amoroso di quella splendida persona che sei, e che sei sempre stata per me dal giorno in cui ci siamo conosciuti e innamorati. Abbiamo fatto insieme più cose belle di quante entrambi siamo disposti a riconoscerne in un periodo di turbolenza e di affanno. Ma finirà, e finirà nella dolcezza come tutte le storie vere. Le mie giornate sono pazzesche, lo sai. Il lavoro, la politica, i problemi, gli spostamenti e gli esami pubblici che non finiscono mai, una vita sotto costante pressione. La responsabilità continua verso gli altri e verso di sé, anche verso una moglie che si ama nella comprensione e nell'incomprensione, verso tutti i figli, tutto questo apre lo spazio alla piccola irresponsabilità di un carattere giocoso e autoironico e spesso irriverente. Ma la tua dignità non c'entra, la custodisco come un bene prezioso nel mio cuore anche quando dalla mia bocca esce la battuta spensierata, il riferimento galante, la bagattella di un momento. Ma proposte di matrimonio, no, credimi, non ne ho fatte mai a nessuno. Scusami dunque, te ne prego, e prendi questa testimonianza pubblica di un orgoglio privato che cede alla tua collera come un atto d'amore. Uno tra tanti. Un grosso bacio. Silvio.

Al di là della conferma del legame solido di una coppia ancora innamorata, i punti essenziali della lettera sono tre. Quello in cui il Cavaliere ammette «la piccola irresponsabilità di un carattere giocoso», quello in cui liquida qualche scappatella come «la bagattella di un momento» e, soprattutto, la frase «proposte di matrimonio, no, credimi, non ne ho fatte mai a nessuno». La sera stessa Berlusconi volò a Macherio e cenò con moglie e figli.

La signora Veronica non ha mai commentato le scuse del marito. Lo fa nel nostro colloquio e, alla domanda se la lettera di replica l'abbia soddisfatta, risponde: «Sicuramente, visto che non mi aspettavo nemmeno una risposta. L'ho gradita, mi ha fatto piacere, ma il punto non è questo. La vera risposta sta in un comportamento più equilibrato che tenga conto delle sofferenze degli altri membri della famiglia».

E i comportamenti successivi l'hanno soddisfatta? «Certamente, credo che mio marito abbia subìto un elettroshock e credo che, forse, abbia rivisto alcune cose, anche se non interferisco nelle scelte della sua vita.»

Un paio di mesi dopo, per la verità, il settimanale «Oggi» pubblicò in copertina una foto di Berlusconi ritratto con alcune ragazze nel parco della sua villa in Sardegna. Il fatto suscitò una certa curiosità, sia per la foto in sé sia perché veniva pubblicata sul giornale che, alcuni mesi prima, aveva comprato per 100.000 euro, senza pubblicarle, le foto che ritraevano il portavoce di Prodi, Silvio Sircana, mentre sporgendosi dal finestrino della sua auto parlava con un transessuale su una strada abitualmente frequentata da prostitute.

«La famiglia è un punto fermo della nostra vita»

Silvio Berlusconi giustificò l'innocenza di quelle immagini, la moglie non gradì, ma non commentò. Ora la signora Veronica mi dice: «I figli apprezzarono la mia lettera alla "Repubblica" e la risposta del padre. La vera comprensione nasce da un comportamento mutato». E, dopo un sospiro, aggiunge: «Cerco di proteggere mio marito, gli voglio molto bene, è il padre dei miei figli, ma in certi momenti la corte che lo circonda è più forte di tutto».

Le ricordo che, all'uscita della lettera, gli italiani si divisero: furono in molti (soprattutto in molte) a parteggiare per lei. Altri (e altre) presero le parti del Cavaliere, sostenendo che il cambiamento di vita di Veronica era stato tale da doverle far sopportare qualunque cosa. «Solo vivendo questa vicenda» risponde lei «si può capire fin nelle sfumature quale peso abbia avuto su di me e sui ragazzi. Non avevo altra scelta.»

Nel libro di Maria Latella, Veronica Berlusconi afferma che, se il legame con il marito si fosse interrotto, sarebbe stato impossibile ricucirlo. Oggi la signora me lo ripete. «Vogliamo metterci alla pari? Bene, allora diamo atto che, se non è facile vivere con mio marito, non è facile vivere nemmeno con me. Detto questo, credo che quando si pensa di costruire un legame che duri nel tempo e che consolidi tutta la nostra situazione, non solo sotto l'aspetto sentimentale ma anche per quel che riguarda il valore della famiglia, quando si procede in questa direzione, si superano tanti ostacoli e si può andare avanti. Ma...»

Ma? «Ma nel momento in cui si getta la spugna, non c'è ragione di tornare indietro. Vede, quando si attraversano le difficoltà, ci sono momenti in cui si riflette, si rivede la propria vita, si rivalutano i rapporti. Bene, nel nostro rapporto questi momenti di ripensamento e di revisione ci sono stati. Siamo andati avanti perché abbiamo deciso che fosse la cosa migliore. Ma se dopo tanti anni si dovesse arrivare a una decisione diversa, questa sarebbe per forza di cose definitiva.»

Ha mai riflettuto sull'ipotesi di una rottura? «Sì, è capitato. È capitato, e sono momenti dolorosi: rivedi la tua vita, valuti la possibilità di prendere altre strade. Io attraverso un momento personale delicato, visto che ho girato la boa dei cinquant'anni. È l'età che implica una revisione personale, in cui si rivedono tante cose, si viene assaliti da tanti pensieri, ti si propongono tanti ragionamenti, ti balzano in mente tante contraddizioni. E ti chiedi se devi lasciare un certo tipo di vita per un altro. Questo non significa che nella tua vita entrino altre persone. Spesso sopravvengono altre esigenze, alle quali vuoi dare una risposta.»

Il sole del tramonto ormai non lontano accarezza con maggiore dolcezza il roseto. Il luminoso vociare del Canal Grande di Canaletto sembra chetarsi. Veronica Berlusconi mi accompagna fin sull'uscio e trae una conclusione: «Eppure, non credo di poter fare a meno di lui, e lui non può fare a meno della famiglia. Questa è ancora una costante della nostra vita».

Anche il Cavaliere mi dice che la famiglia rappresenta un punto fermo della sua vita, e sulla moglie aggiunge: «Veronica è una donna speciale. Si è sempre comportata in modo perfetto. Unica eccezione che conferma la regola, l'ormai famosa lettera alla "Repubblica", frutto di un equivoco. Fu riferita da un giornalista, nel modo sbagliato, una frase che non avevo mai pronunciato».

Ma poi conclude: «Veronica è stata ed è la donna della mia vita».

E sulla scena irruppe Michela Vittoria Brambilla...

«Era fatale, Silvio, che finisse così.»

«Così, come?»

«Che quella foto finisse sui giornali: è come se lei ti stesse baciando...»

Era l'ora di pranzo di venerdì 22 giugno 2007 e Berlusconi aveva invitato tre amici a dividere con lui, alla superba mensa romana di via del Plebiscito, i gamberoni e gli altri pesci prelibati appena giunti dalla Tunisia come omaggio del presidente Ben Alì. Con Gianni Letta, Paolo Bonaiuti e Carlo Rossella il discorso finì tuttavia subito sulla foto che quel mattino campeggiava sulla «Stampa». Michela Vittoria Brambilla aveva avvicinato il bel viso alla nuca del Cavaliere e gli sussurrava qualcosa. Oppure ascoltava, complice e devota, qualcosa che gli stava sussurrando il presidente di Forza Italia. Che cosa? L'affollatissima assemblea di Confcommercio non si prestava certo a confidenze che non fossero rigorosamente professionali, ma il sorriso di lei, l'intimità con cui si avvicinava alla nuca di lui, lasciavano immaginare una scioltezza di rapporto che certo Berlusconi non consente a tutti...

All'allusione di Letta – prudentissimo nei giudizi pubblici quanto franco in quelli privati – il Cavaliere rispose tuttavia con un grugnito di dissenso. Il giorno prima, all'assemblea di Confcommercio, la Brambilla aveva fatto di tutto per cercarsi un posto in prima fila accanto a lui. Ma il protocollo lo proibiva: c'erano Fini, Casini, Letta... Sconfitta nell'attacco frontale, la bella imprenditrice – alla quale non mancano fantasia e intraprendenza – tentò allora con successo la manovra di accerchiamento. Passò in seconda fila, travolse con la sua ostentata sensualità le deboli resistenze di Beppe Pisanu (uno dei pochi tra i maggiorenti di Forza Italia che l'abbia in simpatia) e raggiunse la nuca del Cavaliere.

«Silvio, abbiamo visto tutti che la Brambilla non si schiodava da quella posizione fino a quando non fosse stata sicura che i fotografi avevano scattato. Andiamo...» insistette Bonaiuti.

Berlusconi continuò a dedicarsi al magnifico pesce tunisino, abbozzando sempre più evidenti cenni di dissenso.

Dal canto suo, Rossella dovette pensare che dall'ingenuo eppur succoso episodio sarebbe potuto venir fuori un divertente pezzo di «Alta Società», la fortunata rubrica che tiene ogni giorno sul «Foglio», pur sapendo bene che la riservatezza del luogo e della conversazione glielo avrebbero impedito. Tuttavia cercò di scaldare ancor di più l'atmosfera con una domanda che perdeva la sua apparente banalità alla luce dell'arcinoto contrasto tra i presenti sulla risposta da dare: «E allora, come va questa Brambilla?».

Il Cavaliere fu lesto ad abbandonare per un momento il sontuoso piatto di pesce e rispose: «Le chiedo una cosa, e un momento dopo lei l'ha già fatta. Ne avessi così nel partito...».

«Mah...» commentò Letta.

«Bah...» commentò Bonaiuti.

Michela Vittoria Brambilla, 40 anni, è presidente dei giovani imprenditori di Confcommercio. A 18 anni partecipò al concorso di Miss Italia, conquistando la fascia di Miss Eleganza. Diventò poi testimonial delle calze Omsa: «Sono un manichino vivente di biancheria intima. Una seconda misura perfetta». Figlia di un industriale di trafilerie, titolare anch'essa di un'avviata azienda nel settore dei prodotti ittici (per questo i nemici la chiamano «trota salmonata»), vive con il compagno Eros e il figlioletto di 2 anni in mezzo a 14 cani, 24 gatti, 7 capre, 2 asini, 4 cavalli, 3 galline e 300 piccioni.

Bella donna con lunghi capelli fulvi, non trascura di valorizzare le sue lunghe e sensualissime gambe, fasciate d'inverno con calze autoreggenti che i cameraman di «Porta a porta» inquadrano con partecipe devozione professionale. Una di queste immagini è stata distribuita agli amici dal leghista Roberto Calderoli come oggetto di culto. E già, perché MVB – come l'ha soprannominata «Il Foglio» di Giuliano Ferrara – è diventata nel giro di pochi mesi un'autentica stella nel firmamento delle trasmissioni politiche televisive.

L'improvvisa caduta di Sergio Billè dalla presidenza di Confcommercio e l'ostinata avversione del suo successore, Carlo Sangalli, per qualunque oggetto che assomigli a un microfono hanno lasciato spazio fin dal 2005 alla grintosissima presidente dei giovani commercianti. Il suo debutto a «Porta a porta» era stato una rivelazione, e i successivi inviti a questa trasmissione e anche a «Ballarò» ne avevano valorizzato la capacità dialettica e rivelato le simpatie politiche per il centrodestra, poi consacrate dalla nomina a presidente dei Circoli della Libertà.

Michela, in verità, non era alla sua prima esperienza politica. Era stata candidata alla Camera nelle elezioni del 2006 ed era risultata la prima dei non eletti. Poiché, tuttavia, non è donna da arrendersi, ha deciso di colpire il Cavaliere con la sua efficienza, oltre che con la sua avvenenza, consentendogli ancora una volta di spiazzare tutti. Con un solo colpo, infatti, ha dimostrato ai suoi di poter inventare da un momento all'altro un personaggio acchiappavoti da contrapporre a loro e ha allestito una macchina organizzativa che può portare solo vantaggi (tanti o pochi non conta) a Forza Italia e alla Casa delle Libertà.

«Il Partito della Libertà? È il mio lascito agli italiani»

«L'idea dei Circoli della Libertà» mi racconta Berlusconi nell'ottobre 2007 «si è consolidata con la grande manifestazione del 2 dicembre 2006 alla quale hanno partecipato più di 2 milioni di persone. Casini decise che l'Udc non vi prendesse parte, eppure molti elettori di quel partito erano in piazza con noi. Demmo il segno di una coalizione assolutamente unita e di un popolo del centrodestra orgoglioso della propria identità. Quando, uscendo da piazza San Giovanni, passai accanto al punto di raccolta dei pullman, dovetti fermarmi per l'entusiasmo dei militanti di Alleanza nazionale e della Lega, che era perfino superiore a quello dei miei azzurri.»

I Circoli della Libertà furono, dunque, figli di quella marcia. «L'intendimento» continua Berlusconi «è quello di radicarli anche nei più piccoli comuni e di farne l'avanguardia di un grande Partito della Libertà. Vorrei che questo fosse un mio lascito importante agli italiani: un movimento nel quale confluiscano tutti i partiti dell'area moderata e liberale.»

Michela Brambilla ha sempre parlato di 5000 circoli in tutta Italia, e molti hanno creduto che fosse una fandonia, ma il 6 ottobre 2007, con la prima convention nazionale, ha riempito con 8000 persone la Fiera di Roma. «Pensavate che fossimo dei fantasmi?» ha gridato dal palco ai detrattori nascosti sotto ogni latitudine. «Ebbene, eccoci!» Berlusconi l'ha presa per mano, l'ha festeggiata, ma da mesi è diventato prudente, perché la signora Brambilla ha suscitato molte diffidenze in Forza Italia, a cominciare da quel Giulio Tremonti incaricato, mi dice il Cavaliere, di lavorare al programma nella nuova Officina del centrodestra: la Fondazione Adenauer di Cadenabbia.

«La visibilità che Michela Brambilla ha avuto sui giornali e in televisione» mi spiega Berlusconi «ha creato qualche gelosia. Come ho avuto modo di dichiarare nella convention di Roma, le nostre prospettive di conquista di seggi sono tali che potremo premiare adeguatamente le organizzazioni che ci sostengono collateralmente, come la Dc faceva con le Acli, l'Azione cattolica, i Coltivatori diretti...»

Il Cavaliere tra il gatto Miele e il desiderio di riscossa

La mia conversazione con il presidente di Forza Italia avviene dinanzi a un testimone silenzioso che gli sta sulla spalla, il gatto Miele, un cucciolo di persiano regalatogli il 29 settembre 2007 per il suo compleanno. «Dormire con il gatto, ma si può?» dice Berlusconi, il primo a essere meravigliato di come quel batuffolo abbia cambiato le sue abitudini. Testimone silenzioso di incontri pubblici e privati, di sfoghi e di speranze.

Nell'autunno del 2007 il governo Prodi sembra arrivato al capolinea, e il Cavaliere invoca elezioni anticipate. I sondaggi lo porterebbero dritto a palazzo Chigi, con una maggioranza rassicurante, anche senza cambiare la legge elettorale. Gli ricordo che il paese è stanco e, pur disponibile a riconfermargli la fiducia, teme nuove liti anche nel centrodestra, nuovi distinguo che rallenterebbero e annacquerebbero la realizzazione del programma, anche se i cinque anni di governo della Casa delle Libertà sono stati un viaggio di nozze rispetto al primo anno e mezzo del governo di centrosinistra.

Berlusconi non si nasconde le difficoltà e confessa: «L'Italia attraversa un momento difficile, la situazione finanziaria è grave, il paese è diviso, il governo Prodi ha finito per metterlo in ginocchio. Rilanciarlo sarà impresa ardua e faticosa. Mi dico: "Padre, allontana da me questo calice", ma non lo dico pubblicamente, sennò mi accusano... di plagio».

Gli chiedo quando è cominciata la sua rinascita, dopo la sconfitta dell'aprile 2006, e lui sorride: «Rinascita? Ma io non sono mai morto. Sono ben vivo, come direbbero del signor De la Palisse. Certo, ci sono cose che non si possono dimenticare. I dieci errori capitali dei nostri alleati che ci hanno impedito di vincere. La sconfitta alla Camera per 24.000 voti. La sconfitta al Senato, dove pure abbiamo raccolto 250.000 voti in più delle sinistre. Il ministro dell'Interno che a mezzanotte del giorno delle elezioni venne a casa mia, chiese un ricco gelato e annunciò che avevamo vinto le elezioni per 100.000 voti alla Camera e 250.000 al Senato. L'invito successivo della segreteria dei Ds alla vigilanza democratica. Le sezioni chiuse e riaperte in Campania, che ribaltarono il risultato in Senato. Le schede bianche scomparse in Calabria...».

Berlusconi è tuttora convinto che ci siano stati brogli: «Come si spiega che nei campioni di schede scrutinate elettronicamente noi siamo in vantaggio di più dell'1 per cento, mentre in quelle contate a "pacchetti" siamo sotto? Chi ci dice che, nell'assenza di nostri rappresentanti di seggio, quei pacchetti non siano stati formati e contati in maniera impropria, spostando magari le schede da un pacchetto di un partito a quello di un altro? Per questo abbiamo chiesto e richiesto di ricontare tutte le schede».

Ormai è andata. Il governo Prodi, pur consapevole di una maggioranza virtuale al Senato, non accettò alcun tipo di collaborazione, e la disponibilità manifestata nell'autunno del 2007 da Marini, Amato, D'Alema (ma non dal presidente del Consiglio) è ormai tardiva. «Il vento si è girato in nostro favore in modo deciso» mi dice Berlusconi «da quando questo governo ha dimostrato di non poter far nulla a causa dei diktat della sinistra radicale, che ancora si ispira al fondamentalismo marxista e vuole spremere le classi sociali che considera nemiche per aiutare le proprie clientele. Nella prima legge finanziaria l'Unione ha aumentato le tasse in 67 diversi modi, ha attaccato la Chiesa, ha diffidato i vescovi dall'intervenire pubblicamente sui problemi della famiglia e della bioetica, quasi fossimo tornati alla "Chiesa del silenzio", ha dato prova di antiamericanismo viscerale nella questione della base di Vicenza, che porta soltanto più ricchezza al territorio e dovrebbe essere il risultato di una normale collaborazione tra alleati. Ancora: ha aperto in modo sconsiderato all'immigrazione clandestina per scagliare contro la classe borghese un nuovo proletariato, trasformato in forza politica al posto della classe operaia che non esiste più. Gli immigrati sono già 3 milioni e, se avessero il diritto di voto, potrebbero da soli ribaltare un risultato elettorale...»

E gli elettori sono per il «partito unico»

Berlusconi rivendica di aver realizzato l'80 per cento del suo programma elettorale «come hanno dimostrato studi dell'università di Siena, certo non vicina al centrodestra». Poi aggiunge: «E se non ho potuto varare una legge che togliesse i privilegi fiscali alle cooperative rosse, se non ho potuto dividere la carriera dei giudici da quella dei pubblici ministeri, se non si è potuta avviare la privatizzazione dei servizi pubblici locali, non è per mancanza di capacità e di volontà, è perché ci sono stati dei veti da parte di alcuni partiti della coalizione. E dove vogliamo mettere la demenziale "discontinuità" di governo chiesta a pochi mesi dalle elezioni da quel Follini che si è rivelato il cavallo di Troia della sinistra nella Casa delle Libertà? Detto questo, le riforme che abbiamo fatto noi sono lunari rispetto al niente combinato dalla sinistra nei cinque anni precedenti e, ora, da questo governo».

Proprio per evitare il peso dei partiti sul presidente del Consiglio, sottolinea Berlusconi, il centrodestra fece la riforma della Costituzione: riduzione dei parlamentari, la sola Camera dei deputati per le leggi nazionali con la creazione del Senato delle Regioni, poteri al capo del governo per la nomina e la revoca dei ministri. «È una magra consolazione» commenta «vedere Veltroni e la sinistra riesumare quei provvedimenti dopo aver cavalcato una campagna dai toni catastrofici e demolitori, in cui venivamo accusati di voler uccidere la democrazia...»

La litigiosità della coalizione aveva indotto Berlusconi a immaginare fin dal 2005 la nascita di un soggetto unico del centrodestra, un Partito della Libertà, che diede il titolo anche a un libro del presidente del Consiglio. «Stesi un "Manifesto dei valori", partecipai al congresso del Partito popolare europeo (European People's Party), contribuii ad aggiornarne il "manifesto" in modo che il nostro nuovo partito potesse adottarlo, diventando la versione italiana del Ppe. La Lega si era già dissociata, assicurando comunque che sarebbe entrata in una federazione con il nuovo partito. Poi, dopo le elezioni del 2006, c'è stata la deriva dell'Udc, che ha incrinato la compattezza della coalizione.»

Una ricerca condotta da Ilvo Diamanti (Demos-Eurisko, in «la Repubblica», 7 ottobre 2007) ha dimostrato che 2 elettori della Casa delle Libertà su 3 sono favorevoli al partito unico del centrodestra. Per una curiosa circostanza, i più convinti sono proprio gli elettori dell'Udc (67,9 per cento), il cui leader si è invece opposto fieramente al progetto, seguiti da quelli di An (66,4) e di Forza Italia (65,4). Clamoroso anche il risultato registrato fra i simpatizzanti della Lega Nord, che si è sempre fieramente opposta all'unità con gli altri: il 54,7 per cento dei suoi elettori la penserebbe in modo diverso.

Ecco, dunque, che i Circoli della Libertà, associando persone che simpatizzano a tutto campo per il centrodestra, possono costituire l'avanguardia virtuosa di un lungo processo. Forse accorciato da elezioni sollecite. «Perché» conclude Berlusconi «sono convinto che si debba votare subito, e subito significa la primavera del 2008. Senza ulteriori rinvii.»

«Nel Pd i Ds si sono annessi la Margherita. Elezioni subito»

«La nascita del Partito democratico» mi dice Berlusconi «era stata annunciata come una spinta verso la semplificazione delle troppe sigle politiche, come un passo avanti verso una maggiore stabilità del bipolarismo. Passata la sbornia mediatica, è apparsa una verità diversa da quanto è stato propagandato in maniera ossessiva per molte settimane su tutti i quotidiani e le reti televisive. Anzitutto, non si è trattato della fusione di due partiti, ma di un'annessione. I Ds hanno assorbito la Margherita. Non è vero, inoltre, che l'operazione ridurrà il numero dei partiti. È successo esattamente il contrario: è nato il partito della Sinistra democratica di Mussi e Salvi; è nata l'Unione democratica di Manzione e Bordon; si sono resi autonomi i Liberal democratici di Lamberto Dini, e forse non è ancora finita… Il processo è in corso, si è avviata quasi una diaspora.»

Darà atto che in questo modo, tuttavia, Veltroni ha chiuso i conti con la storia del Pci. «Non è vero. Con questa operazione, gli uomini di partito che hanno passato la loro vita nel Pci-Quercia-Pds-Ds hanno eluso il dovere storico di fare i conti con il loro passato e con quello che è stato il comunismo. Se solo pensiamo al fatto che i socialdemocratici tedeschi hanno abbandonato il marxismo e il comunismo nel 1959 al congresso di Bad Godesberg, trent'anni prima della caduta del Muro di Berlino, comprendiamo la differenza tra la sinistra europea e i partiti eredi del comunismo italiano, che hanno sempre eluso quello che dovrebbe essere il loro assoluto dovere, una anche tardiva Bad Godesberg. Il fatto, poi, che un abile uomo politico come Veltroni, che fa politica da più di trent'anni, che proviene dal Partito Comunista ed è stato segretario dei Ds, sia stato presentato come "nuovo" e calato dall'alto nelle primarie facendogli ottenere una maggioranza del 75 per cento conferma che il ruolo di tutti gli altri attori del Partito democratico sarà inevitabilmente marginale. In definitiva, il Pd non risolve nessuna delle contraddizioni di fondo fra la sinistra antagonista e la sinistra sedicente "riformista", un apparato, una nomenclatura, una "casta" di uomini di partito ormai privi di radici ideologiche che, come ebbe a dire Veltroni al congresso di Torino, una volta erano "comunisti", poi si sono dichiarati socialdemocratici e, infine, prossimamente si definiranno liberali. Nessuna speranza, quindi, che la nuova formazione, tutta di vecchi uomini di partito, offra per il futuro quella prospettiva di sinistra moderna ed europea della quale la democrazia italiana avrebbe tanto bisogno.»

E se l'Unione decidesse di sostituire Prodi con Veltroni? «Nell'immediato, nulla cambierebbe. Veltroni si troverebbe nella stessa identica situazione di Prodi, che di fronte ai diktat, ai condizionamenti della sinistra estrema e radicale non ha che due scelte: o dire sì o andare a casa.»

Lei parla sempre di «elezioni subito». Ma ammettiamo che il presidente della Repubblica decida per un governo tecnico. Quale sarebbe la sua reazione? «Ritengo impraticabile la strada di un governo tecnico sostenuto da larghe convergenze. Al di là dei nomi, è una strada che non ha nessuna percorribilità politica, e sarebbe assolutamente irrispettosa degli elettori. Se questo governo cade, non cade solo un premier, ma si determina il fallimento politico di una maggioranza e del disegno politico sul quale quell'alleanza è stata costruita. In democrazia, quando una maggioranza scaturita bene o male dalle urne fallisce, si deve obbligatoriamente ridare la parola al popolo. Il nostro popolo, il popolo delle Libertà, vuole le elezioni.»

II

Mussolini, il bigamo

«Ricambiò poco con l'anima, assai con la carne»

Benito Mussolini amò più di tutti i politici italiani dell'ultimo secolo. Non si sa (non lo seppe nemmeno lui) quante donne abbia avuto. Ne ebbe, comunque, più di quante può averne ragionevolmente un Don Giovanni moderno. Quinto Navarra, il suo cameriere di palazzo Venezia, cominciò a scrivere un sommario catalogo da Leporello: un'amante al giorno, ogni pomeriggio, posseduta nella Sala del Mappamondo. «Alle assidue» racconta «riservava il vasto tappeto che usciva di sotto la scrivania, alle nuove, il sedile di pietra, ricoperto da un lungo cuscino trapunto ricavato nel vano dei finestroni.» Durata dell'amplesso, un quarto d'ora, visto che il tempo dell'intera visita era appena il doppio. Più che di amanti, a dire il vero, si trattava di «visitatrici fasciste», che si accostavano a lui come per deporre una corona d'alloro ai piedi del vicino Altare della Patria. Alle amanti vere, come vedremo, il Duce concedeva un trattamento meno frettoloso nella più romantica Sala dello Zodiaco, sotto un soffitto di stelle e pianeti.

Ma quando Navarra entrò in servizio, Mussolini aveva già alle spalle un'impressionante carriera di amatore. Se è vero che il potere ha per le donne lo stesso richiamo del miele (e anche per gli uomini, da quando esistono donne di potere), bisogna però riconoscere che il Duce fu un conquistatore sin da quando era un giovanissimo socialista squattrinato e un po' fuori di testa. Come sappiamo, non era esattamente un Adone, ma da ragazzo non doveva essere poi così male. Ecco il ritratto che la prefettura di Forlì ne trasmise agli allarmati reggitori di un collegio cattolico di Oneglia, a cui il ventiquattrenne maestro elementare era piovuto tra capo e collo nel 1907: «Statura: 1.67. Corporatura: tarchiata. Capelli: color castano chiaro. Viso: – color pallido di dimensioni: lungo. Fronte: forma giusta. Occhio: colore scuro. Naso: forma aquilina. Barba: colore castano scuro. Bocca: larga. Espressione fisionomica: simpatica».

Erano tempi di parole fatali, in politica come in amore. Di Mussolini si può dire tutto, ma non che non fosse un oratore affascinante. A ogni donna faceva credere di essere quella che il Destino – con la maiuscola – gli aveva assegnato per accompagnarlo nel suo cammino radioso. Quasi tutte ci credettero, anche perché il giovane – e poi l'uomo – Benito spesso ci credeva pure lui. O, comunque, faceva mostra di crederci, con un trasporto commovente.

Mussolini scoprì il corpo femminile all'età di sedici anni, quando fu introdotto furtivamente in un postribolo. Pagò il godimento sessuale con una blenorragia, ma da quel momento fu tormentato dal fascino della nudità. «Svestivo, con gli occhi, le fanciulle che incontravo, le concupivo violentemente col pensiero.» Compose anche poesie che furono musicate con successo nelle balere di Predappio: «Bimba non mi guardare / forse tu m'ami d'affetto serio / ma questo cor che tu sognando brami / è pieno di veleno».

Divenne maestro come la madre, ma insegnare non gli piaceva. E il padre, fabbro, si spazientì. Antonio Spinosa (*Mussolini. Il fascino di un dittatore*) racconta un suo sfogo con il figlio (al quale, nelle circostanze solenni, dava del voi) che, se non è vero – scriverebbe Montanelli –, gli sembra cucito addosso per i toni profetici: «Insomma,» gli diceva il pover'uomo «non volete fare il maestro, non volete fare il segretario comunale. Che cosa volete? Il posto di capo del governo?».

Il giovanotto era un attaccabrighe e se ne vantava. Anche con le donne, spesso non andava per il sottile. Ecco il racconto della seduzione di una «ragazza discreta e generosa, di pelle fresca e bianca», Virginia. «Un bel giorno, la presi lungo le scale, la gettai in un angolo dietro una porta e la feci mia. Si rialzò piangente e avvilita e tra le lacrime mi insultava. Diceva che le avevo rubato l'onore. Non lo escludo. Ma di quale onore si parla?» Superato lo shock, la ragazza ci prese gusto, tanto che il seduttore poteva annotare: «Ricambiò poco con l'anima, assai con la carne».

La ferì con il coltello sulla coscia sensuale

Mussolini faceva politica con la stessa irruenza che metteva negli amplessi. Era un socialista rivoluzionario e la sua fama, che aveva superato i confini romagnoli, gli procurò il primo impiego da supplente in una frazione di Gualtieri, provincia di Reggio Emilia, primo comune socialista d'Italia. Ma trovò il modo di litigare anche lì: gli amministratori erano sì socialisti, ma riformisti. Tra una lezione a quaranta ragazzetti scatenati e un alterco con i compagni troppo moderati, pensò bene di sedurre Giulia Fontanesi, una bella ventunenne con il marito militare a Sulmona. Benito usava frasi ultimative e magniloquenti anche nei biglietti d'amore, e Giulia ne rimase colpita. Gli dette un appuntamento, a cui si presentò con una camicetta rosa e lo sguardo felice ed eccitato. «Salimmo le scale» ricorderà il Duce «e per due ore fu mia. Poi tornai a casa ebbro d'amore e di voluttà.» Di voluttà in voluttà la storia si seppe in paese, e il marito lontano, ferito nell'onore, ripudiò la giovane moglie, costretta ad andare a vivere con il figlioletto in una camera ammobiliata. «Allora fummo più liberi. Tutte le sere io andavo a trovarla. Ella mi aspettava sulla porta. Talora andavamo in campagna e ci abbracciavamo sui prati lungo le rive del Po. Furono mesi incantevoli. Disponevo di lei a mio piacere.»

Nemmeno con Giulia, però, Benito trattenne il suo carattere violento. Era gelosissimo e ordinava alla donna di non uscire di casa. (Più tardi, avrebbe chiuso a chiave la giovane Rachele.) Giulia si ribellò, e lui non esitò a ferirla sulla coscia sensuale con un coltello a serramanico che portava sempre con sé. Ma la donna lo amava, riamata. E, secondo Spinosa, fu lei, con le sue lacrime, a dissuaderlo dal suicidarsi, quando entrò in depressione per la vita in un borgo che gli stava stretto.

Nel luglio 1902, all'età di diciannove anni, Mussolini lasciò cattedra e amante e se ne andò per più di due anni in Svizzera, che girò in lungo e in largo, facendo mille mestieri (incluso il muratore) e, soprattutto, l'agitatore politico e sociale a tempo pieno. Amoreggiò con una giovane polacca, studentessa in medicina, Eleonora H., e fu sedotto da un'esule russa che aveva tredici anni più di lui e alternò con il giovane italiano estasi rivoluzionarie a estasi di altro genere. Si chiamava Angelica Balabanoff e s'innamorò profondamente di Benito, che la definiva «brutta, buona e sincera». («Se mi trovassi in un deserto e lei fosse l'unica donna» confiderà più tardi a Rachele «preferirei corteggiare una scimmia.» Naturalmente mentiva.)

Scandalizzata dalla modesta conoscenza che Benito aveva del tedesco, pur ostinandosi a tentarne traduzioni per sbarcare il lunario, Angelica gli dette lezioni. La donna doveva essere molto presa da Mussolini e travolta dalla prospettiva del piacere perché, nonostante fosse inorridita dalla scarsissima igiene di quell'esule volontario, gli aprì il talamo. E glielo tenne aperto per dieci anni, in cui lo seguì anche nelle sue prime traversie politiche. Ruppe con lui, in modo traumatico, solo alla vigilia della prima guerra mondiale, quando si sentì profondamente tradita dal suo uomo non tanto come amante (benché in quel periodo Mussolini avesse almeno altre tre relazioni), ma come rivoluzionaria (il futuro Duce diventò infatti interventista).

In Svizzera Benito falsificò una data sul passaporto per evitare il servizio militare, ma venne scoperto. Tornato in patria, fu arruolato come bersagliere nel 1904. Convinti di dover combattere con un pericoloso sovversivo nelle proprie file, i suoi superiori finirono con il riconoscere che era un ottimo soldato. Rientrato a Predappio per la morte della madre, durante la luttuosa licenza amò «fortemente» (riamato) una maestra di Forlì, Paolina Dianti, e poi la sua collega Virginia Salvolini.

Costretto ad accettare una supplenza a Tolmezzo, in Friuli, lasciò presto una Graziosa Bocca (si chiamava proprio così) per una prosperosa trentenne, Luigia Pajetta Nigris, detta «la Gigia», titolare della locanda Alla Scala, dove il maestro Mussolini era a pensione. Gigia, che era sposata, non nascose il suo amore per Benito («amore pazzo» diceva lui) nemmeno dinanzi al marito, che venne alle mani con l'amante ed ebbe la peggio («anche perché era più vecchio di me»). Così, quando la donna diede alla luce un bambino (chiamato Candido), si disse che fosse figlio di Benito, vista la somiglianza (di questa paternità, tuttavia, non abbiamo prove). Gigia era una magnifica amante, ma il mestiere di locandiera non le aveva consentito di dedicarsi ad approfondimenti culturali. Benito, al contrario, leggeva furiosamente, e a Tolmezzo cominciò a riordinare i suoi appunti di filosofia per farne un manuale. Quando Gigia, gelosissima, frugando tra le carte dell'amante vi scovò dei nomi misteriosi – Anassagora, Anassimene, Talete... nomi femminili? nomi di spasimanti nascoste? –, nacque una tragedia e non fu facile a Benito spiegarle che si trattava di innocui e ignari filosofi.

«Mi voltai di scatto e incontrai due occhi di fuoco»

Grazie all'aiuto della Balabanoff e di altri amici rivoluzionari, nel 1909 Mussolini assunse il suo primo incarico di direttore di giornale: si trattava dell'«Avvenire del Lavoratore» di Trento, che chiuse peraltro dopo pochi mesi, stroncato dai ripetuti sequestri e sommerso dalle querele. Allora tornò a casa, in Romagna, dove il padre Alessandro, rimasto vedovo, aveva rinunciato al mestiere di fabbro per aprire una trattoria, che gestiva con l'aiuto di un'antica amante, Anna Guidi, la quale aveva portata con sé la figlia Rachele, da tutti chiamata «Chiletta». Benito aveva 25 anni, Rachele 18.

I genitori della ragazza erano contadini che avevano lavorato nella tenuta Zoli, a pochi chilometri da Predappio. Lì Chiletta aveva frequentato la prima elementare e solo in parte la seconda perché nel 1899, quando la bambina aveva nove anni, la morte del marito aveva costretto Anna a trasferirsi a Forlì come domestica. La breve frequentazione scolastica aveva tuttavia consentito a Rachele di conoscere Benito, che per due settimane era stato il supplente della madre maestra. «Se c'era al mondo qualcuno che poteva domarmi» scriverà Rachele nelle sue memorie (*Benito il mio uomo*) «questi era "il figlio della maestra". I suoi occhi mi persuadevano ad obbedirgli in qualunque momento. Erano acuti, penetranti, con le pupille che parevano mandare lampi. Io dicevo che erano "fosforescenti". Certo, e lui lo sapeva, esercitavano su tutti un potere incredibile, che non sono mai riuscita a spiegarmi.»

Quando Anna tornò a Dovia di Predappio chiamata dall'ex amante per dargli una mano in trattoria, Chiletta era una bella ragazza bionda con i piccoli occhi azzurri. Rivide Mussolini in una luce diversa e ne rimase folgorata. Ecco come ricorda il primo incontro con l'uomo del suo destino, avvenuto una domenica mattina dell'autunno 1908: «Mi voltai di scatto e incontrai due occhi di fuoco. Per un momento non vidi altro ed ebbi il cuore in gola ... Mi invitò a prendere un caffè, ma io rifiutai. A quei tempi, almeno in Romagna, la reputazione di una ragazza era compromessa solo che si facesse vedere in giro in compagnia di un giovanotto. Benito capì e ci lasciammo con un semplice saluto. Passai una notte insonne. Ero così felice...».

Pochi giorni dopo aver fulminato Chiletta con gli «occhi di fuoco», Benito le annunciò perentorio: «Domani parto. Ma al mio ritorno diventerete mia moglie». Anna e Alessandro, gente saggia, non erano affatto d'accordo, ma Rachele era innamorata e Mussolini era già l'uomo degli editti perentori. Dinanzi ai due genitori, tirò fuori una rivoltella con sei colpi nel caricatore e minacciò: «Uno è per lei, gli altri sono per me». I poveretti dovettero acconsentire a una convivenza in condizioni modestissime. Lo stipendio di Benito era di 120 lire al mese, ma 20 andavano al partito e la pigione per due stanze ammobiliate era di 15. «Benito» ricorderà Rachele «le aveva arredate alla meglio: un letto, un tavolo sgangherato, due sedie, un fornelletto a carbone. Ma non aveva pensato alle posate e alle lenzuola. Le chiesi in prestito a mia madre ... Raramente la carne si aggiungeva al piatto di minestra...»

La carriera politica di Mussolini, malgrado la sua assoluta povertà, cominciò a decollare. Nel 1910, a 27 anni, era il leader dei socialisti dell'Emilia-Romagna, ma certo quel ruolo non gli bastava. Si trasferì a Milano e nel 1912 diventò direttore dell'«Avanti!».

Le condizioni economiche familiari migliorarono, anche se per poco: lo stipendio salì a 500 lire (pare che Mussolini abbia rifiutato le 1000 lire corrisposte a Treves), però la testa di Benito era continuamente distratta da altre donne. La Balabanoff non solo non lo mollava, ma gli diede manforte nella direzione del quotidiano socialista, che assunse una linea rivoluzionaria. E poiché a volte le posizioni estreme pagano, la tiratura del giornale salì da 20.000 a 100.000 copie. Il successo politico e editoriale aprì a Mussolini nuovi salotti e nuovi talami. Pochi mesi dopo aver assunto la direzione dell'«Avanti!», incontrò due donne, l'anarchica pistoiese Leda Rafanelli e l'ebrea veneziana Margherita Sarfatti, entrambe intellettuali di grande fascino. La Rafanelli s'innamorò della testa di Benito, la Sarfatti anche del resto.

Leda aveva ascoltato un suo discorso nel marzo 1913, di cui aveva scritto entusiasticamente. Lui le aveva allora chiesto un incontro privato, che lei gli aveva subito accordato. Ma ne restò probabilmente delusa, come s'intuisce dal racconto che ne fece: «Lo avevo veduto sul palco in giacchetta, con la barba non rasa, gli occhi dallo sguardo un po' folle, eccitato, fremente; e ora vedevo un signore vestito elegantemente di nero, la fronte altissima per la precoce calvizie, il cappello duro tra le mani come certi personaggi da commedia». Lo ricevette in un ambiente da seduzione orientale: divani bassi, cuscini in ogni angolo della sala, un braciere che diffondeva profumo d'incenso e di sandalo. Nonostante la spettacolare e promettente scenografia, Leda non si offrì e Benito non osò.

Lei gli chiese però se fosse libero, e lui, bugiardo, rispose: «Come l'aria». Era invece impegnato con Rachele, e Leda probabilmente lo sapeva. Le confessò anche di essere amato alla follia da due donne, la Balabanoff e la Sarfatti: della prima rimarcò la bruttezza fisica e decantò la grande nobiltà d'animo, della seconda esaltò la bellezza e criticò la tirchieria: «La sua spilorceria mi disgusta. È ricca e abita in un grande palazzo di corso Venezia. Ebbene, quando viene pubblicato un suo articolo, manda all'"Avanti!" la sua cameriera per prenderne tre copie *gratis*, per risparmiare tre soldi. E ha l'edicola a pochi passi».

Intanto Benito era caduto ai suoi piedi e dichiarò d'amarla perdutamente, ma Leda non si commosse. E quando finalmente lui la strinse al petto e la baciò, lei restò di ghiaccio. L'anno dopo, nel 1914, quando Mussolini diventò interventista, gli tolse il saluto.

Rachele e l'altra «moglie» di Benito

Il destino sentimentale di Rachele fu assai tormentato. Nei trentasei anni vissuti accanto a Benito non lo ebbe mai tutto per sé, ma se molti hanno sentito parlare delle amanti del Duce, e se tutti conoscono la drammatica vicenda di Claretta Petacci con la quale peraltro Mussolini divise il letto forse soltanto la notte prima di morirle accanto, pochissimi sanno che Rachele dovette furiosamente strappare il suo uomo a un'altra «moglie». Così, almeno, questa donna figurò in alcuni documenti ufficiali. Per certo dette un figlio a Benito, che lo riconobbe e lo mantenne.

Come Claretta, anche Ida Dalser morì a causa sua. Ma la Petacci scelse di farlo; la Dalser no: fu vittima di Mussolini. Ida era una ragazza vivace e intraprendente quando, all'inizio del secolo scorso, lasciò Sopramonte, un paesino vicino a Trento, per cercare fortuna a Milano. Alla sua storia ha dedicato un'avvincente biografia Alfredo Pieroni (*Il figlio segreto del Duce*), prestigioso inviato del «Corriere della Sera», che si è occupato di questa vicenda nell'arco di un cinquantennio.

Racconta, dunque, Pieroni che fu una zia di Ida, Elvira Frasnelli, a pensare che la giovane fosse sprecata come cameriera e a trovarle un impiego come governante e infermiera presso la ricca famiglia milanese dei Taveggia. Ida assistette così bene l'anziana signora Taveggia presso l'Ospedale maggiore che quest'ultima, morendo, le lasciò un'eredità favolosa per quei tempi: 1 milione di lire. Con i soldi dell'imprevista agiatezza la giovane, che nel frattempo aveva ottenuto nell'ospedale milanese un diploma di massaggiatrice, se ne andò a Parigi. Qui prese un secondo diploma in ortopedia e massaggi, frequentò prestigiosi istituti di benessere e, tornata a Milano, aprì il «Salone Orientale d'Igiene e Bellezza Mademoiselle Ida», che ebbe un successo strepitoso.

Ida cominciò così a frequentare il bel mondo e ben presto s'imbatté nel giovane direttore dell'«Avanti!». Per Mussolini era impossibile non provare a sedurre qualsiasi donna incontrasse, e la tenera montanara con l'accento francese gli cadde dolcemente tra le braccia. Lui se ne innamorò furiosamente: la incontrava ogni pomeriggio e, prima dell'appuntamento dell'indomani, Ida riceveva appassionate lettere d'amore. Quante non avrebbero ceduto? L'amore così coinvolgente per la Dalser fece dimenticare a Benito il legame con Rachele, già vecchio di cinque anni e da tre consolidato dalla nascita di una figlia, Edda.

Nel 1914, per la sua posizione marcatamente favorevole all'intervento dell'Italia nella prima guerra mondiale, Mussolini venne espulso dal Partito socialista e rimosso dalla direzione dell'«Avanti!». Fu Ida, allora, a mantenerlo in tutto e per tutto. Nella riunione di partito più drammatica, tifò per lui mescolata fra il pubblico arrivando a schiaffeggiare chi gli si opponeva. Fece per lui quello che fa Violetta per Alfredo nella *Traviata*: lo ospitò in casa propria e non esitò prima a vendere il salone di bellezza, poi a impegnare persino i mobili. Per lui andò felicemente in rovina, convinta che Benito l'avrebbe sposata. E lui la sposò? Forse sì. Pieroni, sulla base di alcune testimonianze, come quella di don Luigi Pedrolli, parroco di Sopramonte, è convinto che il matrimonio fu celebrato e la trascrizione fatta sparire dai registri parrocchiali e municipali del paesino nel 1925 da alcuni gerarchi fascisti.

Una possibile prova dell'avvenuta celebrazione delle nozze (o, comunque, del fatto che Mussolini si comportasse come se la Dalser fosse sua moglie) si ebbe quando Benito partì per la guerra, il 31 agosto 1915. Negli anni Cinquanta Pieroni rinvenne un documento del sindaco di Milano in cui si attestava che «la famiglia del militare Mussolini Benito è composta dalla moglie Dalser Ida e da figli numero uno». In realtà, il figlio della coppia nacque soltanto l'11 novembre dello stesso anno. È dunque probabile che Mussolini avesse dichiarato di avere moglie (reale o presunta?) e un figlio (ancora non nato) per assicurare un piccolo sussidio alla povera donna incinta.

Quando Ida scrisse a Benito che aveva deciso di battezzare il bimbo con il nome del padre e del nonno materno, Benito Albino, non ebbe risposta. In compenso ricevette un telegramma del direttore dell'ospedale militare di Treviglio: «Bersagliere Mussolini qui ricoverato per ittero catarrale». La povera donna si precipitò a trovare il marito (marito?) con Benitino in braccio. Arrivò a Treviglio il 18 dicembre e ricevette promesse di amore perpetuo. Ma, il giorno precedente, Mussolini aveva sposato civilmente nello stesso ospedale Rachele, che aspettava da lui un secondo figlio, Vittorio.

Com'era fatale, le due donne s'incontrarono proprio a Treviglio. Ecco il racconto di Rachele: «Un mattino mentre andavo a fargli visita mi trovai di fronte una donna bruna, dall'aspetto imponente ma scostante. Sulle prime non riconobbi in lei la Dalser, ma lei si ricordava molto bene di me. Nella stanza in cui si trovava mio marito mi aggredì gridandomi in faccia: "Sono io la moglie di Mussolini, e solo io ho il diritto di restargli vicina". I soldati presenti si divertivano un mondo. Allora mi scatenai e mi avventai ... a metterle le mani attorno al collo e cominciai a stringere. Dal suo letto, come una mummia avvolta dalle bende, che gli impedivano di fare il minimo movimento, Benito cercava di intervenire. Si gettò addirittura giù dal letto per fermarci. Per fortuna alcuni medici ed infermieri intervennero, altrimenti credo che l'avrei strangolata. Alla fine la Dalser scappò via, mentre io scoppiavo a piangere».

Ida Dalser e Benitino, sani di mente, morirono in manicomio

Un mese dopo, nel gennaio 1916, Mussolini riconosceva Benitino come figlio proprio in uno studio legale milanese e dichiarava che, al momento della nascita del piccolo, egli non era legato ad alcuna donna da vincolo matrimoniale. Intese in questo modo chiudere il rapporto con Ida, ignaro delle tragedie che ne sarebbero seguite. La Dalser – e si può capirla – non si rassegnò mai a essere liquidata. Un giorno Rachele se la trovò in casa: «Una strana donna, molto più anziana di me, dalla figura allampanata e dai modi esagitati». Chiese di poter visitare l'appartamento, si avvicinò alla piccola Edda e le domandò: «Ma papà ti vuol bene?».

Mussolini teneva i piedi in due scarpe. Dopo aver riconosciuto Benitino, sistemò Ida in un buon albergo al centro di Milano, dimenticandosi poi di pagare il conto. La donna gli fece causa sostenendo di essere stata sedotta, ma il giudice obiettò che la sua vita parigina l'aveva trasformata da semplice ragazza di campagna in una navigata signora perfettamente in grado di tutelarsi. Tuttavia, Mussolini fu condannato a versarle una cifra rispettabile per il mantenimento del bambino: 200 lire al mese. Che, anche in questo caso, il futuro Duce si dimenticò di pagare, tanto che alcuni anni dopo, nel 1921, un ufficiale giudiziario si presentò a Montecitorio (Mussolini era diventato deputato) esigendo la riscossione degli arretrati.

I rapporti tra Ida e Benito diventarono di giorno in giorno più tempestosi. La donna sparse la voce che Mussolini nel 1914 era diventato interventista perché aveva ricevuto sostanziosi finanziamenti dal governo francese. In effetti, come ricorda Pieroni, il 17 gennaio di quell'anno l'allora direttore dell'«Avanti!» aveva incontrato a Ginevra l'ex primo ministro francese Joseph-Marie Caillaux, che gli aveva fatto avere

1 milione di lire. La somma era stata versata presso il Banco Jarach, da cui venivano attinte le 200 lire mensili destinate al mantenimento del piccolo Benito, finché Mussolini si decise a onorare il suo debito. Il 19 gennaio 1925 fu assegnato al bambino un capitale di 100.000 lire depositato presso la Cassa di Risparmio di Trento e Rovereto dal quale ricavare una rendita annua del 5 per cento, che fu amministrata da Adelina e Riccardo Paicher, rispettivamente sorella e cognato di Ida.

Nel 1926 l'insistenza della donna nell'inseguire ovunque quello che era ormai diventato il capo del governo spinse Mussolini a farla internare in manicomio. All'inizio, però, i medici la rilasciarono trovandola perfettamente sana di mente, ma in seguito altri dottori vicini al Fascio ne autorizzarono il ricovero permanente: la notte tra il 19 e il 20 giugno 1926 Ida fu fermata per ordine del questore di Trento. Aveva 43 anni.

Nell'immediato dopoguerra Pieroni, allora giovane giornalista trentino, seppe da alcuni testimoni superstiti che Ida Dalser non era affetta da alcun disturbo psichico. Eppure le venne impedito qualunque contatto con il mondo esterno, cosicché impiegò tre anni per far arrivare, con un sotterfugio, una lettera ai parenti, ai quali era vietato incontrarla. Nel 1929 riuscì a inviare a Mussolini una lettera angosciata: «Signor Duce ... Su via alzati dal letargo che ti opprime, salva almeno il tuo sangue. Un giorno non eri ignobile ... Mi promettevi eterna riconoscenza, di coprirmi un giorno di gemme, di farmi la donna più invidiabile d'Italia. Ecco giunti finalmente ... i tuoi doni! Per mio figlio, per tuo figlio, una casa di correzione, per la madre di esso un volgarissimo manicomio...». È la lettera di una donna disperata, non di una matta.

Ida dovette aspettare sette anni per poter incontrare, nel 1933, i propri parenti. Due anni dopo riuscì a evadere dal manicomio calandosi con lenzuola bagnate dalla finestra, dopo aver scardinato le inferriate. Arrestata di nuovo, ormai debilitata nel fisico e nell'animo, morì la sera del 1° dicembre 1937. Aveva 54 anni, Benitino 22.

Sulla sorte successiva del ragazzo, non abbiamo fonti da confrontare. Perfino Renzo De Felice, che alla vita di Mussolini ha dedicato sette volumi di una biografia fondamentale, non ne parla. Occorre dunque limitarsi a riferire quanto scrive Pieroni, che cita documenti originali. Quando sua madre morì, Benitino aveva raggiunto la maggiore età e avrebbe potuto quindi incassare il capitale di 100.000 lire versato dodici anni prima dal padre, con una rendita annua – come abbiamo detto – del 5 per cento. Pieroni sostiene che il giovane non incassò mai quella somma, di cui peraltro si persero le tracce. Poco tempo dopo che gli fu assegnata la rendita, si sarebbe infatti tentato di revocargliela. Secondo Pieroni, il questore di Trento convocò Riccardo Paicher proponendogli di sottoscrivere un documento di rinuncia alla tutela sul nipote (e, quindi, all'amministrazione della rendita) in favore di un funzionario della pubblica amministrazione. Paicher si rifiutò, e allora accadde un episodio che ha dell'incredibile: il ragazzo fu rapito da due funzionari della questura e prima rinchiuso nel «Ricovero dei derelitti» di Sant'Ilario, nei pressi di Rovereto, poi trasferito in un elegante collegio di Moncalieri, in Piemonte.

Per allontanare definitivamente Benitino dalla madre e dai parenti, prefetto e questore di Trento assunsero una decisione drastica: ricoverare anche lui in manicomio. «Un ospedale psichiatrico» scrive Pieroni «non serviva a guarire i malati di mente, ma era adattissimo, attraverso gli anni e i giusti provvedimenti, a portare alla pazzia una persona sana.» Così il figlio di Mussolini finì nel manicomio di Mombello, nei pressi di Milano. Si dice che sia stato sottoposto a insulinoterapia e a elettroshock, che sia andato in coma nove volte, che abbia temuto di essere ucciso e per questo sia impazzito. Fatto sta che il 26 agosto 1942, all'età di 26 anni, Benitino se ne volò in cielo a raggiungere la sua mamma sventurata.

Margherita Sarfatti, l'anima del fascismo

Ida Dalser morì un anno dopo il definitivo distacco di Mussolini da un'altra delle sue amanti storiche, Margherita Sarfatti. Quella, a ben vedere, di più lungo corso, giacché gli restò accanto per diciotto anni, dal 1918 al 1936, esercitando su di lui una fortissima influenza politica e intellettuale. Racconta Edvige, la sorella del Duce: «L'amore di Benito per quella scrittrice fu nuovo e profondo – a mio parere – perché riuscì a domare le disposizioni più vere del suo animo e della sua mente, perché egli amò, in quella occasione, anche le qualità o i difetti femminili verso cui era rimasto prima, e tornò a essere dopo, sprezzante» (*Mio fratello Benito*). Confessa Rachele: «Ho tanto sofferto per quella donna. Non che avessi paura di lei. Fino all'ultimo, Benito mi ripeté che se avesse avuto una moglie troppo istruita, magari una professoressa, non avrebbe potuto salire in alto come con me al suo fianco. Ma molti venivano a dirmi: "Mussolini si lascia influenzare dalla Sarfatti" e questo proprio non lo sopportavo».

Dal canto suo, lei, sicura di sé, scriveva in *Dux:* «Guai se non vi fosse la valvola di sicurezza della compagnia femminile, nella vita di un uomo destinato a salire e perciò isolato, alieno all'ambiente in cui vive. Anche labile e fugace, il flirt rappresenta almeno un contatto intimo continuativo con il prossimo, sino a quando giunge l'amore...».

Il «flirt» tra Benito e Margherita si tradusse subito in amore. Prima violentissimo da parte di lui, come spesso gli accadeva, poi fortemente corrisposto (e perfino prevalente) da parte di lei. I due, come abbiamo visto, si erano conosciuti nel 1912 appena Mussolini era stato nominato direttore dell'«Avanti!», ma erano diventati amanti nel 1918. Margherita aveva 38 anni, Benito 35. Figlia di agiati ebrei veneziani, aveva sposato diciottenne verso la fine del secolo l'avvocato Cesare Sarfatti, anch'egli ebreo, a cui diede tre figli. Il maggiore, Roberto, s'era arruolato volontario negli alpini a soli 17 anni e nel gennaio 1918 era caduto eroicamente in battaglia, guadagnandosi una medaglia d'oro. Nel suo ruolo politico (socialista, venne poi espulsa dal partito) e di scrittrice, Margherita aveva percorso molti fronti di guerra, ma la morte del figlio le cambiò la vita. Quando alla fine dello stesso anno durante un comizio di Mussolini, accolto da un «tripudiante, religioso delirio», incontrò «un soldato, che nel risponder "presente" all'appello della vittoria, vivi in cuore portava gli assenti», decise che quello era il suo uomo (Michela De Giorgio, in *Dizionario del fascismo*).

Quando Margherita si trasferì in via dei Villini, a Roma, al seguito del Duce, il suo salotto divenne un crocevia dell'arte e del potere. Ma già prima di incontrare Benito, la Sarfatti era stata un punto di riferimento per gli intellettuali milanesi. Nella casa di campagna Il Soldo, vicino a Como, si potevano ammirare suoi ritratti firmati da Sironi e Marussig, dipinti di Boccioni, Utrillo, Chagall, e disegni di Picasso e di Cocteau. In quelle sale si davano appuntamento lo stesso Boccioni e Pirandello, Panzini e Medardo Rosso, Ada Negri e Corrado Alvaro (di cui fu la grande protettrice). Vi si recava anche Mussolini, al volante delle auto sportive sulle quali era solito condurre la raffinata amante a spasso sotto la luna, trovando poi rifugio in locande occasionali. A Roma, soprattutto subito dopo la «marcia», i due amanti si incontravano furtivamente al Grand Hotel. Margherita frequentò sempre poco palazzo Venezia, dove mise piede per l'ultima volta nel 1936: si presentò non annunciata, Navarra la fece accomodare in un salotto e dopo due ore le comunicò che il Duce non avrebbe potuto riceverla. Diciotto anni di intensissima comunione intellettuale, politica e fisica finirono così.

Margherita fu la donna che ebbe maggior influenza su Mussolini, e probabilmente ha ragione chi vede in lei l'anima del primo fascismo. Fu al Soldo che vennero stesi i piani operativi all'immediata vigilia della «marcia su Roma». Fu lei a pagargli il biglietto del vagone letto che la notte del 28 ottobre portò Mussolini a ricevere l'incarico dal re (Sergio Marzorati, *Margherita Sarfatti*). Fu lei a insegnargli le buone maniere a tavola e nelle occasioni ufficiali, quando il fisico robusto del nuovo presidente del Consiglio fasciato in tight troppo stretti rischiava di esplodere. Fu ancora lei, nel 1924, la corazza psicologica di Mussolini durante la tempesta che seguì all'assassinio di Giacomo Matteotti: «Errore» disse la Sarfatti «di giovanotti energici».

Vendette a un chirurgo plastico le lettere del Duce

Gelosissimo di natura (al contrario di ciò che sostiene Navarra), Mussolini lo fu anche di Margherita. Quando la donna ebbe un flirt travolgente con il giovane pittore futurista Emilio Notte – bellissimo, occhi azzurri e animo romantico –, il Duce le impose di non vederlo e di non occuparsene come critica d'arte. Lei, invece, non era gelosa di Benito, convinta di dominarne, al contrario delle altre donne, non solo i sensi, ma anche la testa.

La Sarfatti ottenne una grande notorietà internazionale scrivendo la prima biografia autorizzata di Mussolini, che ebbe diciotto edizioni e fu tradotta in diciassette lingue. In Italia vendette 1 milione di copie, mentre all'estero il record negativo di volumi acquistati fu stabilito in Giappone (mezzo milione). Pubblicato a Londra nel 1925 con il patrocinio di Giuseppe Prezzolini (*The Life of Benito Mussolini*), il libro fu tradotto l'anno dopo in Italia da Mondadori (*Dux*) e contribuì in modo determinante al lancio mediatico del Duce in anni difficili. Mussolini scrisse nella prefazione: «Questo libro mi piace perché mi proporziona nel tempo, nello spazio e negli eventi». Nelle sue memorie, Rachele sostiene il contrario: «A Benito il libro non piacque». Si sbagliava, ma era condizionata dalla gelosia e dall'invidia per l'astronomica cifra di diritti d'autore incassata dalla donna. Era sicura che Margherita stesse accanto a suo marito esclusivamente per interesse e non sopportava che la loro storia durasse così a lungo.

Un giorno, scoperta a tirare di pistola nel giardino di casa, Rachele si giustificò dicendo: «Mi alleno per ammazzare quell'ebrea». Non le stava bene nemmeno la lunga (e prestigiosa) collaborazione della Sarfatti al «Popolo d'Italia». Un giorno, nel 1931, perse la pazienza. Convinta che Margherita fosse stata licenziata e avesse percepito la liquidazione che le spettava, scoprì invece con disappunto che la sua firma compariva ancora sul giornale. Si trovava a Merano con Carolina Ciano, madre di Galeazzo, per curare un esaurimento nervoso. Si precipitò a un ufficio postale e scrisse un telegramma di fuoco al marito («Lo riempii fitto fitto, senza badare all'economia»). Il tono era tale che prima la consuocera, poi la telegrafista tentarono invano di impedirne la trasmissione. Quest'ultima trasalì leggendo l'indirizzo, ma dovette rassegnarsi – sgomenta – quando Rachele le ordinò perentoria di procedere: «Sono la moglie del Duce». Ricevuto il messaggio minatorio, Mussolini si rabbuiò e rassicurò al telefono la moglie giurandole di non sapere nulla dell'articolo in questione e di non volere saper più nulla della Sarfatti. Naturalmente mentiva: se non sul primo punto, certo sul secondo. Rachele, invece, gli credette e chiuse il caso con una nuova minaccia: «Sentimi bene ... Se mi capita sott'occhio un'altra volta un pezzo della Sarfatti, anche nell'ultima pagina, vado a Milano, prendo una bomba e faccio saltare per aria il palazzo del "Popolo". Tanto il "Popolo d'Italia" non piace più a nessuno, è diventato ormai un mattone!».

La rottura tra la Sarfatti e il Duce fu innanzitutto politica. Con straordinaria preveggenza, Margherita aveva capito che le avventure coloniali e soprattutto l'alleanza con Hitler avrebbero segnato la fine del fascismo. Nel 1935, alla vigilia della campagna d'Etiopia, scrisse a Mussolini in tono formale: «Lei ha abbastanza già da colonizzare nelle Puglie, in Sicilia e in Calabria ... Se Lei va in Abissinia, allora cadrà nelle mani dei tedeschi e Lei è perduto».

Cercò invano alleanze a Londra e negli Stati Uniti, dove tenne conferenze e fu persino invitata dai Roosevelt a prendere un tè. Nel 1936, al rientro a Roma, tentò di convincere Mussolini a mollare Hitler per guardare a Occidente, ma non fu ascoltata. Cercò un secondo incontro, ma – come abbiamo visto – dovette accontentarsi di Navarra.

Odiata da Edda Ciano, Margherita tenne aperto il suo salotto ancora per un paio d'anni. Visse il periodo della guerra tra Lisbona e Montevideo. Si dice che Mussolini avrebbe voluto averla a Roma: non come amante (lei era invecchiata e poi adesso c'era Claretta), ma come donna simbolo.

Nel 1947 Margherita tornò in Italia e, ai giornalisti che subito l'assediarono al Soldo, dettò tra nuvole di fumo questa frase: «Ho creduto in Mussolini fino a quando ha dimostrato di essere coerente. Dopo la guerra d'Africa, non più».

Vendette per 120.000 dollari a un chirurgo plastico americano le lettere che il Duce le aveva scritto. Rachele commentò disgustata: «A un americano? Non me ne meraviglio. Era una donna interessata...».

Margherita Sarfatti morì nell'autunno del 1961, a 81 anni. Commentò Irene Brin sul «Giornale d'Italia»: «Su di lei sono state scritte tante inesattezze. Ad esempio nessuno ha spiegato che è stata bellissima...».

«Una donna al giorno, ogni pomeriggio»

«Mussolini riceveva una donna al giorno, ogni pomeriggio. Ciò durò fino al 24 luglio» annota nelle sue memorie il fedele Navarra. «L'appuntamento che egli aveva fissato con la signora S. di Ferrara, per il giorno 25, fu l'unico rinviato, *sine die*, dal Duce stesso.» Il capo usciere di palazzo Venezia conferma che Mussolini non amava le storie durevoli, salvo le eccezioni che abbiamo appena visto e l'ultima che vedremo tra poco: Claretta. Molte donne si rassegnavano a un unico incontro consumato sul tappeto della Sala del Mappamondo, altre avevano il privilegio di qualche replica nel vano della finestra. Molte protestavano per il carattere effimero della relazione, alcune chiedevano aiuti economici: il Duce provvedeva per le vie brevi, mettendo una somma di denaro fra le pagine di un libro che Navarra faceva loro consegnare a domicilio.

«In fatto di donne» confidò Benito a Nino D'Aroma (*Mussolini segreto*) «ho la mia esperienza eguale a quelle di tutti gli uomini sani, che nella vita fanno la loro parte né più né meno degli altri, perché se io, Mussolini, dovessi addossarmi tutte le donne che mi si attribuiscono, francamente avrei dovuto essere, più che un uomo, uno stallone.»

Eppure, le «visitatrici fasciste» venivano da tutta Italia, come scolare in visita di studio, per farsi possedere. Non tutte erano belle, non tutte erano giovani: anzi, prima d'innamorarsi di Claretta, il Duce preferiva le donne appena mature. Bionde, brune, rosse: tutte, comunque, prosperose. Tra le frequentatrici abituali di palazzo Venezia, risultano una «signora Bellini» (bruna, alta, piacente e non magra) e una «signora Tanzi», che gli scrisse ogni giorno per tre mesi. Una volta, prima di riceverla, Mussolini chiese se fosse arrivato nulla da parte sua. Allora Navarra gli consegnò l'ultima lettera che la donna gli aveva inviato e gli domandò se voleva anche le novanta precedenti. «Gli arretrati non contano» rispose seccamente il Duce.

Navarra ricorda tra le più assidue una signora C. di Milano («bruna, robusta, alta, né troppo fine né troppo volgare») e, soprattutto, la contessa R. di Rovigo, bella, bionda e procace. Appena era a Roma, faceva recapitare un biglietto a palazzo Venezia e il Duce la riceveva immediatamente. Per smistare la gigantesca corrispondenza sentimentale fu creato un ufficio apposito che selezionava le migliaia di lettere in arrivo e faceva pervenire a Mussolini solo quelle giudicate più «interessanti».

Le donne del Duce erano quasi tutte di estrazione borghese: Mussolini non amava le aristocratiche e non frequentò granché donne provenienti da famiglie modeste. Fece eccezione per una bella donna milanese, Angela Curti, figlia di un tipografo socialista. La conobbe nel 1921 a Milano e, dopo la «marcia su Roma», le chiese di andare a trovarlo ogni tanto a palazzo Venezia. Angela non gli procurava problemi di nessun genere, e Benito gliene era grato. «Tu sei il mio riposo» le ripeteva. Come segno d'affetto e di distinzione, apriva per lei la Sala dello Zodiaco, dove i due amanti si intrattenevano per un tempo assai superiore alla media.

Fra le tante donne che subirono al primo incontro (o addirittura senza nemmeno incontrarlo) il fascino del Duce ci fu una giornalista francese, Magda de Fontanges. Ricevuta a palazzo Venezia con un gruppo di corrispondenti, la donna – bionda, ma bruttina – riuscì a incontrare in intimità Mussolini il pomeriggio stesso e se ne innamorò perdutamente. Del Duce, che la portava con sé anche in occasioni ufficiali, scrisse corrispondenze ammirate: «I suoi occhi hanno uno splendore incomparabile, affascinante, e io sfido chiunque ad affrontarlo per la prima volta senza restarne profondamente turbato».

L'assiduità dei loro incontri dovette infastidire Margherita Sarfatti, che pregò il suo amico conte Charles de Chambrun, ambasciatore francese a Roma, di rispedirla a Parigi. Cosa che avvenne con la motivazione ufficiale che Magda era sospettata di lavorare per quelli che oggi chiameremmo «servizi deviati» francesi. E, probabilmente, era anche vero. Ma la donna, lungi dal rassegnarsi, reagì con tre iniziative spettacolari. La prima: tentò il suicidio. La seconda: rivelò alla rivista americana «Liberty» i dettagli dei suoi incontri amorosi con Mussolini (lui suonava il violino ai suoi piedi). Infine, per vendicarsi di Chambrun, lo aspettò all'uscita della stazione parigina del quai d'Orsay e gli sparò un colpo di pistola «nelle parti basse», come annotò Ciano nel suo diario con una punta di malizia. Quando la polizia fece irruzione nell'appartamento della giornalista, vi trovò trecento foto del Duce.

E Claretta gridò: «È il Duce!»

«Una sola variante c'è stata, con l'età, ai suoi costumi affettivi e amatori: d'essere passato dalle molte donne a una sola donna, la Petacci, amante ormai riconosciuta, con guardia di carabinieri alla porta di casa, onore e sorveglianza ad un tempo.» Tacito non avrebbe saputo dir meglio del gerarca Giuseppe Bottai (*Diario*). Claretta, in realtà, non fu mai la sola donna di Mussolini, che la tradì, come vedremo, con molte «visitatrici fasciste». Ma certo nel suo cuore, nella sua vita e nella sua tragica fine ebbe un posto di assoluta preminenza.

Come ricorda Renzo De Felice (*Mussolini il duce*), Mussolini sentì parlare di Claretta nel 1926, quando lei aveva 14 anni. Violet Albina Gibson, un'aristocratica inglese un po' esaltata, aveva aspettato Mussolini all'uscita del Campidoglio, dove aveva inaugurato un congresso di chirurgia, e gli aveva sparato una revolverata ferendolo leggermente al naso. Nel diluvio di messaggi di felicitazione per lo scampato pericolo (fra cui quello, affettuosissimo, di Pio XI), fu notata la lettera della Petacci, straripante di «fervida devozione e ingenua confidenza» come sottolineò nella risposta la segreteria di palazzo Venezia: «Duce, mio grandissimo Duce, nostra vita, nostra speranza, nostra gloria, come vi può essere un'anima così empia che attenti ai fulgidi destini della nostra bella Italia? O Duce, perché non vi ero! Perché non ho potuto strangolare quella donna assassina, che ha ferito te, divino essere?». Le premesse dell'amore fatale c'erano tutte.

I due si rividero in una fortunosa circostanza sei anni dopo, domenica 24 aprile 1932. Claretta andava verso Ostia su una Lancia, guidata dall'autista di famiglia, insieme alla madre, alla sorella Myriam e al fidanzato, il sottotenente dell'aeronautica Riccardo Federici. Furono sorpassati a gran velocità da un'Alfa Romeo rossa condotta da un uomo che portava berretto, guanti da guida e occhialoni scuri, e seguita dalla vettura nera della scorta presidenziale. «È il Duce!» gridò Claretta ordinando all'autista di inseguirlo. L'inseguimento fu vano, ma quando più tardi vide di nuovo Mussolini fermo sul piazzale di Ostia, la ragazza volle presentarsi scortata dall'inconsapevole fidanzato.

«Sono Claretta Petacci.»

«Siete parente del medico del Vaticano?» le chiese il Duce.

«È mio padre.»

«Voi che fate?»

«Scrivo, suono il violino» rispose la ragazza, quasi volesse emulare Rodolfo che nella *Bohème* di Puccini replica a Mimì: «Chi son? Sono un poeta. Che cosa faccio? Scrivo. E come vivo? Vivo».

Lui aveva 49 anni e rimase colpito dalla fresca bellezza della ragazza, che ne aveva appena compiuti 20. De Felice ricorda che per quattro anni tra di loro ci fu soltanto un'affettuosa amicizia (nel senso più letterale del termine). Mussolini aiutò la famiglia Petacci (il padre di Claretta era un influente medico del Vaticano, ma non archiatra pontificio), raccomandò lo spregiudicato fratello di lei Marcello (che seppe approfittare di questo rapporto a piene mani), si occupò attivamente della ragazza aiutandola a coltivare le sue ambizioni di pittrice e favorendone nel 1934 il matrimonio con il giovane sottotenente Federici, che non aveva l'età regolamentare per prendere moglie.

Due anni dopo, Claretta si separava dal marito per diventare l'amante stabile del Duce. La testimonianza più attendibile sulla nascita della loro relazione è quella di un amico della donna, Pasquale Donadio, che tra il settembre e il novembre 1962 raccontò molti retroscena a puntate sul giornale «Tempo» (*Una tragica storia d'amore*).

«Quel che attira il Duce è soprattutto il petto»

La Petacci, ricorda Donadio, «fu convocata telefonicamente a palazzo Venezia, tramite la segreteria particolare di Mussolini. Vi si recò da sola, di pomeriggio, guidando personalmente la propria macchina, e fu accolta ancora nella Sala del Mappamondo. Dopo brevi convenevoli, Mussolini, che andava ormai per i cinquantaquattro anni, entrò in argomento senza sottintesi. ... [*fra l'altro le*] disse che adesso, essendo separata da Federici, era padrona di se stessa. Clara annuì; lui divenne tenero, stringente, incalzante. Ella si abbandonò con gioia al gioco amoroso, perché era proprio quello l'uomo che aveva sognato, idolatrato, voluto. Così e non altrimenti Clara divenne l'amante del Duce». Aveva 24 anni.

Claretta andava a palazzo Venezia una volta alla settimana e Mussolini, testimonia Navarra, annotava scrupolosamente giorno e ora sull'agenda. Poi le visite si fecero quotidiane, e il Duce aprì alla favorita l'appartamento Cibo (così chiamato dal nome del cardinale che, succedendo a Paolo II, lo completò) e la Sala dello Zodiaco che, come abbiamo visto, non fu soltanto sua. L'appartamento si componeva di un'anticamera, uno studio dove il capo del governo consumava i suoi frugalissimi pasti («Non costo più di quattro o cinque lire» amava ripetere) e della Sala dello Zodiaco. Di qui, attraverso uno sgabuzzino, si accedeva alla toletta munita di un lavabo, di un water, di un asciugamano e di una saponetta. «Non altro» racconta Navarra. (Nella sua bella biografia di Claretta, Roberto Gervaso aggiunge, per ragioni igieniche, un bidet.)

Nella Sala dello Zodiaco, prosegue il commesso di Mussolini, «Clara Petacci soleva passare i pomeriggi, mentre il Duce viceversa nella Sala del Mappamondo. In questo salotto, Clara stava ore e ore a leggere, distesa su un ampio *sommier*. E io le servivo il tè, ricevendo le sue confidenze».

Queste confidenze erano spesso piene d'amarezza: «Si è parlato di trepide attese; di un Mussolini idilliaco e sognante che passava con Clara ore e ore a parlare d'amore, cogliendo fiori. Al contrario, non ci fu mai amante più schivo e più sfuggente di quello che fu Mussolini per la Petacci. Si può dire che fino all'ultimo Claretta sia vissuta con un orgasmo quotidiano, con una continua paura che qualcun'altra glielo portasse via; il che dimostra quanto poco lo dominasse».

In realtà, Mussolini non pensò mai di abbandonare Claretta. Aveva altre donne: le vedeva ogni tanto a palazzo Venezia e perfino nelle camere da letto delle prefetture, durante i suoi viaggi attraverso l'Italia. Claretta, che di Benito s'era via via innamorata davvero, ovviamente ne soffriva e gli faceva continue scenate di gelosia. Arrivò a pedinarlo e a farlo pedinare. «Non lo sopporto!» gridava Ben (lei lo chiamava così) quando veniva colto in castagna. Claretta tormentava il povero Navarra, che negava, mentendo, ogni altra relazione del suo principale ma veniva talvolta smentito dal Duce stesso, che qualche ammissione doveva pur farla. «Non posso rimuovere il mio passato»: così si giustificava quando doveva ammettere di essersi fermato da qualche signora per consegnare una busta con degli aiuti economici.

Perché il Duce stava con Claretta? Le voleva bene, certo. Ne era fisicamente attratto («La Petacci ha un petto enorme» testimonia Navarra. «Ho capito, da mezzi discorsi di lei, che quello che attira il Duce è soprattutto il petto.»). L'amore di una donna dalla quale lo separavano 29 anni di età, osserva De Felice, fu per lui «un modo per sentirsi ancora giovane, per trovare qualche momento di distensione e riempire in qualche misura la solitudine umana con un rapporto il più possibile semplice, disinteressato e sicuro».

Acclamato da folle oceaniche, venerato da milioni di uomini (e soprattutto da milioni di donne), Mussolini era un uomo solo. «Solitudine, meditazioni, ricordi» si sfogò con Yvon De Begnac (*Palazzo Venezia. Storia di un regime*). «Non ho un amico. Non conosco la società. Mi guardo bene dal frequentarla.» Claretta era il suo vero, unico ristoro.

Non dormirono mai insieme

L'amante del Duce faceva una vita certo molto comoda, ma di straordinaria monotonia. Viveva in casa dei genitori, s'alzava tardi, pranzava frugalmente in famiglia e, tra le quindici e le sedici – quasi dovesse timbrare il cartellino –, si presentava a palazzo Venezia, dopo essersi fermata da un fioraio a comprare un mazzetto di fiori stagionali che il Duce aveva sempre sulla scrivania. Mussolini, a quell'ora, teneva le sue udienze nella Sala del Mappamondo. L'amante l'aspettava per ore in solitudine, leggendo e ascoltando musica classica dal grammofono. Un giorno comprò qualche disco di musica leggera, ma il Duce non apprezzò. «Che roba è?» chiese inquieto entrando nel salotto dell'appartamento Cibo. «Ma come? Non riconosci Rabagliati?» protestò la ragazza. Per difendersi, Mussolini la buttò in politica: «Non mi piace. Mi hanno detto che questo Rabagliati è stato in America! Ci torni! In Italia possiamo benissimo fare a meno di Rabagliati e di Toscanini!». Tolse il disco dal piatto del grammofono e lo scagliò in terra.

«Spesso i loro amori giornalieri si riducevano a una scarsa mezz'ora serale, rubata agli orari dell'autista che già attendeva e ai turni prestabiliti del servizio di polizia scaglionato lungo il percorso delle strade.» A Roma non dormirono mai insieme. Navarra ritiene che lo abbiano fatto qualche volta al Terminillo, altri pensano che l'unica notte trascorsa nello stesso letto sia stata quella che precedette la fucilazione.

La loro relazione, curiosamente, restò segreta piuttosto a

lungo. Quando si seppe, nella buona società romana fu tutto un parlottio sullo splendore dei regali che la signorina Petacci riceveva dall'illustre amante. Niente di più sbagliato. «Molti si stupiranno» racconta Navarra «venendo a sapere che il Duce "faceva" alla Petacci non più di due o, al massimo, tre vestiti all'anno. Non solo: ma le somme elargite per tale bisogna erano ridicolmente esigue. E non perché Mussolini fosse avaro, ma perché non aveva mai saputo quanto, in realtà, potesse costare una toletta femminile.»

La voce popolare, naturalmente, dava per certo che i lussi dell'amante di regime fossero pagati dallo Stato e, in particolare, dal sottosegretario all'Interno Guido Buffarini Guidi, gran fiutatore delle arie giuste, che fu sempre vicino a Ben e Claretta acquisendo così un notevole potere. Nella sua biografia di Edda Ciano (*Edda*), Antonio Spinosa fa sua questa tesi, sostenendo che i Petacci trafficavano in oro e in valuta e facevano affari colossali con l'import-export. Anche la villa alla Camilluccia («Scuola di mistica fascista» scrisse sul muro di cinta un anonimo Pasquino del XX secolo) sarebbe stata un dono del regime. Renzo De Felice testimonia che lo Stato, al contrario, non pagò nulla per Claretta. Le spese – a quanto pare, poche – che il Duce sosteneva per la sua amante venivano coperte dal «Popolo d'Italia» o con somme provenienti dallo smobilizzo di buoni del Tesoro, in cui Mussolini convertiva tutti i suoi risparmi.

Secondo De Felice, invece, il Duce non tirò fuori una lira nemmeno per la fantastica villa che la famiglia Petacci si fece costruire nel 1939 sulla collina residenziale romana della Camilluccia. Trentadue stanze distribuite su due piani, una terrazza affacciata sulla città, elegante esempio dell'architettura razionalista del tempo, l'edificio – con annessi campo da tennis e piscina – avrebbe ospitato negli anni Cinquanta un raffinato e famoso ristorante (il Palazzi) prima di essere purtroppo venduto e demolito per far posto, fra l'altro, all'ambasciata dell'Iran.

Claretta, incinta, rischiò di morire

Anche se pagarono di tasca propria la costruzione, i Petacci furono largamente beneficati dalla relazione di Claretta con Mussolini. Il padre Francesco Saverio se ne giovò nella sua carriera di medico e nelle relazioni professionali (ebbe, per esempio, una munifica collaborazione con «Il Messaggero»), la sorella Myriam ottenne prime parti da attrice che mai avrebbe sognato, ma fu soprattutto il fratello Marcello ad approfittarne nel modo più spregiudicato. Navarra racconta che l'ambiziosissima madre di Claretta, Giuseppina, frequentava costose boutique di via Condotti e di piazza di Spagna, e che, quanto a vestiti e gioielli, sull'amante di Mussolini pioveva ogni ben di Dio. Provvedeva a tutto Marcello, e Claretta, per non creare tensioni, doveva nascondere al Duce le pellicce più costose.

Mussolini, peraltro, sapeva che il giovanotto non era una mammola: un giorno sua figlia Edda gli sbatté sul tavolo un dossier impietoso su tutto il clan Petacci segnalando gli affari di Marcello, un medico giudicato incapace che, grazie al ruolo della sorella, aveva fatto una carriera fantastica. A causa sua, Benito litigava spesso con Claretta, che invece lo difendeva. A questo proposito Navarra racconta un episodio significativo. Un pomeriggio fu convocato nell'appartamento Cibo e trovò Claretta esanime. Mussolini gli ordinò di chiamare suo padre, medico, perché la visitasse, e se ne tornò nella Sala del Mappamondo a ricevere gente. Quando rinvenne, Claretta riferì al padre la causa dell'ecchimosi che le veniva premurosamente tamponata. «Per Marcello, ... mi ha dato un pugno!...» Il professor Petacci non batté ciglio. «Il pugno passa!» disse alla figlia in lacrime.

Edda odiava Claretta con tutte le sue forze. Pur conducendo essa stessa una vita dissipata e non certo morigerata, che non interruppe nemmeno durante la guerra (a Capri giocava somme incredibili e girava in costumi succinti nonostante da poco fosse morto suo fratello Bruno), la figlia del Duce aveva dichiarato guerra aperta all'amante del padre. Non esitò ad attribuire al clan Petacci la caduta in disgrazia del marito Galeazzo («un intreccio tra l'abbondante seno di Claretta e le mani rapaci di suo fratello» osserva Spinosa). Eppure, poco prima del processo di Verona, fu proprio Claretta a intercedere (inutilmente) presso Mussolini. Ciano lo seppe e se ne commosse.

Claretta restò incinta nell'estate del 1940. Durante la bella stagione, Mussolini trasferiva la famiglia al mare a Riccione. I Petacci lo seguivano a rispettosa distanza, alloggiando al Grand Hotel di Rimini. Intorno a Ferragosto, Claretta fu colta da dolori terribili e le fu diagnosticata una gravidanza extrauterina con minaccia di peritonite. Urgeva, dunque, un intervento. La giovane (aveva solo 28 anni) fu trasferita subito a Roma, nella villa della Camilluccia. La gravidanza doveva restare assolutamente segreta, perciò si provvide come per i pontefici: nell'ampia dimora fu attrezzata una sala operatoria. L'intervento sembrò riuscito, ma una repentina complicazione mise di nuovo in pericolo la vita di Claretta il primo giorno di settembre. Mussolini corse alla Camilluccia. «Se ne stava seduto in un angolo, immobile, con gli occhi sbarrati che fissavano il vuoto ... Sembrava un pezzo di marmo. "Lo sai che quel giorno ho pregato per te?" confidò più tardi a Claretta. "È stata una cosa strana: ad un certo punto mi sono sorpreso a ripetere: 'Signore, non fatemela morire!' Era la seconda volta della mia vita che pregavo..."» (Myriam Petacci, in «Oggi», 2 marzo - 18 maggio 1961).

Claretta, separata dal 1936, voleva essere una donna completamente libera e desiderava quindi lo scioglimento totale del vincolo matrimoniale. Lo chiese al marito, Riccardo Federici, trasferito come addetto militare a Tokyo perché le fosse il più lontano possibile, e il poveruomo acconsentì. La pratica di divorzio venne avviata in Ungheria (perché da noi, come si sa, il divorzio non c'era ancora).

Ovviamente, Mussolini era d'accordo, ma gli bastò una frase per gelare le eventuali aspettative della ragazza: «Per me, divorziata o separata è la stessa cosa. Ricordatevelo».

«Altro che Pompadour. Ecco la mia vita di povertà»

Durante una trasferta di Claretta a Budapest, l'avvocato ungherese che seguiva la pratica di divorzio la gratificò di quello che credeva un complimento, «La bella Pompadour del nostro secolo», ma lei non gradì e si sfogò con il suo avvocato italiano, Gino Sotis, che ne riporta le parole nel suo diario (come tutti coloro che ebbero contatti con Mussolini e con la sua amante, anche lui ne scrisse uno): «Se sapesse che per pagare le spese del viaggio mio padre si è fatto anticipare dal "Messaggero" lo stipendio di un anno, la sua impressione sarebbe diversa ... Mussolini mi copre d'oro, mi tempesta di gioielli; io non ho che da chiedere e affondare le mani in forzieri pieni di denaro e pietre preziose. È così, vero, che pensa la gente? Non mi dica di no. Io costo milioni allo Stato. Amo Mussolini, o fingo di amarlo, perché mi fa ricca, perché mi consente una vita lussuosa ... Non sanno che sono povera, che sono costretta a litigare per i centesimi. Lui non ci pensa. Ha una assoluta insensibilità anche ai miei più modesti bisogni. Non per cattiveria o avarizia: semplicemente perché non ci pensa ... Con un sorriso o una carezza io aprirei le vetrine di Bulgari, farei salire al potere i miei protetti, otterrei tutto ciò che una donna amata può desiderare. Non sono questi forse i vantaggi di una favorita? Un'automobile lussuosa mi attende, mi conduce, mollemente sdraiata su morbidi cuscini, al misterioso e profumato nido d'amore a palazzo Venezia, dove Mussolini mi attende dimentico degli ambasciatori, dei generali, degli uomini politici che affollano la sua anticamera. Le ore passano, io lo trattengo tra le mie braccia e mando in rovina l'Italia. Oggi lo mormorano, un giorno lo scriveranno. Non me ne importa. Dio vede e giudicherà. Il più delle volte, la lussuosa macchina a otto cilindri è una motocarrozzetta e io giungo a palazzo Venezia impolverata o infreddolita o bagnata a seconda del tempo. E lì, nell'appartamento Cibo, nove volte su dieci lo attendo fino alle nove e mezza della sera, per vederlo pochi istanti. "Vado a casa" mi dice. "Finalmente non c'è più nessuno e il mio tavolo è sgombro."».

Lo sfogo è in larga parte motivato. La vita di Claretta accanto a Mussolini non fu certo fatta solo di tristezze, e il ritorno economico, se non ci fu per lei, ci fu per la sua famiglia, ma indubbiamente il suo ruolo fu sempre travisato. La donna riferì un giorno a Navarra il ritratto che di lei aveva fatto Ettore Muti, successore di Achille Starace come segretario generale del Partito nazionale fascista e, a sua volta, caduto presto in disgrazia: «Al mattino sta in casa. Poi, nel pomeriggio, va dal parrucchiere o sta con certe sue amiche che sono tutte mezze puttane. Poi va dal Duce a palazzo Venezia a rimbambirlo».

È indiscutibile che Mussolini abbia subìto sino alla fine la fortissima carica erotica di Claretta. Ma è altrettanto indiscutibile che l'amante non ha avuto su di lui la benché minima influenza politica. Lei non azzardava quasi mai giudizi o consigli. E quando gliene sfuggiva uno, Ben era lesto a tapparle la bocca. Claretta, insomma, scaldò i sensi di Mussolini assai più della Sarfatti, ma se questa fu per il rivoluzionario prima e per il Duce poi qualcosa di più di quel che sarebbe stato un Giuliano Ferrara per Silvio Berlusconi, la Petacci non osò – né poté – mai correre per questo ruolo.

Rachele: «Siete signora o signorina?»

La guerra non aveva favorito la serenità dei due amanti. All'euforia dei primissimi giorni era subentrata la profonda inquietudine dei mesi e degli anni successivi. Il 25 luglio 1943 Rachele era ancora all'oscuro dell'esistenza di Claretta, ma diede al marito lo stesso consiglio dell'amante: «Non andare dal re. Non fidarti di lui». Finì come sappiamo.

I Petacci presero una casa a Gardone Riviera, a pochi chilometri da Gargnano, dove si era rifugiata la famiglia Mussolini durante la Repubblica di Salò. La convivenza, seppure a distanza, stavolta era davvero impossibile. A Gargnano, Rachele scoprì per caso la storia che per sette anni le era stata nascosta. E, ovviamente, ne patì molto: «Non esito a confessare che per nessuna donna ho tanto sofferto come per Claretta Petacci» scriverà nelle sue memorie. «Ma debbo aggiungere che c'erano molte esagerazioni in ciò che si diceva in quel tempo sui rapporti fra lei e mio marito. Benito fu sempre non solo il migliore dei padri, ma anche uno sposo attento e affettuoso che, fino all'ultimo, mi circondò di ogni premura. Mai, posso giurarlo, passò una notte fuori di casa, mai si permise di presentare Claretta a qualcuno della nostra famiglia.»

Il processo di Verona e la fucilazione di Galeazzo Ciano, l'11 gennaio 1944, fecero precipitare le cose. Mussolini ne ebbe un tracollo psicologico. E Claretta, che pure aveva avuto in Edda la sua nemica più irriducibile, non si giovò certo della nuova situazione. Il Duce obbligò i Petacci a lasciare Gardone per Merano sotto la minaccia d'arresto, ma Claretta si ostinò a restare e lui non ebbe la forza (e probabilmente nemmeno la voglia) di allontanarla.

L'amante era malvista dagli uomini della Repubblica sociale, ma non – come detto – da Buffarini Guidi, che riusciva incredibilmente a stare nello stesso tempo dalla sua parte e da quella della moglie del Duce. Nell'autunno del 1944 qualcuno raccontò a Rachele che Claretta poteva prestarsi – pedina inconsapevole – a manovre interne e internazionali contro suo marito, e allora lei decise di affrontarla in un drammatico incontro che durò non meno di tre ore. Ne abbiamo tracciato un resoconto attingendo alle due sole testimonianze disponibili – e contraddittorie –, quelle delle protagoniste. Claretta parla attraverso le memorie della sorella Myriam, Rachele attraverso le proprie.

La moglie di Mussolini era accompagnata da Buffarini Guidi, che avrebbe pagato chissà cosa per non trovarsi lì, e da altre persone di fiducia. Bussò al cancello della «Villa dei Morti» (chiamata così dalla gente perché sembrava disabitata) dove viveva Claretta. Nessuno rispose. Solo quando Rachele cominciò a scavalcare il cancello, le venne aperto. «Che cosa siete voi? Signora o signorina?» così Rachele apostrofò la Petacci. «Sono sposata» rispose l'altra. Non disse: sono separata, come avrebbe potuto. Disse: sono sposata, quasi a volerla informare che Mussolini non era stato l'unico uomo a sceglierla come compagna.

«Vi porteranno a piazzale Loreto»

Secondo Myriam, Rachele andò subito al punto in modo assai brusco: «Volevo vedere proprio voi, per dirvi una cosa: che dovete andarvene, che qui non c'è bisogno di voi, che non vi vuole nessuno. Andatevene e lasciate in pace mio marito». Nelle memorie di Rachele l'appello è più «nobile» e sfumato («Quando si vuol bene a qualcuno, si accetta qualunque sacrificio per lui»), ma è improbabile che la moglie del Duce, di carattere più che fumantino, avesse l'animo di pronunciare frasi del genere. È più probabile invece, come raccontò Claretta alla sorella, che Rachele abbia redarguito la rivale: «Voi credete di aver fatto perdere la testa a mio marito, ma mi fate ridere, perché ne ha avute tante, ma tante, sapete, e siete stata tradita anche voi, non soltanto io, e forse ha tradito più voi che me ... Perché non vi vuole mica bene, sapete? Me lo ha detto ieri che non vi vuole bene e che se vi levate dai piedi gli fate un piacere, e adesso voi vi levate dai piedi e fate un piacere a tutti, capito? Perché a voi non vuole bene, vuole bene solo a me, capito?».

A Claretta parve di fare una cosa gentile, confermando che Mussolini aveva avuto sempre grande rispetto per la madre dei suoi figli. Ebbene, quando volete offendere la femminilità di una donna, ditele che il marito la rispetta per avergli dato dei figli. Infatti Rachele esplose: «Che c'entrano i figli?». Ricordò che si possono avere dei figli anche senza essere sposati e, guardando il fisico di Claretta – che aveva sì un gran seno, ma era esile –, aggiunse: «Voi, magari, con quella figura, non siete neanche capace...». Rachele non sapeva del dramma della rivale, che scoppiò a piangere.

Il pianto dell'amante compare in entrambe le testimonianze. Rachele racconta che svenne e che Buffarini Guidi, in preda al panico, girava per la stanza con in mano una bottiglia di cognac per rianimare Claretta. Ci fu poi una telefonata al Duce. Siccome Claretta aveva osato dire che non poteva andarsene perché Mussolini non avrebbe potuto vivere senza di lei, Rachele prese la cornetta e chiamò il marito, il quale – secondo la sua versione – avrebbe confermato a Claretta le parole della moglie. Viceversa, Myriam riferisce che, dopo la telefonata, Rachele diventò una belva e dalla sua bocca uscirono parole irripetibili. Alla fine, Claretta cercò di consegnare alla rivale trentadue lettere di Benito, ma Rachele, vedendo che non erano originali ma solo copie dattiloscritte, le rifiutò. Ci fu qualche inutile tentativo di conciliazione, ma l'interminabile alterco finì nel peggiore dei modi. La stessa Rachele riconosce di aver scaricato sulla rivale tutto l'odio che la circondava: uomini della X Mas erano pronti a uccidere Claretta per far cessare lo scandalo, senza immaginare che avrebbero ottenuto proprio l'effetto opposto. C'era anche il pericolo delle intercettazioni tedesche e delle spie angloamericane, che si nascondevano nelle divise di innocui camerieri. Alla fine Rachele lanciò a Claretta il più drammatico e profetico degli anatemi: «Finirete male, signora! Vi porteranno a piazzale Loreto!», dove poche settimane prima erano stati fucilati alcuni partigiani.

«Mia suocera era gelosissima di Claretta» mi racconta Maria Scicolone, sorella di Sophia Loren e moglie di Vittorio Mussolini. «In vent'anni di dialogo e di passeggiate verso la Rocca delle Caminate, quando parlava di lei donna Rachele diventava rossa come i papaveri che incontravamo lungo la strada. I suoi occhi colorati come i fiori del rosmarino cominciavano a roteare. Piangeva lacrime cocenti, diverse dalle altre. Eppure...»

Eppure? «Eppure, pur non avendola mai perdonata, mi diceva: "Lo sai che ogni sera dico un'Ave Maria per quella poveretta? Come poteva resistergli?".»

«Però, due belle gambette aveva!»

Mentre l'Italia veniva liberata, nella notte tra il 26 e il 27 aprile 1945 Rachele fu svegliata da un messo che le consegnò una lettera di Benito, l'ultima. Non ne abbiamo copia e nessuno l'ha mai letta al di fuori della destinataria, che sostenne di averla distrutta. Non siamo certi, dunque – non lo è Roberto Gervaso, che ha fatto ricerche accuratissime, non lo sono gli storici –, che il contenuto della missiva riferito da Rachele non abbia subìto qualche aggiustamento. Riportiamo le prime righe: «Cara Rachele, eccomi giunto all'ultima fase della mia vita, all'ultima pagina del mio libro. So che forse non potremo più rivederci, per questo ti scrivo. Ti chiedo perdono per tutto il male che ti ho fatto senza volerlo, ma tu sai che sei stata l'unica donna alla quale ho veramente voluto bene: te lo giuro davanti a Dio e al nostro Bruno in questo momento supremo [*Bruno Mussolini, pilota, era morto in un incidente aereo*]. Noi dobbiamo andare in Valtellina, ma tu, coi ragazzi, cerca di raggiungere la frontiera svizzera. Là vi farete una nuova vita...». Anche senza la verifica del documento originale, è credibile che il Duce abbia scritto queste righe.

Mussolini mise a disposizione della famiglia Petacci un aereo per riparare in Spagna, ma Claretta non volle salirvi. Disse alla sorella: «Credi che potrei guardarlo in faccia dopo averlo abbandonato nel pericolo? No, è impossibile. Troppa gente gli sta voltando le spalle perché gli faccia anch'io questo torto...». Aggiunse in una lettera: «Non lo abbandonerò mai, qualunque cosa avvenga. Non distruggerò con un gesto vile la suprema bellezza della mia offerta ... Tutte le mie carte sai dove sono ... Ti prego, qualunque cosa accada, fa sì che sia finalmente detta la verità su di me, su di lui, sul nostro amore sublime, bellissimo, divino, oltre il tempo, oltre la vita. Tu sai».

Mussolini lasciò Milano dopo aver rifiutato di consegnarsi, nello studio dell'arcivescovo Ildefonso Schuster, a una delegazione del Cln, composta dal generale Raffaele Cadorna, dal democristiano Achille Marazza e dal socialista Riccardo Lombardi. Probabilmente, non si trattava di persone che l'avrebbero fatto uccidere senza processarlo. Probabilmente gli Alleati sarebbero arrivati in tempo per fermare chi ne avesse ordinato l'esecuzione. Il Duce pregò per l'ultima volta Claretta di non seguirlo. Lei rifiutò. Indossò la pelliccia, prese una valigetta e si unì al piccolo gruppo di fuggiaschi, che si avviò verso Como. Intercettati da una pattuglia di partigiani, vennero portati in una cascina di Dongo, dove Benito e Claretta trascorsero la notte insieme. Forse la prima, certamente l'ultima.

Nel pomeriggio dell'indomani furono condotti poco distante dal loro ultimo rifugio, davanti al cancello della villa Belmonte di Giulino di Mezzegra. Walter Audisio, il «colonnello Valerio», riferì di aver abbattuto prima il Duce con cinque colpi e poi la Petacci. Ma non sappiamo ancor oggi con certezza chi abbia compiuto materialmente l'esecuzione. Erano le 16.10 di sabato 28 aprile 1945.

Dall'assassinio di Claretta, del tutto immotivato, si dissociarono quasi tutti i capi partigiani. Poco dopo, a Dongo, i partigiani fucilarono quindici gerarchi. I diciassette corpi vennero caricati su un camion e portati a Milano, in piazzale Loreto, dove furono appesi a testa in giù al distributore di benzina che nove mesi prima aveva ospitato i cadaveri di quindici antifascisti uccisi dalle Brigate nere. Ecco il crudo racconto di Carlo Mazzantini tratto dal suo libro autobiografico *L'ultimo repubblichino*: «Tornare a Milano sul tavolato di un camion che, strada facendo, andava sgocciolando sangue e altra porcheria, ammucchiati gli uni sugli altri ... E finire, dopo essere stati spisciati e sputacchiati e presi a calci in faccia, appesi per i piedi al trave della pompa di benzina di piazzale Loreto ... C'era anche lei, la Claretta, fedele fino alla morte e al ludibrio di quella esposizione, lei che non c'entrava un cazzo, con una spilla da balia che le reggeva la veste in mezzo alle cosce, offerta da un candido frate per coprire le pudende, non avendo avuto nemmeno il tempo di infilarsi le mutande per la fretta dei prodi che venivano a fare giustizia in nome del popolo italiano, ma non per impedire a una signora della Milano bene di esclamare: "Però, due belle gambette aveva!"».

Mussolini aveva 62 anni, Claretta 33.

III

Due regine: una amatissima, l'altra no

Elena: regina montanara, moglie perfetta

Quando Mussolini fu arrestato a villa Savoia, la regina Elena si ribellò: «Potevano arrestarlo dove e quando volevano, ma non qui. Qui Mussolini era nostro ospite. Si sono violate le regole dell'ospitalità regale. Non è bello questo». Nel riportare l'episodio, Antonio Spinosa (*Vittorio Emanuele III, l'astuzia di un re*) osserva che, facendo arrestare il Duce nella residenza regale in via Salaria, il sovrano aveva scelto il modo migliore per garantirgli l'incolumità personale. A nostro avviso, l'uomo che con un golpe aveva consentito a Mussolini di prendere il potere nel 1922 (si era rifiutato di firmare lo stato d'assedio deciso dal governo), lo fece arrestare con un altro golpe: avrebbe potuto liberarsene in modi e luoghi diversi.

Ma qui, più che il marito, ci interessa la moglie. Ed Elena fu una moglie esemplare, davvero vicina al coniuge nella buona e nella cattiva sorte, pronta ad assecondarne i gusti, a fare le necessarie rinunce personali, senza per questo sembrare un regale zerbino. Anzi, esercitò sul sovrano una discreta influenza politica, tanto che sua suocera, la regina Margherita, vedova di Umberto I, un giorno sbottò: «Mio figlio ha due manie: il presidente del Consiglio [*allora era Giolitti*] ed Elena».

Un secolo fa, anche i matrimoni d'amore dei sovrani (e quello tra Vittorio Emanuele ed Elena lo fu senza alcun dubbio) si combinavano a tavolino. Il principe era basso e poco avvenente. Eppure, come testimonia il libro fotografico *Savoia* di Silvio Bertoldi, fin da quando era colonnello del Regio esercito a Napoli le belle donne gli saltavano addosso come cavallette. Sedotte, forse no. Interessate, sì. Vittorio Emanuele, in ogni caso, in quegli anni se la spassava alla grande. Napoli, con 700.000 abitanti, era la terza città d'Europa dopo Londra e Parigi, e la reggia di Capodimonte risplendeva con il suo sfarzo: perché, dunque, non ricevervi la duchessa D'Avarna, la contessa Gravina Cruyllas, la principessa Pignatelli? E perché non estendere il proprio interesse anche alla diva del café-chantant Odette Valéry? Perché non permettersi, secondo la tradizione savoiarda, un'amante fissa come donna Maria Barracco, nata Doria d'Eboli, pur sposata e con figli?

Eppure, nonostante tutto questo ben di Dio, cominciò a spargersi la voce che Vittorio Emanuele non prendesse moglie a causa di certi difetti sessuali. La stessa regina madre cominciò a sospettare del figlio. Sarà stato forse per questo, o piuttosto perché bisognava assicurare alla dinastia un erede, che a un certo punto Umberto I incaricò il presidente del Consiglio, Francesco Crispi, di trovare la ragazza adatta a diventare regina d'Italia. La ricerca fu molto laboriosa per almeno tre ragioni. La prima: i Savoia esigevano una sposa di religione cattolica o comunque disposta ad abbracciarla. La seconda: Vittorio Emanuele, basso e brutto, venne respinto da alcune candidate alla sola vista del suo ritratto. La terza: Margherita contribuiva da parte sua a delimitare il campo: «Gli Orléans portano disgrazia, i belgi anche, le austriache non sono opportune, sassoni non se ne trovano...».

Alla fine il povero Crispi, esausto, trovò un paio di candidate in un minuscolo e povero regno dell'Europa orientale, il Montenegro. Il matrimonio con una delle figlie di Nicola I avrebbe potuto rappresentare l'occasione per introdurre l'Italia nella politica balcanica. C'era, però, anche un'altra ragione meno confessabile. Sposandosi sempre tra cugini, i Savoia avevano indebolito fisicamente la stirpe. Che c'era di meglio di un buon sangue montanaro per porre riparo alla situazione? Come un bravo rappresentante di commercio, il presidente del Consiglio propose al re di far conoscere al figlio le due principesse Petrović durante una mostra d'arte a Venezia (Vittorio Emanuele parlava quattro lingue e, al contrario del padre e del nonno, aveva una buona cultura, anche se detestava la musica e le arti figurative). Il destino volle che il principe, lungi dal fare lo schizzinoso, s'innamorasse realmente di Elena. E la ragazza, dal canto suo, accettò di buon grado la prospettiva di diventare regina d'Italia. Si convertì al cattolicesimo prima delle nozze e, al suo arrivo nel nostro paese, fu sommersa di attenzioni e complimenti. Fra i tanti, quelli di Gabriele d'Annunzio: «Questa giovane ospite è veramente bella, è ornata di grazie delicate».

Dal sogno all'esilio

Elena, in realtà, era tutt'altro che una bellezza. Di altezza ne aveva fin troppa, tanto che il suo promesso sposo le arrivava alla spalla. I tratti del volto, poi, erano molto marcati, come spesso accade alla gente di montagna. Capelli e occhi nerissimi miglioravano una fisionomia piuttosto rozza. Ma aveva un certo fascino e un buonissimo carattere. Andò a nozze senza dote. Il matrimonio – a cui non parteciparono la madre e il fratello, contrari all'abiura – fu celebrato in Santa Maria degli Angeli, sabato 24 ottobre 1896: lui aveva 27 anni, lei 23.

I primi quattro anni di matrimonio trascorsero come in sogno, tra la dimora di palazzo Pitti a Firenze, dove il giovane ufficiale era stato trasferito, l'isola di Montecristo, dove si dedicavano alla pesca, e lo yacht *Yela*, dal nome montenegrino della principessa. La notizia dell'assassinio di re Umberto a Monza (29 luglio 1900) raggiunse la coppia mentre era in crociera nelle isole greche, dopo lunghe ricerche per rintracciare il nuovo, inconsapevole sovrano.

Morto il re, viva il re. Il Parlamento in seduta congiunta applaudì entusiasta il nuovo monarca e applaudì anche la nuova regina, velata di nero per il recentissimo lutto. Margherita, ormai regina madre, dovette fare le valigie. In casa Savoia, come è noto, si regnava uno alla volta. Per lei non c'era più posto nel pur spazioso Quirinale, né a villa Savoia (ora villa Ada), dove la famiglia reale stabilì la sua residenza. Vittorio Emanuele III le comprò una piccola villa in via Veneto e l'acquartierò per le vacanze a Bordighera. Margherita e Umberto erano vissuti nello sfarzo più sfrenato (non a caso, fino all'arrivo di Napoleone, i Savoia erano considerati la famiglia più ricca d'Europa): vestiti e gioielli a profusione, grandi ricevimenti, elargizioni generose per tutti. Vittorio Emanuele III era, invece, persona di sobrietà assoluta ed Elena, nata fra le capre di montagna (ma allevata alla corte dello zar di Russia), vi si adattò senza difficoltà. Cucinava di persona per il marito piatti balcanico-russi, semplici ma non leggerissimi. I cuochi francesi furono licenziati (la coppia regale pranzava in un quarto d'ora). I ricevimenti aboliti. Figuriamoci i balli. Le più celebri stiliste erano costernate: la regina si faceva sistemare gli abiti da una sartina. Fu congedato lo stuolo di letterati protagonisti di tanti deliziosi pomeriggi a corte. Chiuse in una dispensa anche le riserve di sigari pregiatissimi (il nuovo re non fumava). Tanto rigore procurò al sovrano la fama di taccagno.

Vittorio Emanuele III si recava al Quirinale solo per gli incontri ufficiali, per il resto trascorreva lunghi periodi nella tenuta toscana di San Rossore, dove andava a caccia tutto l'anno, o in quella laziale di Castelporziano, che rese più razionale costruendovi molte strade, e naturalmente nell'amata isola di Montecristo, comperata da un inglese.

La corte italiana, che fino ad allora era stata la più sfarzosa d'Europa, diventò quasi un monastero. Gli unici lussi che il nuovo sovrano si concesse erano le monete e i cavalli. Il popolo, che talvolta ama gli sprechi regali per poterne favoleggiare, apprezzò incondizionatamente il nuovo stile.

Umberto firmava tutto quello che il presidente del Consiglio gli metteva sotto il naso? Vittorio Emanuele volle vedere le carte una per una. Il padre amava la prosa ridondante? Il figlio liquidò il primo discorso della Corona in sedici periodi scritti e in dieci minuti di lettura. Dentro c'era tutto il necessario. Bertoldi ricorda l'entusiasmo con cui fu accolto il nuovo corso, anche dall'opposizione socialista. I primi dieci anni di regno di Vittorio Emanuele III furono felici, soprattutto per i buoni rapporti con Giolitti.

Scendemmo in guerra (la prima) a fianco di quelli che fino al giorno precedente erano i nostri nemici: il re fu determinante nella scelta, e la regina, che allora detestava i tedeschi (poi avrebbe mutato opinione), ne fu lieta. La coppia reale si comportò come ci si aspettava: lui al fronte, lei nelle retrovie a curare i feriti. E, alla vittoria, condivisero con l'intera nazione la loro felicità.

Avevano ormai raggiunto anche la pienezza della vita familiare. Dopo un intervento per la retroflessione dell'utero, Elena aveva avuto cinque figli in tredici anni: prima due femmine (Jolanda e la sfortunata Mafalda), poi Umberto Nicola Tommaso Giovanni Maria (subito nominato principe di Piemonte), infine Giovanna e Maria, nata quando la sovrana aveva ormai quarant'anni.

Durante il fascismo Vittorio Emanuele III abdicò al suo virtuoso interventismo: avrebbe potuto temperare il potere di Mussolini, non lo fece. Lo chiamò sempre presidente, mai Duce. Ma la sostanza con cambia. Elena stette sempre al suo posto, non partecipando ai salotti antifascisti della nuora Maria José.

L'8 settembre 1943 consumò da sola con il marito l'ultimo pranzo al Quirinale. I gioielli della Corona furono murati, le carte più importanti distrutte. Poi Elena, nervosissima, salì sulla Fiat 2800 che esponeva il guidoncino a cinque stelle del comandante supremo delle forze armate. (Quanti bei ricordi automobilistici di tempi ormai lontani, come il giorno in cui il senatore Giovanni Agnelli consegnò loro la Double Faeton con la quale la coppia regale andò a sbattere contro un muro per un cocktail di entusiasmo e inesperienza del sovrano al volante.) Raggiunsero Pescara, poi Ortona, infine – via mare – Brindisi. Inutilmente Umberto chiese di tornare a Roma: i tedeschi l'avrebbero arrestato e forse ucciso, ma la Corona sarebbe stata salva.

Vittorio Emanuele III abdicò il 9 maggio 1946 in favore di Umberto, dopo aver regnato per quarantasei anni. S'imbarcò con Elena sull'incrociatore *Duca degli Abruzzi* e il 12 maggio giunse in Egitto, accolto da re Faruk. Vendette alcuni gioielli e comprò ad Alessandria per 56.000 lire una villa a cui diede il nome montenegrino della moglie, Yela, come il panfilo sul quale avevano fatto i primi viaggi felici.

L'antivigilia del Natale 1947 Vittorio Emanuele III uscì in barca sul Nilo per pescare. Prese una polmonite fulminante. Spirò settantottenne, tre giorni prima della fine dell'anno. La moglie disse in lacrime: «La storia gli darà ragione». Purtroppo si sbagliava.

La fine di cinquant'anni di amore vero e ininterrotto prostrarono Elena profondamente. Non si riprese mai dalla morte del marito. Si trasferì in Francia, tra Cannes e Montpellier, passando da un'operazione a una dolorosa convalescenza. Morì a 79 anni, il 28 novembre 1952. In fondo, fu una regina amata.

A sessant'anni dalla morte di Vittorio Emanuele III, le loro spoglie sono ancora sepolte in terra straniera, per l'assurda, imbarazzante indolenza di uno Stato troppo spesso pavido e distratto, che ha fatto rientrare il nipote e dimenticato genitori e nonni.

Amò una soubrette, sposò una principessa

Ai funerali di Elena assistette la nuora Maria José, moglie di Umberto II, che, cinque anni prima, non aveva invece partecipato a quelli di Vittorio Emanuele III. Aveva infatti rotto con tutti i Savoia, marito compreso, e faceva la sua vita nella villa di Merlinge, in Svizzera, assediata dai giornalisti dei rotocalchi rosa che seguivano passo passo la crescita e i primi amori dei suoi figli.

Il matrimonio tra Umberto e Maria José fu combinato dai loro genitori e dalla ragion di Stato, proprio come quello di

Vittorio Emanuele ed Elena. Ma se per questi ultimi l'amore sbocciò al primo incontro e durò cinquant'anni, Umberto e Maria José furono condannati a una vita di finzioni, di solitudine, di tristezza. E di tradimenti, forse reciproci.

Silvio Bertoldi racconta che Umberto conobbe il nome della sua promessa sposa in una lunga telefonata del padre, una sera d'estate del 1928. Il principe era a cena sul lago di Como, nella villa di Luchino Visconti, suo carissimo amico, quando gli fu notificata la decisione: avrebbe sposato Maria José di Sassonia-Coburgo, principessa del Belgio. Dunque, per Umberto era stata trovata la principessa sassone che si era cercata invano per suo padre. Il regno del Belgio non era il principato del Montenegro, e la promessa sposa si annunciava tutt'altro che sgradevole. Eppure, Umberto tornò a tavola come se gli avessero appeso al collo un masso con cui sprofondare nelle romantiche acque del Lario. Aveva 24 anni, la promessa sposa 22.

Al contrario del padre, Umberto era un bellissimo giovane: alto, fronte spaziosa, occhi e capelli scuri, un magnifico sorriso. Si godeva la vita spensieratamente, spendeva assai più di quanto la taccagneria paterna avrebbe voluto concedergli (ma senza giungere agli eccessi dei nonni), si circondava di giovanotti e di ragazze anch'essi belli, ricchi e spensierati. Per legarli a sé, donava loro una piccola U di brillanti montata in oro, che essi portavano orgogliosamente.

Tra le molte donne che gli furono attribuite (o che si attribuirono l'amore del principe), una gli restò nel cuore. Si chiamava Milly, ed era una piccola soubrette del Michelotti di Torino. Lo amò profondamente, e ne fu profondamente riamata. Lui andò a vederla ogni sera a teatro, lei andò a trovarlo a palazzo fino a quando Vittorio Emanuele III ordinò al figlio di troncare quella imbarazzante frequentazione. Un principe può andare a letto con chi vuole, ma non amare una soubrette suscitando i mormorii (e le invidie femminili) di tutta Torino. Umberto obbedì, ma non riuscì a dimenticarla.

Bertoldi racconta con accenti assai romantici il loro ultimo incontro, molti anni dopo, a Milano. Milly era ormai una soubrette affermata, che cantava, ballava e recitava nella celebre operetta *Al Cavallino bianco*. Il principe si presentò all'ingresso del camerino degli artisti. «Posso vedere la signorina Milly?» chiese. Lei era in partenza per gli Stati Uniti, dove l'aspettavano Broadway e la celebrità. Gli fece un inchino. Lui, galante come sempre, le domandò: «Si ricorda ancora di me, Milly?». E lei: «Come potrei dimenticarla...».

Non fu proprio il loro ultimo incontro. Si rividero a Roma, alla vigilia delle nozze di Umberto. Milly gli telefonò dalla stazione, lui si precipitò in uniforme, con il cappotto dal bavero di astrakan. Si guardarono con l'intensità di sempre, come nella scena finale di un film d'amore, incuranti della gente che si era fermata a osservarli. Lui le disse: «Le persone che mi sono care lo resteranno per sempre. La mia amicizia per lei non finirà mai, Milly». Non si incontrarono più.

E Maria José schiaffeggiò l'attrice

Nello scarno diario di Vittorio Emanuele III, alla data del 16 maggio 1929 sta scritto: «Umberto dice di volere Maria José in moglie». Una colossale bugia o il principe si era rassegnato? Dal momento della decisione paterna, alla quale Umberto non osò opporsi, a quello del matrimonio, il principe incontrò la futura moglie soltanto cinque volte. Furono, a quanto pare, incontri piacevoli. Ma chi sposerebbe qualcuno solo dopo poche ore di conversazione non propriamente intima?

La cosa certa è che i due erano fatti per non intendersi. Lei, scrive Bertoldi, era anticonformista, di gusti moderni, indipendente, alla mano. Lui tradizionalista, formale, rispettoso delle gerarchie, abituato a convivere con un regime dittatoriale (mentre il padre di Maria José, re del Belgio, votava socialista). Ancora. Lei disordinata, improvvisatrice, facile agli entusiasmi. Lui ordinato fino alla pignoleria, abitudinario, osservante dell'etichetta e del protocollo. Lui non fumava, lei sì, e molto. Lui amava la mondanità e i salotti che lei detestava. Lui era raffinato nei gusti, lei semplice «fino alla banalità».

Si erano fidanzati alla corte belga con una cerimonia assai

solenne e piuttosto movimentata. Mentre Umberto deponeva una corona d'alloro sulla tomba del milite ignoto nazionale, un giovane antifascista milanese, Fernando De Rosa, gli sparò uno o due colpi di pistola (le fonti sono discordanti) che non lo scalfirono e sembrarono anzi lasciarlo indifferente. Con regale sangue freddo, non si voltò nemmeno e la cerimonia proseguì. Il giovane antifascista fu prontamente arrestato e si giustificò dicendo che voleva uccidere il principe ereditario di una monarchia responsabile della fine della libertà in Italia.

La coppia si sposò l'8 gennaio 1930 nella cappella Paolina del Quirinale. Notaio della Corona, il capo del governo Benito Mussolini, che detestava le cerimonie e non si divertì affatto. Il viaggio di nozze fu grottesco. Umberto si fece infatti raggiungere prestissimo (qualcuno azzarda fin dalla prima sera) da un drappello di amici rumorosi, con i quali divise più tempo, forse, che con la moglie. Maria José tornò a Roma avvilita. La coppia, come usa spesso tra reali, prese alloggio in appartamenti separati, ma mai decisione fu più rivelatrice dell'effettivo stato dei rapporti tra marito e moglie.

Da quel momento in poi, diventa assai arduo destreggiarsi nel gossip che ha sempre accompagnato la vita sentimentale delle coppie reali: Carlo e Diana insegnano. Umberto era assai più bello di Carlo, Maria José assai più brutta di Diana. Ma il nostro principe si comportò come Carlo con Diana subito dopo le nozze. Pur non avendo una Camilla a portata di mano, riprese a svolazzare senza molti freni. Nell'estate del 1931 – era passato un anno e mezzo dal matrimonio – il settimanale francese «Gringoire» riportò un episodio che, se vero anche soltanto in parte, la dice lunga su quanto accadeva tra i due coniugi.

Per sfuggire alla noia di Torino, il principe andò in automobile a Montecarlo accompagnato da un ufficiale. I due entrarono in un ristorante e Umberto fu subito colpito da una bellissima donna che sedeva, sola, nel tavolo accanto al suo: era l'attrice americana Jeannette MacDonald. Avviarono una piacevole conversazione in inglese, si diedero appuntamento sui viali di Montecarlo, fecero gite in barca, insomma si piacquero. Scrive Marcel Privat nel suo reportage: «L'uomo è di fuoco, la donna di stoppa, il diavolo arriva e soffia». Al posto del diavolo, in verità, nell'albergo di Cannes dove i due si erano dato convegno arrivò una furibonda Maria José. Qualcuno afferma, senza molto fondamento, che la principessa affrontò l'attrice sparandole un colpo di pistola, ovviamente mancandola. Altri sostengono, più verosimilmente, che si sia limitata a schiaffeggiare la rivale. Il settimanale francese scrisse che, dopo il gesto clamoroso, Maria José si presentò alla stazione e disse a un funzionario: «Sono la principessa di Piemonte. Datemi un biglietto per Bruxelles. Stamane ho lasciato Torino senza denaro». Come appunto accade regolarmente ai principi. (Accadeva, pare, anche al principe borghese per eccellenza, Gianni Agnelli: così qualche sua accompagnatrice dovette, in casi d'emergenza, far fronte alle piccole necessità comuni.)

Il racconto prosegue con Maria José che si rifugia tra le braccia della madre, Elisabetta del Belgio, e con Umberto che si precipita a Bruxelles chiedendo (e ottenendo) l'intercessione della regina per far pace con la moglie. Pace che durò poco. Appena lasciata la città, infatti, il principe raggiunse l'attrice. Il destino volle che i due avessero poi un grave incidente d'auto. Portato in ospedale privo di conoscenza, Umberto al risveglio chiese notizie dell'amata (che non era ovviamente Maria José). La povera Jeannette era letteralmente sfigurata e venne «rimessa a posto» dai maghi della chirurgia estetica americana, convocati d'urgenza da un amico miliardario dell'attrice che la ospitò sul suo panfilo per la convalescenza.

Nel racconto della vicenda che ne fa il settimanale francese, la fantasia si intreccia con la realtà (le abitudini del principe e i suoi rapporti con Maria José sono riportati con estrema precisione). La storia di questa avventura, naturalmente, fece il giro del mondo. In Italia la censura fascista non consentì di leggerla, ma negli ambienti che contano era nota a tutti.

Una procreazione assistita avanti lettera

I difficili rapporti tra i principi di Piemonte fecero nascere anche molte dicerie sui loro figli. Maria Pia, la primogenita, nacque nel 1934, quattro anni dopo il matrimonio: un po' tardi se si pensa che la preoccupazione principale del figlio di un re è quella di garantirsi un successore; il secondogenito, Vittorio Emanuele, nel 1937. Seguirono Maria Gabriella (1940) e Maria Beatrice (1943).

Il 30 dicembre 1939 Galeazzo Ciano annotò nel suo diario: «Lungo colloquio con Maria José ... Parla bene del principe di Piemonte: dice che in lui si è operato un improvviso e completo *revirement* d'animo e di costumi e mi ha lasciato intendere che il figlio che nascerà è di lui, senza intromissioni di medici e di siringhe».

Le ultime parole di questa frase – scritta quando i principi avevano avuto i primi due figli – hanno alimentato la voce secondo cui il ritardo del primo concepimento sarebbe stato dovuto a problemi fisici di uno dei coniugi, tanto che, a un certo punto, si sarebbe provveduto con un intervento di procreazione assistita, assolutamente eccezionale per quei tempi. Arrigo Petacco, in *Regina,* ricorda l'angoscia che, pur nel riserbo assoluto, caratterizzò i primi anni di matrimonio di Umberto e Maria José: se non fosse nato un erede maschio, la Corona sarebbe passata al ramo cadetto degli Aosta, con i quali i Savoia non hanno mai veramente legato.

Il galateo regale impone che il concepimento di un erede venga comunicato soltanto dopo il quinto mese di gravidanza. Nella sua informalissima franchezza, Maria José confidò a una dama di compagnia di essere incinta di Maria Pia al secondo mese, gettandola nel panico.

Se si erano dovuti aspettare quattro anni, di chi era la «colpa»? Allora non usava mettere nel conto problemi maschili, quindi si disse che la principessa era affetta da vaginismo (poi curato). Tuttavia vi fu anche chi insinuò che era Umberto ad avere qualche difetto. Fatto sta che, due giorni dopo il parto, dalla sua cattedra all'università di Roma Valerio Artom, il più celebre ginecologo del tempo, medico di corte e assiduo consulente della coppia principesca, tenne una lezione dal titolo: «Possibilità del concepimento con mediazione scientifica». (Di questa ardita «mediazione scientifica» Alberto Moravia giura, peraltro, di aver sentito parlare perfino Luigi Pirandello.)

Qualcuno, come Arrigo Petacco, si spinse oltre nelle illazioni, giungendo a sostenere che solo Maria Pia sarebbe stata concepita dai principi. Secondo tale vulgata – che, peraltro, non ha mai avuto alcun riscontro reale – Vittorio Emanuele e Maria Gabriella sarebbero figli di Amedeo d'Aosta.

Secondo Petacco l'ultima, irrequietissima Savoia, Maria Beatrice (i rotocalchi vissero per anni di rendita sulla sua storia d'amore con il popolare attore Maurizio Arena), sarebbe invece frutto di una relazione di Maria José con un giovane diplomatico, che – com'è ovvio – si è sempre categoricamente rifiutato di affrontare l'argomento.

Un autorevole componente della famiglia, Pierfrancesco Calvi di Bergolo, figlio di Jolanda, scrive nel suo *Ricordi di famiglia*: «Maria Pia è l'unica tra i figli di Umberto a sembrare italiana. Negli occhi ha la stessa identica espressione del padre. Gli altri, Vittorio Emanuele e Maria Gabriella, sono tutti belgi, nell'aspetto così come nell'animo. Maria Beatrice, la più piccola, è l'unica che non assomiglia a nessuno. Molto spesso neanche a se stessa».

È indubbio che tra Maria José e Amedeo d'Aosta ci fosse una strettissima amicizia. L'uomo era fatto per piacere: bello, biondo, altissimo, alla mano. (Quando lo chiamavano Altezza, lui era solito rispondere: uno e novantasei!) Il suo carattere s'incontrava perfettamente con quello di Maria José. Nella sua biografia della regina (*Maria José*) Adele Cambria sostiene addirittura che i due avrebbero dovuto sposarsi, prima che la realpolitik stabilisse le nozze della principessa con Umberto. Amedeo, nominato viceré d'Etiopia al momento della formazione dell'impero, morì eroicamente sull'Amba Alagi il 3 marzo 1942 combattendo contro gli inglesi. Quando nel dopoguerra, come detto, Maria José si ritirò in Svizzera a Merlinge, dedicò proprio ad Amedeo il primo dei suoi studi storici su casa Savoia: «Alla memoria del valoroso e cavalleresco Amedeo di Savoia, duca d'Aosta». Petacco sottolinea che all'interno del volume c'è una foto di Vittorio Emanuele appoggiato a un albero chiamato «quercia di Amedeo» e nota maliziosamente che nell'edizione italiana del libro, pubblicato prima in Francia, la dedica scomparve.

Lasciò il marito in Portogallo, preferì la Svizzera

A Maria José furono attribuiti flirt anche con Galeazzo Ciano e Italo Balbo, ma non c'è alcuna documentazione in merito. È un fatto, comunque, che la principessa abbia condotto una vita separata da quella del marito, ricevendo artisti e intellettuali in un piccolo appartamento al Quirinale che lei chiamava vezzosamente (e maliziosamente) «la mia *garçonnière*». Diventò amica del grande musicista Alfredo Casella, che le dette lezioni di pianoforte, e del giovane e già geniale pianista Arturo Benedetti Michelangeli. E, con il tempo, superò il complesso – in verità immotivato – di essere brutta.

Abbia avuto o no difficoltà a generare, Umberto se la spassò tranquillamente anche dopo il matrimonio. Con la moglie mantenne un rapporto di squisita cortesia, benché sempre rigorosamente formale: quando andava a trovarla nel suo appartamento, si faceva annunciare. Continuò, dunque, a frequentare altre donne: gli sono stati attribuiti flirt con almeno cinque soubrette di un certo rango (nessuna, però, ebbe nella sua vita il ruolo di Milly) e con qualche nobildonna. Si racconta che una sera, nel foyer del teatro San Carlo di Napoli, una bella e giovanissima contessa gli abbia buttato le braccia al collo gridando: «Caro amore, non lasciarmi». (Umberto non disdegnava peraltro anche le frequentazioni maschili: trascorse un intero pomeriggio a nuotare da solo con Primo Carnera, campione mondiale di pugilato nel 1933.)

Con il passare degli anni, Maria José manifestò sempre più apertamente il suo antifascismo. Si narra che prima dello sciagurato ingresso dell'Italia nel secondo conflitto mondiale abbia minacciato di scendere in piazza con il cartello «No alla guerra», gesto che avrebbe avuto conseguenze evidentemente clamorose. Una diceria che, conoscendo il suo carattere, potrebbe non essere del tutto infondata.

Secondo Denis Mack Smith (*I Savoia re d'Italia*), la principessa non aveva contatti diretti con il sovrano, pur abitando al Quirinale. Tuttavia, nella primavera del 1943 gli comunicò, attraverso il ministro della Real Casa Pietro Acquarone, che il fronte antifascista stava ormai crescendo in maniera assai pericolosa per la Corona. Lei stessa, in lunghe conversazioni con Renzo Trionfera («L'Europeo», 15-22 febbraio 1968), ricordò i contatti avuti con Dino Grandi (il gerarca autore dell'ordine del giorno che fece cadere Mussolini), Luigi Einaudi e Giovanni Battista Montini (futuro Paolo VI, allora sostituto della segreteria di Stato di Pio XII), nonché gli incontri con alcuni capi militari, come i generali Pietro Badoglio e Vittorio Ambrosio.

Molti antifascisti avevano paura di esporsi con il re perché sapevano che Vittorio Emanuele si era consegnato a Mussolini e gli raccontava tutto. Ma lo informarono di essere pronti a rinunciare all'idea repubblicana se lui – che aveva accettato l'abolizione della Camera dei deputati e poteva dichiarare guerra senza l'avallo parlamentare – avesse fatto cadere un governo impopolare.

Dopo l'8 settembre, mentre il marito veniva trascinato dal padre al Sud, Maria José se ne andò in Svizzera con i figli. Tornò per mostrarsi accanto a Umberto prima del referendum del 2 giugno. Fu regina d'Italia per un mese, nel maggio 1946. Sia i diplomatici inglesi nei loro rapporti sia Luigi Barzini (*Le paure di ieri*) sottolineano due cose: Maria José era la persona della Casa reale più considerata anche in Vaticano ed era molto pessimista sull'esito del referendum. Al referendum si astenne, per questioni di stile, ma dichiarò di aver dato il suo voto al socialista riformista Giuseppe Saragat alle elezioni dell'Assemblea costituente.

Vittorio Emanuele, il figlio di Umberto, ha un curioso ricordo dei giorni del referendum: «Avevo 8 anni e non riuscivo a credere che potesse vincere la repubblica. Nella mia ottica di bambino, vedere le strade piene che ci acclamavano era sinonimo di vittoria. Anche se mio padre non ci diceva molto, ci sembrava che l'Italia intera stessa ad applaudire la monarchia. Noi figli, fra l'altro, venivamo utilizzati per una forte azione di propaganda. C'erano ricevimenti per migliaia di persone ai giardini del Quirinale e noi servivamo i mutilatini...».

Com'è noto, al referendum vinse la repubblica e la famiglia reale partì per l'esilio in Portogallo imbarcandosi sull'incrociatore *Duca degli Abruzzi*, che aveva già accompagnato Vittorio Emanuele III ed Elena in Egitto. Ma la convivenza della coppia reale a Cascais durò poco. Con il pretesto di doversi curare gli occhi, Maria José andò a vivere con i figli a Merlinge. Non incontrò praticamente più il marito e non gli fu accanto nemmeno nel momento della morte, avvenuta alle 15.30 del 18 marzo 1983. Quando Umberto spirò, lei era uscita da poco dalla clinica dove era ricoverato.

«La cura agli occhi di mia madre non era un pretesto» mi dice Vittorio Emanuele, che parla malvolentieri dei rapporti tra i genitori. «Dopo una trasfusione sbagliata in Portogallo, lei aveva davvero dei forti problemi di vista, che furono curati da un grande specialista svizzero. Noi, peraltro, abbiamo avuto un'infanzia molto dura, con precettori terribili. Ed è stata pesante l'assenza dei nostri genitori. Siamo stati abituati da sempre a vederli lontani, anche all'interno del palazzo del Quirinale. Noi pranzavamo nella Manica Lunga, mio padre aveva l'ufficio dall'altra parte ed era per noi assolutamente normale che il re e la regina si vedessero poco. Nell'esilio, mio padre non poteva venire in Svizzera che per qualche giorno, essendogli proibito trasferirsi in un paese confinante con l'Italia. Era comunque un altro mondo, quello in cui i genitori non erano abituati a manifestare affetto per i figli.»

Il bel principe gaudente che aveva fatto sognare tante nobildonne e tante soubrette visse in solitudine gli ultimi trentasette anni della sua esistenza. Quando lo invitavano a cena, aspettava in automobile che arrivassero tutti gli altri ospiti: un re d'Italia, anche se ex, deve sempre essere l'ultimo a entrare.

Quando morì, a 79 anni, la sua salma – come quella del padre Vittorio Emanuele – non fu fatta rientrare in Italia. È sepolta nell'abbazia di Hautecombe, nella Savoia francese, accanto a quella degli avi. Commettendo un gravissimo errore professionale e politico, i vertici della Rai scelsero di non trasmettere in diretta i suoi funerali, ai quali riservarono uno spazio modesto nei telegiornali della sera. Sconfitta dalla storia, la monarchia spaventava ancora nella cronaca.

Maria José gli sopravvisse per diciotto anni. Quando morì, il 27 gennaio 2001, l'opinione pubblica, i grandi giornali e la televisione le manifestarono molta simpatia.

IV

Le mogli della Repubblica

Le prudenti avventure di Enrico De Nicola

È la seconda volta che mi capita d'innamorarmi di una donna che non ho mai visto e che, anzi, è morta molto tempo prima che me ne occupassi. La prima è stato di una patrizia pisana vissuta nel Rinascimento: ne scoprii la tomba girando per il Cimitero monumentale di Pisa, quasi ignorato dai turisti, che affollano di lì a pochi passi il Battistero e il Duomo, e guardano a distanza di sicurezza la Torre bisbigliandosi l'un l'altro come mai non cada. La lunga iscrizione funebre latina incisa sulla base del sarcofago era per me troppo complessa perché riuscissi a tradurla all'impronta e, tornato a casa, resistetti alla tentazione di farlo con l'aiuto dei dizionari. Volli (e voglio tuttora) immaginare che quell'iscrizione, forse innocente e perfino banale, ma a me oscura, lo fosse volutamente per tutti e che la nobildonna avesse voluto celare dietro l'elegante groviglio del latino qualche richiesta penitenziale non apertamente confessabile, rimandando l'eventuale chiarimento e la necessaria domanda di clemenza all'incontro diretto con il Signore.

Immaginai (e immagino), insomma, che quella donna avesse molto amato e fatalmente peccato. E fu questo suo abbandonarsi all'ultimo destino, la profonda umanità di una scelta sbagliata eppure consapevole, che me la rese (e me la rende) cara.

La seconda donna «lontana» per la quale ho subito provato una grande tenerezza leggendone frammenti di vita matrimoniale è Ida Einaudi, moglie del primo presidente della Repubblica che poté chiamarsi tale, visto che chi lo aveva preceduto al Quirinale dopo la caduta della monarchia – Enrico De Nicola – era stato soltanto il capo provvisorio dello Stato.

Di De Nicola esistono ritratti controversi. Giorgio Bocca, nella *Storia della Repubblica italiana*, lo giudica «personaggio insignificante ma decorativo». Marcello Staglieno, nell'*Italia del Colle*, lo guarda con maggiore simpatia. Certo, questo grande avvocato napoletano fu la contraddizione in persona. Come molti, trescò all'inizio con il fascismo. Da presidente della Camera strinse la mano a Mussolini quando costui pronunciò il primo tremendo avvertimento alla democrazia («Potevo fare di quest'aula sorda e grigia un bivacco di manipoli...»). Si dimise da deputato, ma accettò la nomina a senatore. Antifascista, di fatto non avversò mai il Duce. Eppure, finita la guerra, Palmiro Togliatti lo voleva al Quirinale e Alcide De Gasperi – che non amava De Nicola e non ne era affatto riamato – riuscì a farlo suo per evitare che diventasse una bandiera delle sinistre. Si dimise – pare – ventisette volte dalle sue molte cariche, ma ogni carica inseguì disperatamente. Voleva a ogni costo diventare presidente della Repubblica al posto di Luigi Einaudi, monarchico come lui, ma quando si dette malato per evitare le polemiche che accompagnano fatalmente ogni elezione, De Gasperi ne approfittò per fargli la festa.

Due treni diversi per amare all'estero

L'esemplare riservatezza trasformò De Nicola in una caricatura. Non dava e non accettava il tu da nessuno: «Sono così noiato della parola *fraternità* che se avessi un fratello lo chiamerei cugino». La sua probità fu scambiata per tirchieria, ma è un fatto che tra gli inquilini del Quirinale fu quello che fece spendere di meno all'erario e quando se ne andò vi lasciò anche i regali più strettamente personali, come i gemelli di smeraldo ricevuti in dono nel 1947 da Evita Perón.

Se ci occupiamo poco di lui in questa sede è perché era scapolo. Staglieno lo definisce «non disdegnoso di (cautissime quanto rare) avventure galanti». E rimanda a una piacevole biografia di De Nicola (*L'importanza di chiamarsi Enrico*) scritta da un suo conterraneo oggi scomparso, Gabriele Benincasa.

Il biografo riporta le voci che volevano De Nicola protagonista di un amore segreto con una donna bellissima: «Gli incontri erano rari e discreti: per poter vedere solo la donna amata, si racconta che De Nicola si recava in piazza della Vittoria, all'inizio della riviera di Chiaia, dove raggiungeva il negozio di Marinella, famoso fin da allora per le cravatte e per i colletti duri che mandava a lavare e inamidare a Londra, e lì attendeva una telefonata di lei: il segnale che poteva passare in carrozzella sotto il balcone e scambiare con lei, quasi senza alzare il capo, un fugace saluto d'intesa».

Ma da fonte primaria abbiamo appreso di un altro amore riservatissimo di De Nicola, quando ancora faceva l'avvocato a Napoli. Egli amava, riamato, la contessa Ricciardi. Usciva dal suo studio, prendeva via Caracciolo e, guardandosi con circospezione intorno per accertarsi di non essere seguito, si infilava nel palazzo della nobildonna. Non si accorse mai che due suoi giovani di studio lo seguivano passo passo, nascondendosi tra vicoli e portoni: Giovanni Leone, destinato a succedergli un giorno al Quirinale, e Francesco De Martino, diventato a metà anni Settanta l'ultimo segretario del Psi prima dell'arrivo di Bettino Craxi. La contessa Ricciardi era forse la donna misteriosa di cui parla Benincasa? Chissà.

A noi è stato assicurato che quello per la Ricciardi fu l'unico vero amore di De Nicola. Si dice, tuttavia, che egli abbia vissuto pienamente anche un'altra storia. Avvocato di eccezionale caratura, don Enrico era stato chiamato ad assistere una nobildonna siciliana nella causa di separazione legale. Se ne innamorò, ma i suoi scrupoli erano tali che, prima di scrivere all'ormai libera signora, ne chiese il permesso all'ex marito. L'ottenne, e le sue lettere sono un capolavoro di prudenza e di eleganza, rivelano un rispetto che oggi troveremmo paradossale. Basti dire che cominciava ogni missiva con «gentilissima signora e amica» e la concludeva con «vostro rispettosissimo servitore».

Naturalmente era impensabile che si presentasse in casa dell'amata: l'idea di un pettegolezzo l'avrebbe ucciso. Come accade anche oggi a molte coppie clandestine, condivise però con la signora alcune vacanze all'estero, lontano da occhi indiscreti. Lui e l'amata prendevano treni diversi e si davano convegno in un albergo prenotato personalmente da don Enrico a nome del «dottor De Nicola». Una notte, un cliente dell'hotel ebbe un malore e il portiere pensò bene di svegliare il «dottor De Nicola» per chiedergli aiuto. Seccatissimo e spaventato all'idea di poter essere identificato, e al tempo stesso ovviamente incapace di prestare cura alcuna, don Enrico dovette precisare, con qualche fatica, che quel «dottore» era un titolo accademico e che lui, in realtà, era avvocato (Nino Valentino, *Enrico De Nicola*).

Pur non avendo una moglie che l'accompagnasse al Quirinale, non accettava che gli onori di casa fossero fatti da altre donne. Durante la visita di Evita Perón, il giornale satirico romano «Il Menzognero» scrisse che, in presenza di un capo dello Stato scapolo, gli onori di casa erano stati fatti da Maria Laura Gaino, compagna di Umberto Terracini, allora presidente dell'Assemblea costituente. De Nicola si risentì a tal punto da costringere Giulio Andreotti, ventottenne sottosegretario di Stato alla presidenza del Consiglio, a far sequestrare il giornale.

E il professor Einaudi s'innamorò dell'allieva

Perché mi sono innamorato di Ida Einaudi, morta a 83 anni nel 1968, quando il sommovimento degli studenti e della società intera seppelliva il mondo in cui lei era vissuta felice? Perché, pur facendo l'inevitabile tara ai numerosi ritratti e interviste che ne ho letto, trovo che oggi sia molto difficile per un uomo avere accanto per una vita intera una compagna così devota e innamorata, che sappia coprirgli le spalle in ogni circostanza. È un amore egoistico il mio, lo riconosco, perché nessuna – o quasi nessuna – donna dei nostri giorni sarebbe disposta (e giustamente) a rinunciare non solo alla propria carriera, ma anche al libero impiego del proprio tempo in nome e per conto del suo compagno. L'eventuale indignazione delle mie lettrici è, dunque, più che fondata. La storia d'amore di Ida e Luigi, nata ormai più di un secolo fa, è una favola. E, come tutte le favole, è fuori del tempo. E, come tutte le cose fuori del tempo, lascia la libertà di sognare. Se così non fosse, film come *Cenerentola* non verrebbero più programmati né venduti in dvd. E, invece, per fortuna lo sono, anche se incassano molto meno di quelli di Harry Potter.

Ida Einaudi era in verità tutt'altro che una Cenerentola. Quando il marito la conobbe, nel 1902, era la figlia del conte Giulio Pellegrini, veronese da poco trapiantato a Torino. Frequentava, come usava a quei tempi, una di quelle scuole private per ragazze di buona famiglia: una scuola d'avanguardia, tuttavia, visto che oltre alla musica e alle buone maniere veniva insegnata anche l'economia politica. Tra gli insegnanti c'era un giovane professore di Carrù (Cuneo), che a 21 anni si era già laureato in legge e alternava all'insegnamento un'assidua collaborazione alla «Stampa». L'insegnante aveva 29 anni, l'allieva 17. Non si sa come, scoppiò il colpo di fulmine. Carlo Laurenzi, scrittore e giornalista del «Corriere della Sera» che conobbe e frequentò i coniugi Einaudi, conserva questo appunto sull'avvio del loro idillio: «L'allieva cercò di essere brava in economia, ma non ebbe più il coraggio di fissare gli occhi sulla cattedra. Il segreto fu gelosamente custodito, ma, finito l'anno scolastico, il professore ... si presentò alla famiglia Pellegrini e fece la sua domanda».

In realtà, secondo Maurizio Chierici, che incontrò la signora Ida negli anni Sessanta per il settimanale «Oggi», Luigi rispettò un protocollo più formale. Alla fine dell'anno scolastico, chiese al direttore della scuola di poter «comunicare» con la famiglia della ragazza. Il conte Pellegrini dovette essere informato che non si trattava delle consuete comunicazioni sul profitto della figlia e uscì piuttosto turbato dal colloquio con il capo dell'istituto. Fatto sta che Einaudi fu ammesso in casa. L'estate era alle porte, i due innamorati iniziarono a scriversi: ogni volta che arrivava una lettera di Luigi, il conte Pellegrini la leggeva ad alta voce davanti a tutta la famiglia. Dopo quattro mesi di fidanzamento, per fortuna si sposarono. Non fu certo un matrimonio riparatore: abbiamo fondati motivi per supporre che, fino a quel momento, Ida e Luigi si fossero baciati – se mai lo fecero – come un fratello bacia una sorella. Tutte le fonti, infatti, concordano nel ritenere che il viaggio di nozze in treno ad Agrigento (allora Girgenti) fu il primo momento in cui si trovarono soli.

«Su questo quaderno annoterai ogni spesa»

Cominciò una vita comune lunga cinquantanove anni (Einaudi morì nel 1961), che per la saldezza del legame può essere paragonata, nel mondo degli statisti moderni, solo all'amore di Winston Churchill e di Lady Clementine. Ma, come vedremo in questo libro, il modo in cui Ida e Luigi Einaudi si conobbero e la durata del loro felice rapporto coniugale assomigliano molto a quelli del professor Giovanni Leone e della giovanissima Vittoria.

Luigi e Ida ebbero cinque figli (tra cui l'editore Giulio), due dei quali non sopravvissero ai genitori. Tornati dal viaggio di nozze, Einaudi consegnò alla moglie un quadernetto: «Qui dovrai segnare tutto» le disse. «Quanto spendi per il pane, la frutta, il vino, specificando quando l'insalata viene dal nostro orto, e calcolando in questo caso il costo di produzione e il risparmio relativo. A fine mese farai il bilancio di ogni voce e quello generale». Probabilmente il professore voleva vedere se i suoi insegnamenti avessero dato buoni risultati.

È certo che se qualcuno di noi avanzasse una richiesta del genere alla propria compagna, questa avvierebbe subito le pratiche della separazione, e con buone probabilità di successo. Ida, invece, si adattò docilmente, e per cinquant'anni ha riempito il suo quadernetto. «Mio marito voleva fare un libro su questi conti» raccontò a Chierici. «Lo specchio dell'andamento di una famiglia borghese in mezzo secolo. Ma era un progetto che rimandò perché c'erano cose più urgenti, e non ha fatto in tempo a realizzarlo.»

Einaudi, che Luigi Albertini portò presto a collaborare con il «Corriere della Sera», investì i suoi primi risparmi nell'acquisto della magnifica tenuta di Dogliani, che produsse (e produce) vini di gran classe: il solo vezzo che si consentì quando giunse al Quirinale fu di far servire a tavola sempre il proprio vino. (Questa abitudine, fra l'altro, gli procurò una micidiale vignetta sul «Candido» di Guareschi: il profilo del presidente tra due marziali file di nebbiolo. Titolo: *I Corazzieri*. Oggi si vede ben altro, ma a quei tempi le istituzioni si tutelavano in maniera perfino eccessiva, e Guareschi fu condannato per vilipendio.) Einaudi arricchì nel corso degli anni la villa (che la signora Ida preferiva chiamare «casa»), condividendo sempre con la moglie la scelta di belle maioliche e di volumi preziosi: ne aveva cinquantamila, rilegati uno per uno da artigiani di fiducia.

Il professore lavorava diciotto ore al giorno e, quando tornava la sera, trovava Ida impegnata a seguire i compiti dei figli o nelle faccende di casa. Era lei, fra l'altro, che batteva a macchina gli articoli che il marito scriveva in modo fulmineo per il giornale e che gli mancarono molto nel settennato al Quirinale.

Durante il fascismo Einaudi conservò la cattedra universitaria e il seggio di senatore (era stato eletto già nel 1919). Quando furono approvate le leggi razziali, fu forse uno dei soli dieci senatori che votarono contro a scrutinio segreto, ma non si pronunciò mai pubblicamente. Così come non lo fece Benedetto Croce. La sua ostilità al regime era tuttavia nota se, subito dopo l'8 settembre, fu costretto a riparare in Svizzera. Ida, come abbiamo detto, gli fu sempre a fianco. Quando, governatore della Banca d'Italia, rianimò con una cura da cavallo la disastrata economia italiana subito dopo la guerra, quando fu ministro del Bilancio e vicepresidente del Consiglio nel governo De Gasperi del 1947, quando fu eletto capo dello Stato nel 1948.

Con il bastone in una mano e il cappello nell'altra

A Giulio Andreotti, che per conto di De Gasperi andò una mattina presto a sondarne la disponibilità a candidarsi al Quirinale, mosse una sola obiezione: «Pensate che possa passare in rassegna i picchetti d'onore tenendo in una mano il bastone e in un'altra il cappello?». E Andreotti lo tranquillizzò.

Dopo l'elezione di Einaudi a presidente della Repubblica, la coppia andò a vivere nella palazzina dove avevano abitato Umberto e Maria José: trovavano doveroso che il capo dello Stato alloggiasse al Quirinale. A Ida non piacque il mobilio («Era di un finto Cinquecento che non le dico» confessò a Chierici), mentre si entusiasmò per il giardino dove per sette anni, ogni giorno, fece la sua passeggiata con il marito. Amava in particolare le rose e cominciò a contarle perché sospettava che i giardinieri le tagliassero anche quando non dovevano. «Con tutti questi segretari» confessò al giornalista di «Epoca» Roberto Cantini «ora non faccio più nulla. Però, quando [*Luigi*] ha una cosa molto privata, personale, un suo articolo, mettiamo, si rivolge a me e sono io a batterlo a macchina.»

Einaudi continuò a lavorare dal mattino alla sera, con una pausa per il sonnellino pomeridiano vigilato con ferma dolcezza dalla moglie. Alle 8 di sera, puntualmente, donna Ida sentiva arrivare il marito, annunciato dal ticchettio del suo bastone.

Si è detto che la signora Einaudi, pur nella sua semplicità, risentisse fatalmente delle abitudini «regali» che fino a qualche anno prima avevano caratterizzato il protocollo del Quirinale: cucinava personalmente per i poveri – adulti e bambini – invitati a pranzo e sferruzzava calze di lana per i detenuti. Una volta, ingenuamente, si fece fotografare al lavoro, ma il rotocalco al quale era destinato il servizio pubblicò l'immagine in un articolo sui regali di Natale, lasciando così supporre che le calze amorevolmente create dalla signora Einaudi fossero per il marito, e impaginando la sua foto tra quelle di Gina Lollobrigida e di Elsa Morante. «Donna Ida ci rimase così male che la sua naturale ritrosia, tutta piemontese, divenne assoluta» (Filippo Ceccarelli, *Il letto e il potere*).

Anche a Einaudi (e a sua moglie) sarebbe piaciuto restare ancora per un po' al Quirinale, come era accaduto a De Nicola, e come sarebbe accaduto a tutti i loro successori, nessuno escluso. Ma le condizioni politiche non c'erano. Il giorno dell'addio, all'ora fissata per la cerimonia di commiato – le 17 –, i 350 orologi del palazzo, che donna Ida aveva fatto negli anni faticosamente sincronizzare, si misero a suonare tutti insieme.

Il professore aveva 81 anni quando la coppia se ne tornò nella tenuta di Dogliani. «Finalmente potrò lavorare sul serio» dichiarò. E la moglie fece confezionare delle grandi pantofole di pezza per tutti i nipotini: con la scusa di non disturbare il nonno, proteggeva il pavimento.

Quando Luigi morì, nel 1961, Ida non pianse. Ma fu impossibile staccarla dalla salma, fino al momento estremo. «Una cosa sola vorrei che si sapesse» disse prima di andare a raggiungerlo sette anni dopo. «Mio marito sembrava serio, rigido, un po' brusco. Invece era la bontà in persona ... buono come un angelo. Ora io vivo di ricordi. Ogni tanto accarezzo i suoi libri e fra le pagine ritrovo i suoi appunti, bene ordinati, scritti con la sua calligrafia sottile. Quei libri sono come figli: ogni volume è un brano della mia vita...»

Don Giovanni al Quirinale

Giovanni Gronchi era un gran donnaiolo. Ebbe due mogli e numerose amanti. Delle prime, ovviamente, si sa tutto, delle altre si mormora molto, ma, in assenza di una Claretta, occorre dosare con cautela nomi e giudizi. Gronchi si è costruito con le proprie mani. Nato da una modesta famiglia di Pontedera, sede storica della Piaggio in Toscana, orfano di madre a sei anni e con un padre di salute malferma, per mantenersi agli studi fu costretto a dare lezioni private ai suoi stessi compagni di scuola. Dotato di un'intelligenza brillantissima, si laureò in lettere alla Normale di Pisa. Guadagnò i primi soldi da insegnante, fu volontario nella prima guerra mondiale meritandosi una medaglia d'argento, e fece parte del ristretto gruppo degli ufficiali di Stato maggiore che scrissero il bollettino della vittoria di Armando Diaz. Impegnato nel Partito popolare fin dalla sua costituzione, fu sottosegretario all'Industria nel primo governo Mussolini, si dimise quando i Popolari presero le distanze dal Duce e, nel dopoguerra, militò nella componente di sinistra della Democrazia cristiana.

Questo era, in poche parole, l'uomo pubblico. Del privato si può dire, come scrisse nel 1955 il «Corriere Lombardo» al momento della sua elezione al Quirinale, che quando si sposò per la seconda volta «aveva alle spalle una vita intensa e burrascosa».

Entrambe le mogli s'innamorarono di lui giovanissime. La prima, Cecilia Comparini, a 18 anni. Si sposarono di lì a poco, nel 1914, quando lui ne aveva 26. Il loro matrimonio, senza figli, durò dodici anni: Cecilia morì durante un intervento chirurgico. Rimasto vedovo nel 1925, Giovanni si risposò nel 1941. «Il lungo intervallo tra i due matrimoni non deve far pensare a un Gronchi macerato nella solitudine. Vedovo o sposato, egli ebbe un'attività galante che – soprattutto, e si spiega, dopo l'elezione a Presidente – suscitò pettegolezzi e alimentò un'abbondante e piccante aneddotica» (Indro Montanelli e Mario Cervi, *L'Italia dei due Giovanni*).

Conobbe Carla Bissatini, che sarebbe diventata la sua seconda moglie, quando lei aveva appena 14 anni. Età pericolosa, a quanto pare, se fu la stessa alla quale Claretta Petacci scrisse al Duce la sua prima lettera d'amore. Tra Giovanni e Carla, amica di una sua nipote, c'erano parecchi anni di differenza. Lui, infatti, ne aveva 39 e, come è ovvio, non la guardò nemmeno. Lei, tuttavia, s'innamorò perdutamente di quell'uomo triste e affascinante, molto elegante e con una voce bellissima. Quando confessò ai genitori la sua passione, la presero per matta. Come capita a tante ragazze, Carla disse che non avrebbe avuto altro amore per tutta la vita. A differenza delle altre, però, lei aspettò sul serio il suo uomo. Si sposarono nel 1941 (lei 29 anni, lui 54) ed ebbero presto due figli.

Da presidente della Camera, Gronchi non andò ad abitare a Montecitorio. Da presidente della Repubblica, preferì restare nella palazzina dove abitava in via Carlo Fea, al quartiere Nomentano, limitandosi a guadagnare l'attico e ad arredarlo come si conveniva al nuovo ruolo. Fu una scelta, questa, che sarebbe stata imitata da altri suoi successori.

La porticina segreta su via dei Giardini

Qualche anima maliziosa, tuttavia, immaginò che questa scelta fosse stata fatta perché il presidente voleva avere in «ufficio» – così chiamava il Quirinale – una certa libertà di manovra. Nel 1967, quando aveva esaurito il suo mandato da cinque anni, il settimanale scandalistico «Abc» scrisse: «I romani parlano spesso della porticina che Gronchi ha fatto aprire su un lato del Quirinale in via dei Giardini. Si mormora che dalla romantica porta passino le amicizie femminili del presidente, che non potrebbero introdursi per il portone principale senza dar adito a pettegolezzi».

Appena Gronchi fu eletto, Carla capì che la nuova vita avrebbe avuto non solo onori e gratificazioni, ma pure insidie di ogni genere. Lei stessa scrisse su «Epoca»: «Ora so che in regime di democrazia le investiture popolari possono esigere, dall'uomo cui vanno, l'esposizione al pubblico anche delle sue cose private». La medesima consapevolezza ebbe Filippo d'Edimburgo, il marito di Elisabetta II, diventato da poco principe consorte. Certo non immaginando allora quel che la sorte gli avrebbe riservato nei decenni successivi (basti per tutte la vicenda di Diana), il principe invocò (invano) il rispetto della stampa per la vita privata di chi è ai vertici dello Stato. Con una differenza: «Per i presidenti della Repubblica» disse «il periodo della curiosità pubblica dura per il solo periodo dell'investitura, mentre per i membri delle famiglie reali dura per tutta la vita». Non a caso, quando la moglie guadagnò la corona, Filippo le disse: «Coraggio, patatina».

Negli anni Cinquanta, la maggior parte degli italiani – anche quelli che avevano votato per la repubblica – era ancora molto legata alla favola dei fasti di corte. Così, sfogliando i rotocalchi dell'epoca, è possibile vedere, per esempio, le rassegne d'abiti che la sarta romana Fernanda Gattinoni aveva disegnato per la signora Gronchi proprio per la visita della regina d'Inghilterra. Donna Carla era appena tornata da un faticosissimo viaggio nell'America del Sud, in cui aveva perso otto chili. Flora Antonioni, famosa giornalista di costume, durante il ricevimento per la visita di Elisabetta al Quirinale la scovò, assai provata, dietro una tenda: «Era pallidissima» scrisse su «Amica» «i grandi occhi grigio-azzurri sbarrati nella sofferenza, il viso proteso a captare una folata d'aria fresca dalla finestra spalancata sul cortile d'onore ... L'abito di merletto vestiva una figurina diafana, le mani avevano una magrezza che dava da sola il senso della sua fatica».

Sempre su «Amica», la stessa Antonioni titolò l'articolo di commiato ai Gronchi *Sette anni in tailleur al Quirinale*. Come scrisse in quei giorni Guido Quaranta su «Paese Sera», per l'intera durata del mandato del marito ogni mattina alle 10 Carla entrava nella sede della Croce Rossa (era per statuto presidente del comitato femminile), si chiudeva in una stanza e si metteva a battere a macchina la corrispondenza smistando aiuti a chi ne aveva bisogno. Prima di sposare Gronchi, era stata una normale impiegata e tale tornò a essere nei sette anni del Quirinale.

E i figli? «Non voglio che crescano con la mentalità di un principe ereditario» disse il presidente appena eletto. E la mattina successiva all'investitura, li accompagnò come aveva sempre fatto in automobile alla scuola pubblica. Nelle stesse settimane, in Inghilterra la nuova regina Elisabetta aveva deciso che Carlo frequentasse le scuole pubbliche. Scrisse il settimanale «Visto»: «Là è un principe che aspira a vivere da borghese, qui sono borghesi che temono di lasciarsi sorprendere dalla voglia, dalle abitudini e dal clima principeschi».

Carla Gronchi (che morì nel 1993, quindici anni dopo Giovanni) fu accanto al marito in tutte le sue apparizioni pubbliche e subì in silenzio le molte dicerie sulla vita galante del presidente.

Come ricordano Montanelli e Cervi, gli aneddoti piccanti non si contano. «Era in effetti un gran donnaiolo» mi disse un giorno Andreotti «e De Gasperi non se ne capacitava.» Una signora vide svelata la sua relazione con il capo dello Stato durante il viaggio inaugurale di una nave, quando gli altoparlanti di bordo diffusero l'annuncio che era richiesta al telefono dal Quirinale. Un ministro dei Trasporti, intimo amico di Gronchi, era solito scambiare con lui l'automobile in una determinata località della Toscana, poi rientrava a Roma con quella del presidente per consentire a quest'ultimo di andare a trovare in incognito una signora. La cosa durò al punto che l'amico in questione fu ribattezzato «ministro dei Trasbordi».

Nell'articolo già citato, il settimanale «Abc» scriveva di «compagnie che servono a distrarre un po' il Presidente dalle fatiche della carica e consentono a Gronchi-uomo di trascorrere qualche ora serena in libertà, senza le costrizioni del cerimoniale». Ceccarelli, che riporta l'episodio nel suo libro, sospetta che il settimanale abbia riprodotto pari pari un dossier del chiacchieratissimo servizio segreto del tempo, il Sifar. E fa, tra le amicizie di Gronchi, i nomi di due signore sconosciute al grande pubblico e di quattro signorine dello spettacolo: Anna Maria Gambineri, Giorgia Moll, Tina De Mola, Sandra Milo. «Onestamente» mi assicura la Milo «io non l'ho mai frequentato.»

Laura Segni: «Antonino, parlami!»

«Antonino, parlami!» gridò donna Laura Segni quando vide il marito semicosciente tra le braccia di due staffieri del Quirinale che lo deposero sul letto. Ma il presidente della Repubblica non parlò all'amatissima moglie, né parlò mai più.

Era il tardo pomeriggio di venerdì 7 agosto 1964. Laura Segni stava preparando le valigie per una vacanza di cura ad Abano Terme, che sarebbe cominciata l'indomani. Il marito stava discutendo con il presidente del Consiglio Aldo Moro e con il ministro degli Esteri Giuseppe Saragat un importante movimento di ambasciatori nelle principali capitali europee. Più tardi si seppe di una vivace discussione tra Segni, che era stato a lungo ministro degli Esteri e conosceva bene il mondo diplomatico, e Saragat, nuovo titolare della Farnesina, che con il capo dello Stato non legava per almeno due motivi. Il primo: avrebbe voluto essere eletto al posto suo. Il secondo: Segni era espressione dell'ala moderata della Dc ed era appena stato animatore di quel «rumor di sciabole» che aveva ridotto a miti consigli Pietro Nenni e l'ala più riformatrice del centrosinistra, nel timore – probabilmente infondato – di una svolta autoritaria garantita dal generale Giovanni De Lorenzo, potente comandante dei carabinieri. I rapporti tra i due erano precipitati il 14 luglio: durante un'animatissima discussione tra Moro, Nenni e Saragat, il primo aveva detto che il capo dello Stato non avrebbe mai firmato una legge che, di fatto, prevedeva l'esproprio generalizzato dei suoli edificabili, e Saragat aveva minacciato di denunciare Segni all'Alta Corte di giustizia.

Nella camera da letto al Quirinale, Moro era pallidissimo e Saragat addirittura piangeva. Laura Segni, invece, non pianse: chiamò i quattro figli che erano in vacanza, alcuni all'Argentario e altri sulle Dolomiti, e si sedette accanto al marito, infilandogli tra le mani un rosario di madreperla appartenuto alla madre del presidente. Poi cominciò a recitare il rosario e «Antonino», così lo chiamava da sempre, pur nell'apparente incoscienza mosse regolarmente le dita sui grani, fino a quando non si irrigidì. Cominciò allora, con grande dignità, la lunga attesa di donna Laura. Il marito non si riprese mai. Dovette dimettersi in dicembre da capo dello Stato e morì otto anni più tardi, nel 1972.

Se non avesse incontrato Antonio, Laura probabilmente si sarebbe fatta suora. Nel ritratto che ne tracciò per il settimanale «Orizzonti» il 6 gennaio 1963 (*Un angelo al Quirinale*), Giancarlo Zizola ricorda che la ragazza, quarta di cinque figlie di Giuseppino Carta – docente universitario di Sassari che aveva lasciato la cattedra per dedicarsi alle sue grandi tenute e al bestiame che vi pascolava –, non voleva saperne di sposarsi. Ma il padre desiderava una moltitudine di nipoti e l'idea che lei potesse non averne lo faceva disperare. Così tentò un approccio con Antonio Segni, rampollo di un'altra eminente famiglia sassarese alla quale la sua era legata da amicizia di lunghissima data. Non fece molta fatica perché il giovanotto aveva già notato la ragazza e, quel che più conta, la ragazza aveva già notato il giovanotto.

Il primo bacio in viaggio di nozze

Antonio le scrisse una lettera al giorno (l'avrebbe fatto per anni) e, mentre andava a imbucarle, passava davanti alla casa di Laura che, conoscendo l'ora e lo scopo di quella passeggiata, si faceva trovare sorridente alla finestra. È inutile precisare che tutto questo avveniva senza che i due si fossero mai parlati. Agli sguardi di cui abbiamo appena detto, vanno aggiunti quelli che la coppia si scambiava da lontano dopo la messa. Finalmente, un giorno Antonio si fece coraggio e all'uscita dalla chiesa la fermò per donarle un'immagine della Sacra Famiglia e un ramoscello di gelsomino. «Mi innamorai per le sue lettere» confesserà più tardi Laura. «Mi piacevano molto le sue mani. Le aveva delicate, nervose, belle, da pianista.» I due si fidanzarono così, senza nemmeno un bacio.

A tale proposito, il generale Giovanni Maria Dettori, amico d'infanzia del presidente, un giorno gli disse: «Sai quando ho dato il primo bacio a mia moglie? In occasione del fidanzamento ufficiale». «Figùrati» ribatté Segni. «Io solo all'uscita della chiesa, dopo le nozze...» Questo era l'uso, quasi un secolo fa.

Per sposarsi dovettero aspettare che finisse la prima guerra mondiale e che Segni vincesse la cattedra universitaria a Perugia. Il matrimonio fu celebrato nel 1921 e Laura, da allora, portò sempre accanto alla fede anche l'anello di fidanzamento. Lei accettò pazientemente che lui le riempisse la casa di carte e di libri. La sera ascoltavano insieme la musica e talvolta suonavano il pianoforte a quattro mani.

Quando nel dopoguerra, diventato ministro dell'Agricoltura, Segni firmò la prima riforma agraria, la moglie gli chiese: «Che cosa succederà alle nostre terre?». Lui le rispose: «Succederà, innanzitutto, che tu e io saremo espropriati fra i primi». Fu così che Laura dovette dare l'addio a 115 ettari, i migliori dei suoi vasti possedimenti. Per consolarla, il marito le regalò una boccetta del suo profumo preferito.

I soli contrasti tra i due coniugi pubblicamente conosciuti riguardano alcune richieste di fondi per iniziative benefiche da lei promosse, soddisfatte da lui con qualche ritardo. Fu allora che donna Laura minacciò il marito – se non avesse provveduto – di ricorrere al suo più acceso avversario politico in Sardegna.

Quando la carriera politica di Antonio portò la famiglia a stabilirsi a Roma, i Segni andarono in subaffitto in via Sallustiana da un certo commendator Lais, che viveva solo e cedette ai giovani coniugi una camera da letto e un bagno. Allorché la famiglia crebbe, fu Lais a «restringersi». Così, quando Segni fu eletto presidente della Repubblica, lo spazio a disposizione del commendatore (ormai vecchissimo, di un'età mai rivelata tra gli 89 e i 95 anni) era ridotto a una cameretta con bagno. Fu lì che ascoltò febbrilmente alla radio, da solo, l'esito dello scrutinio decisivo per la presidenza della Repubblica, dopo l'accesissima lotta tra il suo coinquilino e Saragat.

I Segni avevano da poco finito di costruire una casa di cooperativa alla Farnesina, un quartiere residenziale di Roma Nord, ma decisero di trasferirsi subito al Quirinale. Presero alloggio nella stessa ala dove avevano abitato gli Einaudi: una spaziosa camera da letto preceduta da due vestiboli, una sala da pranzo e un grande studio, diviso in tre vani e detto «Sala delle Colonne». I nipotini, quando visitarono per la prima volta i giardini del Quirinale, pensarono di essere entrati come Alice nel Paese delle Meraviglie.

Per donna Laura, che aveva seguito con devozione la carriera politica del marito (aspettandolo alzata ogni sera fino a ore impossibili), l'arrivo al Quirinale fu il coronamento di una vita. «Attorno a lei si respira un'aria che sa di violette e di crinoline, di lumi a petrolio e di ninnananne» riferì Carlo Laurenzi sul «Corriere della Sera». Ma lei non fu solo questo. Diventata «prima signora della Repubblica», seppe vestire in modo adeguato al suo ruolo. Quando la lettrice di un giornale cattolico la criticò per eccessivo sfoggio di eleganza, lo stesso «Osservatore della domenica» si scomodò a prenderne le difese con una sottile risposta: «Gli angeli non usano collane per il semplice fatto che non hanno un collo cui appenderle; ma se l'avessero e vivessero a una corte, si adeguerebbero alla dignità propria del loro stato».

«Mio marito» disse quando approdò al Quirinale «è veramente il compagno ideale per una donna che chieda al matrimonio il suo pieno compimento, cioè una comunità assoluta di intenti e di spirito. È un uomo romantico e onesto, sul quale l'ambizione politica non ha mai agito da corrosivo.»

Poi, improvvisa, arrivò la crisi fatale. «Antonino, parlami!» Laura gli fu accanto con dolcezza fino alla morte, avvenuta otto anni dopo.

Saragat: viole sulla tomba di Giuseppina

Durante le feste di Natale del 1964, Giuseppe Saragat arrivò al Quirinale da vedovo. Nella eccitata confusione dell'immediato dopoguerra, pochi avevano riflettuto sul fatto che Enrico De Nicola fosse scapolo. Per il capo provvisorio dello Stato, infatti, le occasioni di rappresentanza erano modeste. Quando fu eletto Saragat – dopo una furiosa battaglia con i democristiani che volevano sostituire Segni prima con Giovanni Leone e poi con Amintore Fanfani (che, in verità, si autocandidò) – il problema invece si pose. Qualcuno suggerì che gli incarichi di rappresentanza della prima signora della Repubblica fossero affidati a Giuliana Merzagora, moglie di Cesare, presidente del Senato. Ma bastava conoscere Saragat appena un poco per sapere che una soluzione estranea alla famiglia era impensabile. Il nuovo presidente aveva una figlia, Ernestina – sposata al dentista Gianni Santacatterina e madre di due figli –, perfettamente in grado di svolgere le funzioni richieste. Alta, bruna, portamento aristocratico, conosceva quattro lingue. Per tutti i sette anni se la cavò benissimo.

Appena eletto al Quirinale, Saragat portò un mazzo di viole sulla tomba al Verano della moglie Giuseppina. L'aveva perduta improvvisamente quasi quattro anni prima, il 14 gennaio 1961. Ricoverata al Policlinico per un imprecisato malessere, morì l'indomani nonostante le cure del più famoso cardiologo del tempo, Luigi Condorelli. Si parlò delle conseguenze di una trasfusione, in realtà il decesso fu causato da una crisi cardiaca.

Giuseppina Bollani era vissuta accanto al marito trentacinque dei suoi sessantadue anni. Di questi, diciannove erano stati di esilio, tra la Svizzera, l'Austria e la Francia. Saragat rimase così sconvolto dalla perdita della moglie che, per mesi, non aprì quasi bocca, anche nelle riunioni di partito.

Si parlò persino di una sua conversione al cattolicesimo, dopo la lettera autografa che Giovanni XXIII gli aveva fatto recapitare. Ma era solo l'affettuoso ricordo di un «collega»: Roncalli era stato nunzio a Parigi nello stesso periodo in cui Saragat vi era ambasciatore d'Italia. Pur professandosi ateo, Saragat non è mai stato un mangiapreti. Durante l'esilio in Francia era rimasto colpito dalla generosità con cui la Chiesa aveva raccomandato ai fedeli di proteggere gli ebrei perseguitati. Alcuni politici malevoli avanzarono l'ipotesi che Saragat si fosse convertito per salire più facilmente al Quirinale nel 1962, quando sarebbe scaduto il mandato di Gronchi (come abbiamo visto, fu invece eletto Segni). Ma fu lui stesso a smentire le voci della sua conversione in un lungo colloquio con Sandro De Feo pubblicato sul «Corriere della Sera» il 17 agosto 1961, in cui parlò della «trama bellissima» di vita che si era spezzata con la morte della sua compagna, «una trama che essa aveva intessuto con fili d'oro». Raccontò della sua attrazione per il trascendente, qualcosa di simile a quanto oggi prova Fausto Bertinotti: «Ma da noi» sottolineò sorridendo «non appena cominci a parlare di trascendenza e di coscienza, corrono subito, carta e matita in mano, a chiederti: è vero che ti sei convertito alla religione cattolica?».

In realtà, concludeva De Feo, la sua vera crisi – dopo la morte dell'amatissima moglie – era stata diversa: un pensiero costante e disperato, una pietà che non si concede requie né illusioni.

In lungotevere Flaminio con i mobili in prestito

Giuseppina e Giuseppe si erano conosciuti nel 1925 durante una gita in montagna organizzata dal Club alpino italiano. Lei, figlia di un operaio milanese trapiantato a Torino, faceva la sarta; lui, laureatosi in economia e commercio nel 1920, lavorava in banca. Lei aveva 26 anni, lui 27. La conquistò con la sua cultura, parlandole di Shakespeare e di Goethe. Quando si sposarono, l'anno successivo, Giuseppina capì che le idee politiche del marito – diventato socialista dopo aver assistito alla spedizione punitiva di una squadraccia fascista – non le avrebbero garantito una vita tranquilla. E, infatti, poco dopo dovettero riparare in Svizzera, portando in braccio il loro primo figlio di cinque mesi.

Cominciò un esilio di miseria e di speranze che durò per quasi tutto il Ventennio. Dalla Svizzera all'Austria, paese amatissimo da Saragat, il quale aveva una formazione culturale prevalentemente mitteleuropea. E dall'Austria alla Francia, dopo l'ascesa al potere di Hitler. Lui si arrangiava con lavoretti da contabile in alcune cooperative operaie e collaborando a piccoli giornali con poche disponibilità, spesso così poveri che talvolta rifiutava perfino di essere pagato. Un giorno, il direttore di uno di questi giornali convocò Giuseppina, le dette il denaro che spettava al marito, lei corse a far la spesa, ma quando Giuseppe – che lei chiamava «Pippo» – seppe da dove veniva tutto quel ben di Dio, si affrettò a racimolare i soldi per restituirli.

Giuseppina si ammazzava di lavoro: aveva trasformato i

modestissimi alloggi di Vienna e di Parigi in piccoli atelier e tagliava, cuciva, ricamava fino all'alba. I figli dissero che mai la madre aveva fatto pesare loro questa faticosa condizione. Lungi dall'attribuire la povertà alle idee politiche del marito, lo seguiva con passione. Quando incontrava qualcuno, lo apostrofava subito: «Tu sei con Saragat o contro Saragat?». Fu una grande ammiratrice del suo sposo: «Saragat è sempre Saragat» commentava dopo ogni comizio.

La famiglia mantenne una vita modesta anche dopo la guerra, salvo che per il breve periodo in cui Giuseppe fu ambasciatore a Parigi. Giuseppina, trattata all'inizio con sufficienza dal bel mondo diplomatico per le umili origini, lo conquistò ben presto con la sua semplicità e la sua franchezza. Rientrati a Roma, i Saragat trovarono una bella abitazione di cinque stanze in lungotevere Flaminio. Lei si spaventò: «Ma è troppo grande, troppo di lusso. Noi siamo gente modesta, come faremo ad ammobiliare questa casa?».

All'indomani della morte della moglie di Saragat, Vittorio Gorresio riferì sulla «Stampa» il seguente episodio. Nel maggio 1950 Giuseppina lesse sul «Messaggero» un annuncio tra le «occasionissime»: «Matrimoniale palissandro salapranzo impero piani cristallo vendo ragioni familiari. Pagamento biennio. Telefonare...». Telefonò, e poi esclamò: «Ma figurarsi! Per noi è troppo caro...». Quattro anni dopo, la sala da pranzo dei Saragat fu finalmente arredata con tavolo, sedie, buffet e controbuffet. Quando un'amica si complimentò per l'arredo, Giuseppina la gelò: «Ma figurarsi! Sono mobili che ci hanno prestato. Io avevo detto a Saragat [*talvolta lo chiamava per cognome*]: proviamo. Adesso che sei vicepresidente del Consiglio, fai un contratto con un mobiliere. Gli passi tutta l'indennità ministeriale per tutto il tempo che resti in carica, corto o lungo che sia. Ma non c'è un mobiliere che abbia fiducia in questo governo, evidentemente».

Conclude Gorresio: «Rideva Giuseppina, raccontando la sua storia, per nulla mortificata dalle strettezze delle loro condizioni, anzi rimasta ricca di calore come negli anni della giovinezza coraggiosa, capace ancora, come ha fatto fino al termine della sua vita generosa, di patire, comprendere e amare».

Leone: «Vittoria, ho paura di perderti»

Una sera della primavera del 2007 incontrai Vittoria Leone nel salotto di Maria Angiolillo. Donna Vittoria ha ormai quasi ottant'anni, ma si stenta a crederlo visto che la sua celebrata bellezza ha vinto la guerra fatale contro l'età. Le dissi che stavo lavorando a una storia d'Italia raccontata attraverso gli amori dei suoi protagonisti e lei mi confidò di aver da poco fatto stampare da una piccola tipografia napoletana un suo ritratto che il marito aveva scritto negli ultimi anni di vita, ripercorrendo i quasi sessant'anni del loro amore.

Il giorno dopo ricevetti puntualmente il libriccino, ottanta pagine con molte immagini, di cui mi colpì in particolare la fotografia del loro matrimonio. Mostra una ragazza bellissima accanto a un uomo decisamente meno giovane. Bello, Giovanni Leone non si può definirlo, ma è stato certamente una delle intelligenze giuridiche più formidabili del nostro paese. «Un uomo tutto esuberante e tutto estroso, vivace, vivido e arruffato come appunto certi piccoli animali» ricorda Vittorio Gorresio nel suo *Il sesto presidente*. E aggiunge: «[*A Vittoria*] fece una fortissima impressione come di un essere imprevedibilmente nuovo ... comparso in casa sua la prima sera senza nemmeno essere stato invitato».

Un giorno del dicembre 1945, a Caserta, in casa di Giovanni Michitto si teneva una festa. Medico valoroso e uomo di grande cultura – aveva sul comodino i Vangeli e i testi in latino di Orazio e Virgilio –, il dottor Michitto esigeva che i figli gli si rivolgessero con il voi, esonerando soltanto la più piccola, Vittoria, che peraltro mai ha osato dargli del tu. L'occasione dei festeggiamenti era il congedo di Luigi, il primogenito, giovane avvocato che aveva servito come sottotenente nella magistratura militare. Giovanni Leone era invece tenente colonnello negli stessi ruoli e, nonostante avesse soltanto 38 anni, era già ordinario di procedura penale a Bari. Amico di Luigi, Leone non aveva ricevuto un invito formale perché spesso lontano da casa. Ma si presentò ugualmente, e quando vide Vittoria ne rimase abbagliato. Anche lei fu colpita da questo incontro. «Ricordo perfettamente l'impressione che mi fece quella prima sera» racconta. «Parlava, mi apostrofava, e venendo a sapere che di lì a poco avrei dovuto affrontare gli esami di maturità si offerse, tutto scherzando, di raccomandarmi. Fui seccata di questo suo discorso, che ritenni maleducato, e in genere della sua intraprendenza.»

Pochi giorni dopo, Leone passò all'attacco con la complicità del fratello di Vittoria. «Luigi» mi dice oggi la signora Leone «mi invitò ad accompagnarlo a un concerto pomeridiano al San Carlo. Ma quando venne a prendermi, c'era anche Giovanni. Andammo insieme e io ero imbarazzatissima. A un certo punto del concerto, Giovanni mi diede una copia del programma di sala: sfogliandolo scoprii che in una pagina aveva scritto: "Ti amo". Tornai a casa con la febbre altissima, ma mio padre – medico – dopo avermi visitato ne capì le origini e mi curò con la valeriana...»

Da quel momento, il professor Leone assediò casa Michitto, mutando però tattica con la ragazza. Visto che il suo diluvio di parole non funzionava, cominciò a scriverle. Negli anni Sessanta, da allievo di Leone all'università di Roma, restai colpito dalla chiarezza con cui spiegava la procedura penale durante le lezioni, ma soprattutto nei suoi libri. Immagino, dunque, come dovesse scatenarsi nelle lettere d'amore. «Erano analisi intelligenti e geniali di me e di lui stesso» dice donna Vittoria «dei suoi sentimenti e degli stati d'animo che intuiva in me.» Le lettere aiutarono la ripresa del dialogo, i due si fidanzarono in febbraio (due mesi dopo il primo incontro) e Giovanni cominciò subito a parlare di matrimonio.

Vittoria, naturalmente, era perplessa: aveva soltanto 18 anni e Giovanni venti di più. Non era certa di essere la moglie giusta per lui e, pensando a sé, avrebbe voluto prima superare la maturità classica e poi riflettere ancora. Ma lui era un carro armato: «Sono io che non posso aspettarti, perché ho paura di perderti» le disse. Aveva ragione. A una ragazza così bella e di famiglia così in vista nella sua provincia, non sarebbe certo mancato un buon partito più giovane di Giovanni. Ma il fascino del professore alla fine prevalse e, dopo soli cinque mesi di fidanzamento, si sposarono il 15 luglio 1946 nella cappella privata di villa Michitto, officiante il vescovo di Caserta. Lei indossava un prezioso abito di pizzo di Bruxelles, che era appartenuto alla nonna. Da meno di sei settimane lui era stato eletto deputato all'Assemblea costituente nelle liste della Democrazia cristiana.

Per amor suo, Giovanni imparò a nuotare

L'assente più illustre al loro matrimonio fu Enrico De Nicola. Legatissimo a Leone, che aveva cominciato nel suo studio l'attività di avvocato, assai tenero con Vittoria («Un vecchio bellissimo, dagli occhi azzurri e i capelli all'Umberto...»), De Nicola aveva una concezione ipocondriaca della carica che ricopriva: in quanto capo provvisorio dello Stato, ritenne di non poter presenziare a un matrimonio. In compenso, regalò ai Leone le fedi nuziali, che Vittoria porta ancora.

De Nicola, fra l'altro, riteneva che un uomo politico avrebbe dovuto restare scapolo («Le mogli» diceva «danno impiccio») e, pur stravedendo per Vittoria, lo disse con la sua abituale franchezza ai due sposi. «Per quanto mi riguarda» mi confida la signora Leone «avrei preferito che mio marito facesse solo l'avvocato. Avrei avuto comunque una posizione invidiabile e non sarei stata costretta ad apparire: non sembra, ma sono timida, riservata e introversa...»

Durante il viaggio di nozze Giovanni e Vittoria si fermarono a Roma. L'umidità li costrinse a lasciare una *Turandot* a Caracalla dopo il primo atto, ma in compenso lui trovò in una libreria del Corso un volume di Ernesto Bonaiuti, il grande modernista scomunicato, dal titolo *Il matrimonio presso gli ebrei*, in cui scoprì, sfogliandolo, che la religione israelitica raccomanda che la sposa abbia la metà degli anni dello sposo. Il professore mostrò trionfante questo passaggio alla giovanissima moglie.

Proseguirono poi verso il Nord, in direzione dei laghi, e presero alloggio al Grand Hotel delle Isole Borromee, il più romantico albergo di Stresa. Vittoria, eccellente nuotatrice, si tuffava nel lago, mentre Giovanni la guardava preoccupato dalla riva: non sapeva nuotare. Napoletano, preferiva la montagna al mare. Quando il marito fu chiamato a far parte della «commissione dei 75» incaricata di scrivere la nuova Costituzione repubblicana, Vittoria prese assai male l'interruzione del viaggio di nozze.

Il matrimonio proseguì tranquillo, tra i comuni interessi e i dissensi fatali anche nelle coppie più unite. Entrambi amavano la musica (quando si sposò, Vittoria stava per diplomarsi in pianoforte), ma litigavano su dove trascorrere le vacanze. Lei detestava la montagna, lui il mare, così decisero di alternare i luoghi di villeggiatura. Vittoria, che appena messo piede nella casa di Roccaraso perdeva l'appetito, se ne fece una ragione. Giovanni si rassegnò a trascorrere di tanto in tanto qualche giorno a Capri. Le nuotate solitarie della moglie lo umiliavano: perciò si risolse a imparare a nuotare, esercitandosi alla Canzone del Mare a Marina Piccola, accanto al mitico Scoglio delle sirene che allora, forse, non era ancora sommerso e violato dal cemento. Per la verità, sembra che Leone fu incoraggiato a nuotare da alcuni amici che lo legarono con delle funi di sicurezza e lo costrinsero a immergersi in mare, dimostrandogli che era sufficiente muovere un po' le braccia e le gambe per reggersi a galla.

E Kennedy le disse: «Capisco il successo di suo marito»

I primi anni di matrimonio furono rattristati dalle malattie dei figli. Mauro, il primogenito nato nel 1947, fu colpito da una poliomielite bulbare subito dopo la nascita. Giudicato incurabile in Italia, fu salvato a 12 anni da due interventi chirurgici a Los Angeles. «Mauro cresceva senza progressi» mi racconta donna Vittoria. «Ero disperata. Un giorno gli misurai un costume da bagno e mi impressionai. Giovanni era allora presidente della Camera. Gli telefonai angosciata, costringendolo a interrompere la seduta e gli dissi che volevo partire per raggiungere in America un centro dove si stava sperimentando un nuovo tipo di intervento chirurgico. Lui acconsentì e, per evitare che ci ripensasse, m'imbarcai con Mauro per gli Stati Uniti sulla *Cristoforo Colombo*.»

L'affetto dei genitori nei confronti del primogenito fu per questa ragione sempre fortissimo. Il ragazzo cominciò presto a dipingere e il suo primo quadro (*La famiglia*), realizzato a 14 anni e il cui sfondo richiama il rosso pompeiano, è tuttora tra le cose più care a Vittoria Leone, che me lo mostra orgogliosa nel salotto della sua casa romana alle Rughe.

Nel 1949 nacque Giulio, morto all'età di quattro anni per una forma di difterite. Il padre lo ha ricordato in un libro, *Colloqui con Giulio*, e gli ha dedicato la sua opera più importante, un manuale di diritto processuale penale.

I Leone ebbero poi altri due figli, nati poco prima della morte di Giulio: Giancarlo, oggi vicedirettore generale della Rai, e Paolo, avvocato, entrambi bei ragazzi che dimostrarono precocità nelle conquiste femminili. In un'intervista rilasciata nel 1968 a Francamaria Trapani di «Gente», Vittoria Leone rivelò che in quinta elementare Giancarlo svolse così il tema *Scrivi una lettera a chi vuoi*: «Cara Brigitte Bardot, ti ricordi delle belle passeggiate ai Prati? Mi pensi qualche volta, ora che mi sei lontana? Peccato che ti sei sposata...». E via dicendo.

I Leone andarono ad abitare in una casa di cooperativa per deputati in via Cristoforo Colombo, lo stradone che conduce al quartiere dell'Eur, bell'esempio di urbanistica fascista, lontano dal centro di Roma. Lì abitò per un po' anche Nenni. Leone ebbe per condomini Ugo La Malfa e Sandro Pertini. Un giorno a Pertini morì l'adorato cane Trick, che i Leone conoscevano bene perché, quando rientrava dalla passeggiata con la cameriera, si fermava a giocare in casa loro. Vittoria, incontrando Pertini all'ingresso, gli disse qualche parola di conforto. Lui la prese malissimo. Quelle parole avevano rinnovato il suo dolore e, per sfogarlo, si mise letteralmente a battere la testa contro lo spigolo dell'ascensore gridando:

«Non me lo doveva dire! Non me lo doveva dire!». Venne soccorso dal portiere dello stabile.

Appena sposati, Giovanni e Vittoria decisero di dormire in camere separate. «Mio marito» mi racconta la signora Leone «era un insonne. Si metteva a letto, ma poco dopo tirava via la coperta e cominciava a lavorare. Poi si alzava, andava a prendersi qualcosa dal frigorifero, tornava a letto. Lavorava ogni notte, e converrà che era impossibile reggere a questo ritmo. A Napoli, a Roma, al Quirinale non ha mai cambiato abitudini, e abbiamo sempre avuto camere separate.»

Leone era intanto diventato presidente della Camera: lo fu dal 1955 al 1963 e successivamente venne anche eletto presidente del Consiglio in due brevissimi governi di transizione, detti «balneari». Cominciarono così anche per sua moglie le grandi frequentazioni internazionali. La signora Vittoria mi conferma un episodio accaduto all'inizio degli anni Sessanta, quando conobbe a un ricevimento il giovane ma già carismatico presidente degli Stati Uniti John F. Kennedy. Sensibilissimo al fascino femminile, Kennedy rimase colpito dalla bellezza di Vittoria Leone. «Adesso capisco il successo di suo marito» le disse un po' maldestramente. E lei, pronta, nell'inglese di famiglia (una nonna era cittadina di Sua Maestà britannica): «Grazie, presidente. Ma lei non conosce i meriti di mio marito...».

Spie al seguito per compromettere la coppia

Leone fu candidato una prima volta al Quirinale nel 1964, quando poi fu eletto Saragat. I servizi segreti avevano già da allora componenti «deviate», e una di queste fece di tutto per evitare che Leone diventasse presidente della Repubblica. Giunsero perfino a far circolare foto compromettenti di donna Vittoria, che si rivelarono subito, però, dei fotomontaggi. La coppia fu addirittura seguita da una spia durante una crociera. «La prima cosa che Giovanni portava con sé in questi viaggi» ricorda la moglie «erano valigie di libri. Lavorava in cabina e quando uscivamo lasciava dei fogli sulla scrivania.

Al ritorno in camera, vedeva che qualcuno li aveva spostati. Io non mi sono mai accorta di nulla e non ho mai dato peso a qualche circostanza sgradevole. Non c'era niente, d'altra parte, di cui dovessi aver paura. Ma non ero favorevole all'elezione di Giovanni al Quirinale. E quando nel 1964 non ce la fece, mi inginocchiai e baciai la terra. Perché? Giovanni non era un uomo di potere, io ero giovane e sapevo di non essere brutta. Avrei attirato molte attenzioni malevole. La morte di Giulio aveva segnato la mia esistenza in modo decisivo. Dopo un dolore materno così forte, come avrei potuto avere l'ambizione di valorizzare la mia bellezza o di ricevere un baciamano?»

Leone fu tuttavia eletto alla vigilia del Natale 1971, dopo una logorante battaglia (in cui furono bruciati Fanfani, Moro e Rumor) e con qualche aiuto dal Msi, che compensò i consueti franchi tiratori democristiani. «Giovanni anche allora non era molto convinto» mi dice la signora Vittoria. È vero che lo persuase Mauro? «Mauro ha sempre dimostrato una grande intelligenza. Giovanni faceva con lui discorsi politici e ne ascoltava i consigli.»

La famiglia decise di trasferirsi al Quirinale, riaprendo stanze che erano rimaste chiuse per lunghi anni. Vittoria fu la prima consorte del presidente della Repubblica a esercitare pienamente il ruolo di first lady. La sua bellezza inconsueta, il suo fascino indiscusso, la sua acclamata eleganza la resero una fantastica ambasciatrice della moda italiana. «Ho fatto il giro dei principali stilisti» mi dice «e mi sono fermata su Valentino. I suoi abiti erano i più adatti al mio fisico, mi davano una sicurezza maggiore di quelli degli altri.»

Al Quirinale si trasferirono, naturalmente, anche i tre figli. I giornali non perdevano occasione di registrarne la grande «vivacità» e non mancarono le critiche. «La vivacità dei ragazzi fu molto enfatizzata» li difende mamma Vittoria. «Uscivano con le ragazze, e allora? Frequentavano l'ambiente del cinema. Che male c'è? Non erano liberi di andare con chi volevano? Giovanni era un uomo aperto, con visioni della vita perfino più avanzate delle mie, che avevo tanti anni di meno...»

Le piccole critiche, le fatali malevolenze, l'atteggiamento politicamente ostile di quei giornali e di quegli ambienti che non avevano perdonato a Leone di essere stato eletto con l'aiuto, modesto ma decisivo, dei voti missini, qualche gaffe del presidente (come le corna talvolta napoletanamente ostentate), non scalfirono se non in minima parte la sua popolarità e quella di sua moglie.

Il presidente sopravvisse anche a una lunga intervista di Oriana Fallaci: «Ora che ce l'avevo davanti, mi chiedevo perché mi piacesse. Il sorriso affettuoso, bonario? Gli occhietti teneri, maliziosi? L'assenza di ogni presunzione? Sì, forse era questo...» («L'Europeo», 26 aprile 1973).

Si arrivò perfino a un'«iperbole» editoriale, che non aveva precedenti e che non si sarebbe mai più ripetuta. Alla fine del 1976 il giornalista Cesare Ardini pubblicò un libro adorante della signora Leone, che ne conserva tuttora una copia, e che fu però ritirato dalla distribuzione. Titolo inequivoco: *Donna Vittoria amore mio*. Stralcio dal testo: «Conosco alla perfezione il ritmo del suo passo e la qualità del suo profumo ... Sono innamorato di lei. È forse un reato? Non lo credo ... Milioni di italiani l'amano quanto me, forse più di me, ma si vergognano di ammetterlo. Io, nel gridare il mio amore, lo faccio anche nel nome di coloro che, pur amandola, non osano confessarlo».

«L'Espresso» titolò così un articolo di Tullio Fazzolari: *Donna Vittoria patrona degli italiani*, «Agiografia. Nasce un nuovo genere letterario: il kitsch presidenziale. Tema: il culto della signora Leone».

«Un complotto politico contro Giovanni»

Poi arrivò il 1978, il terribile 1978. L'anno che avrebbe dovuto segnare la serena conclusione di un buon settennato al Quirinale fu caratterizzato innanzitutto dal sequestro Moro. «Moro era stato assistente di Giovanni all'università di Bari» ricorda la signora Leone «e mio marito ne era un grande estimatore. Visse il sequestro come un'autentica tragedia personale. Non si capacitava dell'impossibilità di salvarlo. Quando diceva di avere "la penna in mano", pronta per la grazia, era perché aveva trovato un compromesso per liberare persone [*brigatisti da scambiare con il presidente dc*] che sarebbero state liberate di lì a poco. Insomma, avrebbe fatto tutto pur di salvare la vita di Moro. Non fu ascoltato. Gli dissero che lo Stato doveva essere superiore a questi espedienti. Ma la straordinaria umanità di Giovanni, che metteva il sentimento e l'amicizia prima d'ogni altra cosa, non si rassegnava a questo "non possumus".»

Moro fu sequestrato pochi giorni dopo che «L'Espresso» aveva assestato al capo dello Stato il colpo definitivo di una campagna di stampa denigratoria iniziata due anni prima. Il settimanale aveva accusato Leone di oscuri affari con l'Arabia Saudita fatti in accordo con l'amico e collega d'università Antonio Lefebvre («Il manuale di diritto della navigazione tuttora in corso» mi dice Vittoria Leone «fu scritto da Antonio e da Giovanni»). Il presidente fu poi chiamato in causa per il «caso Lockheed», dal nome dell'azienda americana che per vendere i propri aerei militari all'estero aveva pagato tangenti a mezzo mondo (per questa stessa vicenda il ministro della Difesa socialdemocratico, Mario Tanassi, fu condannato e finì in prigione). Contro di lui non emerse mai alcun elemento rilevante, ma poco prima del sequestro Moro «L'Espresso» anticipò i capitoli centrali di un micidiale pamphlet di Camilla Cederna, *Giovanni Leone. La carriera di un presidente*, pubblicato da Feltrinelli, in cui veniva messa sotto accusa l'intera famiglia. Infine, nel giugno 1978, il settimanale mosse nuove accuse di malaffare ai Leone.

«Fu un complotto a freddo» commenta la signora Vittoria. «Un complotto politico. Questo è sicuro. Tanto è vero che anche all'interno dell'"Espresso", sapemmo, molti si dissociarono. Giovanni non se ne faceva capace. Diceva: io ero portato in palmo di mano, non ci posso credere, come è possibile una cosa del genere? che cosa ho fatto? Un colpevole può difendersi, un innocente no, se non sa da dove viene il macigno che gli cade addosso e perché gli cade addosso. Un uomo come lui, abituato a studiare e a ragionare, non riusciva a venire a capo di quanto gli stava accadendo. Cominciò allora a fissarsi, a chiedersi dove poteva aver sbagliato. Perché a un certo punto diceva: se mi capita questo, qualcosa dovrò avere sbagliato. E cadde in depressione.»

Il presidente aveva pensato alle dimissioni fin dai primissimi attacchi, ma Moro lo aveva scongiurato di non farlo. Quando la campagna diventò insostenibile, pensò di difendersi con una lunga intervista all'agenzia Ansa, ma Andreotti, Zaccagnini e Berlinguer posero il veto politico a che la rilasciasse. Non restavano che le dimissioni. «Io cercavo di consigliarlo» ricorda la signora Vittoria. «Gli dicevo: "Se devi penare tanto, è meglio che tu lasci". Ma lui voleva decidere da solo e soffriva come un cane dovendo al tempo stesso incontrare persone, presenziare a udienze.»

Le dimissioni, con un messaggio televisivo trasmesso la sera del 15 giugno 1978, furono una liberazione per la famiglia, non per Giovanni Leone. «Quando tornammo qui alle Rughe» mi racconta la moglie «lui era ormai un'altra persona. Quella vicenda era rimasta il suo pensiero fisso. Era inutile dirgli che la storia è piena di ingiustizie simili. Era inutile purgargli i giornali, come facevo io, perché non leggesse gli articoli più dolorosi. Giovanni è vissuto ancora ventitré anni dopo le dimissioni. Ha visto arrivare la riabilitazione, le scuse e i festeggiamenti. Ma non si è più ripreso.»

La Cederna fu costretta a ritrattare; il fratello di Leone, Carlo – coinvolto anche lui –, vinse una causa contro la giornalista, e la Feltrinelli dovette ritirare dal commercio il libro e distruggere le copie residue. Nel 1998, quando compì 90 anni, Giovanni Leone ricevette le pubbliche scuse anche di Marco Pannella, che era stato uno dei suoi più implacabili accusatori.

Alla fine del 2004 il direttore del «Corriere della Sera», Paolo Mieli, inaugurò l'anno accademico del Suor Orsola Benincasa di Napoli con una prolusione sul «caso Leone». Mieli, che ai tempi della campagna contro il presidente lavorava all'«Espresso», escluse un complotto e sostenne la buona fede dei diffamatori di Leone. Ma riabilitando la figura dell'ex capo dello Stato, il direttore del principale quotidiano italiano spiegò la campagna denigratoria contro di lui con l'elezione al Quirinale «inquinata» dai voti missini e ne trasse una lezione per i giornalisti d'oggi. Lezione di cui tener conto anche noi e i nostri lettori: spesso basta stare dalla parte che una ristretta intellighenzia giudica sbagliata per essere massacrati fino alle conseguenze estreme.

Alla vigilia del centenario della nascita di Leone, alla moglie e ai figli è stata di conforto la solenne commemorazione tenuta a Napoli dal presidente della Repubblica Giorgio Napolitano, a suo tempo illustre dirigente del Pci, del partito, cioè, in prima fila nel plotone d'esecuzione che fucilò politicamente un innocente.

Carla Pertini: «Io bardata come una madonna?»

Con l'arrivo al Quirinale di Sandro Pertini, l'8 luglio 1978, si sarebbe interrotta per vent'anni l'abitudine del capo dello Stato di risiedere nel palazzo dei papi. Una ragione non trascurabile di questa decisione fu l'«assenza» di una first lady: Scalfaro era vedovo, e Pertini e Cossiga erano sposati con donne che mai avrebbero accettato di vivere lì dentro. Dopo la favola di Vittoria e Giovanni Leone, finita in tristezza, Carla Pertini chiarì subito che mai si sarebbe adattata a un ruolo ufficiale. «Figurati se io vengo al Quirinale bardata come una madonna, con tutto il da fare che ho» disse al marito, che, conoscendola, non batté ciglio. I due continuarono perciò a vivere nel piccolo appartamento affacciato sulla Fontana di Trevi, a duecento metri dal Quirinale. A Mario Capanna, che la incontrò per quattro ore nel 1996 in occasione del centenario della nascita del marito, la signora Carla precisò: «Sono rimasta lontano dai riflettori per due ragioni: perché la nostra non è una repubblica presidenziale e perciò è bene che le mogli dei presidenti non salgano alla ribalta. E poi perché io non sono fatta per apparire. La mondanità mi atterrisce» («Sette», 26 settembre 1996).

Una sola volta accettò di seguire il marito: lo accompagnò

in un «fantasmatico (e criticato) viaggio in Cina in cui si rese invisibile a tutti e che intraprese – si seppe soltanto dopo – per ragioni di salute, per farsi visitare da un celebre agopuntore» (Laura Laurenzi, in «Venerdì di Repubblica», 16 marzo 1990).

Come per i coniugi Segni e i Leone, la differenza d'età fra Sandro e Carla era considerevole: venticinque anni. Il loro non fu il classico matrimonio tra un professore e la sua allieva, ma tra un maestro di vita e di politica e la sua giovane e bella ammiratrice. Anzi, a dire il vero, pare che sia stata lei a farlo suo, a volerlo sposare a tutti i costi. «Se non mi avessero dato il permesso di sposarlo sarei scappata» rivelò pochi giorni prima di morire (6 dicembre 2005) a Paola Severini (*Le mogli della Repubblica*).

Si conobbero nel 1944: lui era un uomo maturo di 48 anni, lei una ragazza di 23. Da giovanissima, Carla era stata una promessa del nuoto. «Gareggiavo a Torino e non arrivavo sempre tra le prime» raccontò alla Severini. «Un giorno dal pubblico arrivò un grido: "Viva la penultima!".» Avrebbe voluto fare l'attrice di teatro, ma la timidezza – o, piuttosto, la ritrosia a esibirsi – la frenò.

Lui, nato in un cascinale di Stella San Giovanni (Savona), si avvicinò in gioventù al socialismo riformista di Filippo Turati e poi a quello massimalista di Pietro Nenni. Avvocato e antifascista da sempre, fu arrestato per la prima volta nel 1925 e un anno dopo aiutò Turati a riparare in Corsica. Condannato sei volte per la sua attività antifascista, dal 1929 all'agosto 1943 visse quasi ininterrottamente in carcere o al confino. Arrestato a Roma dalle SS e condannato a morte, riuscì a scappare con Saragat il 25 gennaio 1944. L'incontro fatale con Carla avvenne subito dopo a Torino. Lei era diventata staffetta partigiana nelle brigate Matteotti (era appena rientrata dalle Marche dove era stata arrestata dalle SS e fatta evadere da un medico). Gli amici del futuro marito, scrive la Laurenzi, la ricordano bella, alta, molto poco clandestina.

«Allora sei davvero la Carla che voglio»

Appena incontrò il rappresentante socialista del Comitato di liberazione nazionale Alta Italia, coraggioso e ormai celebre, scoppiò subito il colpo di fulmine. Seguiamo il racconto di Carla a Capanna. Lui a Torino è braccato, non sa nemmeno dove dormire, allora lei lo ospita in casa di sua sorella. Poco dopo, per ragioni di sicurezza, lei si trasferisce a Milano, dove nessuno la conosce. Tiene i collegamenti tra le fabbriche e si occupa del nucleo clandestino degli studenti socialisti all'università Bocconi. A Milano rivede Pertini, che tiene lezioni di politica ai giovani. I rapporti fra i due diventano sempre più frequenti e rischiosi. Girano spesso nei bar, per confondersi con la gente e scaldarsi: Sandro non possiede un cappotto. Ogni tanto, da una famiglia di operai mangiano un piatto di minestra calda. Un giorno trovano sotto casa due individui dall'aspetto inconfondibile. Carla azzarda con prontezza: stiamo cercando il generale tal dei tali. E declina un nome altisonante. I due ammiccano, immaginando chissà quale tresca fra la giovane e il loro superiore. Ma l'inganno dura poco. Qualche giorno dopo un telegramma ordina a tutte le questure di ricercare una donna alta, bruna, con occhi che non si possono dimenticare. Carla corre ai ripari. Cambia abbigliamento e si fa bionda. Sandro è preoccupato, vuole che fugga in Svizzera. Al suo rifiuto irremovibile si arrende dicendo: «Allora sei davvero la Carla che voglio». La frase è pronunciata con il tono dell'organizzatore severo che si complimenta con la giovane per il suo coraggio.

I due si sposarono l'8 giugno 1946, sei giorni dopo che l'Italia era diventata una repubblica e che Sandro era stato eletto deputato all'Assemblea costituente. Anche Carla militò nel Partito socialista e fu cronista parlamentare per «Il Lavoro», quotidiano di Genova, e per l'«Avanti!». Dovette smettere quando nel 1968 il marito diventò presidente della Camera. Si iscrisse allora all'università, e il suo cognome da ragazza (Voltolina) la rese non identificabile. La laurea in psicologia fu impegnativa, ma i sacrifici furono poi compensati da un'attività (volontaria) gratificante nei centri d'igiene mentale e di recupero per tossicodipendenti: «C'erano tanti giovani in difficoltà, volevo aiutarne qualcuno».

Continuò a girare su macchine scassate, si fece vedere raramente a teatro o alle mostre d'arte, e la Laurenzi, giornalista anche di moda, la ritrae così: «Si veste come crede, inaugurando un look Voltolina postfemminista cui è concesso tutto: lo zingaresco profondo, i pastrani, i camicioni informi e vistosi, lunghi fino a terra, gli zoccoli da sera, con smoking taglia esigente». Non seguì mai il marito nelle sue vacanze presidenziali in montagna e nemmeno nei finesettimana nell'amata Nizza. Eppure lo amò sempre moltissimo, e fu sempre riamata. «Il nostro innamoramento è rimasto» disse alla Severini. «Come prima? Forse no, altrimenti lui mi avrebbe presa in giro.» Si sentiva coccolata: «Aveva per me molte attenzioni. Ma non era mica ricco. Anzi, certe volte ero io ad aiutarlo». Gli cucinò poco, «ma lui mangiava poco».

Lui morì nel 1990, a 94 anni. Avrebbe voluto andarsene da presidente e, a 89 anni, lasciò il Quirinale con un gran magone. Dicono che Carla si strinse al cuore l'urna con le ceneri del marito in un funerale senza invitati. Quindici anni dopo, poco prima di morire, continuava a sentirlo accanto a sé: «Pertini è vivo ancora. Stanotte se sogno, me lo vedo vicino...».

Giuseppa Cossiga, «centralità di un'assenza»

«Centralità di un'assenza.» Così è stato definito, anche in famiglia, il ruolo di Giuseppa Cossiga («la mia Peppa», per Francesco). Non ha mai messo piede al Quirinale durante i sei anni e mezzo della presidenza del marito. E in questo, più o meno, assomiglia a Carla Pertini. Ma, in più, è riuscita addirittura a «scomparire» fisicamente. Quando Francesco fu eletto presidente della Repubblica, cercarono di fotografarla. Non ci riuscirono. Donna Peppa si era barricata in casa. E quando si decise a uscire (non si sa in quale giorno di quale mese), i fotografi si erano stancati di aspettarla. Siccome non esistevano sue foto recenti, ne furono ripescate un paio, vecchie di una ventina d'anni. Una di quando era stata madrina al varo di una nave (chissà chi – e come – era riuscito a convincerla). Un'altra di quando era stata testimone di nozze di un professore sassarese. Colti dalla disperazione, i cronisti avevano cercato quel professore ed erano riusciti a fargli staccare dall'album del matrimonio un'immagine ormai ingiallita. Fu fotografata con un teleobiettivo una sola volta, nel 1985: riprendendo un'anticipazione di questo libro a proposito dell'annullamento rotale delle nozze dei Cossiga, il 16 ottobre 2007 il «Corriere della Sera» ha pubblicato la foto.

Rino Barillari, «the king of paparazzi», come lo chiamano a Roma, passò notti intere davanti all'abitazione dei Cossiga nel quartiere Prati. Non solo non riuscì a fotografare la signora Giuseppa, ma nemmeno i suoi due figli. Un giorno incrociò un ragazzo in motorino e gli chiese se conosceva il figlio del presidente. Quello disse di no. Era Giuseppe, il secondogenito. Ma andiamo con ordine.

Francesco e Giuseppa si conobbero a Trieste nel 1955 a un congresso degli universitari cattolici in cui lui era oratore ufficiale. Lui aveva 27 anni, lei 18. Lui insegnava già da due anni diritto costituzionale regionale ed era consigliere d'amministrazione di una banca sarda: si era diplomato a 16 anni e laureato a 20. Giuseppa Sigurani, nata in una famiglia di farmacisti del Goceano, di lì a poco anche lei sarebbe diventata dottoressa in farmacia. Chi l'ha conosciuta la descrive bionda con gli occhi azzurri, bellissima, altera, di carattere forte e anche molto colta.

Cossiga faceva politica fin da ragazzo. Nella campagna elettorale del 1948 era uno dei tanti giovanissimi attivisti della Dc che, temendo una vittoria dei comunisti, si erano preparati al peggio. «A Sassari» avrebbe raccontato «ero armato fino ai denti, mi armò Antonio Segni. Non ero solo, eravamo un gruppo democristiano rifornito dai carabinieri di bombe a mano ... La notte del 18 aprile la passai nella sede del comitato provinciale della Dc di Sassari.» Segretario provinciale della Democrazia cristiana nel 1956, fu eletto deputato nel 1958.

Anche la futura moglie di Cossiga veniva dal mondo dc ed

era iscritta alla federazione degli universitari cattolici. La Fuci organizzò nel capoluogo giuliano una manifestazione per l'italianità di Trieste a cui entrambi parteciparono. Fu lì che si conobbero. Un anno dopo, nel 1956, ci fu il fidanzamento ufficiale. Nel 1960 si sposarono. Nel 1961 nacque Anna Maria, nel 1963 Giuseppe.

Nel 1966 Cossiga diventò sottosegretario alla Difesa ed ebbe quel ruolo di «furiere» nella gestione amministrativa delle liste segrete di Gladio che tanti guai gli avrebbe procurato molti anni dopo. Nel 1968 la famiglia si trasferì dalla Sardegna a Roma, e da allora mai la signora Cossiga ha partecipato alla vita pubblica del marito.

La scorta al posto del motorino

Anche i figli condivisero la decisione della madre di mantenere la loro vita nel riserbo più assoluto. Naturalmente, i Cossiga ricevevano a cena qualche amico e in famiglia si parlava spessissimo di politica, anche perché la signora Giuseppa ne era davvero appassionata. Ma era difficile che, di loro quattro, due andassero d'accordo. Né la moglie né i figli di Cossiga simpatizzavano per la Dc. Lei aveva posizioni molto vicine a quelle della sinistra autonomista, rappresentata dal Partito sardo d'azione.

La vita dei Cossiga ebbe una svolta traumatica nel 1977. Da un anno Francesco era diventato il più giovane ministro dell'Interno nella storia della nostra Repubblica. Il terrorismo aveva iniziato a colpire duramente, e le principali città italiane erano messe a ferro e fuoco dagli «autonomi». Moglie e figli, che già avevano vissuto male la vita di Francesco con la scorta, subirono un autentico shock quando furono informati che neppure loro avrebbero potuto muoversi senza protezione. La signora Cossiga risolse il problema tappandosi in casa e sfuggendo talvolta, per fare la spesa, alla sorveglianza fissa sotto la loro abitazione. Giuseppe, che aveva 14 anni, dovette rinunciare al motorino e muoversi su un'auto della polizia. Stessa sorte ebbe la sorella. La mattina del rapimento di Moro, il 16 marzo 1978, un funzionario di pubblica sicurezza si presentò alla scuola frequentata dai due ragazzi e li portò via.

Nei sette anni successivi, la carriera di Cossiga ebbe un'accelerazione senza precedenti nella storia della Repubblica: 4 agosto 1979, più giovane presidente del Consiglio fino a quel momento, a 51 anni; 12 luglio 1983, più giovane presidente del Senato a 55 anni; 24 giugno 1985, più giovane presidente della Repubblica a 57 anni.

Il cambiamento di vita del marito-padre procurò non pochi contraccolpi in famiglia. Visto quanto detto finora, era impensabile che si trasferissero in toto al Quirinale («Non è l'ambiente adatto» dissero i figli «a due giovani in via di maturazione»). Non solo, ma i corazzieri di guardia non ebbero mai il piacere di conoscere la moglie di Cossiga, né, salvo casi assolutamente eccezionali, i figli. Giuseppe, in quasi sette anni, ha messo piede nel palazzo dei papi due sole volte. La prima, subito dopo l'elezione del padre, per un brindisi con gli amici più vicini al presidente. La seconda perché aveva necessità di fare, con urgenza, una fotocopia: trovandosi nei paraggi, pensò bene che il posto più comodo fosse il Quirinale. Gli staffieri di servizio all'ingresso chiesero informazioni in segreteria: c'è un ragazzo, dissero, che sostiene di essere il figlio del presidente... Anna Maria è entrata nel palazzo una sola volta. Molto schiva, a un giornalista che le chiese di intervistarla, rispose seccamente: «La Costituzione non prevede la figura della figlia del presidente della Repubblica». (Foto della figlia non se ne trovano, e del figlio, oggi parlamentare di Forza Italia, c'è quella – obbligatoria – da deputato.)

Quando Cossiga s'insediò al Quirinale, nessun membro della famiglia era presente. Per capire quale fosse il carattere della moglie, sia sufficiente raccontare un lontano aneddoto di cui si parla ancora in Alitalia. La signora Giuseppa si era imbarcata in classe economica su un volo Roma-New York per andare a trovare la figlia. Tutta la top class e la business class del volo (allora non c'era la Magnifica, che le ha unificate) erano occupate da una delegazione ufficiale dello Stato guidata dallo stesso presidente della Repubblica. Nessuno sapeva che lei fosse sull'aereo, tranne gli agenti del Secret Service che – muniti, loro sì, di fotografie – la presero in carico all'arrivo. Allorché un funzionario dell'Alitalia, pur non riconoscendola, ne vide il passaporto diplomatico e provò a spostarla d'ufficio in business, la signora Cossiga rispose secca: «Desidero viaggiare nella classe per cui ho pagato il biglietto».

All'inizio del suo mandato, Cossiga tornava a casa quasi sempre a pranzo e a cena, ma la famiglia cominciava a sciogliersi. Anna Maria, laureata in lettere antiche, si sposò in quello stesso 1985 e si trasferì negli Stati Uniti al seguito del marito, dipendente della Banca nazionale del lavoro. A New York lavorò anche lei, e la stessa cosa fece a Londra. Nel 1991 Giuseppe andò a lavorare a Tolosa, e poi in giro per il mondo, come ingegnere aeronautico dell'Aérospatiale.

Nel 1993, l'anno successivo alla fine del mandato presidenziale, Francesco e Giuseppa si separarono. Nel 1998 divorziarono, ma – entrambi cattolici – nessuno dei due si risposò. Per un lungo periodo, a cavallo di quegli anni, fu lui a vivere lontano dall'abitazione dei Prati. Poi tornò, e fu lei a trovare un'altra sistemazione. Per quanto se ne sa, non si sono mai più incontrati. I figli mantengono i contatti con i genitori. A Natale, e in tante altre occasioni del genere, c'è chi pranza con l'uno e chi con l'altra. La nascita del figlio di Giuseppe ha coinvolto, ovviamente, entrambi i nonni.

Nessuno dei due ha mai pensato a un nuovo matrimonio, né tantomeno ad altre unioni, come dire?, di fatto. Salvo che per i figli, la loro vita coniugale non fu felice, e – come disse un'altissima autorità ecclesiastica – «fu vissuta con sofferenza, ma in silenzio, con uno stile di grande dignità e compostezza umana e cristiana». Nel 2000 Giovanni Paolo II istituì una commissione speciale del Tribunale della Rota per valutare l'annullamento del matrimonio. Dopo sette anni di istruttoria, la commissione ha pronunciato il giudizio canonico di nullità sanzionato definitivamente dal papa. A Cossiga fu chiesto se l'annullamento sarebbe servito a sanare situazioni sentimentali in corso o a dar vita, comunque, a un nuovo matrimonio. La risposta fu negativa.

Marianna Scalfaro, una first lady signorina

Me la ricordo bene, la Signorina. Un passo dietro il padre, nelle cerimonie ufficiali. Mi salutava, nelle rarissime occasioni d'incontro, con uno sguardo incuriosito ma diffidente, nonostante il sorriso. Uno sguardo sicuro, di persona consapevole del proprio ruolo e del proprio potere. Non scritto, ma esercitato.

Oscar Luigi Scalfaro non mi amava e, per dirla tutta, non era da me riamato. Tra la fine del 1991 e l'inizio del 1992 mi fece sapere che gli sarebbe piaciuto scrivere un libro-intervista con me. Con il senno di poi, immaginai che ne avrebbe avuto legittimo bisogno in vista delle imminenti elezioni politiche e di un suo possibile «sviluppo di carriera». Come documentazione, mi mandò soltanto la cassetta registrata di un suo discorso. Era un po' poco, anche solo per cominciare. Si aggiunga che in quel periodo dirigevo il Tg1 e avrei avuto pochissimo tempo per dedicarmi a quel libro. Quando, dopo le elezioni, Scalfaro fu eletto presidente della Camera, diventò irraggiungibile: vecchia, fantastica scuola democristiana, rappresentata in modo sublime anche da personaggi di seconda fila, quale lui era allora. Aveva capito che il suo partito andava disgregandosi e che la situazione politica incancrenita avrebbe potuto portarlo al Quirinale, se avesse gestito in modo accorto la sua candidatura. Delle sue intenzioni si accorse, come sempre prima degli altri, Francesco Cossiga, che si era appena dimesso da quell'incarico e che lo detestava. «Sciagurati,» disse ai suoi «avete eletto insieme il presidente della Camera e il capo dello Stato!»

Andò esattamente così. La Dc, ormai agonizzante per le lotte intestine che avevano portato al suicidio politico Giulio Andreotti e Arnaldo Forlani – candidato ufficiale il secondo, silurato dal primo –, fu costretta a votarlo per impedire che Scalfaro fosse eletto come candidato del Pds di Achille Occhetto. Grandezza della politica: l'uomo più a destra della Dc, l'integralista cattolico che in anni lontani aveva apostrofato (schiaffeggiandola, si disse) una signora colpevole di esibire una scollatura eccessiva, veniva ora portato in palmo di mano dalla sinistra. Un amore che sarebbe durato sette anni, in nome della comune lotta contro l'antipolitico per eccellenza: Silvio Berlusconi. D'altra parte, solo chi è stato sempre a destra può apprezzare fino in fondo quanto sia comoda la protezione della sinistra. Un corpo stecchito dall'addiaccio si scioglie al calore dei salotti buoni, delle frequentazioni eccellenti, degli apprezzamenti insospettabili. Scalfaro godette appieno della nuova situazione. E Marianna la condivise per intero con lui. «Politicamente si parla di lei come di una progressista, che ama invitare a cena di tanto in tanto le parlamentari dell'Ulivo» scrive Massimo Franco nel suo amichevole ritratto della coppia quirinalizia (*Il re della Repubblica*).

Marianna si chiamava, in realtà, Gianna Rosa. Il cambio di nome è frutto di una dolorosissima storia familiare. Scalfaro era figlio di un funzionario calabrese delle Poste trasferitosi a Novara, dove aveva sposato una giovane piemontese. Da ragazzo conobbe la figlia di una coppia «gemella»: gli Inzitari. Calabrese trasferito alle Poste di Novara lui, piemontese lei. Oscar Luigi Scalfaro e Mariannuzza Inzitari si piacquero, si fidanzarono giovanissimi e si sposarono il 26 dicembre 1943. Lui, 25 anni, aveva appena vinto il concorso in magistratura; lei, 19 anni, aveva appena preso la licenza liceale. «Erano felici» raccontò nel 1992 Angela Borrini, una zia di Mariannuzza, all'inviato di «Gente» Gaspare Di Sclafani. «Si guardavano negli occhi con tanta tenerezza. Non è stato un matrimonio fastoso, si era in piena guerra. In chiesa si gelava...»

Meno di un anno dopo, il 27 novembre 1944, nacque una bambina. Gli sposi ne dettero l'annuncio così: «È nata Gianna Rosa. Mariannuzza e Oscar Luigi, riconoscenti a Dio la innalzano e, felici per sì immenso dono, ne rendono il festoso annunzio». La gioia durò poche ore. Mariannuzza non si riebbe mai dalle complicazioni del parto e morì a vent'anni, diciassette giorni dopo aver messo al mondo la piccola. Il marito, con un gesto dolcissimo, chiese che il nome della figlia fosse mutato in Marianna.

Scalfaro non si è mai risposato e Marianna non ha mai

avuto una madre, né – in seguito – un marito. Si capisce, dunque, il legame strettissimo con il padre, al quale lei, che gli assomiglia anche fisicamente, ha dedicato tutta la vita.

«Marianna è una ragazza cresciuta senza madre, e che non ha mai pensato di lasciare il padre» racconta don Giuseppe Cacciami, un sacerdote amico di famiglia. «E il presidente Scalfaro è cresciuto portandosi dentro la ferita della morte della moglie, che ha sublimato con la fede. Con Marianna ha un rapporto bello e profondo. So che la bambina chiedeva della mamma, da piccola.»

Nel suo libro, Franco riferisce anche la testimonianza di un sacerdote della curia di Novara, don Carlo Brugo, che una volta la sentì gridare: «Ma perché non ho potuto conoscere mia madre?».

Lei per la Bindi, lui per Veltroni

Quando, nel 1992, Scalfaro è stato eletto presidente della Repubblica, ha deciso – come i suoi predecessori Cossiga e Pertini – di non abitare al Quirinale. Mantenne la residenza nella modesta abitazione (cinque stanze) in via Serafini, al Forte Bravetta, periferia romana: oltre mezz'ora di automobile dal Quirinale.

Il palazzo dei papi è diventato, sin dal primo giorno, anche l'ufficio di Marianna. Silenziosa (in occasioni pubbliche non se ne è mai sentita la voce), discreta, decisa, la «Signorina di ferro», come è stata chiamata, aveva un appartamentino accanto a quello paterno dove riceveva, senza servitù, gli ospiti di riguardo che non volevano farsi vedere al Quirinale, da Giovanni Agnelli a Massimo D'Alema. Stimata anche da persone insospettabili come Francesco Cossiga, ha avuto un'influenza fortissima sul padre. In genere sorridente, è stata protagonista di memorabili sfuriate.

Durante gli anni al Quirinale si è sempre preoccupata di tagliare le spese di gestione (che, peraltro, restano tuttora smisurate), ordinando per esempio che i fiori fossero acquistati al mercato e non da un pregiato fiorista. Si è occupata della cucina, indifferente alle critiche espresse sottovoce sulla modestissima quantità di cibo offerta anche agli ospiti. Ha migliorato arredamento e tappezzerie del palazzo, che nella parte residenziale era disabitato ormai da vent'anni, forse intuendo che il successore del padre avrebbe ripristinato la felice consuetudine di alloggiarvi.

L'unico uomo con il quale è stata fotografata è l'architetto Adolfo Salabè, in giro per negozi d'arredamento. Salabè fu coinvolto nello scandalo dei fondi neri del Sisde e, purtroppo, vi fu coinvolto anche Scalfaro, che da ministro dell'Interno – come molti dei suoi predecessori – aveva ricevuto 100 milioni al mese da spendere senza rendiconto. Nessuno sospettò che il presidente potesse essersi arricchito, ma quando la cosa divenne pubblica, nel novembre 1993, egli fece un disperato appello televisivo chiedendo di essere tenuto fuori dalla vicenda: il famoso discorso del «Non ci sto». Immaginare che potesse dimettersi, significherebbe non conoscerlo.

Esaurito nel 1999 il settennato, anche Scalfaro avrebbe gradito, come tanti, una conferma che non ci fu. Oggi, da senatore a vita, è un fermissimo e spesso decisivo sostenitore del governo Prodi. E Marianna, laureata in psicologia, continua la sua opera di volontariato. Nell'ombra, come sempre. Continua a essere legatissima al padre, sebbene alle elezioni primarie del Partito democratico, il 14 ottobre 2007, lei abbia votato Rosy Bindi e lui Walter Veltroni.

Un'ultima osservazione, per stare al tema di questo libro. Dal 1944 in poi Scalfaro non ha amato nessuna donna? Qualcuno, anche persone autorevoli, ritiene che egli abbia avuto almeno un'affettuosa e riservatissima amicizia. Ma se davvero fosse così – e non ne siamo affatto certi –, dovremmo comunque fermarci e non varcare una porta che forse non esiste e che, se esiste, nessuno ci ha aperto.

Franca Ciampi: «Carlo era biondo con gli occhi azzurri»

«Ti ricordo tua madre, vero caro?» mi dice dandomi del tu proprio come una mamma. Be' sì, anche mia madre aveva queste premure per tenere in ordine la casa. «Puoi portare per favore due piattini per i bicchieri?» chiede alla cameriera. «Altrimenti l'acqua rischia di macchiare il tavolo.»

Dalla primavera del 2006 Franca Ciampi è tornata nella vecchia, grande, bella casa al quartiere Salario dove ha abitato per una vita, a parte l'interruzione dei sette magici anni al Quirinale.

Nella reggia dei papi e dei re d'Italia, i Ciampi entrarono mano nella mano, come i due fidanzatini di Peynet, esattamente sessant'anni dopo essersi conosciuti all'università di Pisa.

«Carlo era biondo con gli occhi azzurri e io, bruna, ero affascinata dai suoi colori» mi dice la signora Franca. E a 87 anni, gli stessi di suo marito, gli occhi le brillano come quel dicembre 1939. «Restai affascinata dal suo equilibrio e dalla sua serietà, anche se Carlo era un ragazzo divertente, tutt'altro che uno sgobbone. Molto corteggiato, per questo, dalle ragazze.»

Avevano 19 anni: lui lettere classiche alla Normale, lei lettere moderne all'università di Pisa. «Ci incontrammo in casa di amici, e fu un incontro molto piacevole, visto che continuammo a frequentarci all'università e fuori.» L'incontro fu a dicembre, la dichiarazione d'amore di Carlo nel maggio successivo. «Lo dissi alla mia mamma e lei mi suggerì di regalargli un cestino per la scuola d'infanzia, tanto era giovane. Io ci rimasi malissimo e ne parlai con la nonna, che lo conosceva, perché Carlo veniva qualche pomeriggio da noi con gli altri ragazzi. Per noi il tè delle cinque era la merenda che precedeva il ballo. La nonna mi incoraggiò: "Non preoccuparti, Franchina. Lui ha la testa da vecchio". Alludeva alla sua maturità.»

Un mese dopo la dichiarazione d'amore, l'Italia entrò in guerra e Carlo sparì al fronte, in Albania. «Ci scrivemmo per tutto il periodo. Lui romantico? A vent'anni si è romantici, si guarda al futuro, si spera. Lui mi raccontava la sua giornata, le sue emozioni. Io le mie amicizie, i miei libri. Non era della nostra natura e della nostra età pensare a un qualunque epilogo tragico della nostra storia.»

Si scrissero fino all'8 settembre 1943, la data più tragica

dell'Italia moderna. Poi Carlo scomparve. Doveva sfuggire all'arresto e alla deportazione in Germania, destinata a tutti i soldati italiani che non erano passati con la Repubblica di Salò. Riuscì a prendere da Roma un treno diretto a Pescara dal quale saltò giù vicino ad Anversa degli Abruzzi, perché lì, come lo aveva avvertito un ferroviere a Termini, il macchinista rallentava. Un camion lo portò a Scanno, splendido presepe sospeso tra il lago e la montagna. Qui rivide Guido Calogero, suo professore alla Normale, che nelle lunghe conversazioni scannesi lo formò agli ideali del Partito d'Azione.

«D'inverno passarono le linee attraverso la Maiella» mi racconta la signora Franca «ed entrarono nella famosa "terra di nessuno" occupata dai gurka indiani aggregati alle truppe inglesi. Carlo fu interrogato più a lungo degli altri: era biondo, con gli occhi azzurri, e aveva documenti tedeschi perché alla Normale di Pisa aveva vinto una borsa di studio ed era andato a studiare a Dresda, dove per mantenersi dava lezioni di italiano. Quando Hitler invase la Polonia, Carlo era in Germania. Un giorno, durante una merenda sul fiume, un ragazzo tedesco gli disse: noi vinceremo molte battaglie, ma perderemo la guerra. E parlando tra loro riflettevano sul fatto che stavano lì lungo il fiume, felici e sereni, ma che un giorno avrebbero potuto trovarsi a combattere l'uno contro l'altro.»

I documenti tedeschi, una cassetta di medicinali tedeschi, il visto della dogana tedesca insospettirono fortemente gli indiani. Ciampi si salvò mostrando un libro sul liberalsocialismo che gli era stato regalato da Calogero.

«Vai in Banca d'Italia. Stipendio buono, lavoro poco»

«Ci fidanzammo alla fine della guerra, nel 1945» ricorda la signora Franca «e ci sposammo nel 1946. Carlo voleva lavorare all'università, ma allora erano chiusi tutti i concorsi accademici, quelli per il notariato, per la diplomazia...»

Così intervenne lei, con il suggerimento destinato a cambiargli la vita. «Mio padre lavorava in banca, e io dissi a Carlo: perché non provi a fare il concorso in Banca d'Italia? Lo stipendio è buono e si lavora poco. Fu assunto come impiegato avventizio precario. La sua carriera è cominciata così.» Lui, che due anni prima della guerra aveva insegnato al liceo Nicolini e Guerrazzi di Livorno, cambiò radicalmente vita. Lei, invece, la Franchina, dopo la laurea ha fatto solo la mamma: Gabriella è nata nel 1949, Claudio nel 1953.

Abitarono nove anni a Macerata, dove Carlo faceva – mi avrebbe in seguito raccontato – l'«ispettore di campagna». Poi per un po' girarono la provincia italiana, e la vera carriera di Ciampi cominciò soltanto a 40 anni, nel 1960, con l'ingresso nel mitico Servizio studi della Banca d'Italia, fucina di governatori e di grandi economisti. Diciotto anni dopo ne era il direttore generale. Nell'aprile 1979 la banca fu sconvolta da una tempesta giudiziaria. Il governatore Paolo Baffi fu inquisito per non aver rivelato irregolarità emerse nel corso di un'ispezione all'Istituto mobiliare italiano. Il vicedirettore generale Mario Sarcinelli – che abita ancor oggi sullo stesso pianerottolo dei Ciampi – fu arrestato. Furono poi entrambi completamente scagionati, ma allora Baffi si dimise e pregò Ciampi di sostituirlo. Lui resistette, anche per iscritto. Lo convinsero ad accettare Guido Carli e Donato Menichella, suoi illustri predecessori. Così, per la prima volta, un «non economista», come ama ricordare tuttora, passò a vigilare sulla moneta e sull'economia nazionale.

«Restò in quell'incarico per quattordici anni» racconta la signora Franca «e la nostra vita non cambiò affatto. Noi mogli dei dirigenti della Banca d'Italia avevamo abitudini molto discrete.» Lo stesso governatore parlava in pubblico non più di due volte all'anno, e mai in televisione. «Questa casa è aperta ogni volta che vorrà chiarimenti» mi disse Ciampi all'inizio degli anni Novanta, invitandomi a pranzo in via Nazionale. «Ma interviste, mai.»

Il «non economista» che ha guidato la Banca d'Italia nel suo passaggio più difficile diventò nel 1993 il primo presidente del Consiglio «non parlamentare» durante il traumatico passaggio dalla Prima alla Seconda Repubblica. «Ma nemmeno allora per noi cambiò nulla» sottolinea la signora Franca. «Seguivo la vita di Carlo al tempo stesso con affanno e con distacco. La moglie del presidente del Consiglio, se vuole, non ha un ruolo pubblico, e io me ne stavo tranquilla qui in casa mia.»

Suo marito portava i problemi in famiglia? «Guarda, caro: tu mi vedi così allegra e perfino ilare. Sappi, invece, che nell'animo non lo sono affatto. Sono anzi piuttosto ansiosa. E Carlo ha avuto sempre la saggezza di proteggermi.»

Sembrava una parentesi. Sembrava che Carlo Azeglio Ciampi sarebbe tornato ai suoi studi e ai suoi nipoti. Ci incontravamo qualche volta a teatro. «Buonasera dottor Ciampi. Buonasera, signora.» Una coppia di anziani signori molto legati che guardavano al futuro soltanto attraverso le tre nipoti (alle quali si sarebbe aggiunta una bisnipote). E invece...

«Quante volte siamo andati in segreto da Giovanni Paolo II»

«Ci credi se ti dico che non volevo che Carlo fosse eletto? A 78 anni eravamo già vecchi. Carlo non è un uomo politico, e per me era complicato a quell'età cambiare vita, di punto in bianco, e fare la moglie del presidente della Repubblica. Capisci? Eppure, anche dopo l'elezione, mi ero cullata nell'idea di fare la vita di prima. In fondo, le mogli di Pertini e di Cossiga non si sono mai viste, Scalfaro aveva Marianna...»

E invece... «Invece, un giorno Carlo mi ha detto: stasera dormiamo al Quirinale. Erano più di vent'anni che non ci abitava nessuno, dai tempi dei Leone. Con una differenza: loro avevano anche i ragazzi, e Vittoria era giovane e bella. Insomma, siamo andati. Perché siamo andati? Perché starci, a mio giudizio, è un dovere istituzionale, e per evitare quattro cortei al giorno tra casa e ufficio, con tutto l'inferno che avrebbero creato al traffico. L'appartamento era molto semplice. Arrivavano lettere a non finire, alcune soltanto affettuose, altre con libri di vecchie signore che ricordavano i nostri tempi, altre ancora con una richiesta d'aiuto: mio figlio non ha lavoro, mio figlio è drogato, mio figlio non ha la casa. Per fortuna mi hanno aiutato la mia ottima segretaria Maria Enrica Bagolan e Fabrizio Nevola. I prefetti s'informano con discrezione, qualche mitomane c'è sempre, ma purtroppo le segnalazioni molto spesso sono vere. Ho scoperto che la moglie del presidente della Repubblica dispone di un piccolo budget per le opere umanitarie. Davamo i contributi principali alle organizzazioni più strutturate e il resto serviva per dar sollievo a tanta povera gente. Passavo molto tempo a visitare scuole e bambini ammalati, e a rispondere alle lettere perché le persone hanno un gran bisogno di parlare, soprattutto i vecchi. La vita così lunga non è sempre un bene, quando sei circondato da una grande solitudine.»

Nessun presidente ha girato l'Italia come Ciampi. «Siamo stati in tutte le 103 province italiane» racconta la signora Franca «perché Carlo voleva ricordare sempre che l'Italia è una, parlava di patria e voleva che si suonasse l'inno nazionale.»

Ero accanto a Franca Ciampi un pomeriggio d'autunno del 1999 durante la visita del presidente alla mia città, L'Aquila. Lei si emozionò ascoltando l'inno di Mameli e alla fine, incoraggiata da Arrigo Levi, all'epoca uno dei consiglieri del presidente, mi disse: «Certo, i giocatori della Nazionale di calcio dovrebbero proprio impararlo». Da allora, in effetti, qualche miglioramento c'è stato.

«Adesso ti racconto un episodio» mi dice. «In tutte le città Carlo voleva che i sindaci della provincia indossassero la fascia tricolore. Un giorno, in una città del Nord, lo avevano avvertito: guardi, presidente, qui sono tutti leghisti, è difficile che mettano la fascia. Entrammo in teatro e vedemmo che tutti i sindaci, ma proprio tutti, avevano la fascia tricolore. Mi commossi molto perché sentivo che l'Italia è davvero unita.»

Anche se sostiene di essere timida, Franca Ciampi ha disseminato l'Italia di battute fulminanti, che hanno fatto la felicità dei cronisti al seguito. Ne ricordo un paio. Una volta, in Sicilia, si avvicinò a un bambino. «Quanto sei bello!» gli disse. «Quanti anni hai?» «Sei» le rispose il bimbo. «E tu?» «Ottantatré.» «Minchia!» esplose il piccolo. La maestra stava per svenire, ma la signora la confortò deliziosamente: «Suvvia, non è poi una parola così orribile...».

Un'altra volta, durante una delle tante visite alle mostre

d'arte di Napoli, il sovrintendente Nicola Spinosa si affannava a spiegare quanto fosse stato costoso il rientro di una *Annunciazione* di Luca Giordano trafugata da Hermann Göring, il fondatore della Gestapo. «Io non ci avrei speso nemmeno un soldo» sbottò la signora Ciampi, alla quale il dipinto non piaceva («Con quella madonnina piccina piccina») a differenza di altri capolavori dello stesso artista.

In sette anni, ha stretto decine di migliaia di mani e conosciuto tutti i grandi della terra: «Ah, Giovanni Paolo II, quante volte l'abbiamo incontrato a pranzo, senza che nessuno lo sapesse! Don Stanislao, il segretario, chiamava me o Carlo e diceva: il Santo Padre vorrebbe vedervi. E noi andavamo. Legammo subito, da quel "Non si strapazzi, Santità" del primo incontro fino all'ultimo, quando ci abbracciò dalla sedia a rotelle. Ho la sua foto sul comodino e lo invoco molto».

«Ah, quelle splendide regine...»

E le regine? E le mogli dei grandi capi di Stato? «Elisabetta, splendida regina. L'umanissima regina d'Olanda. Paola del Belgio, che ha con noi la sintonia di italiana. La deliziosa regina di Spagna. Un giorno Juan Carlos ci invitò a pranzo con Felipe, il figlio. E lui ci confidò: "Sua maestà" – così parlava del padre, mentre per indicare la madre diceva "la regina" – "mi ha detto che per lui il presidente Ciampi rappresenta una voce di saggezza e mi ha invitato ad ascoltarla". Ricordo con molto affetto la moglie del presidente del Sudafrica, Mbeki. Non hanno figli e lei ha dedicato la sua esistenza alla cura dei bambini che nascono con l'Aids e alle donne abbandonate. E la moglie del presidente polacco? Andammo insieme a visitare vicino Varsavia un orfanotrofio per bambini che nascono ciechi: portammo tante tastiere Braille. E la "piccola" Putin, così giovane e inesperta? E la moglie del presidente cinese? Aveva deciso di non partecipare agli incontri ufficiali, poi ci ripensò e, quando ci vedemmo alla cena di gala, mi disse: "Ero curiosa di conoscere una signora che a 83 anni fa un viaggio aereo di 14 ore per incontrarmi".

Ridemmo tutta la sera e a un certo punto il marito chiese a Carlo: "Ma che cosa sta raccontando sua moglie alla mia che non ride mai?". Lei è un ingegnere idraulico, come il marito. Era facile il parallelo con me e Carlo, laureati entrambi in lettere. Elegantissima, con il suo vestito rosso. Ma anch'io ero niente male, con le stoffe di Valentino.»

Anche lei Valentino? «Le stoffe, ho detto. Poi l'abito lo faceva la mia sarta di sempre, perché queste cose bisogna pur pagarsele. Valentino, comunque, lo sa.»

Una rinuncia, Franca Ciampi l'ha dovuta fare: le barzellette. Ne era una formidabile raccontatrice. Cerco di provocarla, ma resiste. «Non posso più. Le ho imparate in un'epoca di totale spensieratezza. Adesso siamo immersi in un'altra realtà.»

Nel 2006, quando fu eletto Giorgio Napolitano, si parlò di una possibile conferma di Ciampi. Il presidente, si disse, l'avrebbe gradita (come, si è visto, quasi tutti i suoi predecessori), ma poi si irritò perché la prima proposta della sua candidatura la fece il centrodestra, mentre l'Unione sembrava più fredda sul suo nome. La moglie taglia corto: «Carlo diceva: sette anni sono lunghi, e noi siamo vecchi. Avevamo 85 anni. La dignità dove la metto?, ripeteva. No, meglio così. Sono tornata dai miei figli e dai miei nipoti. Ho ripreso le mie abitudini. In segno di amicizia, al mercatino mi fanno anche lo sconto di 1 euro...».

E lui? «Be', c'è sempre uno shock quando si lascia una vita come quella del Quirinale, così carica di adrenalina. Ma Carlo continua a lavorare: anche quando non va al Senato, scrive molto, partecipa a riunioni... Vieni a vedere.»

Mi accompagna davanti a una nicchia del salotto. Appesi alla parete ci sono i sette ventagli d'epoca che ogni anno i giornalisti parlamentari regalano al presidente della Repubblica. «È l'unica cosa che ho portato dal Quirinale.» Quel palazzo le è rimasto nel cuore.

«Vedi, quello è il marito dell'avvocato nostro.» Accadde all'inizio degli anni Sessanta. Giorgio Napolitano, segretario della federazione napoletana del Pci, era andato ad Acerra per un'assemblea di agricoltori. Durante il comizio, uno dei presenti disse al suo vicino la frase appena riportata. Clio Bittoni in Napolitano, l'avvocato in questione, difendeva quella gente nelle cause di lavoro e ricorda volentieri la battuta. Non troverebbe, infatti, per niente strano che oggi fosse lei il presidente della Repubblica e che il marito dovesse rassegnarsi al ruolo di principe consorte. L'ha detto il 20 ottobre 2006 ai ragazzi delle scuole di Monterenzio, in provincia di Bologna: «Oggi ci sono tutte le condizioni perché una donna diventi presidente della Repubblica. Sarebbe una cosa normale».

In questo capitolo abbiamo incontrato tutte le «mogli della Repubblica»: alcune angeli del focolare, altre attivo sostegno dei mariti, ma sempre in posizione fatalmente subordinata. Clio no. Clio ha avuto sempre con il marito un rapporto professionalmente paritario. Fin da quando si sono sposati nel 1959: lei 25 anni, lui 34; lei avvocato, lui deputato del Pci. Si erano conosciuti all'università di Napoli: lei studentessa in giurisprudenza, lui funzionario del partito.

Al Quirinale, Clio non è del tutto assente come Giuseppa Cossiga, ma è certo molto più lontana dal palazzo di quanto non lo fosse Franca Ciampi, di cui è amica, e che è stata una presenza costante accanto al marito come mai era accaduto alla moglie di un presidente della Repubblica. (Anche Vittoria Leone era spessissimo con Giovanni, ma trentacinque anni fa il capo dello Stato si muoveva assai meno d'oggi.) Improprio sarebbe anche il parallelo con Carla Pertini, di cui Clio condivide semmai il carattere brusco e la riservatezza estrema. La prima differenza sostanziale fra loro è che la moglie di Pertini non metteva piede al Quirinale e aspettava Sandro nella bella casa che guarda la Fontana di Trevi. I Napolitano, invece, abitano nel palazzo. La seconda è che Carla ha partecipato solo al viaggio in Cina del marito, mentre Clio non diserta le occasioni in cui la presenza della moglie del capo dello Stato è espressamente richiesta: visite di Stato all'estero, visite di capi di Stato stranieri in Italia quando siano accompagnati dalla consorte, visite ufficiali alle istituzioni italiane. A questo proposito, Napolitano si comporta in modo diverso da Ciampi: preferisce visitare le città in occasione di manifestazioni o di convegni rilevanti (in questo caso, senza la moglie), mentre il suo predecessore si è recato in tutte le province italiane in veste istituzionale (quindi, con la moglie). In compenso, se il marito va all'inaugurazione di una mostra o a teatro, Clio è sempre al suo fianco.

La signora Napolitano considera il Quirinale nient'altro che una casa, come fece quando occupò con il marito l'appartamento destinato al presidente della Camera. Esce ed entra dal portone secondario che conduce ai giardini, non vuole né scorte né accompagnatori, e se ne va per i fatti suoi. Quando comunicò allo staff del Quirinale la sua decisione di uscire da sola, ai responsabili della sicurezza venne un mezzo infarto: un conto è una fuga estemporanea (ne faceva anche Giovanni Paolo II), un altro l'indisciplina permanente. Ma Clio, che ha un carattere autoritario, tirò dritta per la sua strada. Allora coloro che avrebbero voluto proteggerla fecero quello che si fa in questi casi: incaricarono un paio di persone di seguirla discretamente. Tanto discretamente che la signora Clio se ne accorse. E provvide da par suo.

Una sera il presidente doveva raggiungere l'aeroporto di Ciampino per una delle sue visite alle città italiane. Non era prevista la presenza della signora. Ma quando Napolitano scese dall'appartamento, Clio s'infilò in macchina con lui. Gli uomini del cerimoniale si scambiarono uno sguardo di sorpresa e sospirarono. Il peggio, però, doveva ancora accadere. Percorso qualche centinaio di metri, all'incrocio di via Nazionale con la Salita del Grillo, l'auto del presidente si fermò, la signora scese e s'incamminò in direzione della vecchia abitazione di via dei Serpenti, poco distante da lì. Il seguito restò senza parole. Un corteo presidenziale è pur sempre un corteo presidenziale: staffette, motociclisti, auto del seguito e della scorta. Non c'era nessuna possibilità di far deviare qualcuno per seguire la signora Clio. Lei lo sapeva bene, aveva programmato tutto quanto e, da allora, nessuno si è più azzardato a seguirla, neppure a distanza.

La polemica «volgare» di Dolce e Gabbana

L'esemplare semplicità di Clio Napolitano è stata «punita» il 28 giugno 2007. La signora rientrava a piedi da un giro di compere: aveva acquistato, fra l'altro, in un negozio del centro una vestaglia da camera in seta da regalare al marito che l'indomani compiva 82 anni. Per non guastare la sorpresa, non era rientrata al Quirinale con il pacchetto, ma l'aveva lasciato nell'amata casa di via dei Serpenti. Quando è arrivata dinanzi alle strisce pedonali che conducono alla Porta Giardini del Quirinale, il vigile urbano di guardia ha bloccato il traffico come fa per tutti gli ospiti che, in automobile, devono entrare nel palazzo. Ha occupato metà della carreggiata, dando le spalle a Porta Pia, nella convinzione che anche il traffico proveniente dal lato opposto, cioè dalla piazza del Quirinale, vedendolo con la mano alzata si sarebbe fermato. Una Panda, invece, non si fermò, si dice perché la conducente che la guidava si era distratta per guardare il corazziere posto davanti ai giardini del Quirinale. La donna che investì in pieno Clio si chiama Silvia Tamburini, 77 anni, e aveva accanto il marito Carlo Bernardini, fisico di grande fama e già senatore del Pci, che ovviamente conosce benissimo Giorgio Napolitano.

La signora Clio si fratturò la tibia sinistra e la spalla destra. Dunque, per poter usare le stampelle, doveva prima sistemare la spalla: poiché tre mesi dopo l'incidente ciò non era ancora avvenuto, ha dovuto prolungare la convalescenza all'autunno. Così Clio, donna di pochissime parole, si è chiusa nell'isolamento privato e nel pubblico mutismo. Il disagio della rieducazione (in una struttura sanitaria pubblica) e le sofferenze relative sono stati attenuati dal piacevole soggiorno nella tenuta presidenziale di Castelporziano, dove anche il presidente ha trascorso l'estate e la prima parte dell'autunno.

In verità, nell'anno di presidenza che ha preceduto l'incidente, mentre Napolitano parlava tutti i giorni, la voce della moglie si è sentita solo un paio di volte. La prima, il 10 ottobre 2006, in occasione del 60° compleanno della sezione ds di via dei Giubbonari a Roma: una vecchia Casa del Fascio occupata dai partigiani e diventata poi una storica sezione del Pci, alla quale è iscritta da sempre l'intera famiglia Napolitano. La signora è arrivata sbuffando perché le vecchie compagne ora la chiamano «donna Clio» («Ma che donna e donna, io sono Clio e basta»), ha fumato una sigaretta, ha versato i suoi 50 euro per rinnovare la tessera, ha ascoltato con attenzione gli interventi dei due amici di lunga data, Emanuele Macaluso e Miriam Mafai, ha firmato una foto per la prima volta con il cognome da sposata. Giovanna Vitale, giornalista della «Repubblica», l'ha sentita dire a chi le chiedeva della sua nuova vita: «Sono piena di impicci, devo rispondere a un sacco di corrispondenza». E a proposito della politica: «Noi anziani siamo ancora legati a una vecchia idea di partito. Siete voi giovani a dover costruire un Partito democratico che prenda più del 30 per cento dei voti».

Dieci giorni dopo, il 20 ottobre 2006, sempre nel suo incontro con gli studenti di Monterenzio, ha confessato di sentirsi prigioniera della retorica che il Quirinale si porta dietro dai tempi dei papi e dei re: «Mi viene risposto che è la procedura, e io replico che sarà anche vero, ma mi pare che questa procedura non stia scritta in nessuna legge e nemmeno nella Costituzione».

Il carattere forte della signora Clio ha provocato alla vigilia del Natale 2006 una dura polemica con Dolce e Gabbana, originata dalla trasmissione «Le invasioni barbariche» di Daria Bignardi, in onda su La7. Gabbana raccontò alla giornalista un episodio avvenuto qualche estate prima nell'isola di Stromboli dove i due stilisti hanno una villa e dove i Napolitano si sono recati in vacanza per molti anni. Una sera, in casa di D&G c'era una festa particolarmente numerosa. La signora Clio, che risiedeva in un albergo lì vicino, protestò dalla finestra usando parole dure contro gli stilisti e dando della «brutta negra» – così riferì Gabbana – a Naomi Campbell, loro ospite. Clio smentì recisamente in una lettera a La7 la versione di Gabbana e sostenne che quanto era stato detto era frutto soltanto «di fantasia volgare». «Libero», che aveva lanciato la polemica in prima pagina (*Ahi ahi ahi, Lady Napolitano...*), ospitò sia la smentita del Quirinale sia una lettera di Alberto Contri, già consigliere d'amministrazione della Rai in quota al centrodestra, che testimoniò della correttezza e della sobrietà delle vacanze eoliane dei Napolitano.

«Mamma, guarda se c'è l'angelo custode sotto il letto»

La coppia Napolitano è arrivata al Quirinale dopo 47 anni di vita coniugale. Giorgio e Clio si conobbero a Napoli, come abbiamo visto, ma poi si frequentarono a Roma, dove lei aveva cominciato la pratica forense. Clio era squattrinata, Giorgio la invitava spesso a cena, e la famiglia Bittoni commentò: «L'ha presa per fame».

Secondo la moglie, nel 1959, quando si sposarono, Giorgio era comunque maturo per il matrimonio: «Qualunque persona avesse incontrato, l'avrebbe sposata». Dei due figli, il primogenito Giovanni, dirigente dell'Antitrust, è sposato con una canadese e ha due bambini. Suo fratello Giulio, non ancora quarantenne, è professore universitario di diritto amministrativo e consigliere di Enrico Letta a palazzo Chigi.

Nessuno dei due è stato battezzato. A Paola Severini, che un anno prima dell'elezione del marito la intervistava per *Le mogli della Repubblica*, Clio confidò che sua suocera teneva molto a questo sacramento e un giorno si presentò con gli abitini che avevano indossato i suoi figli per il battesimo. Lei avrebbe ceduto, ma Giorgio (bravo padre e nonno dolcissimo, secondo la moglie) fu irremovibile. Clio esclude che i figli abbiano mai avuto problemi religiosi, ma racconta alla Severini che Giulio, negli anni della scuola materna, aveva una paura terribile dell'angelo custode perché la maestra gli diceva che l'angelo non lo abbandonava mai e la sera s'infilava nel letto insieme con lui. «Mamma, guarda se c'è l'angelo sotto il letto» chiedeva spaventatissimo tutte le sere. Finché un bel giorno lei pregò l'insegnante di non turbarlo. «Ma perché, siete ebrei?» le chiese sorpresa la maestra. «Non le era venuto minimamente in mente che non fossimo credenti» commentò Clio.

La nascita dei figli indusse la signora Napolitano a lasciare la libera professione per l'impiego presso la Lega delle cooperative, di cui diventò capo dell'ufficio legislativo, carica da cui si dimise nel 1992 quando il marito diventò presidente della Camera.

La loro vita oggi scorre come quella di una qualunque coppia di anziani professionisti, di cui uno (lei) è andato in pensione. Sveglia alle 7, colazione, lettura dei giornali, passeggiata di una mezz'ora al mattino o al pomeriggio (prima dell'incidente, Clio accompagnava quasi sempre il presidente). Lui va in ufficio alle 9, rientra per pranzo (pastasciutta, bistecca, verdura, frutta), va a riposare, riprende il lavoro alle 16 e continua fino alle 19.30. Cena (solo un secondo, senza pasta, se era prevista a pranzo). E dopocena come a via dei Serpenti: lavoro mentre si ascolta musica classica (di cui sono entrambi appassionati), qualche film in televisione, o dvd per i classici del cinema. Quando la Tv trasmette programmi politici in tarda serata, il presidente ne vede almeno la prima parte.

Clio si occupa ora delle iniziative sociali che competono alla moglie del capo dello Stato (Comunità di Sant'Egidio, trapianti d'organo, donatori di sangue, reparti di neonatologia), ma non trascura le sue abitudini di sempre: gira per il quartiere, va con regolarità a vedere la loro casa di via dei Serpenti (che è rimasta sempre aperta, anche se non è abitata), al cinema con le amiche, e così via. Da vecchia militante politica, frequentava e frequenta, come abbiamo visto, la sezione ds di Roma centro.

Il 4 marzo 2007, nella sezione di via dei Giubbonari si è votato per il congresso. Clio era fuori dalla porta quando hanno aperto la sede. Mentre aspettava commentò divertita la gag di Fiorello che alla radio imitava il presidente impegnato a portare la sua auto «Clio» dal carrozziere, poi tirò fuori la solita sigaretta e disse rivolta ai compagni che la circondavano: «Ora tutti vogliono diventare socialdemocratici, anche quelli che erano i più fieri oppositori di mio marito». Nella sua attività di partito, infatti, Napolitano ha ereditato da Giorgio Amendola la guida della corrente «migliorista», la cosiddetta destra del partito, quella più vicina alla socialdemocrazia europea. Quando fu eletto capo dello Stato, Napolitano non restituì la tessera. Nel 2007 non risulta, però, che l'abbia rinnovata.

La coppia è molto legata. Lui, metodico oltre misura, è l'incarnazione di un aristocratico d'altri tempi («È molto pignolo, si irrita quando vede delle sciatterie, corregge sempre qualunque errore di pronuncia e questo mi fa arrabbiare moltissimo»). Lei vivace e talvolta brusca («Lui mi ritiene molto aggressiva, perché io perdo subito le staffe, a me piace litigare, anche nel rapporto quotidiano, mi piace alzare la voce, mentre Giorgio è uno che ragiona sempre»). Una volta chiesero a Clio se avesse mai dovuto combattere per tenersi il marito. La risposta fu chiara e disarmante: «No, assolutamente. E dove andava?».

A differenza di quanto è accaduto a tante altre coppie di illustri dirigenti comunisti, la signora Napolitano è sempre stata convinta che il loro fosse il matrimonio della vita. «La durata» disse alla Severini «dipende dal carattere di ognuno, da quanto si è disposti a mediare ... io non ho mai pensato che fosse un rapporto che non dovesse durare ... se non fosse durato, io non ne avrei mai più instaurato un altro.»

Una sola cosa Clio oggi non può più permettersi: uscire di casa con il sacchetto della spazzatura nascosto in eleganti buste di boutique tenute da parte dalle amiche. Probabilmente si è rassegnata.

V

Amori democristiani / 1
Da De Gasperi a Moro via Fanfani

De Gasperi: «Quando le mie braccia si chiudono attorno al tuo bel corpo...»

Anche i lettori più giovani avranno certamente presente l'immagine di Alcide De Gasperi. Il suo profilo arcigno, la sua bocca senza sorriso, la figura severa dell'uomo che doveva ricostruire un paese distrutto. Anche chi è stato comunista gli riconoscerà meriti infinitamente superiori a quelli di un Palmiro Togliatti e perfino di un Antonio Gramsci, che superò Togliatti di non so quante spanne per limpidezza morale e spirito di sacrificio. Bene, di De Gasperi siamo abituati a ricordare il mezzo busto, dimenticandoci che il suo corpo potesse avere anche una parte inferiore. E, di quel mezzo busto, abbiamo sempre immaginato che il cuore battesse per la Patria, per l'Idea. Che potesse battere per una donna (vedremo che capitò – e con quale ardore, quale tenerezza – anche allo sfortunatissimo Gramsci), chi scrive l'aveva dimenticato, e qualcuno, tra chi legge, mai l'aveva saputo. E meno che mai, idealizzandone la parte superiore del corpo, aveva pensato che pulsasse anche l'inferiore.

Eccone dunque la smentita, datata 28 dicembre 1921: «È l'amore che ci domina, ci unisce, ci fonde in uno. Io ho un grande temperamento fisico e un grande temperamento spirituale. Del primo tu senti la stretta quando le mie braccia si chiudono attorno al tuo bel corpo, del secondo tu hai la sensazione quando ti guardo e quando ti parlo. Ma come t'abbandoni sicura al mio abbraccio, così sento che tu liberamente, da pari a pari, corrispondi al mio impulso spirituale e lo ricambi della tua bontà».

L'amore di Alcide De Gasperi per Francesca Romani fu un amore adulto e maturo. Quando si sposarono, nel 1922, lui aveva 40 anni, lei 27. Francesca era la seconda di otto figli di un ricco commerciante di Borgo Valsugana, quando il Trentino era ancora sotto l'Austria. Il papà di Francesca girava per l'Europa centrale con un calesse e una grossa pistola per difendersi: commerciava in legno, cotone, grano, ed era il più ricco del paese. Allorché l'imperatore Francesco Giuseppe andò in visita al Borgo, toccò a Francesca portargli i fiori (per la verità, emozionata, glieli gettò tra i piedi), ricevendo in dono un orologio (da uomo) con la firma imperiale. Padre illuminato, Romano Romani mandò a studiare la figlia dalle Dame di Sion: prima al liceo francese di Trento, poi a Nymphenburg, vicino a Monaco di Baviera, dove la ragazza si diplomò anche in pianoforte, e infine a Brighton, vicino a Londra.

De Gasperi era stato meno fortunato. Nacque nel 1881, due anni prima di Mussolini, dieci prima di Gramsci, dodici prima di Togliatti. Figlio di un modesto impiegato della gendarmeria austriaca, era nato anche lui in Trentino, a Pieve Tesino, e aveva studiato al ginnasio vescovile di Trento, dove venivano ammessi anche i ragazzi meritevoli che non potevano pagare la retta. Si laureò in filosofia a 24 anni, nel 1905, dopo essere stato imprigionato insieme con molti compagni e aver perso un semestre di studi: era stato aggredito da studenti pangermanisti che protestavano contro l'apertura di una cattedra di giurisprudenza per italiani a Innsbruck.

Diventato giornalista e poi deputato a 30 anni, De Gasperi incontrò Francesca per la prima volta nel 1915. Lei aveva 21 anni, lui 34. Fu un incontro goffo perché Alcide, che era andato a trovare Pietro, il fratello di Francesca, di cui era vecchio amico, si presentò in casa Romani con un terribile mal di denti. «Ti prego di fare di nuovo le mie più vive scuse alla tua signora Mamma e la signorina sorella» gli scrisse più tardi. «La prima mi avrà perdonato, sono certo, perché è Mamma e la seconda perché milita caritatevolmente nella Croce Rossa...»

Per anni De Gasperi continuò a frequentare casa Romani e a interessarsi a Francesca: una ragazza bella, alta, con il fisico da indossatrice («Tutti ti trovano bella» le scriverà più tardi). Ma lei non sembrava accorgersene. «Mi resi conto di interessarlo» racconterà molti anni dopo «solo quando per caso sentii mia zia che, in un'altra stanza, diceva a mia madre: Lui le gira attorno e lei non ci fa neppure caso.»

Nel 1921 – Trento era ormai italiana – De Gasperi si presentò alle elezioni come deputato del Partito popolare di Luigi Sturzo e s'impegnò per far eleggere anche l'amico Pietro Romani. Un viaggio elettorale a Cortina tenne insieme per la prima volta Alcide e Francesca, e una gita a Sella fu l'occasione perché lui si dichiarasse. Lei era pronta. «Rimasi colpita dalle sue parole» dirà più tardi «dal suo tono fermo, determinato, da quel suo ragionare semplice e chiaro, lucidissimo, che non accettava compromessi.» Cominciò così uno scambio epistolare intensissimo, durato fino al 1935. Le lettere più belle di lui sono state ripubblicate dalla figlia Maria Romana (*Cara Francesca*). Quelle di lei sono andate perdute, distrutte da Francesca stessa che le considerava brutte.

E Alcide scrisse: «Il fremito dei miei baci e delle mie carezze...»

Le prime due lettere di De Gasperi dimostrano quanto fosse nobile il suo desiderio di mettere le cose in chiaro con una donna abituata a un tenore di vita piuttosto alto: «Io ricevo 1500 lire al giornale e 1140 circa alla Camera, un totale, quindi, di 2600-2700 lire al mese. Sarebbe un reddito notevole, se si potesse vivere quieti e raccolti a casa propria, ma la mia vita è troppo randagia ed io piuttosto spendereccio. Aggiungi, ad aggravio, ch'io ho l'assoluto dovere di contribuire in una certa parte anche al babbo e a mia sorella, mi vergognerei di lasciare che vi provvedesse totalmente mio fratello, e vedi che non ci sarà molto da ridere. In attivo, invece, c'è che con le mie attitudini posso, se vorrò, guadagnare di più: l'avrei potuto anche finora, ma mi sono tracciato norme di severo disinteresse, perché mi preme sovratutto la valutazione morale e politica. Ora te l'ho detto, ho fatto molta fatica, e scusami. Tu mi hai già risposto, lo so, e farei torto al tuo amore se ti chiedessi altra risposta ancora. Io sono tranquillo che tu condividerai con me le larghezze – se potranno venire – e le strettezze della vita e che in te troverò un sostegno per addolcire qualche preoccupazione che venisse, non un aculeo verso guadagni che potessero turbare la limpidezza della mia vita politica».

Di analoga, dolce franchezza la lettera che scrisse alla madre di Francesca, chiedendole formalmente la mano della figlia (il padre era morto da tempo), consapevole di un consenso già dato: «La mia carriera è agitata e ricca di contrasti. Francesca lo sa. Accettando di condividere con me le fatiche e le poche soddisfazioni, mi dà tale prova di amore che non mi pare di poter trovare al di fuori di esso miglior garanzia per il comune avvenire».

Le lettere che De Gasperi scrisse alla fidanzata prima del matrimonio sono ardenti, e non solo di spiritualità. I richiami all'illuminazione cristiana (l'uomo leggeva ogni giorno sant'Agostino e conosceva a memoria la Bibbia, anche se assicurava all'amata di non essere bigotto) si alternano a più terreni tremori: «Francesca, perdona alle mie labbra avidamente tremanti. Un'altra volta mi accontenterò di sentire le tue dolci braccia al collo e di baciarti nello splendore delle tue pupille...». E ancora: «Ho fede in te, mio amore, e sono felice di amarti. Te le ripeto queste parole, perché ti rievochino il fremito dei miei baci e delle mie carezze e ti suscitino quella corrispondenza di cuore e di senso che unisce i nostri esseri»; «Mi piaci anche nella tua esuberanza di vitalità fisica. Mi piaci... Ma lasciamo stare le altre tue virtù, per non farti arrossire. Senti, amore, ora ci credo proprio che ci sposeremo perché era destino così».

Francesca era una ragazza bella, ricca, sportiva, di educazione inappuntabile, sensibilmente più giovane del fidanzato. Alcide, come sappiamo, bello non era, né ricco, ma il suo carisma, la sua levatura spirituale, il suo fascino intellettuale l'avevano conquistata. Ciononostante, dalle lettere di De Gasperi traspare talvolta il sottile timore di perdere una sposa così dotata.

Per questo, lo statista ben si adattò a compiacere le esigenze borghesi di Francesca, a cominciare dal matrimonio, celebrato il 14 giugno 1922 nella chiesa di Borgo Valsugana: lui in frac e cilindro, lei in abito crema, impreziosito da un merletto a grandi rose di velluto nero. Il viaggio di nozze fu una favola, soprattutto per quei tempi. De Gasperi era presidente onorario della Società italiana dei grandi alberghi: si può dunque immaginare con quali riguardi la coppia fosse ricevuta all'Hotel de Russie di Roma, all'Excelsior di Napoli, al Quisisana di Capri...

Nelle lettere alla suocera, Alcide fa volentieri l'autoritratto dell'uomo maturo che si adatta felicemente ai piccoli capricci della giovane moglie. A Roma, Francesca andò dal parrucchiere: «Doveva tornare al più tardi alle due. Io siedo quasi solo nella sala da pranzo con una fame da lupo. Passano le due, le due e mezza, le due e tre quarti, le tre. Io mi sento svenire dalla debolezza e lei non viene ancora. Finalmente studio per la centesima volta il menu e mi decido di dire al cameriere con un fil di voce: "Faccia servire, la signora rientra più tardi". Mi pareva che quasi a risposta mormorasse: "Più che l'amore poté il digiuno". Infine, alle tre e mezza scoccate, ella arriva tutta ricciuta ma ansante e debole di languidezza viscerale e ordina... il caffè e latte. Perciò, cara mamma, questo è il menu del marito. La moglie, una volta ogni sei mesi (m'ha giurato di non farlo di più), va dal parrucchiere e beve il caffè e latte. L'economia pareggia la spesa».

Scriveva poco dopo da Napoli: «Bisogna acquistare un paio di guanti perché Francesca li ha perduti chi sa dove. Facciamo la rivista dei negozi di via Toledo con un gran caldo e salvandoci per miracolo dalla carovana delle carrozzelle! Poi ha da comprare l'accappatoio, poi le viene in mente una borsetta per la spugna, poi le salta in testa la cuffia impermeabile, poi mi fa comprare un paio di scarpe. Io le trotto dietro sudato e... beato. Dopo aver messi sotto sopra sette negozi, mi ritrovo finalmente sulla gran via col portafoglio alleggerito e due gran pacchi sotto le braccia...».

I frequenti riferimenti di De Gasperi al portafoglio confermano la diceria che fosse piuttosto tirato. Venticinque anni dopo il matrimonio, nella buvette di Montecitorio ci fu un vertice tra sparagnini: De Gasperi, presidente del Consiglio, e Luigi Einaudi, suo ministro del Tesoro. Decisero di prendere un caffè, ed Einaudi avvertì l'amico: «Guarda che non ho soldi». «Non preoccuparti» rispose l'altro «provvedo io.» Quando l'illustre coppia si avvicinò alla cassa, De Gasperi aprì il suo portafoglio e lo trovò inesorabilmente vuoto.

In pelliccia, nel carcere delle Mantellate

Durante la sosta a Capri nel viaggio di nozze, delizie e comiche sofferenze di Alcide raggiunsero l'apice. Francesca pensò bene di visitare la Grotta Azzurra con le scarpe da ballo e decise di arrampicarsi su un tratto di roccia affondando dolorosamente i tacchi sulle generose mani del marito. Salendo al palazzo di Tiberio divorò more e carrube «e mentre io urtando i miei spigoli ossei con la roccia di Capri sentivo le punture e gli strappi, lei invece si rialzava subito, come fosse di gomma, orgogliosa dell'impunità di qualche sua rotondità. Mi consolai pensando: che palla! E che pelle!».

Ancora da Capri. «Ho visto oggi alla Piccola Marina che sa nuotare, vispa e allegra come un pesce: io stavo a vederla, seduto sullo scoglio delle Sirene, ove per poco Ulisse mancò di perdere il suo equilibrio. Io non lo ritrovo da un pezzo. Poi dal motoscafo ha tirato ai pescecani con un moschetto. Tirava come un *landesschütze.* Quante virtù nascoste e fattive. Aggiungete che, secondo le assicurazioni sue, sa cucinare i gnocchi. Sono felice...»

Quattro mesi dopo le nozze di De Gasperi, ci fu la «marcia su Roma». Al contrario di Sturzo, De Gasperi – come tutti i leader dei movimenti moderati – confidò nella possibilità di collaborare con Mussolini, ma dovette ricredersi presto. Nel 1924 Sturzo, costretto all'esilio di Londra, gli cedette la guida del Partito popolare, ma lo scioglimento della Camera lasciò il nuovo leader senza lavoro. Così Alcide si ritirò con la moglie a Trento per dirigere «il nuovo Trentino», il giornale dei popolari. L'amarezza per l'incalzare di una dittatura che soffocava progressivamente ogni libera voce fu attutita dalla nascita delle prime due figlie, Maria Romana e Lucia (che si farà suora nel 1952), seguite nel 1930 da Cecilia e nel 1933 da Paola.

De Gasperi restò a Trento per due anni, poi scese a Roma, ma il clima era irrespirabile. L'11 marzo 1927, durante un viaggio in treno verso Trieste alla ricerca di un lavoro, la coppia fu fermata alla stazione di Firenze e condotta a Roma. Il segretario del Partito popolare fu condannato a quattro anni, ma tornò in libertà dopo sedici mesi. La moglie restò nel carcere femminile delle Mantellate per undici giorni. Naturalmente, l'unica motivazione per l'arresto (arbitrario) era il fatto che Francesca fosse la moglie di Alcide. Ricordando lei stessa l'episodio in un'intervista concessa a Adele Cambria per «Il Giorno» nel 1985 (quando aveva 91 anni), fece il parallelo con la moglie di Karl Marx, anch'essa arrestata in Belgio per la sua parentela con il pensatore rivoluzionario. La differenza con la signora Marx è che questa restò in prigione soltanto un paio d'ore, lei qualche giorno in più. In compenso, entrambe furono messe in cella con donne di malavita, «che parlavano in un modo che io non avevo mai sentito prima in vita mia». La signora De Gasperi indossava una pelliccia che le tornò molto utile. Non se la tolse mai, infatti, per proteggersi dal freddo e dalle cimici.

Francesca tacque alle figlie che il padre era stato arrestato. «Non volevo che imparassero a odiare, che si sentissero perseguitate» dirà. Come spesso accade, a comunicare la notizia sgradevole provvide una compagna di scuola di Lucia: «È vero che tuo padre è stato in galera?». La piccola non ne sapeva niente: «Non è vero» gridò azzuffandosi con la compagna. «Mio padre non è un delinquente.»

«Cara Francesca, perché non fai la mannequin?»

Nella clinica romana in cui fu ospitato nella fase finale della sua prigionia, De Gasperi non perse il buonumore. Il 28 giugno 1928 scriveva alla moglie: «Ho trovato nel "Corriere" questi due importantissimi avvisi: "Importante ditta di Monza cerca corrispondente concetto inglese, francese, tedesco. Referenze, pretese...". Questo è per me, non ti pare? E ora eccone un altro per te: "Rinascente cerca mannequin taglia 44 alta ... Presentarsi etc". Hai capito? Monza-Milano e viceversa. Si combina magnificamente, amor mio, già penso il giorno che ti rivedrò, con le bambine. Intanto rimettiti bene – sai, la mannequin deve essere carina – che io ti verrò a prendere da Monza, tutte le sere!».

De Gasperi trovò finalmente un lavoro presso la Santa Sede prima come semplice impiegato della Biblioteca Vaticana (1000 lire al mese), poi come segretario (1900 lire al mese). Quando portò a casa il primo stipendio aumentato, l'accompagnò con una bottiglia di lambrusco. Ma evidentemente l'aveva agitata troppo, perché, stappandola, ne uscì una buona parte.

Trascorsero così quindici lunghissimi anni. «Mio padre» mi dice Cecilia «ci iscrisse alle scuole private perché non voleva che portassimo la divisa fascista, ma non ho mai compreso fino in fondo perché fossimo diverse e perché non potevamo andare al sabato fascista. Vedevo che anche i figli dei nostri amici si comportavano allo stesso modo e quindi non mi meravigliavo più di tanto. Poi capii che erano tutti antifascisti. A differenza nostra, la figlia di Scelba conosceva le barzellette contro il fascismo. Io cantavo *Giovinezza* e recitavo la vita di Mussolini a memoria. Per farmi smettere mi dicevano che mamma aveva il mal di testa. Sapevo che c'era il re imperatore e noi, che non esponevamo mai la bandiera alle feste fasciste, la tiravamo fuori il giorno del suo compleanno. Poiché io sono nata l'11 novembre, lo stesso giorno di Vittorio Emanuele III, ero convinta che la bandiera fosse esposta per il mio compleanno.»

Dopo l'8 settembre 1943 e l'occupazione tedesca di Roma, la famiglia De Gasperi (come quella di Nenni e di altri illustri antifascisti) dovette trasferirsi all'interno del Laterano, sotto la protezione vaticana. Un giorno Alcide aveva scritto (imprudentemente) su un foglietto alcuni nomi compromettenti e la carta gli cadde dal terrazzo su un tetto sottostante. Se fosse piovuta in strada e finita in mano ai tedeschi, le conseguenze sarebbero state pesanti. Così lui, che pure non doveva essere agilissimo, si calò sul tetto e andò a recuperare il foglietto che si era posato a un passo dalla grondaia, e quindi dal vuoto.

Le vicende del dopoguerra sono più note. De Gasperi fu presidente del Consiglio dal dicembre 1945 al 1953. Restituì dignità internazionale al paese sconfitto e guidò la superba ricostruzione del paese distrutto.

E Francesca esplose contro padre Lombardi

Al contrario di quanto possa far supporre la sua immagine severa, in famiglia De Gasperi era una persona molto piacevole. «Si divertiva, quando era in Valsugana d'estate, a verniciare» ricordava la moglie. «Verniciava e riverniciava le sedie, i tavoli, gli scuri della casa. Dopo, quando è diventato presidente, non ha avuto più tempo.»

In privato, De Gasperi aveva un insospettabile senso dell'umorismo. «Al mattino» raccontava la signora Francesca «era di buon umore, scherzava. Qualche volta, da presidente del Consiglio, si svegliava e, quasi se ne accorgesse in quel momento, mi diceva: oh cielo, sono De Gasperi!»

«L'atmosfera in casa era molto serena» mi dice Maria Romana, la figlia maggiore. «Mia madre rideva spesso, papà sorrideva, ma ricordo anche momenti in cui ha riso fino alle lacrime.» Aggiunge Cecilia: «Ricordo molte risate arrivare dalla loro camera».

«Abbiamo sempre vissuto con grande semplicità» riprende Maria Romana. «Ci ha molto aiutato in questo senso abitare sempre nella stessa casa, in quella che era via Bonifacio VIII, dietro San Pietro, e oggi si chiama via De Gasperi. Non abbiamo mai visto appartamenti grandi e meravigliosi.»

La moglie diceva: «Difetti? Eh sì, ne aveva, ne aveva. Quali? Be', per esempio amava i sigari. E le ciliegie sotto spirito...». Giro la domanda a Maria Romana, e a lei è impossibile trovarne: «Può essere un difetto chiedere alla mamma di fargli il nodo alla cravatta? Mamma era completamente dedicata a lui, papà ci teneva a essere sempre a posto, ma era lei ad accudirlo completamente, dalla preparazione delle valigie al fazzolettino bianco nel taschino...».

Ricorda Cecilia: «Mamma ha accompagnato papà in tutte le campagne elettorali, che allora si facevano in treno, e in quasi tutti i viaggi all'estero». E Maria Romana: «In casa davanti a noi non si parlava mai di politica, ma credo che tra di loro ne parlassero. Consigli politici, non credo tuttavia che gliene abbia dati».

De Gasperi ebbe le maggiori amarezze politiche negli ultimi due anni di vita. Nel 1952, atterrito dalla possibilità che i comunisti conquistassero il comune di Roma, Pio XII insistette molto perché accettasse l'alleanza dei democristiani con i missini. Lui era contrario. Come riferisce nella sua biografia Piero Craveri (*De Gasperi*), l'angoscia dello statista si mescolava al tormento del cattolico: «Se il papa comanda – egli avrebbe concesso – io obbedisco ... Spezzerò la mia vita e la mia opera politica, ma non potrò non chinare il capo».

Padre Lombardi, il grande predicatore gesuita che con Luigi Gedda era il braccio «armato» del pontefice, secondo Craveri prese queste affermazioni per una sostanziale acquiescenza. Per accertarsene, si fece accompagnare con l'automobile del principe Pacelli a trovare la moglie di De Gasperi nel villino di Castel Gandolfo, che il partito aveva regalato al suo leader. Il colloquio non andò affatto bene. Scrive padre Lombardi nel suo *Diario*: «Ho veramente gridato». Pare che i carabinieri di guardia si fossero avvicinati preoccupati per lo strano alterco tra un religioso e la moglie del presidente del Consiglio. Anche Francesca alzò la voce. Il gesuita fu minaccioso: «In caso di sconfitta, diremo: se ne vada De Gasperi, non ne vogliamo più sapere. Siamo noi che lo abbiamo mandato al potere». Ma lei non si lasciò intimidire: «Andate al fascismo!» gridò. «Lo vedrete il fascismo...» Padre Lombardi replicò: «Meglio il fascismo del comunismo. Gli americani non vogliono il comunismo e preferiscono il fascismo». E la donna, pronta: «Ma lo hanno preferito loro il comunismo al fascismo», alludendo all'alleanza con Stalin. Padre Lombardi le ripeté che, in caso di sconfitta, De Gasperi sarebbe stato costretto alle dimissioni. Allora Francesca esplose: «È troppa l'ingerenza della Chiesa negli affari politici».

E lei gettò nel fuoco il foglietto con i «traditori»

Non si sa come, ma padre Lombardi uscì dal colloquio convinto che la signora sarebbe intervenuta sul marito per fargli accettare il fronte unico anticomunista. Non fu così, e nonostante la Dc avesse battuto il Pci alleandosi con i piccoli partiti laici, il papa si vendicò nel modo più doloroso, rifiutando l'udienza al cattolicissimo presidente del Consiglio in occasione del 30° anniversario del suo matrimonio. Celebre la risposta di De Gasperi: «Come cristiano accetto l'umiliazione, benché non sappia come giustificarla; come presidente del Consiglio italiano e ministro degli Esteri, la dignità e l'autorità che rappresento e dalla quale non mi posso spogliare anche nei rapporti privati, m'impone di esprimere lo stupore per il rifiuto così eccezionale e di riservarmi di provocare dalla Segreteria di Stato un chiarimento».

«Noi vivevamo con grande apprensione le difficoltà politiche di nostro padre» mi racconta Maria Romana. «La mamma era molto coraggiosa nel difendere papà in qualunque occasione. Lui dimostrava grande equilibrio anche nelle situazioni più difficili. Quando gli riferivano di qualche giudizio negativo particolarmente forte, invitava sempre a riflettere. E nella vicenda del 1952 diceva: "Un momento, chi parla è il papa...". Ma poi aggiungeva: "Io, questo passo, non posso farlo, piuttosto mi dimetto...".»

De Gasperi morì un anno prima che si svolgessero le elezioni per la nomina del successore di Luigi Einaudi alla presidenza della Repubblica. Per lui sarebbe stato un naturale coronamento della sua carriera politica, ma si sa che il partito gli avrebbe riservato qualche brutta sorpresa. Probabilmente intuendolo, non si mise mai in corsa. Conferma Maria Romana: «Non voleva sentirne parlare. Lui era un uomo di battaglia, e quella prospettiva non gli faceva piacere. La voce di una sua candidatura girava, ma lui diceva: non voglio andarci».

Qualche amarezza l'aveva avuta anche quando era stato eletto presidente del partito il 15 novembre 1947. «Eravamo a Castel Gandolfo» mi racconta Maria Romana «e lui arrivò con un viso molto triste e una lista di nomi di persone che probabilmente gli avevano votato contro. Era acceso il caminetto, la mamma gli prese il foglietto e lo buttò nel fuoco.»

Abbiamo visto con quale inimmaginabile calore, anche fisico, De Gasperi avesse scritto a Francesca fin dall'inizio del loro rapporto. Ma sbaglierebbe chi pensasse a un Alcide attratto da qualunque presenza femminile meritevole di un certo tipo di attenzione. Ne è testimone insospettabile Giulio Andreotti, che per dieci anni fu il più stretto collaboratore dello statista trentino. «Altrettanto severo, ancor più se possibile, [*che nella gestione dei denari pubblici*] De Gasperi era per la fedeltà coniugale. Se fosse improvvisamente tornato Gesù Cristo e avesse autorizzato chi era senza peccato a scagliare contro l'adultera la prima pietra, De Gasperi sicuramente avrebbe guadagnato il brevetto di tiratore scelto. E non solo era osservante personalmente, ma non ammetteva che altri, e in primo luogo i democratici cristiani, avessero delle ombre in proposito. Durante la discussione in Senato della legge elettorale del 1953 mi dette una occhiata di fuoco vedendo che ero uscito un momento dall'aula per ricevere – nella sala del governo – una bionda signora inviatami da Pella per una questione certamente meno importante della legge elettorale» (*De Gasperi visto da vicino*).

De Gasperi morì a Sella di Valsugana il 19 agosto 1954, a 73 anni. Francesca gli sopravvisse molto a lungo. Se ne andò a

104 anni il 20 agosto 1998. Ai numerosi giornalisti che in quarant'anni sono andati a chiederle qual era l'eredità del marito, rispondeva: «Ha dimostrato soprattutto che è possibile fare la politica in modo onesto». Un piccolo esempio: la strada che porta a casa di De Gasperi a Sella fu asfaltata soltanto dopo la sua morte. «Prima Alcide lo aveva proibito» raccontava la moglie «perché non si dicesse che aveva avuto favoritismi indebiti.»

Ora la Chiesa ha in corso un processo di beatificazione. La moglie ha fatto in tempo a esserne informata: «Per me Alcide è in Paradiso. E questo mi basta. Proprio così. La beatificazione? Son cose della Chiesa: non ci intromettiamo...».

Amintore Fanfani, tra Biancarosa e Mariapia

«Lei vuole conoscere la mia storia con Amintore, vero? Lui si innamorò di me, io m'innamorai di lui...» L'età di Mariapia Fanfani (85 anni) suggerisce l'abbandono ai ricordi. Ma la signora fa eccezione. È in gran forma. Guarda soprattutto al futuro. La sua mente corre come il celebre passo da bersagliere, occasionalmente rallentato da un piccolo infortunio. L'appuntamento successivo al mio è al ministero degli Esteri: è pronta la sua candidatura al premio Nobel per la pace. Ecco i documenti: sessant'anni di lavoro umanitario in quasi tutti i paesi del mondo, con tanto di benedizione di madre Teresa di Calcutta, che la incoraggiò a proseguire il suo cammino. Riscontro la sua celebrata efficienza. (Poi, a metà ottobre 2007, fu scelto Al Gore.)

In tutto questo tran tran, Mariapia Fanfani ha preparato scrupolosamente il nostro incontro, facendomi trovare scrittoio, carta e matita per gli appunti, con un cerimoniale che mi ricorda l'analoga premura ricevuta all'inizio degli anni Settanta quando, per la prima volta, fu aperto a un giornalista della televisione il palazzo delle Botteghe Oscure, sede del Partito comunista italiano. E Tonino Tatò, il segretario di Berlinguer, mi approntò tutto l'occorrente per lavorare, tranne le notizie. Questa volta, una mattina dell'estate 2007, trovo carta e matita nella bella casa della signora Fanfani in corso Rinascimento, di fronte a palazzo Madama («Tutti pensano che sia del Senato, ma non lo è» precisa).

Mariapia e Amintore si sono conosciuti nel 1972. Lei sarebbe rimasta vedova l'anno successivo, lui lo era da quattro. E lo era di una donna che ha amato profondamente e che, in ventinove anni di matrimonio, gli ha dato sette figli. Biancarosa Provasoli era una persona di prim'ordine: provvista di due lauree, sapeva dipingere, suonare il pianoforte, condurre l'automobile ad alte velocità. Da ragazza era stata campionessa di nuoto, aveva guidato motoscafi e sparato nel tiro a volo. Era stata anche un'eccellente velista. Superati i cinquant'anni, nuotava ancora velocemente ed era un fulmine sulla spider. A chi le chiedeva come facesse a essere tanto attiva con sette figli da guardare, rispondeva: «Il segreto sta nell'orologio. Chi sa dividere il tempo senza buttare niente, vince».

Lei e il marito si erano conosciuti nella sala di lettura di una biblioteca milanese. Biancarosa stava per laurearsi in lingue alla Cattolica, Amintore era un giovane professore di economia. Si piacquero, si fidanzarono, si sposarono nel 1939. Lui aveva 31 anni, lei 25.

Un grande giornalista tutt'altro che democristiano, Nicola Adelfi, scrisse sulla «Stampa» del 4 febbraio 1959: «In qualunque campo Fanfani abbia gettato il suo attivismo, là è sempre diventato il primo. Lo fu nelle scuole elementari, al liceo scientifico, all'università ... Appena finì di fare il servizio militare gli bastarono cinque anni per farsi nominare assistente universitario, libero docente, incaricato e professore ordinario». Richiesto di un giudizio su Fanfani, Guido Gonella – uno dei padri della Dc, che certo non lo amava – rispose tuttavia citando il filosofo Bacone: «Gli uomini investiti di un grande potere sono quasi estranei a loro stessi ... Sono gli ultimi a capire i propri torti».

«Non ho mai visto papà dare un bacio alla mamma»

Gonella aveva ragione. La bulimia di Fanfani (arrivò a essere contemporaneamente presidente del Consiglio, ministro degli Esteri e segretario della Dc) lo portò talvolta così in alto che le cadute non potevano essere che rovinose. Eppure, fu un uomo eccezionale e un ottimo governante: magari oggi avessimo un piano casa come quello che inventò lui – da ministro del Lavoro – negli anni Cinquanta con la collaborazione di Giorgio La Pira che gli faceva da sottosegretario... Fu un ottimo presidente del Senato e lo sarebbe stato anche della Repubblica, se la maledizione democristiana – che vietava quel ruolo ai propri leader – non lo avesse colpito ripetutamente.

A ogni caduta rovinosa, Fanfani rientrava in famiglia, dove la moglie lo ritemprava come sa fare un abile e sapiente manager con gli sportivi o gli artisti in difficoltà. «Mai ho gioito» confidò a un'amica «come quando l'ho avuto a casa e di sera lo sentivo passeggiare nello studio.» Biancarosa proteggeva la stanchezza del marito dall'allegra intemperanza dei sette figli. «Quando papà usciva dall'ufficio» mi raccontano Anna Maria e Giorgio «avvertivano dalla segreteria con una telefonata. Allora la mamma diceva: ragazzi, tutti in camera, arriva papà. Voleva tutelarlo dalle nostre grida e, al tempo stesso, tutelare noi dalla sua durezza. Questo è stato un problema. La mamma non si rendeva conto che con quel "Ragazzi, in camera!" non ha agevolato il nostro rapporto con papà.»

La riservatezza di Fanfani è leggendaria. Tutta una generazione di dirigenti democristiani, per la verità, amava parlare soltanto nel chiuso di una stanza, riservando al telefono monosillabi cifrati. Perché? La certezza di essere ascoltati dai «servizi». Non sapevo che Fanfani usasse questo sistema anche con i figli per le più scontate conversazioni familiari. Se uno di loro lo chiamava al rientro da un viaggio, ansioso di raccontargli qualcosa, lui troncava all'istante la conversazione con un «Ci si vede...». Un giorno Alberto stava parlando al telefono con una ragazza e la congedò con un «Ciao, Gioia». Il padre s'infuriò: «O che cos'è codesto modo di chiamare "gioia" le persone al telefono?». «Ma papà» protestò Alberto «questa ragazza si chiama Gioia.» Fanfani non si dette per vinto: «Ma che Gioia e Gioia. O che nomi sono questi?».

Figuriamoci se una persona così riservata poteva essere minimamente espansiva. «Non ho mai visto il papà dare un bacio alla mamma» mi dice Giorgio. Nel libro per il centenario della sua nascita (febbraio 2008), Alberto ha scritto: «Faccio fatica a ricordare un braccio di mio padre intorno al collo. Il nostro modo di salutarci era stringerci la mano».

«Io invece» interviene Anna Maria «una volta ho visto papà dare un bacio alla mamma. Era d'estate, prendevamo una casa in affitto al Belsito di Ostia e dopo pranzo, baciando la mamma, papà disse: "Oh, che sapore di pesca...".»

La riservatezza familiare arrivava al punto che quando i bambini erano piccoli, dopo il trasferimento a Roma da Milano (Fanfani insegnava all'Università Cattolica), gli fu taciuto perfino il mestiere del padre.

«Avevo 11 anni» ricorda Anna Maria «e a scuola ci fu assegnato un tema da svolgere in casa, del tipo: parlami di mamma e papà. Andai dalla mamma a chiederle che mestiere facesse con esattezza il papà. "Impiegato dello Stato" mi rispose. Io lo scrissi nel tema, e l'indomani la maestra mi sgridò: "Mi prendi in giro? Tuo padre fa il ministro". Tornai a casa: "Mamma, ha detto la maestra che papà fa il ministro". E lei: "Fa anche il ministro, ma è sempre un impiegato dello Stato...".»

Anna Maria non si perdona ancora una gaffe terribile che fece nello stesso periodo: «Nel 1951 eravamo appena arrivati da Milano, e io e mia sorella Grazia trovammo dei giornalisti ad aspettarci fuori della scuola. Mi fecero una domanda innocente: "Per quale squadra tiene vostro padre?". Io non lo sapevo e risposi: "Per quella che vince". Titolo dell'indomani: *Fanfani sta sempre con chi vince*. Presi tante di quelle botte...».

Biancarosa Fanfani fu sempre vicina al marito anche nell'attività politica. Vicina per quanto possibile, perché – mi dice Giorgio – «a casa nostra si parlava pochissimo di politica e si parlava pochissimo in genere. Faccio un esempio: Ettore Bernabei veniva ogni sera e, quando era bel tempo, lui e papà si sedevano sul dondolo del terrazzo nella nostra casa di via Platone. Restavano lì un'ora così ripartita: cinque minuti parlava papà, venticinque Bernabei, mezz'ora stavano in silenzio. Papà parlava sempre pochissimo. Domandava molto e ascoltava». «Però» interviene Anna Maria «leggeva sempre alla mamma i suoi discorsi, che si è sempre scritto rigorosamente da solo. E, insieme con la mamma, talvolta chiamava le cameriere Anna e Natalina: "Venite qui a sentire, perché, se capite voi quel che voglio dire, allora lo capiranno tutti".»

Gaffe di Biancarosa, dimissioni di Amintore

Più d'uno, tra gli avversari di Fanfani, accusò tuttavia Biancarosa di interferenze e perfino di essere la responsabile di oscuri intrighi. La cronaca si limitò a registrare una sua gaffe, che costrinse il marito a dimettersi da ministro degli Esteri.

«Era la fine del 1965» mi racconta Giorgio «e mio padre era stato eletto da poco presidente della 20ª sessione dell'assemblea generale dell'Onu, pur mantenendo l'incarico ministeriale. In questa veste, il 4 ottobre aveva dato la parola a Paolo VI nella sua memorabile visita alle Nazioni Unite. In quel periodo papà e il suo carissimo amico e collaboratore Giorgio La Pira – che fu anche mio padrino – svolgevano un delicato lavoro di mediazione per creare occasioni d'incontro e di pace durante la guerra del Vietnam. Per incarico di mio padre, La Pira era andato a Hanoi e aveva incontrato il leader nordvietnamita Ho Chi Minh, consegnandogli messaggi riservati e ricevendone a sua volta. Mio padre si era mosso a titolo personale, senza coinvolgere il governo, ma aveva informato di tutto mia madre, visto che fra l'altro La Pira frequentava abitualmente casa nostra. Gianna Preda, notissima giornalista del "Borghese" [*fondato da Leo Longanesi, il settimanale si era spostato su posizioni di estrema destra*], approfittò delle attività umanitarie di mia madre per agganciarla. Mamma andava ogni anno due volte a Lourdes come crocerossina e aiutava gli ammalati a fare le immersioni nelle piscine attigue alla Grotta. La Preda la adescò chiedendole informazioni su questa sua attività umanitaria e riuscì a entrare in casa nostra, dove mia madre aveva invitato anche La Pira. Vuoi vedere che riusciamo a convertirla?, aveva detto ingenuamente. La conversazione fu bellissima: La Pira parlava come un santo dei suoi desideri di pace e della sua missione in Vietnam, la mamma era convinta di aver intenerito il cuore e l'animo della giornalista. Purtroppo, la Preda era venuta con tutt'altro spirito e aveva registrato di nascosto l'intera conversazione. Quando "Il Borghese" pubblicò tutte le indiscrezioni sulla missione di La Pira di cui il governo non sapeva nulla, mio padre dovette dimettersi. Andò in televisione e spiegò la decisione parlando di "improvvida uscita di un mio familiare". La mamma si disperò, ma ormai la frittata era fatta.»

Biancarosa Fanfani morì per un'emorragia cerebrale a 54 anni, all'alba del 26 settembre 1968. Un contributo rilevante alla sua scomparsa lo diede uno spaventoso incidente stradale accadutole in gennaio sull'autostrada Roma-Napoli, quando l'auto – guidata in modo inconsueto non dalla signora – uscì di strada rovinosamente per un colpo di sonno dell'autista. Il figlio Giorgio se la cavò con la brutta frattura di una spalla, mentre Biancarosa sembrò uscire quasi illesa. («Passammo un'estate bellissima a Ischia» ricorda Giorgio «uscendo spesso sulla barca di Rizzoli che ospitava Walter Chiari e Silvana Pampanini, che mi insegnarono lo sci d'acqua.») In realtà, la donna riportò gravi lesioni interne, che avrebbero favorito il manifestarsi della trombosi fatale.

Fanfani sembrava un uomo distrutto. Anzi, lo era. Aprì una sottoscrizione e, un anno dopo, al Gemelli, dov'era morta Biancarosa, venne inaugurato il reparto di rianimazione più moderno d'Europa, tuttora intitolato alla signora Fanfani. L'uomo che non aveva mai messo un braccio intorno al collo dei figli scoprì di non saper dormire solo. A turno, ogni sera i sette ragazzi andavano a fargli compagnia nel lettone, scoprendo abitudini inconsuete. «Io andavo malvolentieri» confessa Giorgio «per due ragioni: papà russava e aveva i piedi freddi...»

In una bella lettera scritta nel 1963 ad Anna Maria, che aveva appena avuto una bambina, Biancarosa invitava i sette figli, le loro mogli e i loro mariti presenti e futuri a unirsi in una sola famiglia. Mai immaginando che i figli sarebbero rimasti uniti, ma avrebbero quasi tutti rotto i rapporti con il padre.

Mariapia: «Ragazze, Fanfani ha chiesto di sposarmi...»

Poi, un giorno del 1972 l'esistenza di Amintore cambiò. Mariapia Tavazzani, figlia di un industriale tessile lombardo, sposò molto giovane un altro industriale tessile, Beppe Vecchi, di dieci anni più anziano di lei. A 23 anni ebbe un bimbo, Mario, che oggi è dirigente industriale. Ha condotto una vita molto brillante, tra partite di golf e lunghi weekend nelle ville di Crans-sur-Sierre, in Svizzera, e di Portofino. L'attività umanitaria, però, l'ha sempre coinvolta. Nel 1943, dopo l'8 settembre, simulando gite in montagna con alcune amiche, tra cui una suora, nascondeva nello zaino le divise da far indossare ai soldati italiani riparati in Svizzera: senza, non avrebbero potuto chiedere asilo. Il padre le regalò una macchina fotografica Leica, con cui scattò la prima immagine importante ad Arturo Toscanini.

Il matrimonio, la sua straordinaria capacità di pubbliche relazioni e il prestigioso indirizzo di Milano (via Turati 3) le aprirono le porte della buona società milanese, le prime della Scala, le frequentazioni eccellenti: dai Crespi ai Falk, nonché l'amicizia di Dino Buzzati e del vecchio Salvator Gotta. Mariapia si impegnava seriamente in attività benefiche, ma la fotografia era la sua grande passione. L'incontro con Evelyn Hofer, grande reporter di «Life», allargò i suoi orizzonti: cominciò a girare il mondo e a fotografarlo. Fu proprio un libro fotografico – *Polonia secondo millennio* – l'occasione per conoscere Fanfani.

«Dovevo presentare il libro a Roma» mi racconta «e l'ambasciatore polacco mi chiese chi volevo fosse invitato a pranzo. Mi propose Fanfani. Non lo conosco, risposi, e per dirla tutta non mi è nemmeno molto simpatico. Ma se vuole... A cena Amintore venne con Ettore Bernabei. Non mi sembrò interessato né al mio libro né a me. Capii, in compenso, che era molto appassionato di pittura e gli dissi che avevo visto un suo quadro all'ambasciata di Danimarca. "Sa che lei dipinge in modo fantastico?" gli dissi. "Diventerà un grande pittore." Da quel momento cambiò tutto. Don Ernesto Pisoni aveva organizzato una mostra d'arte a palazzo Reale a Milano, a beneficio dei mutilatini di don Gnocchi. "Se mi dà un quadro" proposi a Fanfani "lo regaliamo a Pisoni." "Quando apre la mostra?" mi chiese. "È già aperta" risposi. "Allora il quadro non glielo do." Ma intanto il ghiaccio era rotto.

«Quando tornai a Milano, dissi una bugia alle ragazze che lavoravano nel mio studio: Amintore Fanfani si è innamorato e mi ha chiesto di sposarlo. E tu che gli hai risposto?, mi chiesero. Che ero sposatissima e innamorata di mio marito: "Lei mi sta facendo una proposta che non posso ascoltare". Non era vero niente, perché lui non piaceva a me, né io a lui. Ma intanto le ragazze sparsero la voce e cominciarono a fare scommesse sull'esito della storia.»

Non si piacevano, sostiene Mariapia Fanfani, ma chissà perché fecero in modo di rivedersi subito. «Ci incontrammo nella mia casa di Portofino» mi racconta. «C'era con noi Fiorella Minervino che, secondo me, qualcuno voleva fargli sposare. Lui mi portò il quadro, io scesi alla galleria che era sotto casa e risalii nel giro di qualche minuto, consegnandogli una cifra importante. "Lei vende i quadri così facilmente?" mi chiese. "So fare questo e altro" risposi. I soldi finirono, naturalmente, ai mutilatini di don Gnocchi.

«Andammo a mangiare in casa di Marida Recchi, in collina. Era ottobre, e i proprietari non c'erano. Vedemmo volare dei gabbiani. Amintore si ritirò in un angolo e disegnò due gabbiani, uno bianco e uno nero. Intitolammo *Guerra e pace* quel disegno, che è ancora qui, nella casa di corso Rinascimento. Io mi appartai e scrissi una poesia. A colazione lui mi disse: vedo che lei non mangia. Infatti, risposi, sono sempre a dieta. E Amintore: se vuole vedermi ancora, deve mangiare quel che le dico io. L'indomani, a casa Minervino, mi fece un bel ritratto, che uscì sulla "Tribuna illustrata" con il titolo: *La bella signora che piace a Fanfani.*»

È fortissimo il sospetto che l'abbia dato lei al giornale. (I figli di Fanfani, per esempio, ne sono convinti.) «E invece no. Forse la foto l'ha avuta qualcuno del "Corriere della Sera", che pubblicava anche la "Tribuna". Non ho mai saputo chi abbia passato quella foto al giornale. Fatto sta che successe un pasticcio. Quando uscì l'articolo, io ero in Nuova Zelanda. Qualcuno mi chiamò e mi informò: il presidente non vuole più incontrarla, è successo uno scandalo, e così via. Tornai a Roma e andai a trovare Amintore. "Dobbiamo vederci di nascosto" mi disse "perché lei non piace tanto alla Dc." Tenga conto che io avevo stretto un rapporto di amicizia con le figlie di Fanfani. Ma, dopo l'articolo sulla "Tribuna illustrata", tagliarono i ponti.»

«Papà portò in casa Mariapia e ce la presentò» mi racconta Giorgio Fanfani. «Lei diventò amica delle mie sorelle Benedetta e Cecilia, le invitò nella sua villa di Crans, e loro tornarono innamorate dello chalet e della padrona di casa. Qualche volta si fermava a dormire. Era libera la stanza di Alberto, che insegnava a Pavia. Ma, forse per un caso, la stanza era l'unica comunicante, attraverso un corridoio, con quella di mio padre. La storia montava, e le mie sorelle si scatenarono contro Mariapia. Quando morì suo marito, temettero che l'avrebbe sposata.»

Mariapia Vecchi rimase vedova nel 1973 e Fanfani si fece di nuovo vivo. «Mi telefonò per le condoglianze e aggiunse che voleva parlarmi. Scesi a Roma e mi disse: "Cosa fa una donna quando rimane vedova ed è ancora giovane?". Risposi: "Se era innamorata del marito, non si risposa più; se non ne era innamorata, riflette su quale strada prendere". "E lei che strada ha scelto?" incalzò lui. "Aspetto. Ho bisogno di riflettere."» Intanto era uscito il suo ultimo libro (*Romania mondo latino*). La prefazione era di Amintore Fanfani.

«Lei che fa qui?» «Sono venuta per farmi sposare»

Mariapia aspettò sei mesi prima di rincontrare Fanfani: «L'uomo che mi era antipatico, mi aveva conquistato con il suo fascino. Sapevo che l'unico modo per rivederlo era dirgli che l'avrei sposato. Decisi alla fine del 1973, ma all'inizio non lo dissi nemmeno a lui perché sapevo che la sua famiglia era fortemente contraria al nostro matrimonio».

Si era trasferita a Roma dove viveva il figlio Mario nel 1974 e aveva preso casa vicino a quella di Amintore, in via Platone. Nei salotti romani era ormai voce corrente che tra i due non ci fosse soltanto un'amicizia, come dire?, artistica. Ma le smentite di entrambi erano d'obbligo. «Niente può distrarmi dalle cure del partito» precisava seccamente lui. Il settimanale «Il Mondo» pubblicò un sondaggio condotto tra gli iscritti e i simpatizzanti della Dc dal quale risultava che questi non trovavano nulla di strano su eventuali nuove nozze del segretario del partito. Fanfani rispose piccato con la seguente lettera al direttore: «Desidero assicurarla che non ha fondamento il dubbio circa la possibilità che un matrimonio possa distrarmi dai miei doveri politici ... A tutela del buon nome del mio partito e di quello di una gentile Autrice di apprezzate opere, aggiungo che non ho disposto sondaggi tra gli iscritti sul problema indicato, né coltivo, come si dice nella nota, compagnie segrete». Al libraio-editore Renzo Cortina che la informava: «Tutta Milano assicura che lei sta per diventare la signora Fanfani», Mariapia rispondeva ambigua: «Io non l'ho mai detto». Per poi aggiungere: «Io moglie di Fanfani? Magari! Ma per sposarsi bisogna essere d'accordo in due...».

Nel 1974 Fanfani era di nuovo potente e, come segretario della Dc, portò la croce del referendum per l'abolizione della legge sul divorzio, che il mondo cattolico perse in modo rovinoso. L'anno successivo, il 15 giugno 1975, la Dc subì una pesante sconfitta alle elezioni amministrative e regionali: per la prima volta il Pci avanzò clamorosamente, conquistando quasi tutti i comuni più importanti.

Mi racconta la signora Mariapia: «Giampaolo Cresci, capo ufficio stampa della Dc e strettissimo collaboratore di Amintore, mi diceva: se torna sconfitto ti sposa, se vince le elezioni non ti sposa. Ho pregato perché lui perdesse. Perse le elezioni e la segreteria del partito. Mi feci allora trovare in casa sua, insieme al figlio Giorgio. "Che fa lei qui?" mi chiese rientrando. "Sono venuta per farmi sposare." "Bene," disse lui "oggi è giovedì 31 luglio. Domenica 3 agosto ci sposiamo"». Amintore aveva 67 anni, Mariapia 53.

«Amintore» continua «era molto innamorato. D'accordo con lui avevo fatto preparare i documenti per il matrimonio già da due mesi. Ma ogni passo doveva avvenire senza che nessuno dei suoi familiari sapesse nulla. C'erano poi alcune condizioni alle quali dovetti adattarmi. Parlavamo già da qualche tempo di nozze, quando un giorno mi vide arrivare a bordo di una Jaguar. Allora mi disse: "Se vuoi che ci sposiamo, devi vendere la Jaguar, smettere di giocare a golf e disfarti della casa a Crans-sur-Sierre", perché in quel periodo avere beni in Svizzera non era ben visto da noi. Accettai tutte le condizioni.»

Nessuno dei figli di Fanfani era informato della data del matrimonio, ma tutti conoscevano ormai la decisione del padre. «Nel luglio 1975 ero rientrato da un viaggio» mi racconta Giorgio «e dissi a papà che avrei voluto sposarmi con Laura Bernabei, figlia di Ettore. Lui mi rispose: "Sì, lo so, ne ho parlato con Bernabei, vi sposate il 30 ottobre". Nella casa di via Platone abitavamo con papà soltanto io e Cecilia. Capii che la fretta nel fissare la data del mio matrimonio era determinata dalla necessità di lasciare libera la casa.»

E Cecilia? «Mio padre» interviene Anna Maria «mi disse che sarebbe dovuta venire ad abitare in casa mia. Avrebbe provveduto lui al sostentamento. Mio marito e io, naturalmente, rifiutammo ogni aiuto e ci dichiarammo ben felici di ospitare Cecilia. Lei la prese malissimo e gli gridò cose terribili. Era la più piccola, aveva soltanto 12 anni quando era morta la mamma...»

«Nella stessa occasione in cui mi comunicò la data delle

mie nozze» riprende Giorgio «papà mi disse che era innamorato di Mariapia e che pensava di sposarsi di lì a poco. Con mia grande sorpresa, mi chiese un parere. Gli risposi che ritenevo il mio giudizio ininfluente: "Se tu pensi che sia la donna della tua nuova vita, hai il pieno diritto di sposarla". La sera stessa Mariapia venne a cena, mi abbracciò e volle fare un brindisi. "Da questo momento" mi propose "diamoci del tu." "Da questo momento, signora," le risposi "lei potrà darmi del tu."»

«Papà rivelò anche a tutti gli altri figli quali erano i suoi propositi» racconta Anna Maria. «Grazia fu possibilista. Io, Marina, Alberto, Benedetta e Cecilia eravamo risolutamente contrari. Perché? Sulla base di tante informazioni pervenuteci da Milano, non la ritenevamo la donna adatta a lui.»

Matrimonio segreto, alle 3 del pomeriggio

La sera del sabato Amintore avvertì il sacerdote titolare della parrocchia di San Giuseppe al Trionfale di tenersi pronto per il primo pomeriggio dell'indomani. Riservatezza assoluta, naturalmente. Nemmeno i suoi più stretti collaboratori, nemmeno l'onnipresente e onnisciente Giampaolo Cresci, dovevano saper nulla. Il parroco, don Antonio Turri, era da tempo sull'avviso e incaricò il sacrestano, fratel Fortunato Magrelli, di comprare fiori e di adoperarsi per un sobrio addobbo nella piccola cappella della Sacra Famiglia. «Servono per una coppia che vuole celebrare le nozze d'argento nella più assoluta intimità» mentì il parroco.

Mancava un quarto d'ora alle 3 del pomeriggio di domenica 3 agosto quando Fanfani entrò in chiesa accompagnato soltanto da una guardia del corpo e da un magistrato della Corte dei conti, che gli faceva da testimone. Pochi minuti dopo arrivò Mariapia, con il figlio Mario e il suo testimone, un ammiraglio. La signora portava sui capelli acconciati dal parrucchiere Alexandre un velo antico con ricami preziosi e indossava un tailleur corto bianco a disegni geometrici verdi e neri, di Mila Schön. La cerimonia, officiata da padre Armando Guidetti, un gesuita amico di famiglia, fu rapidissima. Le foto furono scattate da Vittoria Colonna, la gentildonna romana che aveva sposato da poco Mario, il figlio di Mariapia. A un certo punto il parroco si accorse che il sacrestano occhieggiava e andò a rinchiuderlo in una stanza.

Con le nuove fedi al dito, Amintore e Mariapia s'infilarono nella Fiat 600 di proprietà dell'autista di Fanfani, Gino Fabbri, che accompagnò la coppia in una villetta acquistata due anni prima dal professore alla periferia nord di Roma, La Storta.

«Arrivati all'ora di cena» mi racconta la signora Fanfani «mi presentai ad Amintore in abito da sera. Lui mi guardò perplesso: "Chi prepara la cena?". "Io no di certo" gli risposi. "Non so cuocere nemmeno un uovo..." Il professore non si perse d'animo (era un bravo cuoco) e, con il paziente aiuto della sua guardia del corpo, preparò cannelloni al pomodoro, piccata di vitello e un fantastico dolce. Alle 9 di sera telefonò Cresci: "Presidente, tutti dicono che lei oggi si è sposato...". Il sacrestano, evidentemente, aveva parlato. Amintore, che aveva deciso di non dire nulla fino all'indomani, smentì risolutamente. A mezzanotte Cresci richiamò e chiese di parlare con me: "Mariapia, io sono il tuo più grande amico. [*Secondo i figli di Fanfani, è stato lui il pronubo delle nozze.*] Sono assediato dai giornali. Ormai tutti sanno che vi siete sposati. Perché mentire ancora?". Io mi attenni alle disposizioni di Amintore e, solo quando lui decise di cedere, confermammo.»

Le agenzie di stampa batterono la notizia a notte fonda e i giornali la pubblicarono soltanto nelle ultime edizioni.

«La mattina dopo» prosegue «ci trovammo cinquanta giornalisti fuori della porta. Dove andiamo?, mi chiese Amintore. A Portofino, proposi io. Conosco la strada per arrivare a casa non dalla piazzetta, ma dalla montagna. Facemmo così, ma ci trovammo davanti altri cinquanta giornalisti. Lo convinsi allora ad andare in Svizzera: avevo donato la casa di Crans a mio figlio. Appena arrivati, c'era un fotografo appollaiato su un albero che aspettava. Ci affacciammo, indicandolo con le mani. Su un settimanale comparve la foto con la didascalia:

"La prima lite dei coniugi Fanfani". Tornammo a Roma e andammo ad abitare in via Platone, la casa di Amintore da cui i figli erano andati via.»

«Non ci siamo riconciliati con la signora Mariapia»

Tre mesi dopo, il 30 ottobre 1975, Giorgio Fanfani sposò, come previsto, Laura Bernabei. «Tutti noi figli avevamo saputo dai giornali che papà si era sposato» mi raccontano Giorgio e Anna Maria «ma eravamo stati zitti per una forma di rispetto.» La bomba scoppiò al matrimonio di Giorgio. «Cecilia» dice Anna Maria «dopo le nozze di papà aveva avuto un forte esaurimento e minacciò iniziative estreme se noi ci fossimo riconciliate con Mariapia in occasione del matrimonio di Giorgio. Decidemmo allora che saremmo andati in chiesa, ma non al ricevimento, dove sarebbe intervenuta solo Grazia.»

Ignaro di questa complessa trattativa, un cronista del «Messaggero» vide che in chiesa c'erano tutti i figli di Amintore e scrisse che c'era stata una riconciliazione con Mariapia. L'indomani, il giornale dovette pubblicare la seguente, micidiale lettera al direttore dettata ai sensi della legge sulla stampa: «Sul suo giornale si diceva che nell'occasione [*delle nozze di Giorgio e Laura Fanfani*] sarebbe avvenuta la riconciliazione tra i figli del senatore Fanfani e la sua seconda moglie. La cosa non è esatta in quanto non eravamo presenti al ricevimento – nonostante il grande affetto che ci lega a nostro fratello e a Laura, tanto è vero che eravamo in chiesa confusi tra la folla – proprio per non incontrare la signora Mariapia con la quale appunto non è avvenuta nessuna riconciliazione».

La lettera fu recapitata personalmente al direttore del «Messaggero» da Benedetta Fanfani e recava le firme delle sorelle Anna Maria, Marina, Cecilia e del fratello Alberto. A parte Giorgio, che si era sposato, a non firmare era stata la sola Grazia, che aveva partecipato al ricevimento.

Tanta durezza rilanciò l'antico e doloroso tema dell'influenza (e dell'interferenza) dei figli nelle scelte sentimentali dei genitori. Scrisse Gianni Caletti sulla «Stampa» del 4 novembre 1975: «I giudizi dei giovani verso i sentimenti delle persone di una certa età sono superficiali, talvolta ironici, spesso ingiusti. Dovrebbero gli anziani sublimare pulsioni, desideri, simpatie per non turbare l'egoistico equilibrio (stabilito dai figli) nella sfera degli affetti? ... Sbagliano [*i figli*] quando si ergono a giudici dei sentimenti dei genitori e si arrogano il diritto di conoscere i problemi intimi e la psiche di questi. I loro rancori sono terribili, sbagliano forse perché hanno tutta la vita davanti a loro per ricredersi. Ma chi è nella terza età non ha molto tempo per rinunciare alle gioie che la presenza e il sorriso di una donna possono donare».

Perché era maturata l'ostilità dei figli di Fanfani verso Mariapia? Renato Barneschi condusse un'indagine che il settimanale «Oggi» (18 agosto 1975) titolò: *Spòsati gli dicemmo, ma con una donna adatta*. Qual era la donna adatta? Al giornalista una persona molto vicina alla famiglia disse: «I figli non pretendevano che dovesse fare il vedovo inconsolabile per tutta la vita se invece si sentiva disponibile a essere consolato. Che si risposasse, ma con una donna più vicina alle sue abitudini di vita (come, con rispetto filiale ma anche con qualche diritto, gli dicemmo tutti in occasione dell'ultima rimpatriata avvenuta a Natale), una tranquilla signora del suo ambiente, per esempio la vedova di un altro uomo politico».

«Escludo in modo tassativo» mi dice oggi Giorgio «che nelle riunioni di famiglia a Natale si sia mai parlato del matrimonio di papà. Qualcuna delle mie sorelle immaginava di trovargli una moglie ("Perché non sposa la zia Giovanna?" per esempio). Della vedova di un uomo politico non ho mai sentito parlare. In realtà, le mie sorelle erano intimamente contrarie a che papà si risposasse, considerandolo un patrimonio familiare indivisibile.»

«Negli anni successivi al matrimonio» aggiunge Anna Maria «rivedemmo papà tutti insieme soltanto tre volte all'anno per i "merendoni" pomeridiani alla vigilia di Natale, a Pasqua e il giorno del suo compleanno. Con Mariapia non si andò mai oltre il "Buongiorno, signora" e anche i nostri regali furono sempre molto formali.»

«Venticinque anni di matrimonio felice»

Amintore e Mariapia vissero insieme per venticinque anni, lo stesso periodo – quasi – del primo matrimonio di Fanfani. «Sono stati venticinque anni felici» mi dice la signora Mariapia. «Lui aveva un carattere molto severo. Quando rientrava in casa, capivo dall'espressione del volto come sarebbe andata la conversazione. In genere arrivava rabbuiato, ma nel giro di un'ora si scioglieva, andava a dipingere, componeva musica su un pianoforte Tallone sul quale aveva suonato Arturo Benedetti Michelangeli. Nella vita privata era simpaticissimo. Io mi divertivo a ballare. Ho ballato con Pertini, quando era presidente della Repubblica. E, come moglie del presidente del Senato, qualche volta gli ho fatto da first lady. La stessa cosa è capitata con Cossiga.»

La signora, nella sostanza, non cambiò vita.

«Quando decidemmo di sposarci, Amintore seguì la vecchia tradizione che prevedeva il consenso dei genitori. Andò da mia madre e lei gli disse: non la sposi, Mariapia continuerà a viaggiare e non le obbedirà mai. Io protestai: voglio sposarlo! Allora entrambi mi fecero giurare che non avrei fatto mai più un viaggio da sola. Un anno dopo ci fu il terremoto in Romania. "Mi lasci andare in Romania?" chiesi ad Amintore. "E la promessa fatta a tua madre?" disse lui di rimando. "Vado un solo giorno..." Iniziò così la mia vita al servizio dei poveri, che mi avrebbe portato in 150 paesi, quasi tutti quelli riconosciuti dall'Onu.»

Naturalmente, la signora Mariapia volle cambiare colore anche alla vita precedente del marito.

«Lui voleva lasciare l'abitazione di via Platone così com'era. Io volevo cambiarla completamente, portai di nascosto l'architetto Mongiardino per mostrargliela e convenimmo che saremmo dovuti intervenire pesantemente. Quando venivano ospiti politici, io facevo trovare bevande e tartine, e poi scomparivo. Una volta Moro gli fece i complimenti: caro Amintore, si vede che tua moglie è milanese. Perché hai aspettato a lungo prima di risposarti? Così diventammo amici.»

Il sequestro Moro segnò profondamente Fanfani, l'unico alto dirigente del suo partito a battersi fino in fondo per una trattativa. L'unico al quale Eleonora Moro, moglie dello statista democristiano, concesse un incontro.

«Quella mattina» racconta la signora Fanfani «ero uscita per un'iniziativa umanitaria. Amintore mi fece cercare: "Va' a palazzo Giustiniani", dove c'è l'appartamento del presidente del Senato. Eravamo tutti molto scossi, anche perché avevano detto ad Amintore che era lui l'obiettivo alternativo del rapimento. Durante il sequestro teneva riunioni continue in casa, ovviamente senza la mia presenza. La nostra vita cambiò. Siamo rimasti a palazzo Giustiniani per parecchi anni. Feci ristrutturare l'appartamento e creai anche uno studio di pittura per lui.»

Fanfani compì i 90 anni nel 1998. La coppia era rientrata in via Platone, quando il 28 gennaio 1999 la casa fu completamente distrutta da un incendio. «Avevamo dei camerieri filippini dei quali non ci fidavamo più» mi spiega la signora Mariapia «e avevo detto alle ragazze del mio studio che volevo far ribenedire la casa. Venne un sacerdote amico nostro e mi disse che aveva soltanto pochi minuti per la cerimonia. Si limitò così a benedire la camera da letto di Amintore e il suo studio. L'indomani scoppiò l'incendio. In cinque ore la casa fu distrutta: il fuoco risparmiò incredibilmente soltanto le due stanze che erano state benedette. In una c'era Amintore sulla sedia a rotelle: fu salvato da Lidia, la nostra governante, che si era appassionata di politica, e mio marito gliela spiegava volentieri. Quando lo riabbracciai mi disse: "Non torniamo più in questa casa". Fummo ospiti per qualche tempo degli Auletta Armenise, poi di una foresteria della Marina militare. Poi ci trasferimmo qui, in corso Rinascimento, quando c'era soltanto posto per il suo letto e poco più.»

Mariapia Fanfani mi accompagna in quello che fu lo studio del marito – morto in questa casa a 91 anni il 20 novembre 1999, dieci mesi dopo l'incendio –, trasferito qui esattamente com'era in via Platone, dove fu risparmiato dalle fiamme.

Oggi i suoi rapporti sono cordiali con Giorgio e con Benedetta, assenti con gli altri cinque figli di Fanfani. «Con gli anni» mi racconta Anna Maria «avevo accettato la scelta di mio padre. Poi, quando a qualche settimana dalla morte di papà vidi che una delle parti più delicate dei suoi diari – le pagine sul sequestro Moro – furono pubblicate dalla "Stampa", feci una telefonata orribile a Mariapia.»

Anche se meno noti di quelli di Andreotti, i diari di Amintore coprono oltre mezzo secolo di storia italiana. «Sapevamo ovviamente dell'esistenza di questi diari» mi dicono Anna Maria e Giorgio «ma nessuno di noi ne aveva mai letto una pagina. Quando entravamo nel suo studio e papà stava scrivendo, chiudeva il quaderno.»

Quasi tutti i figli avrebbero voluto che alla morte del padre i diari andassero alla Fondazione Fanfani. Mariapia li ha, invece, venduti al Senato (con diritto prioritario della Fondazione a utilizzarli), e questo ha creato una nuova frattura. Ma l'ultima parola, conciliante, è ancora di Giorgio: «Dopo la morte di papà, facendo un bilancio dei venticinque anni del suo secondo matrimonio, ho apprezzato ancora di più il ruolo di Mariapia, che lo ha assistito e curato come poche donne avrebbero fatto».

Eleonora Moro, in ginocchio, in silenzio

«La famiglia desidera che sia pienamente rispettata dalle autorità dello Stato e di partito la precisa volontà di Aldo Moro. Ciò vuol dire: nessuna manifestazione pubblica o cerimonia o discorso, nessun lutto nazionale, né funerale di Stato o medaglia alla memoria. La famiglia si chiude nel silenzio e chiede silenzio. Sulla vita e sulla morte di Aldo Moro giudicherà la storia.»

Con queste poche righe secche e drammatiche, alle ore 18 del 9 maggio 1978 la famiglia Moro liquidò i conti con la Dc, con il Pci e con chiunque, a suo giudizio, avrebbe dovuto o potuto salvare la vita del loro congiunto. Quel comunicato fu scritto di getto, subito dopo il rientro dall'obitorio, da Eleonora e dai suoi quattro figli. Il corpo che alle 14 era stato rinvenuto nel portabagagli della Renault rossa in via Caetani, a metà strada fra le sedi della Dc e del Pci – beffa suprema e suprema sfida delle Brigate rosse –, era rannicchiato su un tavolo di marmo: la barba lunga, il viso terreo, mostrati impietosamente dalla televisione.

Dinanzi al cadavere del marito, Eleonora Moro non aveva detto una sola parola: si era inginocchiata e aveva pregato in silenzio per alcuni minuti. All'uscita, i cronisti registrarono che lo sconvolgimento del suo animo traspariva dal rossore del volto e dal tremore delle mani.

Il silenzio annunciato da quel lontano dispaccio d'agenzia viene rispettato da trent'anni. In trent'anni la signora Eleonora («Noretta» per il marito), 92 anni compiuti nel settembre 2007, non ha mai aperto bocca, né mai ha fatto filtrare un rivolo del fiume di dolore e di risentimento che sono lievitati nel suo animo nei cinquantacinque giorni più drammatici della storia dell'Italia repubblicana. Un comportamento richiesto dallo stesso Moro che, il 24 aprile, in una lettera al segretario della Dc Benigno Zaccagnini (suo braccio destro, accusato dalla famiglia di aver ceduto alle ragioni della fermezza) aveva scritto: «Chiedo che ai miei funerali non partecipino né autorità dello Stato né uomini di partito. Chiedo di essere seguito dai pochi che mi hanno voluto bene e sono degni perciò di accompagnarmi con la loro preghiera e con il loro amore».

Il 16 marzo 1978 era un giovedì, e la signora Moro, come ogni giovedì mattina alle 9, si trovava nella parrocchia di San Francesco, vicina alla sua casa in via del Forte Trionfale, alla periferia nord di Roma. Aspettava d'incontrare le madri di un'ottantina di ragazzi ai quali ogni giovedì pomeriggio, dalle 15 alle 19, teneva corsi di catechismo. Fu avvertita di quanto era accaduto non molto lontano, in via Mario Fani, alla Camilluccia, che il marito stava percorrendo per proseguire verso piazza dei Giochi Delfici dove avrebbe ascoltato la messa nella chiesa di Santa Chiara, frequentata spesso anche da Zaccagnini.

Rileggendo alcuni dei rarissimi, vecchi reportage sulle abitudini private di Moro (rarissimi perché, come vedremo, la sua famiglia, insieme a quella di Cossiga, è stata la più impermeabile alla stampa di tutta la storia politica italiana) si resta molto perplessi dinanzi alla tragica inefficienza della protezione accordata a Moro nel 1978. Non tanto quantitativa, perché cinque uomini sono una scorta largamente sufficiente per fronteggiare quasi ogni emergenza, quanto piuttosto per la sostanziale assenza di qualunque tipo di reazione.

Faccio un esempio, preso da un articolo di Giorgio Torelli pubblicato da «Grazia» il 7 novembre 1965. All'epoca Moro, presidente del Consiglio, abitava in un'altra zona, un quartiere di media e piccola borghesia romana, vicino a viale Libia. Quando ogni mattina, alle 9, assisteva alla messa nella chiesa di Santa Emerenziana e prendeva la comunione, i carabinieri di scorta lo seguivano fin sull'altare. E quando si confessava, circondavano il confessionale. «Di quando in quando» scriveva Torelli «Moro cambia chiesa. Forse sono i servizi di sicurezza a raccomandarglielo.»

Arrivò un uovo di Pasqua, pensarono a una bomba

Questo avveniva nel 1965, quando non c'era ancora ombra di terrorismo e le personalità più in vista venivano protette soltanto da eventuali azioni di esaltati o squilibrati. Nel 1978 le Brigate rosse erano attive da sei anni e avevano ucciso e ferito molte persone. Com'era possibile che il presidente della Dc non cambiasse frequentemente percorso e che gli uomini della sua scorta – persone peraltro di provata efficienza – non avessero le armi più potenti a portata di mano?

«C'è qualcosa che non torna» mi dice Maria Fida, la maggiore dei figli di Moro. «Il maresciallo Leonardi, che era il capo scorta, quella mattina era rientrato in casa per prendere un caricatore supplementare della sua pistola. Non è vero, dunque, che non temesse nulla. Perché non ha reagito? È possibile che conoscesse qualcuno degli attentatori?»

Forse Oreste Leonardi è rimasto sorpreso dal fatto che i terroristi indossassero una divisa paramilitare, come quella dei piloti dell'Alitalia. E dalla straordinaria capacità di fuoco di chi gli ha sparato. «Lui sedeva sul sedile anteriore destro dell'automobile su cui si trovava Moro» mi spiega Rosario Priore, che da giudice istruttore seguì il processo, «e il killer che sparava da destra era di una precisione formidabile.»

«In ogni caso» riprende Maria Fida «non c'è da meravigliarsi che, fin dagli anni Sessanta, mio padre fosse molto protetto. Dopo la crisi del governo Tambroni, lui e mia madre erano convinti che ci fosse un complotto per fargli pagare l'apertura a sinistra. La Curia romana era per la gran parte fortemente contraria a quella scelta politica. Ricordo una sera d'inverno. Eravamo a Torrita Tiberina e papà mandò a prenderci il suo braccio destro Sereno Freato. Io ero sola in casa con mio fratello Giovanni, che aveva pochi anni. Mia madre non c'era, e già questo mise Freato in allarme. Io non sapevo dov'era e ci fu molta agitazione. Quando mamma rientrò, dormimmo con un carabiniere di guardia davanti a ogni porta. D'altra parte, mia madre mi aveva insegnato a sparare con un fucile Flobert per difendermi quando avevo 14 anni. All'inizio degli anni Sessanta, durante un viaggio scoppiarono le gomme dell'auto di papà. Nel 1974 ci fu la strage del treno Italicus nella galleria di San Benedetto Val di Sambro, tra Firenze e Bologna. Bene, mio padre era salito su quel treno per raggiungerci in montagna. Un momento prima che il treno partisse, lo fecero scendere dicendo che doveva firmare delle carte...»

Anche Giovanni Moro, che ha interrotto i rapporti con la sorella Maria Fida fin dai giorni del sequestro, condivide l'analisi sui rischi corsi dal padre. Nel suo saggio *Anni Settanta*, pubblicato da Einaudi nell'ottobre 2007, Giovanni parla di Moro come di un personaggio da molto tempo a rischio per la sua politica di apertura a sinistra, a lungo minacciato di eliminazione fisica e sull'orlo della scomunica nella Dc per l'apertura ai socialisti. Durante i drammatici cinquantacinque giorni del sequestro bastava un niente per far scoppiare il panico in casa Moro. A Pasqua, Francesco Cossiga, che era ministro dell'Interno, mandò un enorme uovo di cioccolato.

Il piccolo Luca pensava che dentro ci fosse il nonno, gli altri una bomba. Insomma, il pacco fu aperto sul balcone.

Nei tre, quattro minuti che Eleonora Moro impiegò per raggiungere via Fani dalla chiesa di San Francesco non ebbe certo modo di pensare a questi pur drammatici dettagli. Scese dall'auto e cominciò lentamente a visitare il tragico presepe di morte disposto sull'asfalto, come nella scena di un film. Cinque uomini di scorta aveva il marito, cinque corpi giacevano a terra. Noretta si fermò piangendo su ciascuno di essi, chiamandoli per nome. Conosceva bene tutti quei ragazzi. E Leonardi, il maresciallo dell'Arma che guidava la scorta, faceva ormai da anni parte della sua famiglia.

Tornò poi a casa e vi si serrò per quasi due mesi con qualche rarissima e motivata eccezione. Non una parola, una dichiarazione, una battuta sfuggita per caso. In pubblico, naturalmente. D'altra parte, riservatezza e silenzio erano state la leggendaria costante della sua vita.

«I figli sono miei e non del partito»

Quando Moro diventò presidente del Consiglio nel 1963, per restarvi più di quattro anni, un giovane funzionario di palazzo Chigi le chiese di posare per le foto di rito. La signora Eleonora lo gelò: «Si ricordi una volta per tutte di considerare mio marito vedovo o scapolo per quanto riguarda la sua vita privata, e non mi disturbi più con simili richieste: l'onorevole Moro è una cosa e il professor Moro un'altra».

Durante le prime campagne elettorali, qualcuno le propose di mostrare almeno i quattro figli, immaginando che una così bella famiglia potesse aiutare il candidato Moro. Mal gliene incolse. «I figli sono miei» rispose «e non del partito. Ritengo che la pubblicazione delle loro fotografie sarebbe dannosa per la loro educazione e nessuno riuscirà mai a convincermi del contrario.»

Nessun fotografo fu perciò mai autorizzato ad avvicinarsi all'intimità domestica dei Moro. L'unica immagine pubblica della famiglia al completo fu scattata dal fotografo pontificio in occasione dell'udienza accordata da Paolo VI al presidente del Consiglio nel 1965. E lì Noretta non poté sottrarsi. Ma non esistono altre foto del genere, né precedenti né successive. Quando, lo stesso anno, durante la quaresima il papa visitò Santa Emerenziana, Moro – che lo conobbe come assistente spirituale della federazione degli universitari cattolici – lo accolse da solo. «La sua signora?» gli chiese Paolo VI. «Lì, tra i parrocchiani» rispose lui. E indicò la folla.

La misteriosa signora Moro: così il settimanale «Gente» titolò il 19 gennaio 1966 un servizio di Arturo Lusini su Noretta. «La moglie del presidente del Consiglio è così riservata da apparire quasi scontrosa: non si mostra in pubblico, difende i figli dai fotografi, non vuole domestiche fisse e stira personalmente le camicie del marito.»

Scrive Lusini: «C'è una sola persona capace di superare Eleonora Moro nell'ostinazione con cui si sottrae a ogni incontro pericoloso: suor Pasqualina Lehnert, la governante di Pio XII». E ne fa il seguente ritratto: «Di media statura, di carnagione molto chiara, di costituzione piuttosto forte, Eleonora Moro ha un volto energico, con le labbra sottili, il naso affilato e penetranti occhi di un color celeste incredibilmente tenue. Non è facile vederla sorridere, e questo fatto, unito alla sua fama di inaccessibilità, ha contribuito a farla passare per una donna di carattere duro e scostante. Ma non è così: chi le sta vicino assicura che si tratta soltanto della maschera che assume con gli estranei e con cui riesce a difendere l'oasi di pace familiare che ritiene indispensabile al marito». Dunque, guanto di velluto in pugno di ferro?

Della sua giovinezza sappiamo pochissimo. Eleonora Chiavarelli, nata a Montemarciano, vicino ad Ancona, nel 1915 (un anno esatto prima del marito), è figlia di un medico che si trasferì presto a Roma. «Abitavano in uno dei villini gialli vicini a villa Savoia» mi racconta Maria Fida. «Mamma usciva a piedi per andare alla scuola francese in concomitanza con l'uscita dalla villa della carrozza della regina. Tra mamma e la carrozza cominciava una rincorsa, la regina sorrideva e salutava la bambina.»

Eleonora era laureata in lettere quando a 24 anni, nel 1939, incontrò l'uomo della sua vita. «Si conobbero così» continua la figlia. «Papà stava facendo un discorso, mamma – con il suo modo di fare colorito e un po' brutale – si mise in piedi su una sedia e gli fece segno di tagliare perché parlava troppo.»

Del giovane Moro sappiamo, invece, assai di più. Figlio di un ispettore scolastico e di una maestra, nato a Maglie, in Puglia, ma presto trapiantato a Bari, era molto bravo a scuola e passava i compiti ai compagni. La stessa generosità non avrebbe avuto con i suoi studenti all'università: li fissava con lo sguardo assente e le lunghe mani giunte come in un'improbabile preghiera. Non li interrompeva mai, né per riprenderli né per aiutarli, e alla fine scriveva in silenzio il voto sul libretto. Spesso non incoraggiante. Quando nel 1963, a 47 anni, diventò per la prima volta presidente del Consiglio, un famoso giornalista dell'epoca, Ettore Della Giovanna, ne raccolse il seguente ritratto da un compagno di università: «Era bellissimo: tutte le compagne erano innamorate di lui. Quando è diventato professore, le allieve si innamoravano di lui. E lui? Lui studiava. In compagnia, era piacevole, allegro, gentilissimo, ma era sempre in prestito. Intendo dire che stava con noi quel tanto che bastava perché non si dicesse che era scontroso o sgobbone, e poi se ne andava». Si racconta che agli amici ai quali era più legato regalasse copie del Vangelo con dedica.

Centocinquanta lettere d'amore al mese

«Mamma» racconta Maria Fida «lo prendeva in giro perché le ragazze, le segretarie, le militanti, le elettrici se lo covavano con gli occhi. Lei lo provocava con il suo umorismo, talvolta caustico. Lui si divertiva, ma non le rispondeva.»

Il successo di Moro presso le donne crebbe, se possibile, insieme alla sua brillante carriera politica. Già all'inizio degli anni Sessanta, prima che diventasse presidente del Consiglio, riceveva circa centocinquanta lettere d'amore al mese. Lettere quasi tutte appassionate (e perfino disperate) di donne, per lo più giovani, che, guardandolo in televisione, si erano innamorate della sua ciocca bianca (l'aveva già da giovane) e dei suoi occhi. Tutte gli inviavano nome, cognome e indirizzo. Molte, anche la fotografia. Le più ardite gli chiedevano un appuntamento con i dettagli di fantastici piani segreti perché l'incontro avvenisse nella più assoluta riservatezza. Quasi tutte s'illudevano che Moro aprisse personalmente questo tipo di corrispondenza e lo imploravano di non mostrare le lettere alle segretarie, ignare che la segreteria non gliele avrebbe mostrate, e che lui, quindi, non avrebbe potuto «rispondere personalmente», come desiderato dalle focose corrispondenti.

Una leggenda metropolitana gli attribuì un innamoramento per la bella cantante pugliese Rosanna Fratello. Maria Fida sorride e smentisce: «Papà aveva un grande pudore dei suoi sentimenti, ma era innamorato di mia madre in modo così totalizzante che se, rientrando in casa, non la trovava e non sapeva dove fosse, restava paralizzato. Non si cambiava e cominciava a passeggiare da un punto all'altro della casa senza far nulla fino a quando la mamma non rientrava. Una scena bellissima».

Alla vigilia della guerra, quest'uomo così conteso incontrò la donna della sua vita. Lui, a 23 anni, era già docente universitario e presidente della Fuci (sarebbe stato sostituito da Giulio Andreotti quando dovette partire per la guerra). Lei, come abbiamo detto, a 24 era laureata in lettere e faceva da segretaria a Vittorino Veronese, presidente dell'Azione cattolica.

Il titolo di professore universitario valse a Moro la promozione automatica a capitano dell'aeronautica militare. Restò nel Sud, dove collaborò subito con gli Alleati, e un giorno Noretta, che non aveva più avuto sue notizie, ne riconobbe la voce sintonizzandosi sulla radio alleata di Bari. «Seppe così che papà non era morto» mi racconta Maria Fida. «Appena poté, nel 1945, papà andò a Montemarciano e sposò la mamma. C'erano i soldati inglesi, che andarono a cercare i fiori nei campi. Il fratello minore di mamma andò sull'altare e le disse: sei ancora in tempo, non sposarti. Il viaggio di nozze si limitò dalla chiesa al pozzo di casa...»

Nel 1946 nacque Maria Fida e poi, a distanza di tre anni l'una dall'altra, Anna e Agnese. Infine, nel 1958, Giovannino, che i genitori coccolarono molto. Moro fu con lui assai paziente: gli lasciava scarabocchiare i suoi appunti mentre se lo teneva vicino nello studio. Per convincerlo ad andare a scuola volentieri, gli diceva che la scuola è l'ufficio dei bambini, proprio come quello dove devono andare i papà, e Giovannino ribatteva: «Già, ma tu puoi dimetterti».

Nei primi tempi, Eleonora fu vicina al marito nell'attività politica. Lo seguiva nei congressi di partito e, all'inizio, lo assisteva nella stesura dei discorsi, mettendolo in guardia dalla loro sfibrante lunghezza. Una volta, a Fiesole, agitò dalla sala un fazzoletto per segnalargli che il pubblico cominciava a stancarsi. Ma poco dopo la nascita di Maria Fida, decise di dedicarsi totalmente alla famiglia. Dopo aver seguito uno degli ultimi corsi di Maria Montessori (sarebbe diventata presidente della sezione romana) si era convinta che l'educazione dei figli doveva avere la priorità assoluta su tutto il resto. Negli anni successivi seguì, quindi, saltuariamente il marito solo nelle occasioni più importanti e, pur non facendosi mai vedere in sala, lo aspettava premurosa nella stanza d'albergo.

Alla domanda se sua madre abbia influito sulle scelte politiche del padre, Maria Fida risponde: «Penso di sì. Lui le raccontava gli scenari. Credo che lei non gli abbia mai detto: fai questo o fai quello. Ma certo sosteneva con maggiore convinzione alcune scelte piuttosto che altre. Raramente ho visto coppie così unite. Non litigavano mai e, quando lo facevano, mamma si sedeva a tavola per fargli compagnia, ma non apriva bocca. Senza la mamma, papà non avrebbe potuto far niente. Lei non era contenta che papà facesse politica, non tanto perché la ritenesse inadatta a persone come lui, quanto perché prefigurava la fine che avrebbe fatto. In ogni caso, se le Brigate rosse avessero voluto davvero distruggere mio padre, avrebbero dovuto rapire mia madre».

Quando papà imitava Piccoli, Nenni e Fanfani

In tutti i trentatré anni di matrimonio, il ménage della famiglia è rimasto lo stesso. Moro aveva orari orientali. Si alzava con comodo al mattino, non prima delle 8, ed Eleonora gli portava il caffè a letto. Dopo la messa delle 9 rientrava in casa per un'abbondante colazione all'inglese: uova, formaggio, frutta. Andava in ufficio passate le 10, ma vi si tratteneva fin quasi alle 15. Rientrava a casa per il pranzo, stavolta leggero. Tornava in ufficio verso le 17.30, dopo una lunga e solitaria passeggiata a villa Ada (solitaria si fa per dire: era seguito a vista dai carabinieri) e vi si fermava fino a notte. Siccome detestava mangiare fuori, Noretta gli preparava pure la cena, anch'essa leggera (verdura cotta, mozzarella, mezzo bicchiere di vino), e in genere lo aspettava. Una volta Moro fece telefonare a casa dicendo che sarebbe tornato particolarmente tardi e avrebbe provveduto da solo alla cena. La moglie rispose con una risata: «Ma se non sa cuocersi nemmeno un uovo...». Durante le interminabili riunioni politiche, mentre i suoi colleghi si scagliavano su panini e tramezzini, lui non toccava cibo e li fissava curioso. Poi gli chiedeva: «Non vi farà male?».

Moro non guardava mai la televisione, con qualche eccezione per i telegiornali, a cui tuttavia preferiva i notiziari della radio, che ascoltava continuamente quando era in viaggio. In compenso, era un attentissimo lettore di giornali, che ritagliava e conservava. La sera era dedicata alla lettura e all'ascolto di musica classica con uno dei tre giradischi di cui l'appartamento era dotato. C'erano, però, aspetti sorprendenti nella vita familiare di Moro.

«Papà amava il cinema» mi dice Maria Fida. «Era appassionato soprattutto di film western, che trovava rilassanti e gratificanti, e di film comici, con una predilezione per Totò. Li guardava anche due volte di seguito e non si pentiva di vederne anche di molto brutti: diceva che, attraverso i registi, riusciva a conoscere meglio la situazione di determinati paesi.»

Pochi oserebbero attribuire ad Aldo Moro uno spiccato senso dell'umorismo, che invece viene confermato dalla figlia: «Papà prendeva "l'Unità" e leggeva la rubrica satirica di Fortebraccio in fondo alla prima pagina con la voce dei protagonisti citati: imitava Flaminio Piccoli in modo irresistibile, ma se la cavava benissimo anche con Nenni, Fanfani e con il presidente americano Johnson. Mamma lo ascoltava lavorando la maglia o l'uncinetto. Certe volte, per le risate, le cadeva perfino il lavoro...».

In casa, Moro era totalmente incapace di riparare qualunque tipo di guasto e non sapeva orientarsi tra armadi e cassetti, per cui chiedeva continuamente aiuto alla moglie, anche solo se aveva sete: non ricordava dove fossero i bicchieri. Era tuttavia attentissimo all'abbigliamento. Indossava abitualmente il doppiopetto confezionato con belle stoffe cercate da Freato, camicie eleganti con gemelli d'oro, che cambiava due volte al giorno. Non si toglieva mai la giacca, nemmeno durante le riunioni estive più accalorate. Amava le cravatte (soprattutto quelle di Hermès) – e ne aveva una spettacolare collezione che invano Noretta cercava di ridurre – e i begli orologi. Usava la stilografica a serbatoio e negli anni Sessanta, quando gli finiva l'inchiostro durante i viaggi in treno, i suoi collaboratori si affrettavano a chiedere la ricarica al capostazione dei luoghi di transito. Fumava da due a cinque sigarette al giorno, che accendeva con fiammiferi. Si radeva due volte: al mattino usando la crema da barba; il pomeriggio, in ufficio, con il rasoio elettrico. Questi dettagli, la cura estrema del corpo (Moro era un igienista convinto, che si lavava molto spesso le mani), rendono particolarmente penoso il ricordo dei disagi e delle umiliazioni subite durante la prigionia delle Brigate rosse.

Una volta alla settimana un barbiere di via Veneto andava a ritoccargli il taglio in ufficio: costava 1000 lire (10 euro di oggi). Moro non spendeva quasi null'altro per la propria gestione quotidiana, e infatti teneva nel portafoglio non più di 10.000 lire (pari a 100 euro).

Una fiaschetta di cognac e pillole stimolanti e tranquillanti

Aldo Moro teneva sempre nell'auto di servizio una fiaschetta di cognac per ritemprarsi da eventuali eccessi di affaticamento durante i giri politici ed elettorali. Era Noretta che provvedeva personalmente a controllare la «farmacia mobile» del marito. «Era bravissima nelle cose mediche» mi racconta Maria Fida. «Da ragazza avrebbe voluto studiare medicina, e fu il padre a farsi promettere che avrebbe scelto un'altra strada. Gli misurava regolarmente la pressione e gli dava le prime prescrizioni se qualcosa non andava.»

Ed era sempre lei che gli infilava in una tasca del panciotto pillole stimolanti e in un'altra pillole tranquillanti. Si racconta che un giorno Moro, in una riunione particolarmente lunga, si appisolava continuamente. Aveva sbagliato tasca. Anche sotto questo aspetto, la famiglia temeva attentati. «Una volta la mamma si accorse che un medico stava avvelenando papà. Chiamò il professor Giunchi [*archiatra pontificio*], che confermò.»

La signora Moro non è mai salita nell'ufficio del marito. Qualche volta è stata vista aspettarlo in cortile, alla guida di una Peugeot. Più frequenti erano, invece, le visite dei figli: Maria Fida, soprattutto, che parcheggiava tra le auto blu la sua «850» Fiat fiammante. «Mi divertivo a fare da staffetta alle automobili della scorta» racconta. E aggiunge con un velo di tristezza: «Per dieci anni ho cercato di godere di ogni suo momento. Sapevo che me l'avrebbero portato via».

I Moro non hanno mai ricevuto in casa e non hanno mai fatto amicizie nemmeno all'interno del loro condominio, fino al 1966 nel quartiere Africano e, dopo, a Forte Boccea. La stessa cosa valeva per Terracina, dove andavano in vacanza in un appartamento di tre stanze, e a Torrita Tiberina, dove poi comprarono un casale e dove Moro amava coltivare i fiori.

«Io detestavo Torrita» mi dice Maria Fida. «Loro cominciarono subito a progettarvi la tomba di famiglia, e ai bambini non piace sentir parlare di tombe. Quando fu ucciso papà, la tomba non era pronta e chiedemmo ospitalità a una famiglia amica. Poi è stata ultimata come la voleva lui, con una vetrata che guarda sulla vallata del Tevere. Terracina era, invece, il simbolo della solitudine di papà. Quando lo vedevo scrivere o fermarsi a pensare, chissà perché, mi faceva pena. Sembrava Geppetto nella pancia della balena...»

Non è vero che Moro non avesse la patente. L'aveva, ma non guidava mai, lasciando – quando non c'erano autisti – il volante alla moglie. E non è vero che non sapesse nuotare. Andava, invece, per ore al largo quando la spiaggia era sovraffollata, e talvolta vi restava a lungo immobile come fosse una boa. Poi tornava a riva nuotando a rana.

«Quella mattina papà voleva con sé il piccolo Luca»

Tutto finì il 16 marzo 1978. «Noi in casa» mi racconta Maria Fida «fummo avvertiti dell'attentato da una voce anonima. Suonò il citofono: "Hanno rapito suo padre e ucciso la scorta". Mi strinsi a mio figlio, il piccolo Luca, 3 anni, salvo per un mio presentimento. Quella mattina papà voleva portarlo con sé a messa, per poi riaccompagnarlo a casa. Non glielo affidai: avevo l'assoluta convinzione che quel giorno Luca non dovesse uscire. Era così piccolo che i terroristi probabilmente non l'avrebbero visto.»

La straordinaria precisione militare degli attentatori risparmiò il sedile posteriore dell'auto. Luca, quindi, si sarebbe verosimilmente salvato. Ma cosa ne avrebbero fatto i brigatisti? L'avrebbero sequestrato con il nonno? L'avrebbero lasciato solo e sconvolto tra i corpi massacrati dei cinque agenti di scorta?

«Poco dopo rientrò la mamma» prosegue Maria Fida. «Ci disse: quel che è successo è colpa mia. Avrei dovuto impedire a vostro padre di fare politica.» Secondo la figlia di Moro, la madre era riuscita a convincerlo in questo senso: «Nel 1974 le minacce nei confronti di mio padre erano diventate molto forti e mamma aveva ottenuto da lui la promessa che lasciasse la politica tornando a fare il professore universitario o, al massimo, la limitasse nel realizzare una sua vecchia aspirazione: fare il presidente della commissione giustizia della Camera. Ma nel settembre 1975, quando nacque mio figlio Luca, davanti alla nursery papà le disse: "Noretta, non posso mantenere la mia promessa. Devo ritardare la catastrofe che incombe su questi bambini"».

Dobbiamo, per onestà, mettere nel conto che la famiglia Moro per molti anni possa aver enfatizzato la situazione di pericolo nella quale si trovava lo statista democristiano, anche se quel che è accaduto nel 1978 induce a numerose riflessioni. È indiscutibile, comunque, che il racconto di Maria Fida lascia immaginare un'intera esistenza di angoscia. «Noi abbiamo sempre saputo che papà sarebbe finito ammazzato. Il problema era capire quando sarebbe accaduto e per opera di chi. Mia madre ha sempre avuto questa consapevolezza. Ricordo che una delle poche volte in cui lo ha accompagnato in un'occasione ufficiale (una visita di Baldovino, re del Belgio), tornò e ci disse: "Sono sconvolta dall'odio che sento intorno a vostro padre". E mamma non si sconvolge con facilità. D'altra parte, questa angoscia è presente anche nei miei temi di bambina. Ho sempre scritto agli amici che una nube di sangue incombeva sulla mia famiglia e che questo ci rovinava la vita. Fin da piccola, quando sentivo che papà e mamma parlavano tra loro in francese o in tedesco per non farci capire nulla, avevo la sensazione che si trattasse di cose pericolose. Dai tre anni in poi, non ricordo una vita senza minacce. Quando papà entrò in politica, percepii che era una scelta senza ritorno. Mamma ci considerava i guardaspalle di papà. Aveva paura che gli mettessero una bomba in camera, ci insegnò come riconoscerle. Noi facevamo allontanare papà con una scusa, uno di noi faceva la guardia, un altro smontava la stanza, poi telefonavamo alla mamma per rassicurarla. Papà non ha mai saputo niente di tutto questo. Non volevamo spaventarlo ancora di più, ma mamma si fidava degli occhi "pizzuti" dei bambini.»

«Prego per quelli che per gelosia, per viltà, per paura...»

Il 16 marzo 1978 avvennero due tragedie. La prima per l'Italia, che visse il momento più buio del dopoguerra. La seconda per la famiglia Moro, che ne fu letteralmente travolta. I figli si divisero. «Il giorno stesso in cui furono celebrati i funerali degli uomini di scorta» mi racconta Maria Fida «mamma dovette pregarmi di lasciare la sua casa per incompatibilità con i miei fratelli. Da quel momento furono loro a gestire il sequestro. Per tutti i cinquantacinque giorni della prigionia di papà, lei dovette mediare tra loro e le diverse lobby che spingevano da ogni parte. Lui le ha scritto per due volte: va' in televisione e lancia un appello. Lei, che ha sempre fatto tutto quello che le suggeriva papà, stavolta non lo seguì. E sbagliò, anche se io al suo posto mi sarei comportata allo stesso modo. Sbagliò perché forse non gli avrebbe salvato la vita, ma avrebbe smosso le acque...»

Me li ricordo bene, quei cinquantacinque giorni in cui condussi tutti gli «speciali» del Tg1. E ricordo l'angoscia del Palazzo all'idea che, un giorno, Eleonora Moro si presentasse in via Teulada e ci chiedesse di trasmettere un suo appello. La «linea della fermezza» era ferrea. Lo Stato contro la Pietà. La minaccia della vedova di un uomo della scorta di bruciarsi davanti a palazzo Chigi se si fosse aperta una trattativa per liberare Moro, contro il dovere morale di salvare una vita.

«Mamma chiamava ogni giorno i dirigenti del partito» mi racconta Maria Fida. «Era dispiaciuta della durezza di Benigno Zaccagnini, che a papà era stato molto legato: paura, stanchezza, incapacità? Solo Fanfani e Tina Anselmi erano gentili con noi...»

Eleonora Moro aveva contatti diretti anche con Paolo VI: «Si conoscevano dai tempi in cui Montini era assistente della Fuci e papà ne era presidente. Quando fu ucciso, il papa mandò a mamma un rosario da mettergli tra le mani, e lei lo fece».

Il 26 aprile «Il Giorno», il quotidiano milanese al quale Moro aveva collaborato, pubblicò una lettera aperta al prigioniero firmata «la tua famiglia» e datata: «In questa tragedia abbiamo scoperto, ognuno a suo modo, che ci hai regalato insospettate risorse di forza morale e di amore. E proprio per questo, pur nella nostra grande debolezza, siamo oggi immensamente forti e uniti. Coltiviamo, con la preghiera e con le opere, la speranza di riaverti e di riabbracciarti. Anna sta bene e con particolare amore ti pensa ricordando ogni cosa bella da te ricevuta. Ti amiamo profondamente».

Perché l'accenno ad Anna? Una rassicurazione sulla figlia che si era allontanata prima del sequestro? Un segnale ai rapitori? Fu proprio Anna, il 5 maggio, a uscire di casa per salire su un autobus della linea 446 diretta al piazzale di Ponte Milvio. Entrò in una cabina telefonica, cercò tra le pagine di un elenco, trovò l'ultima lettera di suo padre: «Cara Norina, mi hanno detto che tra poco mi uccideranno. Vi bacio per l'ultima volta...». Mi dice Maria Fida: «Io per un attimo avevo sperato che lo liberassero, poco prima del delitto. Una sua lettera... Poi deve essersi inceppato qualcosa. Mamma? Mamma no, non ha mai sperato. Sapeva chi erano i mandanti... Lettere inedite di papà? Penso che ce ne siano state, anche se noi non le abbiamo mai avute. Tante volte egli fa riferimento a lettere mai giunte».

Il 9 maggio 1978 Aldo Moro fu ucciso. La famiglia negò il corpo per i funerali di Stato, celebrati da Paolo VI, che gridò una lacerante protesta (si può dire così, per un papa?) al Signore che non aveva salvato il suo amico. Ai funerali privati furono ammessi soltanto Amintore Fanfani e Bettino Craxi, favorevoli alla trattativa. Norina lesse la preghiera scritta da lei stessa: «Prego per quelli che per gelosia, per viltà, per paura o per stupidità hanno ratificato la condanna a morte di un innocente».

L'unità familiare non si è mai ricomposta, e si crearono situazioni sgradevoli anche con i collaboratori. Maria Fida rilancia una vecchia accusa: «Il segretario di papà, Nicola Rana, e il suo portavoce Corrado Guerzoni chiesero 200 milioni alla mamma, sostenendo che dovesse darceli Andreotti. Mamma non voleva parlare con Andreotti [*che accusava di aver assecon-*

dato Berlinguer nella linea della fermezza] e rispose negativamente. Alla fine si accontentarono di 40 milioni».

Corrado Guerzoni smentisce con fermezza, anche a nome di Rana. «Subito dopo la morte di Moro» mi racconta «la signora chiese a Rana, me presente, quale somma sarebbe stata necessaria ogni anno per svolgere un'attività significativa in memoria del marito nello studio di via Savoia. Rana rispose che sarebbero serviti più o meno 200 milioni. Dopo alcuni giorni fummo informati dalla signora che i figli avrebbero provveduto da soli a svolgere quell'attività. Naturalmente, non intascammo una lira.» In effetti fu il figlio Giovanni, che al momento del sequestro aveva 20 anni, a mantenere una fondazione intitolata al padre. Lo fece con i suoi amici di «Febbraio '74», un movimento della sinistra cattolica che ebbe un ruolo centrale nella gestione delle trattative durante il sequestro.

Nuovi problemi si presentarono all'inizio degli anni Ottanta, quando scoppiò lo «scandalo dei petroli» (2000 miliardi di evasione fiscale sul carburante, secondo l'accusa), che ebbe per protagonista il petroliere Bruno Musselli, accusato fra l'altro di finanziamento occulto dei partiti. Si scoprì un conto in Svizzera di 200 milioni gestito da Sereno Freato, che era l'amministratore della corrente morotea. Musselli sosteneva che Freato fosse suo socio occulto. In un'intercettazione telefonica, la signora Moro avrebbe concordato con la famiglia Freato la tesi che quei soldi erano stati accantonati dai collaboratori del marito in previsione di un colpo di Stato: frutto di donazioni spontanee di amici della corrente, sarebbero stati trasferiti in Svizzera negli anni Settanta per costituire una provvista estera in caso di emergenza. Eleonora Moro fu condannata a una lieve pena per falsa testimonianza e beneficiò dell'amnistia del 1989. Sereno Freato, arrestato e condannato in primo grado, fu poi assolto in Cassazione.

VI

Amori democristiani / 2
Da Andreotti a Forlani via De Mita

Andreotti: «Nascosi a mia moglie le lettere di attrici»

Una sera a «Porta a porta» si parlava di rapporti tra i politici e le attrici. Tra gli ospiti c'erano Giulio Andreotti e Lory Del Santo e, da un inconsueto imbarazzo del senatore e da un suo ancor più inconsueto rossore, capimmo che una sessantina d'anni fa, quando era sottosegretario allo Spettacolo, qualche emozione non strettamente politica doveva averla provata.

Perciò, quando incontro la signora Livia per parlare della sua vita coniugale con il leader politico più longevo d'Occidente, una domanda sulla gelosia è d'obbligo: mai stata gelosa? «Gelosa da fare scenate, mai. Se il suo comportamento mi avesse insinuato qualche dubbio, avrei reagito, ma non me ne ha mai dato motivo. Giulio è stato sempre molto corretto.»

Siamo nel salotto della casa di corso Vittorio Emanuele, che guarda San Pietro, e che gli Andreotti occupano da sempre. L'agente di guardia sul pianerottolo trascura un momento il monitor per accertarsi che l'ospite sia atteso. L'appartamento è ampio e signorile, senza sfarzo. E poiché ho bisogno di un appoggio per il computer, la signora Livia mi offre la piccola scrivania del presidente. Ordinatissima, con gli occhiali dalla montatura rosa scuro appoggiati su un paio di libri. Ne ho viste tante, ma confesso che star seduto su questa poltrona mi fa un certo effetto.

Insisto sul tema della gelosia: suo marito sostiene che lei è stata la sua prima e unica fidanzata, ci crede? Livia Andreotti mi guarda di sottecchi: «Vuole mettermi dei dubbi adesso, dopo sessantadue anni di matrimonio? È vero che Giulio frequentava anche delle belle attrici. Ma sa qual era il mio modo per salvarmi? Dire per prima: quanto è bella quella donna...».

Riprendo il discorso con Andreotti nel suo studio di senatore a vita di palazzo Giustiniani. E mi fa un certo effetto anche star qui a parlare d'amore nella stanza in cui tante volte, per i miei libri precedenti, abbiamo parlato dell'intera storia d'Italia del dopoguerra e, soprattutto, delle accuse a suo carico: omicidio Pecorelli, mafia, mica roba da ridere...

«De Gasperi» mi racconta «fiutava il pericolo. Perciò la prima volta che andai al Festival del cinema a Venezia mi disse: stai attento a non essere frivolo, e mi chiese se avrei portato con me mia moglie. Allora conoscevo attori e attrici solo per averli visti al cinema. Ero andato una sola volta a Cinecittà come studente e davanti agli studi in cui si stava girando *L'assedio dell'Alcazar* mi feci fotografare con il pugno chiuso dinanzi a un pezzo di scenografia in cui c'era scritto: W il comunismo...»

Ha avuto mai particolari simpatie per un'attrice? «No, ma ho ricevuto parecchie lettere sentimentali importanti, anche se [*e qui arrossisce*] non importantissime. Lettere affettuose che potevano lusingare la mia vanità.»

E lei? «No, per carità. Se in quel mondo si scivola, poi si rischia di confondere il pubblico con il privato...»

Sua moglie sapeva dell'arrivo di queste lettere? «No, perché altrimenti le sarebbe venuto il dubbio che io gliene facessi vedere alcune sì e altre no.»

(Devo aprire a questo punto una parentesi. Un giorno raccontai a una mia amica che, da quando trent'anni fa un'esuberante annunciatrice saltò addosso a un direttore di telegiornale in ascensore, ogni volta che mi trovo in ascensore con una donna sola penso di essere nelle sue mani: qualunque cosa le venisse in mente di dire. L'amica, che conosce bene anche Andreotti, mi confida che il senatore ha sempre adottato un'infallibile precauzione quando gli capitava di ricevere una bella donna: lasciava aperta la porta dello studio in modo che la sedia dove si era accomodata fosse ben visibile dalla stanza della segreteria.)

Giulio e Livia Danese si conobbero in casa di Lamberto Belvedere, cugino di lei e compagno di scuola di lui. «Andavano al Tasso, il liceo classico più chic di Roma, frequentato anche dai figli di Mussolini» mi dice la signora Livia. «Io frequentavo il più borghese Umberto I. Giulio, nato nel 1919, si laureò poi in legge, io – più giovane di due anni – in lettere, anche se ho fatto soltanto qualche supplenza.»

«In casa Belvedere» mi racconta il senatore «c'era un bel clima di amicizia collettiva. Io non avevo la vocazione al celibato, nonostante i miei tre amici di gioventù siano diventati tutti cardinali (Angelo e Pericle Felici, e Vincenzo Fagiolo). Non frequentavo molte ragazze, al massimo mi era capitato di incuriosirmi di qualche amica di mia sorella, più grande di me di quattro anni. Livia mi colpì fisicamente, ma anche per il garbo con cui parlava.»

Il luogo in cui Andreotti si dichiarò era molto romantico: il cimitero monumentale del Verano.

«Le chiesi al cimitero se voleva sposarmi»

«Lamberto Belvedere» continua Andreotti «morì durante la guerra di una tubercolosi fulminante. Subito dopo il bombardamento di San Lorenzo, nel 1943, sapemmo che era stato colpito anche il cimitero del Verano e molte tombe erano state danneggiate. Andammo così a vedere quella di Lamberto e quelle dei nonni di Livia. Erano intatte.»

«Uscendo dal cimitero» mi dice sua moglie «Giulio mi chiese se poteva accompagnarmi, ma dovevamo far presto perché stava scattando il coprifuoco. Così, mentre camminavamo a passo sveltissimo verso casa, mi chiese se ero d'accordo a sposarlo. Gli risposi di sì. Prima di allora avevamo fatto qualche bella passeggiata, ma non c'era stata nessuna dichiarazione. Sa, allora certe cose si dicevano soltanto quando si decideva di sposarsi.»

«Sì,» conferma il senatore «le chiesi di sposarmi sulla piazza del Verano. Capisco che la cosa non era convenzionale, che in genere si usano approcci più graduali. Ma io non avevo esperienza, e Livia mi disse un sì molto convinto, anche se fino a quel momento ci eravamo dati del lei, come usava anche con le compagne di scuola. Ormai ci conoscevamo bene e io, come presidente della Fuci, la federazione degli universitari cattolici, ero guardato con attenzione da un certo giro di ragazze. Il fatto di essere ricevuto dal papa era fonte di prestigio e solleticava la mia vanità.»

E continua: «Qualche giorno prima del matrimonio andai da Pio XII a comunicargli che mi sposavo e che per questo dovevo dimettermi da presidente della Fuci. Lui mi disse che ci avrebbe dato di persona la benedizione. Così, subito dopo la cerimonia ci ricevette».

«Mio zio, sacerdote a Santa Priscilla, ci sposò nella basilica vicina alle catacombe, sulla via Salaria» ricorda la signora Livia. «Per me fu una grande emozione. Era il 16 aprile 1945. Giulio aveva 26 anni, io 24.»

«Eravamo dodici persone in tutto» racconta Andreotti. «Venne De Gasperi con la moglie, che portava il regalo sotto il braccio: un piatto di ceramica. Viva la faccia... C'era un clima genuino senza tante sofisticazioni.»

«Andammo dal papa» dice lei «io con il mio vestito lungo con il velo bianco, Giulio con il tight. Pio XII gli chiese subito notizie sulla situazione politica.»

«Erano gli ultimi giorni prima della liberazione del Nord» prosegue il senatore. «Papa Pacelli mi incontrava spesso per conoscere soprattutto gli orientamenti dei giovani, anche quelli sotto le armi. Temeva il comunismo anche come fonte di violenza fisica, perché quando era nunzio in Germania i comunisti ne avevano assaltato gli uffici a Monaco di Baviera e a Berlino. La sua grande preoccupazione erano i cattolici comunisti, allora guidati da Adriano Ossicini e Franco Rodano. Fece espellere dalla Compagnia di Gesù padre Giuliano Prosperini (diventò don Prosperini) che era l'assistente spirituale di questo gruppo. Quando Ossicini e Rodano furono arrestati, io temetti che il papa, parlando a un grande raduno di operai, potesse dire qualcosa contro di loro. Allora lo pregai con un biglietto di non nominarli: una sua parola contro di loro sarebbe stata interpretata come una pugnalata alle spalle. Lui seguì il consiglio e, all'incontro successivo, mi chiese con lo sguardo severo: "Andava bene?". Comunque, nella sua durissima posizione contro i comunisti, Pio XII aveva ragione perché in Unione Sovietica Stalin perseguitava i sacerdoti.»

Sposatisi il 16 aprile, i coniugi Andreotti dovettero tornare subito a Roma: «Fui richiamato dal "Popolo", in cui avevo lavorato nel periodo della clandestinità, perché la liberazione del Nord era imminente».

Brevissimo e avventuroso il viaggio di nozze ad Assisi: «In quel periodo le strade erano insicure, c'erano parecchi banditi in giro. Così ci accompagnarono due poliziotti» ricorda sorridendo la signora Livia. «Uno era il mio amico Claudio Cutolo» prosegue il senatore «che dal suo ufficio intercettazioni del ministero dell'Interno il 25 luglio 1943 mi aveva informato in anticipo dell'arresto di Mussolini. Per scortarci ad Assisi, si fece accompagnare da un commissario di pubblica sicurezza.»

«È vero, mi dimenticai della nascita di due figli»

La prima figlia, Marilena, arrivò subito, nel 1946. Ha lavorato a lungo per l'agenzia delle Nazioni Unite per la lotta alla droga, e ora è in pensione. Lamberto (1951) fu chiamato così in memoria del cugino della signora Livia nella cui casa gli Andreotti si erano conosciuti. Ingegnere specializzatosi al Mit di Boston, è vicepresidente di una multinazionale. Nel 1952 arrivò Stefano, oggi alla Siemens, e nel 1954 Serena, archeologa, che lavora all'Istituto dell'Enciclopedia Treccani. Tra il secondo e il terzo figlio, Andreotti aveva fatto carriera, e si dimenticò della nascita degli ultimi due. Se ne dimenticò, davvero.

La signora Livia è indulgente come difficilmente lo sarebbe una mamma d'oggi («I figli, in fondo, toccavano a me. Lui aveva altre cose da fare»). Andreotti la racconta così: «Quando nacque Stefano, ero in viaggio per Venezia. All'arrivo venne il direttore dell'aeroporto a salutarmi. "Complimenti," mi disse "ha un figlio!" "Lo so" risposi, pensando a Lamberto. "Guardi" insistette lui "che gliene è nato un altro." Serena nacque durante la pesantissima crisi politica del 1954. Era caduto il governo Fanfani e c'era stata una drammatica riunione del gruppo parlamentare dc, che per poco non finiva a botte. Fanfani era stato attaccato da un parlamentare, Giuseppe Cappi, e questi lo aveva aggredito gridandogli: "Zitto tu, che hai ancora l'occhiello della giacca slabbrato per avervi portato il distintivo fascista!". Così tornai a casa disfatto alle due di notte e vidi che non c'era nessuno. Solo allora mi ricordai che Livia era in clinica. Mi precipitai e vidi una bambina dolcissima. Per questo la chiamammo Serena...».

E aggiunge: «Mia moglie si è sempre dedicata ai figli, li ha educati lei. Da piccoli li accompagnavo a scuola, non tornavo a casa a mezzogiorno e, quando rientravo la sera, loro già dormivano. Li vedevo, in fondo, solo a Pasqua, a Natale e un po' d'estate. Ma il risultato mi sembra buono».

Domando alla signora Livia quale momento della carriera politica del marito l'abbia emozionata di più: la prima volta che è diventato ministro? La prima chiamata alla presidenza del Consiglio? «Non mi sono mai molto emozionata. Era la sua vita, la sua carriera. Giulio ha avuto tanti momenti di lavoro pesante, tornava molto tardi la notte. Ricordo l'ansia dei primi tempi: quando rientrava dal lavoro al "Popolo", dal centro di Roma alla nostra casa sulla Salaria (a piedi, non c'erano mezzi) si portava dietro un bastone di quelli che nei circoli servono a custodire i giornali per evitare che spariscano. C'erano in giro americani, marocchini, malviventi. Un po' di tutto...»

Suo marito aspirava a diventare presidente della Repubblica. «Sono dispiaciuta perché non lo è diventato? Forse nel senso che sono stata sempre contenta dei riconoscimenti che ha avuto. Ma il Signore l'ha sempre aiutato, e questa è la cosa principale. Per quanto mi riguarda, sto tanto bene così...»

«Qualche volta» ammette il senatore «mia moglie mi ha chiesto qualcosa che mi riguardava, altrimenti si è sempre disinteressata di quel che accadeva in politica. È stato un vantaggio. Altri colleghi sono assediati dalle consorti con continue richieste sulle loro prospettive politiche. Livia, che fossi ministro o no, non mi ha mai preso troppo sul serio. La mia caratura domestica restava la stessa.»

A 86 anni la signora Livia tende a colorare di rosa tutta la sua vita e a rimuovere ogni episodio sgradevole. Ma anche lei ha pagato il prezzo del successo del marito.

«A metà degli anni Settanta» ricorda Andreotti «ci fu una grande manifestazione dell'estrema sinistra. Un corteo voleva raggiungere il Vaticano e fu bloccato dalla polizia al ponte Vittorio, sotto casa nostra. Livia vide dalla finestra quella selva di bandiere rosse e pensò alla rivoluzione. Lei non ha mai voluto ammetterlo, ma stette malissimo.»

«Alla notizia del sequestro Moro, Livia perse quasi conoscenza»

Anche sul sequestro Moro i ricordi sono diversi. Livia Andreotti tende a spersonalizzare: «Fu un momento molto duro, che mi colpì anche come italiana. Conoscevo Moro dai primi tempi in cui frequentavo Giulio, nell'ambiente cattolico. Certo, conoscevo anche la signora Eleonora. Ma erano incontri occasionali, non un'amicizia coltivata con visite reciproche...».

«Quando Livia seppe del sequestro» mi rivela il senatore «perse quasi conoscenza. E stette malissimo per parecchio tempo, con una forma di esaurimento nervoso molto forte. Alcuni amici fecero venire anche un neurologo francese. Per fortuna non si rendeva conto fino in fondo di quel che stava accadendo. I figli? Erano preoccupati che qualcosa del genere potesse accadere anche a me. La raccomandazione che in quel periodo veniva fatta a tutti era di cambiare abitudini, ore d'uscita e di rientro, strade percorse.»

«Paura di attentati?» dice la moglie, che ha dimenticato (o mostra di averlo fatto) i periodi più difficili. «Sì, certo, ma non tanto da non viverci. Giulio continua ad andare a messa ogni giorno, spesso qui sotto a San Giovanni dei Fiorentini, alle 7.30 o alle 8 del mattino.» («Ce n'è una comodissima alle 7.25» precisa il senatore «in modo che chi deve andare a lavorare alle 8 possa farlo tranquillamente.»)

L'altro periodo terribile, forse il peggiore, fu quello cominciato nel 1993 con le accuse ad Andreotti di essere un mafioso e perfino il mandante dell'omicidio del giornalista Mino Pecorelli. Fu allora che Livia venne allo scoperto con la sua indignazione. «E adesso spero che Giulio combatta, che si difenda» dichiarò a Massimo Franco di «Panorama». «Quante volte glielo abbiamo detto in famiglia: "Reagisci!". Lui ci ha sempre risposto che non ne vedeva il bisogno, che gli bastava avere la coscienza a posto. Ma la coscienza vale soltanto davanti a Dio. In questo mondo bisogna reagire, essere ben corazzati di fronte alle cose brutte…»

«Accusare Giulio di mafia» mi dice adesso «fu una cattiveria enorme. L'avevano accusato di tutto, dalle connivenze con la P2 a quelle con il terrorismo. È sempre accaduto che si sia tentato di distruggere qualche persona che dava fastidio. I cattivi esistono. Ma la mafia, l'assassinio di Pecorelli… Come poteva un politico conosciuto come lui avere rapporti di questo genere?»

Che reazione ebbe? «Un dispiacere profondo. Per carattere, i grandi dolori me li sono sempre tenuti dentro. Giulio? Lasciava i crucci fuori della porta. E quando vedeva che ero particolarmente avvilita, cercava di rincuorarmi guardando il lato buono delle cose. Vedrai, diceva, che alla fine ne usciremo. Per tutta la vita ha mantenuto il suo carattere improntato all'ottimismo.»

Eppure fu quello, forse, il periodo più brutto per entrambi. «Fui sul punto di impazzire» mi confidò il senatore. E il sistema nervoso della signora Livia subì i colpi più duri.

«È vero,» conferma oggi Andreotti «io stesso ebbi un forte momento di depressione. Se uno per carattere tende a gridare i sentimenti che prova, può trovare più facilmente una compensazione all'ingiustizia. Per uno come me, che si tiene le cose dentro, è meno facile. Mia moglie sapeva che non c'entravo niente con quelle accuse. Se ti accusano di aver sbagliato linea politica, fa parte del gioco. Ma accuse così incredibili...»

Fu allora che Giovanni Paolo II manifestò pubblicamente ad Andreotti la sua stima e la sua amicizia. Durante un'udienza chiamò il senatore ostentatamente, lo abbracciò e gli sussurrò frasi mai rivelate. Gli fu di conforto anche madre Teresa di Calcutta: «Mi disse che la cosa sarebbe finita bene».

«Fin dai tempi di Pio XII» mi racconta la signora Livia «Giulio è devoto profondamente alla figura del papa, che pone al di sopra di qualunque nostro giudizio.» Forse ha ragione Francesco Cossiga quando, con una punta di malizia, afferma che negli ultimi sessant'anni Andreotti è stato per metà politico italiano e per metà segretario di Stato vaticano.

Se il senatore si è salvato dai processi per mafia, lo deve al suo celebre diario. Ogni volta che i «pentiti» erano in grado di indicare una data per un suo incontro mafioso, lui – carte alla mano – poteva dimostrare che in quel momento era in un altro posto. Le annotazioni sul diario qualche volta sono articolate, più spesso di grande sobrietà. 16 aprile 1945: «Oggi mi sono sposato». Oppure: «Oggi mi è nato un figlio».

«Non è un diario bello, ordinato» nota la moglie. «Sono appunti brevi.»

«Non ho mai letto a Livia brani del mio diario» mi confida il senatore.

E se la signora Livia l'avesse fatto per conto suo? «Adesso lei mi incuriosisce. Devo chiederglielo, ma non credo che l'abbia fatto. Vorrebbe dire che si è messa a spulciare tra le mie carte...»

«Quando provai a cucinare un piccione, che disastro...»

Veniamo al carattere di entrambi. Leggo ad Andreotti un giudizio su di lui dato dalla moglie in un'intervista del 1974 e che mi ha confermato ora nel nostro colloquio: «Calmo, buono, ragionevole, indulgente, comprensivo, con uno spiccato senso dell'umorismo».

Lui commenta con un velo di timidezza: «Queste qualità nascondono curiosamente una certa superbia».

Superbia? «Fin da quando ero ragazzo, se c'era qualcosa che non mi piaceva, non lo mostravo per non dare soddisfazione a chi voleva colpirmi. Per questo non mi arrabbiavo. Superbia, dunque, non virtù.»

Dieci anni dopo, nel 1984, la signora Livia aggiungeva due difetti: pigro e disordinato. Oggi li precisa: «Pigro nei movimenti, certo non nella mente. Disordinato in casa, non nelle sue cose».

«È vero,» riconosce lui «sono disordinato, esattamente il contrario di mia moglie. Lei pensa alla casa, quindi la casa è ordinata.»

Immagino che Andreotti non abbia mai dato una mano in casa. «Viveva da solo con la madre» conferma la moglie «e la madre non gli faceva fare nulla.»

«Non so cucinare» ammette lui. «Una sola volta provai per curiosità a friggere delle frittelle e il risultato fu di affumicare tutta la cucina. Adesso che ci penso, provai un'altra volta da ragazzo. Dalla torre di vicolo Valdina cadde un piccione morente. Lo raccolsi e provai a cucinarlo nel forno a carbonella. Ne venne fuori un pasticcio assoluto...»

Chi conosce Andreotti sa di non potergli minimamente sospettare un carattere espansivo. «In effetti, il mio temperamento non è mai stato molto espansivo. Ho detto in un'intervista che mia moglie è importante per me? È vero, ma oltre non so andare. Le sviolinate ottocentesche non sono il mio forte.»

Lettere? «Forse un paio, quando già eravamo sposati. Nel diario, come è noto, sono piuttosto stringato.»

La signora Livia tende addirittura a minimizzare il poco che ha avuto. «Io importante per lui? Sono le frasi gentili che si dicono...»

Se Andreotti, almeno in apparenza, è conciliante, la signora nasconde dietro la sua mitezza, addolcita dall'erre francese, un carattere di ferro. Non a caso viene chiamata «la Marescialla». «La Marescialla?» sorride lei. «Forse è stata una persona cattiva a chiamarmi così. È vero, però, che io ho delle reazioni molto più energiche di Giulio.» Anche con i figli? «Li ho sempre molto seguiti, mai maltrattati.»

«In verità» osserva sornione il senatore «a Livia il nomignolo di Marescialla l'hanno dato i figli per il suo rigore. Io? Non ho mai fatto un rimprovero ai ragazzi. Anzi no, deve essere capitato una volta in treno, perché avevo un forte mal di testa e Stefano piangeva e disturbava. Ma è stata l'unica occasione. La scuola? Sono andati sempre molto bene. Hanno preso dalla madre. A me, in matematica soprattutto, bastava guadagnare la sufficienza.»

Adesso la vita dei coniugi Andreotti scorre tranquilla. Lei lo accompagna spesso alla messa del mattino, lui, che non manca una seduta al Senato e viaggia molto, se è a Roma torna sempre a pranzo. La sera si riuniscono in un salotto-tinello: lei guarda la televisione, lui scrive.

Naturalmente, si risposerebbero.

«Sono molto contenta di aver sposato Giulio» mi dice lei, e con un sorriso torna al momento della scelta. «Fin da ragazzo Giulio si distingueva per una certa superiorità rispetto ai coetanei...»

«Sì, penso proprio che risposerei Livia» replica lui. «Non avendo mai avuto, come le ho detto all'inizio, alcuna vocazione al celibato, sono più che soddisfatto della mia vita coniugale. I figli sono stati educati molto bene, la casa è stata tenuta benissimo. Livia è stata anche un correttivo al mio disordine. Se lascio un po' di confusione sul tavolo di lavoro, lei me lo mette in ordine. Potevo sperare di più?»

Anna Maria De Mita, da cinquant'anni in prima fila

Da cinquant'anni, Anna Maria Scarinzi De Mita è in prima fila per seguire l'attività politica del marito. Lo fu durante la campagna elettorale del 1958, quando si conobbero ad Avellino. Lo è stata ancora nella campagna elettorale per la leadership del Partito democratico nell'autunno del 2007. Nel frattempo, Ciriaco è stato deputato per quarant'anni, segretario della Dc per sette, tre volte ministro, presidente del Consiglio per quindici mesi. Nella buona e nella cattiva sorte, Anna Maria era sempre lì. Al momento del trionfo e delle smisurate corti di *clientes* che andavano a mangiare con loro il gelato a Nusco per San Ciriaco, e nella bassissima stagione del 1994, quando gli ultimi democristiani, che già si chiamavano «Popolari», gli rifiutarono il seggio perché non era «uomo nuovo». Se lo riprese da solo, con una lista indipendente, nel 1996.

Nel 2007 lo hanno bocciato alla segreteria campana del Partito democratico, ancora una volta perché non era «nuovo». Non ha battuto ciglio e ha indicato un suo uomo. Quando gli chiedo come mai pensasse a un incarico periferico lui che era stato l'uomo più potente d'Italia, Ciriaco, demitianamente, mi risponde: «Avevo immaginato di candidarmi non per avere un incarico, ma per lavorare alla costruzione del partito. Ho deciso poi di rinunciare per fare la stessa cosa senza rivestire un ruolo di responsabilità».

Ma lei crede al Partito democratico? «Da quando si è cominciato a discutere del partito nuovo» mi risponde «si è guardato più a un desiderio che all'individuazione di un processo concreto. Se le proponessero di gestire una straordinaria televisione senza chiarire dove sono i mezzi per acquistarla e il posto dove impiantarla, non credo che lei accetterebbe. Lo stesso ragionamento vale per me. Solo che io sto cercando i mezzi e il posto.»

E sua moglie crede nel Pd? «Non penso.»

A tutti i discorsi, quelli di candidatura e quelli di rinuncia, Anna Maria era sempre presente. E non batte ciglio nemmeno adesso, quando mi racconta la sua storia.

Parliamo nella bella casa romana del Tritone, lo studio di Ciriaco è sommerso di libri che dagli eleganti scaffali di legno chiaro tracimano in ogni angolo libero del pavimento. Lui non c'è. È in Irpinia. In trincea, come sempre.

«Io avevo 18 anni, lui 29. Io ero molto brava nell'atletica leggera, avevo vinto numerose medaglie, mi ero diplomata alle magistrali a 16 anni, ma per essere ammessi alla Farnesina di Roma, che allora era l'università dello sport, ne occorrevano 18. Così feci un corso di stenodattilografia e mi chiesero di dare una mano al congresso provinciale della Dc di Avellino. Lì conobbi Ciriaco. Era meno bello di adesso, magrissimo, aveva ancora i capelli. Mi colpirono il suo fascino, la vivacità dei suoi occhi...»

Com'è capitato a tutti i leader della sua generazione, Ciriaco si era fatto da solo. Il padre era un uomo straordinario. Postino di Nusco al mattino e al pomeriggio sarto. Primo segretario locale della Dc dopo la guerra. Sette figli (quattro maschi, tre femmine), più altri tre morti appena nati. Ciriaco lo aiutava sia nel recapito della corrispondenza, sia nella confezione dei vestiti. Bravissimo nel rivoltare i cappotti, come usava in tempi di magra, dovette fare il lavoro per tutti gli amici.

Anche chi lo ha detestato politicamente, gli ha riconosciuto sempre una bella intelligenza. E una memoria di ferro. Grazie a entrambe Ciriaco entrò alla Cattolica di Milano, con una borsa di studio per studenti meritevoli. L'ultimo esame di ammissione glielo fece il tremendo padre Gemelli in persona. Ultima domanda: come si cucina un uovo? Lui pasticciò, ma fu ammesso ugualmente.

«Questa è una leggenda» mi spiega De Mita. «La domanda che faceva padre Gemelli era un'altra: se il gallo di proprietà di un fondo fa l'uovo nel fondo vicino, di chi è l'uovo? Lui aveva introdotto in Italia i test americani...» Nel senso del gallo e dell'uovo? «No, nel senso che non gli interessava la risposta, ma il ragionamento, la memoria, le attitudini. Comunque, a me fece una domanda sul Manzoni e una sul Risorgimento. E, in ogni caso, gli esami veri ce li facevano i professori.»

Gallo o no, alla Cattolica De Mita diventò subito un leader. Quando nel 1988 abbinò la carica di presidente del Consiglio a quella di segretario della Dc (errore fatale, che non fu perdonato nemmeno a De Gasperi e che rovinò Fanfani), Giancarlo Perna ne tracciò un ritratto sul «Giornale» in cui ricordava il micidiale sadismo con il quale il giovane Ciriaco testava il suo ascendente sul pigrissimo amico Riccardo Misasi, calabrese benestante detto «il Barone». Misasi, devotissimo di San Francesco di Paola, ne teneva una statuetta sull'inginocchiatoio. De Mita si divertiva a farla cadere a ripetizione, per godersi lo spettacolo di Misasi che la raccoglieva, la baciava fino a consumarla e la rimetteva a posto. Senza dire una parola.

«Quando ci siamo conosciuti» mi racconta la signora Anna Maria «Ciriaco lavorava all'Eni. Ma la sua passione era la politica, praticata anche su un giornale avellinese che curava con Biagio Agnes. Ho detto che mi colpì la sua intelligenza. Io non sapevo nulla di politica e, ai miei tempi, a 18 anni si era molto meno smaliziati di adesso...»

«Mamma è della Bilancia» interviene la bella figlia Antonia, giornalista, «un segno con alta sensibilità estetica. Paul Newman, Grace Kelly... Ebbene, ha perso la testa per quest'uomo che certo non assomiglia a Paul Newman. Però bisogna riconoscere che con gli anni papà è migliorato. Con gli anni, viene fuori il fascino...»

«Io ero gelosa. Lui gelosissimo»

Per Ciriaco, il fidanzamento con la giovane Anna Maria non fu il primo.

«Sì, aveva avuto delle ragazze e io ero gelosa.»

«Sì, Anna Maria era gelosa. Non avrei potuto in ogni caso fare il dongiovanni...»

E lui? «Gelosissimo» risponde la moglie. «Mi ha blindato ad Avellino in tutti gli otto anni di fidanzamento. Io volevo andare a Roma, frequentare la Farnesina, avevo pensato anche al corredo che veniva richiesto allora (sei lenzuola di lino e così via). Ma lui niente. Lunghe passeggiate, qualche carezza, qualche bacio...»

«Non è vero» la smentisce il marito. «Non le ho imposto mai niente. Lei voleva andare alla Farnesina, ma poi ha conosciuto me e ha cambiato parere...»

Perché otto anni di attesa prima del matrimonio? «La sua carriera e le regole familiari, che allora erano molto rigide» mi risponde la signora Anna Maria. «Ciriaco era il terzo figlio e ha dovuto aspettare che si sposassero i fratelli maggiori, le sorelle... Finalmente ci sposammo, a Sorrento.» Era il 1966. Ciriaco era ormai deputato e contava, se gli fecero da testimoni due pezzi da novanta del tempo, Flaminio Piccoli ed Emilio Colombo, entrambi – curiosamente – di quella corrente dorotea della Dc con la quale De Mita non ha mai legato.

«Dopo la nascita di Antonia» riprende «Ciriaco decise il trasferimento a Roma. Prendemmo una casa di cooperativa [*il trasferimento nell'attico al Tritone avvenne nel 1988 quando De Mita diventò presidente del Consiglio*] e lì – come poi anche in questa casa – mio marito è sempre tornato a pranzo prima delle 2 e a cena prima delle 9. L'unica differenza con le famiglie normali è che, con pochi minuti di preavviso, portava regolarmente a tavola un numero indefinito di persone. Lui non ama i ristoranti.» («Mamma» chiosa Antonia «è una cuoca straordinaria. Riesce a mettere su in pochi minuti perfino la pasta fatta in casa...»)

Con quattro bambini nati nell'arco di sette anni, la signora De Mita dovette rinunciare sia alla sua carriera ginnico-sportiva sia alla grande passione per la psicologia. Così decise di occuparsi del marito non solo come moglie, ma anche come assistente politica.

«Ho sempre tenuto i contatti per conto di Ciriaco con i sindaci amici e con i segretari delle sezioni democristiane della nostra zona. Avevano tutti in me un punto di riferimento. E io cercavo di sciogliere i nodi, di smussare i rapporti. Ciriaco ha un carattere chiuso, la sua timidezza viene spesso scambiata per arroganza. Io sono, al contrario, una persona molto aperta, mi piace stare con la gente, parlare. Allora, anche in questi contatti politici io chiedevo sempre a Ciriaco come comportarmi, ma mi era più semplice appianare tante situazioni complesse...»

«Questo è avvenuto quando sono diventato segretario della Dc» chiarisce lui. «Non avevo più tempo per il contatto diretto con gli elettori del mio collegio e, allora, due campagne elettorali se le fece Anna Maria. Ha una carica di simpatia istintiva e non c'era bisogno che le dicessi niente...»

La centrale operativa è sempre stata la casa. «Per anni non siamo andati al cinema o a teatro» racconta lei. «Facevo tutto da qui. La cura dei quattro figli e i contatti politici.»

«Anna Maria ha mantenuto sempre solidissimo il mio rapporto con la famiglia, anche quando avevo poco tempo per tornare a casa» riconosce Ciriaco. «Quando rientravo tardi la sera, cercavamo di lasciare la politica fuori della porta. Se invitavo gente, lei distingueva amici e avversari, indipendentemente dal colore politico. Io ero molto amico di Aniello Coppola, notista politico dell'"Unità". Una volta, quando vide che eravamo d'accordo su tante cose, mia moglie gli chiese: ma tu perché non sei democristiano?»

Del marito, Anna Maria ha sempre ammirato la capacità di fare squadra. «La prima volta che gli proposero di fare il ministro, lui rifiutò, chiedendo in cambio quattro sottosegretari per la sua corrente, la Base. Si è sempre mosso seguendo un disegno politico...»

«E un disegno politico» interviene Antonia «l'ha sempre avuto l'intera Dc, anche quando si continuava a parlare della lotta tra le diverse correnti. Un disegno politico per la gestione del potere.»

«Che brutta espressione...» commenta la mamma. Ma il potere, in politica, è quello che conta.

Lo stesso modo di vivere, con un potere enormemente maggiore, i De Mita mantennero nel settennato 1982-89 in cui Ciriaco fu costantemente alla guida della Dc: nessuno, nella storia del partito, riuscì a durare tanto.

«Be', certo. In quel periodo crebbero molto i sindaci e i segretari di sezione che mi chiamavano. Ma io lo trovo naturale. Un uomo politico sempre a disposizione del suo popolo acquista un carisma particolarissimo. Anche se fa discorsi complicati, lo capiscono tutti.»

Oddio, tutti forse è un po' troppo. Il professor Domenico Barbero, il civilista della Cattolica con cui Ciriaco si laureò, lo ammonì: «Tu sei troppo sottile e astratto per dedicarti alla politica, che è aggiustamento continuo, scienza concreta». De Mita si «aggiustò», ma non rinunciò mai ai concetti astratti.

«Be', sì, una volta io stessa gli dissi: Ciriaco, parli troppo difficile. Le persone che vengono dai paesi sono in imbarazzo» mi confida la signora Anna Maria. «E invece è capitato che un giorno una donna della campagna gli dicesse: ti ho sempre capito, ma oggi non sei tu...»

«Ciriaco mi cantava al telefono le canzoni napoletane»

Quando parla del suo uomo in veste politica, Anna Maria fa sempre nome e cognome: Ciriaco De Mita. Ne parla come di un estraneo per il quale sente un'ammirazione sconfinata, un personaggio pubblico patrimonio di tutti e non solo della ristretta cerchia degli amici campani.

«Quando a settembre 2007 è andato ad Assisi a un convegno degli ex Popolari in cui ha difeso l'identità democristiana» mi racconta «gli si è avvicinata gente del Nord per dirgli: Ciriaco, ci commuovi. Lui è ancora l'uomo che ho conosciuto cinquant'anni fa.»

Il salto di qualità ci fu nei quindici mesi in cui Ciriaco fu presidente del Consiglio, dall'aprile 1988 al luglio 1989. Anna Maria interpretò in pieno il ruolo della first lady: «Ah, che ricordi meravigliosi. Quale mi è rimasto più impresso? Raissa, la moglie di Gorbaciov. Io credevo che i russi fossero freddi, e invece che calore! Mai avrei immaginato che, quando vide che era avanzato un bel pezzo di torta fatta con le sue mani, me la facesse incartare per mio figlio Giuseppe. Trovammo tanti punti in comune, come il gran tempo dedicato ai figli e alla cucina. Lei era appassionata di filosofia e, parlando in automobile a Ciriaco delle sue letture, gli disse: che cosa sarebbe l'uomo senza spiritualità? Lei e il marito sono stati fidanzati tanti anni come noi, con la differenza che Raissa era una donna politica vera fin da ragazza».

E Gorbaciov? «Anche qui: uno come se lo immagina un uomo di Stato comunista? Eppure mi disse: quando attraverso certi momenti difficili, esclamo: "Mio Dio!". Né ci si aspetterebbe una grande passione per le canzoni napoletane. E invece le cantava con Ciriaco...»

De Mita intonato? «Stonato come una campana. Ma cantava ugualmente. D'altra parte, quando eravamo fidanzati, non mi cantava *Voce 'e notte* al telefono? [*Gli rifà il verso.*] Allora non c'era la teleselezione e durante le interurbane s'inseriva la centralinista che, ogni tre minuti, chiedeva: "Raddoppia?". E Ciriaco si arrabbiava: "Signorina, vuole togliersi di mezzo?". Un tono che può sembrare aggressivo, ma che voleva dire semplicemente: signorina, mi lascia in pace con la mia fidanzata?»

E Nancy Reagan? «Tè alla Casa Bianca. Avevamo gli stessi orecchini di corallo, un braccialino uguale al mio vicino all'orologio. Parlammo delle nostre iniziative umanitarie: io sono stata per venticinque anni presidente della Croce Rossa di Avellino e ho realizzato una costruzione per i disabili, lei ha fatto un mucchio di cose. E la dolcissima imperatrice del Giappone? [*Mi mostra la foto.*] Era avida di notizie su Roma, Firenze, Venezia. Conosceva l'italiano attraverso l'opera lirica...»

Dopo il trionfo, arrivarono presto gli anni difficili. La fine della Dc e della Prima Repubblica, Tangentopoli, la corsa al «nuovismo»...

Anna Maria De Mita sospira: «Chi l'avrebbe detto? Abbiamo sdoganato il fascismo e il comunismo, e Martinazzoli ha affossato la Democrazia cristiana... Quanta gente mi ha deluso? Delusioni grosse le ho avute soltanto da tre o quattro persone che consideravo di famiglia».

De Mita fa un ragionamento più distaccato: «Gli amici, in politica, sono come le persone che si conoscono in treno. Finito il viaggio, ognuno va per la sua strada. Perciò non mi sono meravigliato di disattenzioni poco eleganti, perché le amicizie interessate mirano solo alla possibilità di ricavare dal rapporto qualcosa di utile. Ho incontrato tuttavia occasioni di solidarietà, di stima e di riconoscenza in tante persone che non conoscevo. In ogni caso, il rapporto forte con la famiglia l'ho avuto soprattutto nei momenti di difficoltà».

Osserva Antonia: «Noi ragazzi abbiamo notato di più il mutato comportamento dei nostri amici. Durante Tangentopoli, anche se papà non c'entrava niente, parecchia gente si è allontanata». (De Mita è stato segretario della Dc fino al 1989, e quell'anno un'amnistia sanò tutti i reati di finanziamento illecito dei partiti.)

De Mita tenne duro e superò la fase difficile del «nuovismo». Dopo due soli anni di panchina, dal 1996 era di nuovo in Parlamento, e ha gestito in prima persona la sua successione a candidato per la segreteria regionale campana del Partito democratico. «Alla sua età [*80 anni nel 2008*]» sottolinea la signora Anna Maria «si decide e non si subisce.»

«Anna Maria» mi dice lui «mi è stata vicina anche in quest'ultima fase, seppure spesso non condivide le mie opinioni. Lei è più istintiva, più immediata. Io, con gli anni, ho recuperato saggezza al posto dell'irruenza.»

«Una persona di questo spessore» puntualizza Antonia «non è gestibile. Il problema è che persone di uno spessore intellettuale e politico nettamente inferiore non lo vogliono tra i piedi.»

«Lui ormai è al di sopra delle cose» chiosa la moglie.

E come padre, com'è stato? «Bravissimo. Oddio, forse sto esagerando. Ma al telefono è stato sempre disponibile...» «Potevamo chiamarlo anche in pieno Consiglio dei ministri» conferma la figlia. «Noi venivamo prima di tutto, anche se fatalmente la presenza fisica era carente. Ma quando io avevo qualche problema sentimentale, lui mi diceva: dài, Antonia, vieni con me al comizio che ne parliamo.»

La sorpresa viene alla domanda finale: lo risposerebbe? «Dipende da come il Signore mi farebbe rinascere in un'altra vita...».

«Che risposta democristiana dalla moglie di un democristiano...» commenta Antonia.

E Anna Maria mette la pezza: «Diciamo allora che, se tutto fosse com'è oggi, lo risposerei...».

Alma Maria Forlani: «Avevo 16 anni, lo vidi, mi innamorai»

«Lei era già venuto qui una volta, vero?» mi chiede Alma Maria Forlani. «Ricordo un'intervista in giardino a mio marito...» Era la primavera del 1992. Arnaldo Forlani si era dimesso da segretario della Democrazia cristiana dopo aver perso il Quirinale per 29 voti. Venni a intervistarlo da direttore del Tg1.

A un certo punto, lui mi prese sottobraccio, e quel gesto fu criminalizzato in maniera clamorosa. Si può rifiutare il braccio a uno sconfitto? Si può interrompere l'intervista, dare lo stop al cameraman, dire a Forlani: «Scusi, ma è sconveniente che lei mi prenda sottobraccio»? Dunque, non tolsi il braccio di Forlani dal mio. Ma per gli sconfitti non c'è avvocato difensore che tenga. Nessuno, ovviamente, ricordò le legioni di giornalisti (soprattutto di sinistra) che andavano fino a Nusco per mangiare il gelato con De Mita. Lui, poi, nel Transatlantico di Montecitorio li prendeva tutti sottobraccio, come usava fare per spiegare passeggiando la sua posizione. Ma De Mita, allora, era un vincitore e il Forlani della mia intervista uno sconfitto.

Eccolo, dunque, il giardino del peccato, davanti alla bella villa che l'ex segretario della Dc conserva in un angolo tranquillo all'Eur, il quartiere residenziale romano che Mussolini fece costruire secondo criteri allora avveniristici. Forlani non è in casa. A 82 anni è nell'ufficio che ha mantenuto in centro: la politica è una malattia da cui non si guarisce. (Ne è rimasto contagiato Alessandro, il primogenito, deputato dell'Udc. «Mi ha seguito da adolescente nei giri elettorali» mi racconta il padre. «Ascoltava i discorsi, è amante della storia, si è appassionato. Se sono contento? Ho lasciato i miei figli sempre liberi di scegliere... Da quando è parlamentare si occupa molto di politica estera, ma io l'ho avvertito: guarda che nel sistema italiano, se non tieni ogni settimana il collegamento con il tuo collegio, rischi...»)

Il vecchio Arnaldo non lascia passare giorno senza parlarne, come di calcio, d'altra parte. Da giovane era mezzala nella Vis Pesaro. «Un ruolo da tessitore» disse una volta, come in politica. Passaggi giusti, mediazioni azzeccate.

Alma Maria Forlani è una bella signora, più vicina agli ottanta che ai settanta, e conserva un fisico elegante coronato da bellissime mani. Mi racconta la sua storia d'amore con Arnaldo, amato profondamente quando lui non sapeva nemmeno che lei esistesse.

«Avevo 16 anni, eravamo tornati a Pesaro dopo lo sfollamento della guerra, e un giorno, passeggiando in centro, vidi avanzare un giovane. Era alto, magro, non portava ancora gli occhiali. I suoi lineamenti avevano qualcosa di speciale, corrispondevano chissà come a una certa immagine d'uomo che avevo dentro. Lui non mi notò, per me fu un colpo di fulmine.» («Non la notai?» ridacchia lui. «Su queste reminiscenze romantiche, le donne hanno ricordi che restano più fermi...»)

La signora Alma si alza e torna con una piccolissima foto in bianco e nero incorniciata in argento. «Arnaldo era così a 19 anni, quando l'ho conosciuto.» Un bel ragazzo, non c'è dubbio. Fronte alta, capelli neri, sguardo appena severo. «Pensai subito che mai mi sarei messa con lui se non avesse condiviso i miei valori, ma il problema non si pose perché non ci incontrammo per molto tempo. Alcuni mesi dopo, un Venerdì Santo, i giovani della mia parrocchia commentavano ciascuno una stazione della Via Crucis. Chi vidi comparire? Il ragazzo che avevo notato in centro. Adesso scoprivo due elementi in più: aveva un modo di parlare diverso da tutti gli altri e condivideva i miei stessi valori. Mi sono innamorata. Lo rividi qualche volta in chiesa, ma non pensavo certo di propormi.»

Lo seguì da lontano e il sentimento si rafforzava: «Io ero democristiana dalla nascita. Mio padre, durante il fascismo, diceva sempre: ah, il Partito popolare. Arnaldo si era messo subito in politica e andava in giro a fondare sezioni della Dc. Io gli volevo bene, ma speravo che sposasse un'altra, più adatta di me a seguirlo».

I due ragazzi avevano in comune il mestiere delle madri: maestra. Il padre di Alma era funzionario di banca, quello di Arnaldo amministrava dei poderi.

«Mi scriveva belle lettere d'amore. Ma anche le mie...»

«Non ci incontrammo di nuovo per molto tempo» ricorda la signora Forlani. «Lui frequentava l'università, ma andava sempre più spesso a Roma. Io partii per l'Università Cattolica di Milano. Noi donne stavamo al collegio Marianum, gli uomini (De Mita, Gerardo Bianco, Misasi) all'Agostinianum. Al momento della tesi, scelsi Manzoni. Il mio maestro, Mario Apollonio, mi sconsigliò: "Hanno già scritto tutto... A meno che...". A meno che non approfondissi la vicenda della *Colonna infame.* Vissi così per mesi nella casa del Manzoni, nel suo piccolo giardino, nella sala con il suo celebre ritratto. La peste, gli untori, i giudici di Milano del 1630...»

La signora Alma fa una pausa. Basta uno sguardo a ricordarmi quante volte la *Colonna infame*, i pentimenti e, perché no?, le violenze giudiziarie, sono stati evocati durante Tangentopoli. Basta uno sguardo. Ma Alma Forlani, forlanianamente, teme che il suo sguardo mi abbia detto troppo e, incrociando il mio, sussurra: «Certo, i giudici milanesi del 1630 erano più cattivi...».

Da quella tesi, quarant'anni dopo, la signora ricaverà un volume per figli e nipoti che, per pudore, non oserebbe regalarmi e che è, invece, uno studio serio e aggiornato (*Storia della colonna infame. Tradizione critica, redazioni e varianti*, a cura di Alma Maria Ioni).

«Tornata a Pesaro, incontrai di nuovo Arnaldo alla Fuci, la federazione degli universitari cattolici. Finalmente mi notò e ci fidanzammo nel 1953 [*lei aveva 24 anni, lui quasi quattro in più*]. Io ero convinta di non essere la donna adatta a un uomo politico, ma ero felice di stare con il ragazzo di cui mi ero innamorata a 16 anni.» Mi mostra una foto della campagna elettorale di quell'anno drammatico per le polemiche sulla «legge truffa»: De Gasperi in una piazza di Pesaro, Forlani in primo piano accanto a lui, tutti girati con lo sguardo preoccupato verso l'obiettivo perché si era avvertito un forte rumore e si era pensato al peggio. La signora Alma non me lo dice, ma in quell'anno il marito rinunciò alla sua prima candidatura alla camera in favore di Ennio De Biagi, che l'aveva cresciuto politicamente.

«Mi scriveva belle lettere d'amore» mi dice «ma anche le mie erano belle. Dopotutto, sono pur sempre una professoressa di lettere...»

Si sposarono nel 1957, testimoni Mariano Rumor e il marchigiano Fernando Tambroni. Forlani si era ormai stabilito a Roma, aveva conosciuto Amintore Fanfani ed era diventato il responsabile della Spes, l'ufficio studi e propaganda del partito. L'anno dopo, nel 1958, ebbe per la prima volta il seggio parlamentare, mantenuto ininterrottamente fino al 1994.

«Il primo figlio, Alessandro, arrivò nel 1959 e si chiama così, ovviamente, in onore di Manzoni. Seguirono nel 1962 Luigi, che è funzionario dell'Eni, e nel 1969 Marco, che lavora in Finmeccanica. Tutti sposati, ci hanno dato sei nipoti maschi. Dopo la nascita di Alessandro lasciai l'insegnamento, e la rinuncia ancora mi pesa. Sono, in questo senso, della scuola di Livia Andreotti: allora si privilegiava la famiglia. La rivoluzione femminista è arrivata dopo e ha portato le donne a dire: no, non rinuncio al mio lavoro, voglio realizzarmi io.»

Forlani ha avuto una carriera politica prestigiosa: segretario della Dc per sette anni (dal 1969 al 1973, poi dal 1989 al 1992), per altri sette ministro, per otto mesi presidente del Consiglio (dovette dimettersi nel giugno 1981 quando il governo fu travolto dallo scandalo della P2).

«La prima volta che diventò segretario ero contenta, la seconda no. Perché? Perché avvertivo un certo logoramento del partito. La Dc non era più quella di Amintore Fanfani, professore di economia politica alla Cattolica quando c'ero io, e del grande rettore della mia università, Giuseppe Lazzati. Sentivo che il logoramento avrebbe portato a conseguenze pesanti.»

«Ricordate sempre: le cariche si guadagnano e si perdono»

Forlani non si è mai consigliato con la moglie sulle scelte politiche. «Ero, in questo senso, una moglie d'altri tempi. Badavo ai figli, scrivevo poesie, suonavo il pianoforte (ero arrivata al sesto anno di Conservatorio, poi ho lasciato per l'università). Quando era necessario, ho accompagnato Arnaldo nelle occasioni istituzionali. La buona conoscenza dell'inglese mi ha aiutato molto, soprattutto quando lui era ministro degli Esteri.»

Sfogliamo un album rilegato in pelle con i caratteri cirillici. È di trent'anni fa, ma sembra di un altro mondo: Alma Forlani, bella ed elegante, sottobraccio alla moglie di Andrej Gromyko, sullo sfondo il Cremlino innevato. Il Muro sarebbe crollato dieci anni dopo, e allora la guerra fredda era ancora una cosa seria.

«Arnaldo ha sempre parlato pochissimo di politica in famiglia. Certo, negli anni del potere gli amici si sono moltiplicati: lei sa come vanno le cose. Ma io e Arnaldo siamo entrambi filosofi, conosciamo i meccanismi della vita. Io ho sempre privilegiato le vecchie amiche dell'università. Abbiamo ricevuto pochissimo in casa. Ho un solo ricordo netto: quando era presidente del Consiglio, una volta riunì intorno a questo tavolo tutti i segretari di partito...»

«È vero,» conferma lui «in casa non parlavamo molto di politica. Ho sempre cercato di non condizionare l'atmosfera domestica con le tensioni della lotta politica. E poi ho avuto sempre impegni pressanti...» Alla parola «pressanti» Forlani sorride: «Già, voi giornalisti non ci credete perché avete sempre scritto che ero pigro. Eppure Togliatti diceva, giustamente, che un dirigente politico deve essere un po' pigro per riflettere...».

Quando Forlani diventò capo del governo, spense immediatamente ogni entusiasmo: «Ci ricordò che le cariche si guadagnano e si perdono» mi dice la moglie. «E se posso fare oggi un bilancio, abbiamo sofferto meno di altri quel che ci è accaduto dopo, perché abbiamo privilegiato sempre certi valori di base. Il potere è andato via, i valori sono rimasti».

Lui, forlanianamente, conferma. «È una linea tendenziale di carattere filosofico che mi appartiene abbastanza: *Non è il mondan romore altro ch'un fiato di vento...*»

La signora Alma mi ripete quel che è noto a tutti: il marito non ha mai sgomitato per le cariche. Leggendo vecchi ritratti pubblicati sui giornali nell'arco di decenni, trovo un'altra conferma: le raccomandazioni non erano il suo forte. «Forlani non è né Gava né Gaspari» dichiarò nel 1989 a «Epoca» un grosso imprenditore. «È forse il solo che non ci asfissia con le richieste di assunzioni.»

In questo senso, Alma riconduce a virtù la proverbiale pigrizia del marito: «Si è concesso i giusti spazi, mentre io, quando studiavo, ho preteso troppo da me. Ma in campagna elettorale i giovani si stancavano, e lui no».

Tuttavia definisce «complesso» il carattere del marito: «Come temperamento è ipercritico, anche nei miei confronti, ma nei momenti difficili ha sempre saputo starmi vicino. È un vero cristiano, molto più di me, che pure vengo dalla Cattolica. Dopo cinquant'anni di matrimonio, ne vedo pochi della sua levatura spirituale e anche – se permette – con la sua assoluta mancanza di volgarità. Non l'ho mai sentito dire una parolaccia».

È vero che non ha mai litigato con nessuno? «Con me, certamente mai. Anche quando abbiamo avuto discussioni, prima di sera era tutto appianato. E sono convinta» aggiunge sottovoce, pregandomi di non scriverlo, «che non mi abbia mai tradito.»

Difetti? «È stato un po' severo con me e i figli. Ma noi lo abbiamo accettato perché sappiamo quanto lo sia anche con se stesso. Nella vita quotidiana, talvolta è stato difficile sopportarlo. Ma nei momenti difficili rifulge, viene fuori il meglio che ha. Anche durante Tangentopoli, non ha mai fatto pesare su di noi le sue difficoltà. C'era qualche amico che non si comportava bene, qualche giudice che eccedeva. Eppure, Arnaldo ha mostrato un equilibrio e una forza incredibili.»

Lui ricambia: «Mia moglie è stata molto importante per me. La sua serenità di giudizio, la sua visione serena delle cose hanno molto aiutato la vita familiare».

La prima volta che si parlò di Arnaldo Forlani come candidato al Quirinale fu nel 1985. Craxi l'avrebbe preferito a Cossiga, che invece fu eletto al primo turno, anche grazie a un accordo tra De Mita e il Pci.

«Venne qui la moglie di Eugenio Scalfari, che aveva un'agenzia fotografica, per riprendere l'intera famiglia nel caso di un'elezione. Ma Arnaldo è stato sempre scettico. Anche nel 1992, quando mancò per poco l'elezione, non mi diceva nulla. Tant'è vero che un giorno gli dissi: Arnaldo, fammi sapere come vanno le cose; se dovesse esserci qualche novità, dovrei pur sempre essere minimamente preparata. Lui scuoteva la testa: i segretari della Dc non sono mai diventati presidenti della Repubblica. Aveva ragione.»

«La Colonna infame» di Tangentopoli

Come abbiamo detto, nel 1992 Arnaldo Forlani non fu eletto presidente della Repubblica per soli 29 voti, perché gli amici di Andreotti s'illusero che, affondando lui, il loro leader – stratega per quarant'anni di tante nomine e altrettanti agguati – finalmente ce l'avrebbe fatta. Poi ci fu la strage di Capaci, che Andreotti (e i comunisti) lessero come un segnale preciso, e al Quirinale andò Oscar Luigi Scalfaro.

Con 29 voti in più, sia la vita di Forlani sia l'ultimo pezzo di storia italiana sarebbero stati diversi. Ma la signora Alma parla della vicenda apparentemente senza sofferenza: «Non posso certo dire che fossi indifferente alla questione» ammette. «C'erano i pro (il coronamento di una carriera) e i contro (la perdita di libertà, particolarmente onerosa per me che non sono, come dire?, molto robusta). Quando Arnaldo decise di rinunciare, ero accanto al prefetto di Roma in Vaticano per la beatificazione di Josemaría Escrivá de Balaguer, il fondatore dell'Opus Dei. Eravamo andati a salutare il papa, quando arrivò la figlia di Enrico Medi, che era assessore, e mi diede la notizia. Restai abbastanza indifferente.»

Nel giro di pochi mesi, Forlani passò dal massimo del potere (segreteria della Dc e credibile candidatura al Quirinale) alla gogna di Tangentopoli. «Non vivemmo bene quell'esperienza» mi dice la signora Alma. «La subimmo come una grande ingiustizia. C'era un clima rivoluzionario e mi venne spontaneo il ricordo dei miei studi sulla *Colonna infame* del Manzoni, sui magistrati milanesi del 1630...»

Il momento più drammatico fu la diretta televisiva dell'interrogatorio del marito. Un interrogatorio condotto in modo spietato da parte di Di Pietro, che era stato invece sorprendentemente garbato con Bettino Craxi. Quando, molti anni dopo, contestai al magistrato questa clamorosa disparità di trattamento, Di Pietro mi spiegò che non aveva bisogno di affondare su Craxi perché il leader socialista stava ammettendo orgogliosamente i propri reati. Forlani, invece, negava, era omissivo. La differenza era che Craxi dirigeva il flusso delle tangenti (questa sì, questa no) dando precise disposizioni al segretario amministrativo, mentre nella Dc i segretari politici erano in genere tenuti fuori dal meccanismo e, talvolta, si limitavano a dire a quel galantuomo di Severino Citaristi: «Guarda che c'è Tizio che vuole dare un contributo...».

«I contributi alla Dc non sono mai stati imposti, erano sempre liberi e volontari» osserva Forlani. «E, comunque, da De Gasperi in poi non sono mai passati nelle mani dei segretari politici del partito.»

Sorprendentemente, quando riparliamo – quasi quindici anni dopo – della disparità di trattamento tra lui e Craxi negli interrogatori processuali, Forlani mi dice: «In questo, Di Pietro aveva ragione. Voglio dire che Craxi aveva scelto di cavalcare l'onda, forse perché pensava che comunque sarebbe andato via. Io ho cercato di contrastarla, perché c'erano delle forzature. Non si sono fatte distinzioni tra chi ha approfittato personalmente di certe situazioni e chi non l'ha fatto».

In ogni caso, Forlani avrebbe potuto difendersi meglio, ma lui giocava di fioretto e Di Pietro usava l'ascia. Non c'era partita. Il pudore mi impedisce di ricordare alla moglie la drammatica immagine del marito con il persistente filo di bava nell'angolo della bocca. Ma certi silenzi, miei e suoi, sono più eloquenti delle parole.

«Arnaldo, al contrario di me, non somatizza la sofferenza. In quei momenti, tuttavia, non stava bene, c'era un intervento chirurgico di mezzo e la condanna [*due anni e quattro mesi*] comportò che scontasse la pena ai servizi sociali. "In fondo li ho sempre fatti" commentò lui. E io gli dissi che stavolta era diverso. Andò alla Caritas e, a mio giudizio, è stato in grado anche di dare un bel contributo all'attività internazionale dell'organizzazione. Arnaldo era conosciuto all'estero e anche molto stimato.»

E lei? E i figli? «I figli furono deliziosi. Lui parlava poco, e loro gli chiedevano ancora meno. Ma furono pieni di comprensione. Io un po' ho sofferto, qualche malessere l'ho avuto. Si sono abbassate le mie difese e qualche microbo che volava m'ha colpito...»

«I miei» dice Forlani «mi sono stati sempre molto vicini. D'altra parte, il mio atteggiamento in casa era molto sereno. Sapevamo bene tutti – loro e io – che non ero coinvolto nella questione come persona e che c'era un'oggettiva persecuzione mirante a colpire un dirigente politico.»

Come sempre, quando un potente viene colpito, quelli che fino al giorno prima s'inginocchiavano sono i primi a scagliare le pietre. Craxi fu accusato di aver rubato perfino la fontana di una pubblica piazza, Forlani di aver investito i soldi del malaffare nell'acquisto di una tenuta nella campagna marchigiana.

«E pensare» mi racconta la moglie «che quel podere con annessa casa colonica l'ha comprato mio padre con la dote di mia madre settant'anni fa, nel 1937. Papà aveva un animo da artista, era innamorato del paesaggio leopardiano. Scelse quel pezzo di terra, tra i due colli di Pesaro, che guarda da lontano il mare. Oggi Arnaldo e io ci trascorriamo molto tempo, siamo uniti anche dal fatto di amare la campagna...»

Un'ultima riflessione, ancora su Tangentopoli, che tanta influenza ha avuto sulla vita di quella che – come mi disse dopo il processo Gianni Agnelli – «è una persona perbene».

«Motivi per fare tanti processi ci saranno stati» afferma la signora Alma. «Arnaldo ha riconosciuto in uno dei libretti scritti su quella vicenda che ci fu nel partito poca vigilanza. Lui stesso avrebbe potuto controllare meglio.»

Lui è a qualche chilometro dalla bella casa dell'Eur, nel suo vecchio ufficio a un passo dai palazzi del potere. Scrive, mette in ordine le carte, parla con gli amici. «Tentazioni di tornare in politica? No, sia Berlusconi sia Casini mi hanno offerto la candidatura alle elezioni nazionali e alle europee. Ma ho scelto di non accettare.» Preferisce guardare da lontano questo curioso mondo della Seconda Repubblica. Le grandi difficoltà di Prodi, l'ennesima annunciata rinascita di Berlusconi, la Dc che tutti vogliono rifare… E, intanto, i giorni passano.

VII

Amori socialisti
Da Nenni a Craxi

«Sandrocchia e Pietruccio»

«No, con Pietro Nenni non c'è mai stato amore fisico. Ma un grande amore spirituale, sì...» Non si dice l'età delle donne, figuriamoci delle attrici, anche se lei mi confessa senza imbarazzo il suo anno di nascita. Quale? Diciamo, prima della guerra. Sandra Milo è tuttora una bella donna: gambe lunghe, caviglie sottili, l'inconfondibile volto felliniano, la bocca incorniciata da un bel tocco di rosso, la camicia leggera annodata sui fianchi.

Porta addosso con disinvoltura i ricordi dei tempi d'oro: «il soffice corpo fasciato da una redingote nera che in *Otto e mezzo* ha acceso di desiderio la fantasia di milioni di italiani impersonando l'Amante, dolce e burrosa, incapace di pensare, circonfusa da un alone di peccato. O addirittura, come in *Giulietta degli spiriti,* è l'incarnazione medesima della lussuria» (Laura Laurenzi, *Infedeli*).

Parliamo di amori socialisti, e lei ne ha avuti. Bettino Craxi, innanzitutto. Ma anche un tenerissimo, spirituale – insiste lei – amore per Pietro Nenni, sul quale peraltro Gianna Preda, tremenda penna del «Borghese», ricamò molto, chiamandoli «Sandrocchia e Pietruccio».

«Per capire il mio amore per il socialismo e la mia infatuazione per Nenni» mi dice Sandra Milo «bisogna partire da lontano. La mia famiglia era fascista. Abitavamo a Tunisi, dove io sono nata, e nel 1936 mio padre si arruolò volontario nella guerra d'Africa. Poi venne la guerra mondiale e noi non lo vedemmo più per una decina d'anni, perché fu fatto prigioniero dagli inglesi e tornò quando la guerra era finita da un pezzo. Partito mio padre, ci trasferimmo in Italia, da parenti che vivevano tra Arezzo e Volterra. Lo zio Vincenzo era console della Milizia. Ricordo grandi pranzi con uomini bellissimi vestiti di nero. Mia madre aveva un incarico di responsabilità nel Partito fascista. La mia infanzia è stata costellata di canzoni fasciste. Le ricordo ancora: "Battaglioni del Duce Emme Rossa / della morte creati per la vita / a primavera s'apre la partita / e i continenti fanno fiamme e fior! / Per vincere ci vogliono i leoni / di Mussolini armati di valor!...". Poi arrivarono i partigiani e presero mia madre. La portarono via, le tagliarono i capelli, le orinarono addosso, le fecero cose terribili, e io non capivo perché. Mi ricordo una specie di campo di concentramento, in cui c'erano anche i bambini. Ce ne andammo allora a Viareggio, e lì conobbi un vecchio cameriere socialista che aveva tutti i libri del *Capitale* e il testo di Engels sulle origini della famiglia. Me li prestò. Vedi, diceva, questa è l'idea giusta. È il socialismo predicato da Cristo, la parità tra gli uomini. Tutto questo mi piacque molto. Quando mia madre lo scoprì, diventò furibonda. Ma io avevo fatto la mia scelta e mi formai una coscienza socialista.

«Allora le ideologie erano importantissime, la gente le sentiva. Io andavo ai comizi. De Gasperi diceva cose sensate e intelligenti. Mi piaceva anche Togliatti. Ma il mio idolo era Pietro Nenni: appena compiuti i 21 anni, votai per lui. Lavoravo da poco. Avevo iniziato a Milano come indossatrice (allora non esistevano parole come "top model"), ma non mi piaceva l'uso del corpo senza la voce. Cominciai così il giro delle produzioni e, quando votai, ero una stellina dello spettacolo. Dissi che avevo votato socialista. E che aveva votato così anche mia nonna, che mi aveva accompagnato. Nonna, in realtà, era una democristiana sfegatata, ma era sorda e non sentì quello che dissi a un giornalista all'uscita del seggio. Si arrabbiò moltissimo quando "Oggi" pubblicò la notizia.»

Sandra Milo: «"Lei è bella e coraggiosa" mi scrisse Nenni»

«La lesse anche Pietro Nenni, che mi mandò un biglietto scritto a mano. Voleva ringraziarmi: lei, mi disse, è una ragazza bella e coraggiosa, a rivelare per chi ha votato. Sai, allora non si diceva a nessuno, nemmeno al prete, qual era il tuo orientamento politico. Gli risposi subito che lo adoravo, che era il mio mito, lo ascoltavo sempre... Una volta gli mandai un maialino arrosto del ristoratore romano Giggi Fazzi, pieno di fiocchetti rossi. Audace? Ma no, lui era innamoratissimo della moglie Carmen, un amore semplice e bello da vecchio operaio di una volta, che mi incantava...

«Ebbi poi una relazione con Morris Ergas, un importante produttore greco che fece anche il primo film di Pasolini. Nacque una bambina, Debora. All'età di 15 anni ero stata sposata per tre mesi con Cesare Rodighiero e, quando nacque mia figlia, non avevo ancora ottenuto l'annullamento del matrimonio, né Morris aveva divorziato dalla prima moglie. Così, la bambina risultava figlia di Rodighiero, che ovviamente fece il disconoscimento di paternità. Debora diventò allora figlia di Ergas e di "donna che non vuole essere nominata". Erano i primi anni Sessanta, i socialisti erano appena andati al governo e, nella campagna elettorale, si erano impegnati a introdurre il divorzio anche in Italia, ma naturalmente la Dc era di tutt'altra idea. Nenni era vicepresidente del Consiglio, e io gli scrissi una lettera in cui gli dicevo che, più importante del divorzio, era la sistemazione dei figli illegittimi. Lui la fece pubblicare in prima pagina sull'"Avanti!". E il Psi, persa la battaglia sul divorzio, s'impegnò per la riforma del diritto di famiglia, facendo passare un progetto di legge del repubblicano Oronzo Reale sul quale furono d'accordo anche i democristiani. Nenni mi scrisse allora un altro biglietto: "Cara signora, proprio in questo momento si sta votando la nuova legge sul diritto di famiglia. Come tutte le leggi, è un compromesso, ma è pur sempre una legge". Io, tuttavia, non potei approfittarne, perché Debora era cittadina greca.

Nel frattempo era finito il mio rapporto con Ergas, che portò la bambina in Grecia. Mi trovavo ad Atene durante il colpo di Stato dei colonnelli del 1967. Le strade erano deserte. Io non sapevo come scappare con Debora in Italia. Mentre andavo in giro con la bambina e la governante, la polizia ci fermò e ci spinse dentro un albergo. Fu lì che incontrai l'ammiraglio Michele Cimaglia, che guidava la compagnia di navigazione Tirrenia. Gli esposi il mio caso e lui mi disse: venga a Patrasso e la imbarco. Arrivai dopo un viaggio funambolico e dopo che un avvocato greco aveva fatto testimoniare il falso a un suo parente dicendo che Debora era figlia del mio primo marito italiano. A Patrasso la nave stava per partire e la dogana non mi lasciava passare, avendo subodorato l'imbroglio. Allora piansi. Senza singhiozzare, sai. Piansi con le lacrime che scendevano da sole sulle guance. Debora mi raggiunse e chiese: mamma, mamma, quando ci lasciano partire? Bastò questo perché la dogana mettesse il timbro sul passaporto.

«Arrivammo a Brindisi, ma l'Interpol ci cercava dappertutto, dopo la denuncia di Ergas. Giacomo Mancini, che era ai vertici del Psi, mi nascose prima nella sua casa in Calabria, poi a Roma, dove conobbi il professor De Lollis, di cui avrei sposato il figlio Ottavio, anche lui medico. E intanto Giuliano Vassalli, grande penalista e socialista militante, faceva ricorsi su ricorsi.

«Quando il 1° aprile 1966 morì Carmen, la moglie di Nenni, andai in piazza Adriana. Non ce la feci a salire in casa loro. Aspettai che scendesse la bara, tra una folla immensa. C'era appoggiato un cuore di violette, il fiore preferito da Carmen, con la scritta: "Il tuo Pietro". Non ti dico le lacrime. Tornai a casa e scrissi a Nenni una lunga lettera in cui gli dicevo che il suo amore per la moglie mi aveva commosso e che speravo di trovarne anch'io un giorno uno così intenso. Lui mi rispose subito da Formia con una lettera bellissima. Mi parlò del suo amore, ma mi disse che durante la vita non tutto era andato sempre così liscio tra lui e sua moglie. Poi non ci sentimmo più.»

Con Carmen, un amore grande e tempestoso

Pietro Nenni ha parlato pochissimo del suo amore con Carmen, sia in privato che nei suoi diari. Eppure, lei è stata per sessant'anni la protagonista femminile assoluta della sua vita. «Sono come inebetito» disse al momento della sua morte. «Siamo uniti quasi da sessant'anni, sposati da cinquantacinque. È la prima donna che ho conosciuto appena uscito da quel penitenziario che fu per me l'orfanotrofio. La prima donna che ho amato, la sola... E adesso, che cosa sarà di me, di noi?»

Si fidanzarono quando lui era diciassettenne, lei quindicenne. Lui era uscito da poco dall'orfanotrofio dove era entrato a sei anni, dopo la morte del padre, fattore nella tenuta di una famiglia aristocratica. Faceva lo scrivano in una fabbrica di ceramiche a Faenza. Lei era già operaia in una filanda e aveva conosciuto, con straordinario, doloroso anticipo, una malattia professionale, la pleurite. Si conobbero al circo equestre il 29 giugno 1908, festa di San Pietro, protettore della cittadina. Si sposarono nel 1911: lui aveva 20 anni, lei 18. «Le nostre due miserie messe insieme non risolvevano nessun problema» disse Nenni a Edgarda Ferri, che nel 1970 lo intervistò per il settimanale «Oggi». «Ma i nostri affetti, messi insieme, li risolvevano tutti.» Lei era una bella ragazza alta; lui, di statura inferiore alla media, portava già gli occhiali. Si dice che la vista gli si fosse abbassata per le ore passate a leggere libri proibiti al lume di candela.

Nenni era rivoluzionario nell'animo da quando a 7 anni vide fronteggiarsi operai in sciopero e soldati a cavallo: «Gli uni erano armati di rabbia e di sassi. Gli altri erano sul punto di caricare a sciabole sguainate». Rivoluzionario, ma, all'inizio, non socialista, quando si sposò era già tra i dirigenti repubblicani della Camera del lavoro di Forlì. In Romagna la tradizione repubblicana era fortissima, e repubblicane erano state le sue prime letture. Significative – e per qualche verso singolari – le ragioni che lo indussero a rifiutare il lavoro e il sostegno che gli propose la ricca famiglia presso cui lavorava il padre. Nenni non le perdonava di averlo mandato in collegio: una sistemazione che per molti poveri coetanei del ragazzo era una via di fuga dalla miseria, e che il piccolo Pietro visse, invece, come un'insopportabile oppressione. Per lui, meglio la fame che l'isolamento, le regole e l'istruzione che gli furono imposti. Forse anche per questo il giovane rivoluzionario volle farsi subito una famiglia, contando in questo soprattutto sulla dedizione di Carmen.

«Per dire quanto mia moglie abbia dovuto e saputo cavarsela da sola» confidò alla Ferri «basti sapere che la maggiore delle mie figlie, Giuliana, nacque quando io ero in carcere a Bologna. La seconda, Eva, nacque che io ero latitante a Cingoli, nelle Marche, in seguito a un mandato di cattura. La terza, Vittoria, che poi doveva tragicamente perire nel campo di concentramento di Auschwitz, nacque mentre ero al fronte nella prima guerra mondiale. La quarta, Luciana, quand'ero a Parigi: non ancora esule, ma quasi.»

Subito dopo il matrimonio, Nenni – che aveva ormai fama di sovversivo – fu arrestato per una manifestazione antimilitarista contro la guerra di Libia e condannato a un anno di carcere anche per incitamento all'odio di classe. Suo compagno di cella fu Benito Mussolini, di cui diventò amico al punto che fu proprio Rachele ad assistere Carmen nel primo parto, portandole una bottiglia di marsala all'uovo, prezioso ricostituente.

La politica, che aveva unito Pietro e Benito, era destinata a dividerli ferocemente. Quando Mussolini prese il potere, Nenni emigrò a Parigi. Vittorio Gorresio, commemorando sulla «Stampa» Carmen Nenni al momento della scomparsa, ricorda che nel 1927 la donna chiese personalmente al Duce il rilascio del passaporto per raggiungere con le bambine il marito a Parigi, ma ne ottenne un rifiuto e il regime ordinò di sorvegliarla. Carmen passò ugualmente il confine da clandestina, in un avventuroso viaggio in treno con le figlie Giuliana e Luciana. Aveva documenti tedeschi, ma non conosceva la lingua, e si sentì raggelare quando salì un diplomatico del Reich con la famiglia.

A Parigi la vita della coppia fu, com'è ovvio, grama. Il tetto delle due stanzette era malmesso e, se pioveva, occorreva aprire l'ombrello per proteggere i fornelli su cui si cucinava. Carmen lavorava da sarta. Passarono molti anni, Nenni partecipò alla guerra di Spagna e dedicò alla moglie il libro di memorie su quell'esperienza: «A mia moglie che con nobile fierezza ha seguito i pericoli della mia vita di militante».

Ammise, poi, in un'intervista: «Avremo litigato migliaia di volte, ma nessun litigio ha mai intaccato l'accordo perfetto fra noi. Abbiamo avuto periodi molto difficili, ma anche gli anni duri li abbiamo vissuti in un'atmosfera di vera felicità familiare».

L'eroismo di Vittoria, il rimorso del padre

Il 16 aprile 1943 Nenni fu arrestato dalla Gestapo su segnalazione dei servizi segreti fascisti. Un documento inedito, trovato nel 2005 dal presidente della Fondazione Nenni Giuseppe Tamburrano, rivela che la sua estradizione in Italia e il suo confino a Ponza furono decisi da Mussolini a scopo protettivo. Tamburrano mi assicura che l'intervento di Mussolini per salvare la vita dell'amico di ieri e dell'avversario di oggi fu confermato dalla moglie del Duce, Rachele, e dal biografo Duilio Susmel. A Dino Messina, del «Corriere della Sera», Tamburrano disse, peraltro, che Nenni ha sempre negato di aver saputo di aiuti ricevuti da Mussolini e si chiese che cosa Mussolini avrebbe voluto fare di lui, una volta tornato in Italia.

La sorte volle che, tre mesi dopo il suo arrivo a Ponza, Nenni fosse raggiunto da Mussolini, fatto arrestare dal re. Lo vide da lontano, affacciato a una finestra della casa gialla tuttora esistente nel rione ponzese di Santa Maria, e annotò sul diario: «È in maniche di camicia e si passa nervosamente il fazzoletto sulla fronte. Scherzi del destino!».

Secondo Tamburrano, il documento trovato nel 2005 è importante anche per stabilire che, se Nenni l'avesse chiesto, molto probabilmente Mussolini sarebbe intervenuto per salvarne la figlia Vittoria dalla ferocia nazista.

Durante il lungo soggiorno della famiglia Nenni in Francia, Vittoria si era sposata con Henri Daubeuf, combattente della Resistenza, poi fucilato dai tedeschi nel fossato del forte Saint-Valérien a Parigi. Quando la moglie fu arrestata e internata al forte di Romainville, il comandante della prigione le disse che, se avesse fatto valere la cittadinanza italiana, avrebbe potuto evitare la deportazione ad Auschwitz. Vittoria gli rispose che suo padre si sarebbe vergognato di lei se avesse mancato alla solidarietà nei confronti delle compagne, e così venne avviata al campo di sterminio. Entrò ad Auschwitz cantando la *Marsigliese*, e ciò le procurò un trattamento particolarmente duro. In punto di morte, sopraffatta dagli stenti della prigionia, affidò a un'altra internata questo messaggio per la sua famiglia: «Dite a mio padre che ho avuto coraggio fino all'ultimo e che non rimpiango nulla».

Alla fine della guerra, Alcide De Gasperi ebbe dalla Croce Rossa la conferma della morte di Vittoria Nenni. Si assunse il compito di dare di persona la tremenda notizia ai familiari e si fermò per una notte intera nella casa di piazza Adriana. Nenni resse al colpo, Carmen no. Ebbe una crisi cardiaca dalla quale non si riebbe mai completamente. Una delle ultime foto la ritrae in piedi in casa sua davanti a un enorme ritratto di Vittoria con la divisa da internata e il numero di matricola 31635.

Da quel momento cominciò per Carmen un lungo periodo di assoluto riserbo. Si ricorda una sola dichiarazione a un giornalista che nel 1946 le chiese che impressione le facesse la nomina del marito a vicepresidente del Consiglio nel primo governo De Gasperi: «Non so, né io né le mie figlie sappiamo renderci conto di che cosa significhi. Sappiamo solo molto bene che cosa vuol dire "il babbo è in galera", "il babbo è in pericolo"».

Carmen Nenni morì a 73 anni, nel 1966. Fu colta da un collasso mentre era a tavola con il marito e la figlia Giuliana nella bella casa piena di sole in piazza Adriana, accanto a Castel Sant'Angelo. Nenni trascorse gli ultimi anni nell'amato ritiro di Formia e morì ottantanovenne nel 1980. Secondo Tamburrano, gli restò fino all'ultimo il rimorso che, senza quel suo peccato d'orgoglio, forse avrebbe potuto salvare la figlia.

Anna Craxi, la moglie sempre presente

Nel secolo scorso, il socialismo italiano ha avuto soltanto tre autentici leader: Filippo Turati, Pietro Nenni, Bettino Craxi. Lenin sosteneva che ce n'era un altro, e che i socialisti italiani se lo erano stupidamente lasciato scappare. Si chiamava Benito Mussolini, ma questo è un altro discorso...

In fatto di donne, Craxi è quello che assomiglia di più a Mussolini. Avevano entrambi il medesimo concetto sacrale della famiglia. Come abbiamo visto, Benito volle davvero bene a Rachele, e non l'avrebbe lasciata per nessun'altra donna al mondo. La stessa cosa vale per Bettino con Anna. Il suo non fu un matrimonio di facciata, ma il coronamento di un amore vero, vissuto da lui fino al momento estremo e da lei anche dopo, giacché abita a Hammamet per restare vicina alla tomba del suo uomo, aspettando di essergli sepolta accanto.

«Ci siamo innamorati del piccolo camposanto di Hammamet, affacciato sul mare, all'inizio degli anni Sessanta» mi raccontò Anna Moncini Craxi pochi mesi dopo la morte del marito, nel 2000. «Meglio qui che al Musocco di Milano, ci siamo detti. Adesso ci vengo tutti i giorni. E un giorno ci starò anch'io. Per tutta la vita l'ho visto soltanto nei finesettimana. Negli ultimi cinque anni, in ogni ora del giorno. A Hammamet, Bettino era molto diverso dalla sua immagine di uomo ruvido. Veniva in cucina: che cosa prepariamo di buono oggi? Gli piaceva il Natale. I tortellini, il bollito, il tacchino ripieno della tradizione lombarda. Gli piacevano i bambini in giro per casa, i loro disegni colorati sui vetri delle finestre.»

Eppure, per Bettino come per Benito, la vicinanza di altre donne, la conoscenza carnale di altri mondi, era fondamentale, rientrava nelle abitudini di vita, stemperava la noia e le amarezze della politica e, al tempo stesso, ne esaltava le gioie e il potere.

Pur non sterminato come quello di Mussolini, il carnet di

conquiste femminili di Bettino è nutritissimo, arricchito soprattutto nei momenti di massimo potere, com'è ovvio, ma anche prima di conquistarlo e dopo averlo perduto. Racconta la Laurenzi che nel 1968, quando era un semplice deputato di freschissima nomina e di nessun peso, Ciriaco De Mita e «Albertino» Marcora lo incrociarono davanti a Montecitorio. «Dove vai?» gli chiese Marcora, di cui Craxi era amico. E l'altro: «A donne...».

Tuttavia, Anna rimase sempre il punto di riferimento fisso, la stella polare della sua vita. Si sono conosciuti a vent'anni. Erano coetanei, classe 1934. Entrambi di famiglia modesta. Lei, figlia di un ferroviere, si era diplomata maestra e aveva trovato da poco lavoro come segretaria in un'azienda di impermeabilizzazioni. Lui, figlio di un avvocato siciliano e di una donna bellissima («Popolana intelligente e astuta» la definirà Bettino), si era appena iscritto alla facoltà di giurisprudenza. S'incontrarono a una festa e s'innamorarono. Disse lui: «Con Anna sentii qualcosa di indecifrabile che non ho più provato». Disse lei: «All'inizio fu una questione di pelle, il colpo di fulmine. Avevamo gli stessi gusti, gli stessi ideali, lo stesso segno zodiacale». Per sei anni furono inseparabili, nel 1960 si sposarono. Rito civile, e la Laurenzi ricorda il dolore del padre di Anna che voleva la cerimonia in chiesa. Bettino, invece, arrivò con il solito pacco di giornali infilato in tasca. «È un uomo pratico» lo perdonò la moglie. «Figuriamoci se sarebbe andato a prendere la sposa o avrebbe pensato ai fiori.» («Andarono a sposarsi in tram» mi racconta Stefania Craxi. «Il matrimonio coronava un rapporto di ragazzi che avevano deciso di trascorrere la vita insieme.»)

All'inizio, in casa entravano due stipendi: lui, socialista da quando aveva quindici anni, era diventato funzionario del partito; lei continuava nel lavoro da segretaria, che avrebbe lasciato dopo la nascita dei due figli, Stefania e Vittorio, per tutti «Bobo».

Il resto è noto. L'oscuro deputato che nel 1968, piovuto a Roma, andava a donne, diventò presto segretario del Psi milanese: ruolo ininfluente sul piano nazionale, visto che i nenniani contavano pochissimo. Poi, nel 1976, l'incredibile chiamata alla guida nazionale del partito: volevano uno di caratura modesta, facile da gestire. E si trovarono un «cinghialone» che avrebbe influenzato come pochi la politica italiana.

«È un marito italiano. Ma storie importanti, no»

Quattro giorni a Roma, il finesettimana in famiglia a Milano. «Prese una stanza molto piccola all'hotel Raphaël» ricorda Stefania. «Ma anche la seconda, l'ultima che occupò, non era enorme. Non ha mai voluto una casa a Roma. Perché? Aveva la testa altrove, lui è sempre rimasto un popolano milanese. Più che un albergo, per mio padre il Raphaël è stato una casa-famiglia. Ne era proprietario Spartaco Vannoni. Colto, intelligente, ha avuto su mio padre un forte ascendente. Era stato comunista, si diceva che fosse stato addirittura una spia per conto del partito, conosceva tutti i segreti del Pci dall'interno e per questo, quando diventò anticomunista, lo fu fino in fondo. Spartaco ebbe un ruolo determinante nella vita di mio padre. Diciamo spesso con Nicola [*autista e uomo di fiducia di Craxi*] che, se fosse stato vivo Spartaco, tanti cialtroni non si sarebbero avvicinati. È lui che per anni ha filtrato le persone ... Mio padre non ha mai frequentato i salotti romani e, vivendo da solo a Roma, ha condotto una vita solitaria.» Mai dimenticando la famiglia a Milano.

«Mi chiama tre volte al giorno» disse Anna Craxi a un giornalista. «Mattina, pomeriggio, sera tardi, ovunque io sia. Vuol sapere cosa faccio, con chi sono, dove vado. Lui mi racconta altrettanto. Fin da quand'ero ragazza mi ha abituato a queste telefonate chilometriche, concrete, con cui mi fa sentire la sua presenza.»

«Tra mio padre e mia madre» mi spiega Stefania «c'era un grande rapporto di dipendenza reciproca. Quando ero ragazzina, mamma ebbe una depressione e mio padre la chiamava dieci volte al giorno e chiamava me per sapere perché non le stavo accanto. Nei periodi buoni, le telefonate quotidiane si riducevano a tre. Ma bastava che mamma stesse poco bene perché papà mi chiedesse di non uscire per non lasciarla sola. L'origine siciliana di mio padre si sentiva nel valore patriarcale che dava alla famiglia. Ci credeva davvero. A Natale pretendeva che tutta la famiglia si riunisse. Non ci seguiva molto, ma aveva un senso della famiglia fortissimo.»

Ad Anna bastava. Roma non le piaceva, non sarebbe mai venuta a viverci. «Io la capisco» continua Stefania. «Roma è papalina, cinquecentesca, i rapporti sono mediati dagli interessi. Non sai mai se la persona che ti si professa amica lo è davvero, o è solo interessata al beneficio che può ricavare dal frequentarti. Questo virus è l'anima della città. Noi siamo profondamente milanesi. Gli inviti a cena con gli amici si facevano in trattoria, non nel ristorante elegante.»

Anna non amava Roma, e Bettino non ha mai insistito perché lei si trasferisse. «Lo accompagnava soltanto nei viaggi ufficiali, quand'era presidente del Consiglio» mi confida Stefania «e qualche volta ci imbucavamo anche noi. È l'unico privilegio della "casta" di cui abbiamo approfittato. Per il resto, mamma continuava a fare la spesa in tram e mio padre – anche nei momenti più duri – ripeteva che Milano è piccola, e la nostra vita è stata per quarant'anni sotto gli occhi di tutti.»

La distanza tra Roma e Milano consentì a Craxi di condurre due esistenze diverse. «Mi rendo conto» dice la figlia «che certi rapporti che durano una vita – e mio padre e mia madre sono stati insieme dal 1954 al 2000 – possono comprendere anche altre relazioni affettive.»

Anna Craxi sapeva. Quando le chiesero se Bettino era un marito fedele, rispose: «Mah, non credo molto. Ogni tanto leggo sui giornali allusioni, pettegolezzi. È un marito italiano. Come dite, voialtri? Ogni lasciata è persa. Se capita l'occasione, non se la lascia scappare di sicuro. Ma storie importanti, no. Per lui la famiglia conta troppo». E ancora, dopo il 1983, quando Craxi era presidente del Consiglio: «Che cosa volete che faccia un uomo intelligente come lui? Che cambi una moglie cinquantenne con due da venticinque? No, guardi, non mi sento per niente defraudata. Torna sempre. È arrivato anche lui ai cinquanta, lasciamolo sfogare finché può...

Ci sono troppe cose che ci legano, capisce? La fatica degli inizi condivisa, le lotte e gli ideali comuni, i figli. E credo di piacergli ancora, sa?».

Non sappiamo quanto Anna fosse al corrente delle distrazioni romane del marito: i giornali hanno sempre rispettato la vita privata dei potenti. E se si scatenarono nelle rivelazioni piccanti, lo fecero quando il «cinghialone» era stato abbattuto.

Moana Pozzi, donna colta e bomba del sesso

La prima a fare allusioni esplicite a una storia con Craxi fu Moana Pozzi, in un'autobiografia uscita nel 1991 (*La filosofia di Moana*), negli anni in cui Bettino era ancora un uomo potentissimo. Moana, allora al massimo del successo come pornostar, si divertì a raccontare i suoi amplessi con uomini famosi dello show business, dal calciatore Paulo Roberto Falcao allo scrittore mondano Luciano De Crescenzo, da Andrea Roncato a Beppe Grillo, da Enrico Montesano a Nicola Pietrangeli, da Renato Pozzetto a Marco Tardelli. Non concluse né con Robert De Niro (gli piaceva di più un suo amico) né con Roberto Benigni. Gli s'infilò nel letto mentre dormiva con una sua amica; Benigni si svegliò e cominciò a correre per tutta la stanza nel suo abbigliamento da notte (canottiera di lana, mutande e calze), gridando: «Ma io mi vergogno». Lo convinsero a tornare a letto e, a quanto pare, dormirono poi come un fratello con due sorelle. E che sorelle...

Tutti attratti, dunque, da una pornostar che accarezzava gli eccitatissimi frequentatori dei suoi spettacoli? Dalla donna che interpretava con Ilona Staller accoppiamenti multipli in film che per i pornofili equivalevano, che so?, a quello che a teatro poteva essere una recita insieme di Eleonora Duse ed Emma Gramatica? No. Moana è stata qualcosa di più che una semplice pornostar. Una donna bellissima con un corpo magnifico, innanzitutto. E questo è noto. Ma anche una donna bene educata, figlia di un ingegnere nucleare piemontese che l'aveva fatta istruire in collegi religiosi. Una donna che sapeva parlare di Cicerone e della Yourcenar, che magari faceva un po' di confusione (all'inizio) su chi fosse Craxi, ma aveva letto qualcosa di sant'Agostino. Una donna che scelse la vita che scelse a testa alta, come gesto di sfida estrema compiuto da chi avrebbe potuto sposare tutti gli industriali miliardari che voleva. Lasciò, invece, la famiglia paterna e la castigata provincia di Alessandria per guadagnarsi da vivere a Roma come modella (nuda) di pittori. Si presentò, senza successo, a Miss Italia: tuttora non si capisce come abbiano fatto a bocciarla e, soprattutto, come – dopo – lei non abbia avuto i contratti che meritava. Ha fatto le scale della gavetta senza salti: dalle pose poco retribuite per pittori che sarebbero stati invidiati da Tiziano e Renoir alla pubblicità nelle televisioni private per conto di Ugo Rossetti, un simpatico «nonno» che vendeva mobili a prezzi popolari.

Mostrare integralmente il suo magnifico corpo la gratificava più di ogni altra cosa: «Nuda mi sono sempre sentita invincibile. È facilissimo fare l'amore in modo fantasioso e inarrestabile quando si è innamorati. Sedurre per professione come faccio io richiede un autentico talento».

Finalmente un'amica (quella che l'aveva convinta a infilarsi nel letto di Benigni) le procurò l'invito a una cena a cui partecipava un politico importante. Era Bettino Craxi, in compagnia di altre persone. La cena era noiosa: due belle donne e dieci uomini che parlavano solo di politica. Ma Craxi restò abbacinato da tanta bellezza, valorizzata da un vestito non proprio identico a quello impostole a suo tempo dalle Orsoline.

«Cominciò a farmi un sacco di complimenti, a guardare» raccontò lei più tardi. «Certo, ero gratificata. Loro erano tutti politici, segretari, portaborse. Poi andammo in una casa. Io dissi: "Provo a fare l'attrice, mi piacerebbe lavorare in televisione". E lui: "Ah, davvero?". Due giorni dopo mi telefonò e uscimmo soli ... Cenammo in albergo e finimmo in camera. Lo feci per il carisma, non per altro. Allora non era nemmeno presidente. A lui piacevano più i preliminari che la cosa in sé. Era in adorazione delle donne, ti copriva di attenzioni, si preoccupava.»

Nell'area socialista gravitava Adelina Tattilo, editrice di

«Playmen». Craxi le chiese di pubblicare un servizio fotografico su Moana, che fu la sua rampa di lancio. Il loro rapporto durò pochi mesi («Per colpa del mio carattere bizzarro» dirà la pornostar), ma Bettino cercò comunque di indirizzarla verso un mondo virtuoso. Il cinema gli sembrava poco rassicurante, anche perché lì poteva forse esercitare meno il suo controllo. Meglio Raidue, la rete amica del Psi, dove Moana presentò con Bobby Solo un programma per bambini, «Tip Tap Club». (È incredibile come la più grande bomba del sesso italiana degli ultimi decenni fosse così brava a intenerire i piccoli e a penetrare nel mercato popolare adatto ai mobili di «nonno» Rossetti.)

«Mi chiedeva spesso come facevo a mantenermi a Roma» ha scritto Moana. «A me seccava dirgli che avevo degli amanti generosi, e gli rispondevo che i miei genitori mi mandavano un mensile.»

Lei cercava la trasgressione, le coupé nere con i sedili di pelle scarlatta, le pellicce incredibili, i visoni colorati. Più che dal denaro, che avrebbe potuto ottenere in tanti modi, era affascinata dall'eccesso: quello che la porterà così giovane alla morte.

Di Bettino Craxi conservò questo ricordo: «Un uomo affascinante ... Mi è sembrato tanto intelligente e deve esserlo davvero. Tanto sicuro, dolce, anche rispettoso con me ... Il migliore di tutti. Era civile, non volgare, e poi si interessava a quello che facevo».

Lo gratificò di un voto alto – sette e mezzo – con stima e affetto sinceri.

Sandra Milo: «Bettino mi vide da Costanzo e decise di farmi sua...»

Sandra Milo incontrò Craxi prima di Moana Pozzi.

«Lo conobbi» mi racconta «quando era segretario del Psi milanese. Un ragazzone un po' grasso e con le mani sudate. Avevo visto il derby Milan-Inter con Giacomo e Vittoria Mancini, e la sera andammo a ballare al Don Lisander. Venne anche Bettino. Mi fissava continuamente. Ballammo insieme, ma non mi piaceva. Lo trovavo un po' provinciale con quei giubbotti bianchi che indossava allora... Poco dopo la metà degli anni Settanta, una sera ero ospite di Maurizio Costanzo a "Bontà loro". Portavo un cappellino con la veletta. Ci fu, tra me e Costanzo, un battibecco di cui si parlò molto. Fu allora che Bettino, diventato segretario del Psi, decise di farmi sua. Cominciò una corte spietata. Un giorno andai nella sede dell'"Avanti!" e lui mi abbracciò davanti a tutti in una maniera così passionale... Mi faceva invitare in casa di una principessa in piazza Navona. Chi? Non posso dirtelo, sennò quella mi ammazza. Insomma, cenavamo lì, ma non mi piaceva come Bettino stava a tavola, mangiare nel suo piatto, la sua abitudine di metterti in bocca la forchetta. Io sono un po' schifiltosa. Rispondevo con battute secche... A lui piaceva Frank Sinatra e una sera, nella casa di piazza Navona, avevano messo su un disco, *Stella d'argento*. Lo conosci? "Il tuo splendor mi fa morir di nostalgia..." La canzone piaceva molto anche a me. Insomma, a un certo punto lui mi disse: vieni su. Io, trascinata dalla musica, lo seguii. Salimmo in una specie di soffitta, c'era una cameretta piccola piccola con le pareti foderate di una stoffa a fiorellini rosa e un letto piccolo piccolo di pizzo bianco. Fu lì che facemmo per la prima volta l'amore.

«Con il passar del tempo, dicemmo alla principessa che quel lettino era romantico, ma scomodissimo. E allora lei ci diede la sua camera da letto, che affacciava su un convento. Io e Bettino vedevamo le suore, e lui, così avaro di ironia in pubblico, l'aveva spiccatissima in privato... Poi ci trasferimmo all'hotel Raphaël, la sua residenza romana. A un certo punto gli diedero un bellissimo appartamento con una terrazza, nella quale si facevano grandi cene. Ma a me è rimasto un bel ricordo della sua prima camera, più piccola, dove teneva tutti i libri e i giornali in terra. La stanza di un giovane rivoluzionario.

«Era un grande amatore? Non lo so. So che io sessualmente ero pazza di lui. E, anche per lui, quella vissuta con me fu una grande passione. Fare l'amore con lui era una cosa bellissima. Solo toccarlo era magnifico. Lui parlava molto durante l'amore. Diceva cose molto belle, molto eccitanti. Di che parlavamo? Un giorno, al Raphaël, mi rimproverò dicendomi che, per causa mia, aveva dovuto congedare in gran fretta Amintore Fanfani. Poi mi raccontava dei suoi viaggi, dei suoi progetti. Mi disse che una volta, da giovane socialista, era andato in Germania portandosi dietro confezioni di spaghetti e scatole di pomodoro. Poi, non so come, gli spaghetti erano spariti, gli erano rimaste le scatole di condimento, e lui aveva pranzato solo con i pomodori da sugo. Aveva un amore sviscerato per l'Italia e per Garibaldi. Lui aveva uno stivale di Garibaldi e una sera vide che a "Portobello", il mercatino di Enzo Tortora, ne vendevano un altro. Telefonò per aggiudicarselo e Tortora lo prese in giro, con un'ironia pesante.»

«Ho usato me stessa come tangente…»

«Ho fatto molta campagna elettorale per Bettino, insieme con Giovanni Minoli e Gianni Minà. Mi chiedi se mi ha aiutato sul lavoro. Lui diceva che dovevo fare la giornalista e io invece ero un'attrice, anche se poi ho fatto anche l'autrice di programmi. Tu sai che le prime cose in televisione le ho fatte con te e con Nino Criscenti a "Tam Tam", all'inizio degli anni Ottanta, e sai che non ti è arrivata nemmeno una telefonata [*è vero e, per di più, non sapevo nemmeno della sua storia con Craxi*]. Ero una delle meno pagate. Poi ho lavorato alcuni anni con Minoli per "Mixer" e "Piccoli fans", che fu un grande successo. Un anno Minoli restò fermo e voleva che restassimo fermi anche tutti noi del suo gruppo. Ma io avevo bisogno di lavorare e feci un programma con Livia Sacerdoti, "L'amore è una cosa meravigliosa", in cui alcune coppie raccontavano la loro storia. Fu allora che mi fecero quello scherzo terribile. Arrivò una telefonata e una voce femminile gridò: "Sandra, che fai lì? Tuo figlio è gravissimo". Io uscii dallo studio urlando "Ciro! Ciro!". Lui, invece, stava benissimo in Umbria e non sapeva nulla di quel terribile scherzo. La Rai e la magistratura fecero un'inchiesta e si scoprì che la telefonata veniva dal Caffè Alemagna in via del Corso. Lavoravano lì ventisei donne. Non si è mai saputo chi avesse telefonato. Il presidente della Repubblica Cossiga, ricevendomi in Quirinale con un gruppo di attori, mi chiese addirittura scusa a nome degli italiani. Poi dissero che quella messinscena l'avevo organizzata io. Rimane che, da allora, la Rai non mi ha più fatto lavorare.»

Sandra Milo deve comunque a Craxi moltissimo. Quando nel 1993 uscì il suo libro *Amanti*, Tangentopoli stava facendo sfracelli. E lei ammise: «Non ho problemi ad affermare che ho usato me stessa come una tangente. Un po' per gioco di letto, un po' per opportunismo … Il sesso è l'unica arma che ho sempre avuto».

Nel 1984 Craxi, al culmine del potere (segretario del Psi e presidente del Consiglio), la fece eleggere a Verona membro dell'Assemblea socialista. Lei impazzì di gioia e d'orgoglio, consapevole di tirarsi addosso le invidie e le ironie di quasi tutto il partito. Ma continuò gioiosa per la sua strada. E nel 1990, al congresso di Rimini in cui, dopo la caduta del Muro, il segretario socialista pensava di aver vinto la lotta storica con il Pci, si presentò con un enorme cuore di garofani rossi con la scritta: «Amo Bettino Craxi».

Amore, forse, è una parola grossa. Affetto? Lussuria? Calcolo? Sandra stessa ha ammesso in passato con il suo consueto candore: «Accade da secoli di corteggiare il potere, di amarlo, di immolarsi per esso. Se poi è rappresentato da un bell'uomo virile, la fatica non esiste».

Lei non tentò mai di strappare Bettino alla famiglia e non soffrì certo la sua condizione di amante tra le amanti («Gliene portavano tante di ragazze, giovani, carine. Quelle feste sulla terrazza del Raphaël! C'era un viavai! Signore romane, giovani promesse, stelline. Avrò conosciuto duecento ragazze che si spacciavano per l'amante di Craxi. A Roma, essere l'amante di Craxi era uno status symbol»).

Sandra sapeva che lui era libero a Roma, ma la sua sicurezza affettiva risiedeva a Milano. La Laurenzi riporta questa sua confessione: «Credo che non avrebbe rinunciato alla moglie per nessun motivo. L'amava moltissimo. Ed è una donna veramente in gamba, tranquilla, serafica, con cui ho sempre avuto un rapporto di profonda simpatia, credo reciproca. Una sera ci incontrammo alla Scala. Lei era con Bettino e, mentre ci salutavamo qualcuno, molto zelante, si affrettò a bisbigliarle in un orecchio che io stavo per pubblicare un libro di memorie molto pepato. "Lo so benissimo" ribatté lei con un grande sorriso "perché Sandra l'ha fatto leggere per prima a me." Naturalmente non era vero, ma con quella frase chiuse la bocca a tutti i presenti. E io capii che era una grande donna...».

E Bettino? «La nostra storia» mi dice la Milo «durò alcuni anni, ma poi cessò perché io ero terrorizzata all'idea che mio marito Ottavio De Lollis la scoprisse. Soffrivo al pensiero di non poter incontrare Bettino e, al tempo stesso, non reggevo allo stress. "Ti ho aspettato tutta la notte" mi diceva lui. "È venuta quella cantante." E io non potevo andare. È finita così.»

«Le altre? Ania Pieroni? È arrivata dopo, e lui l'ha molto amata. Aveva una linea telefonica solo per aspettare le chiamate di Bettino. Ci siamo viste tre o quattro anni fa e ci siamo abbracciate...»

Ania Pieroni: «Non ero la preferita, ero l'unica»

«Non ero la preferita, non ne ho il carattere. Ero l'unica. Tu sei la mia malattia, diceva.» Così comincia la lunga confessione di Ania Pieroni, che parla per la prima volta di se stessa e del suo grande amore per Bettino Craxi. Ora ha 50 anni, lo ha conosciuto a 23, e recentemente ha avuto un riconoscimento del suo ruolo perfino da Stefania: «Ania ha colmato la solitudine di mio padre. È una donna dotata di personalità».

«Mi chiamo Ania Pieroni, e non Anja, e le mie passioni sono l'opera, la musica classica, i viaggi e i cani.» La signora si presenta così. È nata a Roma nel 1957, nipote del podestà di Pescara, figlia di un uomo brillante («Bell'uomo, grande collezionista di jazz, cavaliere di Malta, ufficiale pilota per hobby, suonava il piano come pochi») e della figlia di un architetto tedesco («Madre socialista, padre liberale»). Elementari e medie nelle scuole private cattoliche, «ma poi chiesi a mio padre di togliermi perché quell'ambiente, nonostante fosse il mio, cominciava a non appartenermi più». S'iscrisse, dunque, al liceo Tasso, uno dei più rinomati di Roma, negli anni in cui il profumo del '68 aveva messo radici («Facevo ancora l'inchino e studiavo al Tasso. Che bel contrasto...»).

«Andai poi con mio padre a iscrivermi a scienze politiche: lui mi vedeva nella carriera diplomatica e, in fondo, aveva ragione. Con suo grande dolore e per motivi miei pratici, presi la strada del cinema, anche se io lì non c'entravo proprio niente, e sicuramente non mi consideravo un'attrice. Il fatto è che volevo lavorare, volevo crescere subito, entrare nella vita. Mi sono resa conto molto più tardi che mio padre aveva invece capito tutto di me.»

Ecco il ritratto e il breve curriculum che di lei traccia Laura Laurenzi nel suo già citato *Infedeli*: «Ania è di una bellezza vertiginosa ... fisico voluttuoso da pin up, occhi panoramici verde-azzurro carichi di malizia, ambizioni galoppanti di chi ha la vocazione a emergere ... Aveva esordito nel cinema giovanissima con Lattuada che la scelse per una piccola parte in *Così come sei*... un intreccio di amori lesbici e incestuosi. Sarà poi la seducente ragazza del gatto in *Inferno*, rosario di ammazzamenti horror diretto da Dario Argento. La popolana Fernanda nel *Conte Tacchia* di Sergio Corbucci. La sorella del vampiro in *Fracchia contro Dracula*, di Neri Parenti, girato quando Bettino è già a palazzo Chigi».

L'incontro fatale avvenne nel 1980, all'inizio del decennio craxiano per eccellenza. «Avevo circa 23 anni» mi dice Ania «e vivevo a Milano, dove mi sarei dovuta sposare [*con il conte Roberto Gancia, della famiglia dei notissimi produttori di spumante*], quando una cara amica socialista mi chiese di accompagnarla al Circolo Turati. Pioveva e arrivammo là con un taxi. La mia amica salutò tutti, io non conoscevo nessuno. Ci sedemmo a un tavolo lungo, privo di gente. Non avrei mai immaginato che il primo incontro con lui stava per avvenire lì e che l'ultimo sarebbe stato in Africa.

«Mi sentivo osservata sfacciatamente giù, dal fondo, la luce era bassa, cantavano. Era lui che mi guardava, lui che con la testa girata completamente verso di me, mi sorrideva, come dire?, a 360 gradi. Lo faceva affinché lo notassi: che bel sorriso fiero, che sguardo affascinante! Mi faceva quasi tenerezza questo suo oscillare in maniera vistosa avanti e indietro con il corpo, per poi appoggiarsi il braccio sulla fronte per guardarmi in estasi, incurante degli altri. Era così buffo! Questa sua insistenza, però, aveva fatto centro. Ma anch'io feci centro dicendo alla mia amica che ero stanca e avrei voluto andar via. Chi era quell'uomo?»

Ania sostiene di non aver riconosciuto immediatamente il segretario del Psi. «Ero ancora una borghesuccia pariolina, non seguivo la politica. Quando mi dissero che era Craxi, non sapevo che fosse il segretario socialista...»

Non fu difficile per Bettino procurarsi il numero di telefono della bella ragazza. «Dopo qualche giorno, appena arrivato a Roma mi contattò. Uscimmo io, lui e il suo collaboratore Cornelio Brandini. Alla fine del pranzo, mi domandò, candido candido, se volevo salire su da lui a bere qualcosa. La mia risposta fu, ovviamente, no. Uscimmo ancora due, tre, quattro volte, e la mia risposta era sempre la stessa. Veniva a prendermi a casa e a casa mi accompagnava dopo cena. Non era abituato all'idea che qualcuno potesse dirgli di no, ma per me, all'epoca, la cosa era normale. Dove andavamo? In una trattoria di via dei Coronari, a un passo dal Raphaël. Non mi ha mai portato in un ristorante di lusso. Li detestava. Dopo una ventina di giorni, accettai di salire nella sua piccola stanza d'albergo.»

«Quando Stefania mi strappò un orecchino...»

Nacque così la storia d'amore tra Bettino e Ania.

«Sì, è proprio stata una grande storia d'amore, nel rispetto dei ruoli, nell'amicizia, nella solidarietà. Dieci anni passati insieme, tranne i pochi giorni di Ferragosto, nei quali io andavo in Sardegna da mia madre e lui in Tunisia. Ci chiamavamo sette, otto volte al giorno, come d'altronde faceva anche quando andava all'estero per lavoro. Io sempre lì, per farlo stare tranquillo, sempre da un'amica (esclusivamente donne, sia chiaro!) o con mia madre, di modo che potesse verificare ogni momento dove fossi, anche se non gli davo modo di dubitare.

«Vivevo esclusivamente per lui: era gelosissimo e possessivo, diffidente come non mai. "Tu sei la mia malattia" sospirava. Ho conquistato la sua stima e la sua fiducia molto lentamente. Non sapeva fare nemmeno una carezza, quando l'ho conosciuto, era come un selvaggio. Anzi, io dicevo, e lui rideva, che era un uomo delle caverne, che prende le donne per i capelli e le trascina. Capirai, trovò pane per i suoi denti! Non a caso mi aveva soprannominato "la Tigre del Raphaël". Stefania "la Belva", io "la Tigre". Un bel duetto.»

Nel 1985, tra la Belva e la Tigre accadde un clamoroso incidente. «Avevo 25 anni» mi racconta Stefania «e a quell'età il mondo è bianco e nero, esistono i buoni e i cattivi, credevo alle fate buone e ai legami monogamici del principe azzurro. Io sono un po' gelosa di carattere e credetti di dover interpretare il ruolo di moglie, oltre che di figlia, immischiandomi in cose che non mi riguardavano. Una sera incontrai Ania a una festa prenatalizia della Sacis [*la società della Rai che si occupava di distribuzione cinematografica*] e le misi le mani addosso, strappandole un orecchino. Dovettero dividerci. Credo che Ania conservi ancora l'altro.»

«È vero, lo conservo ancora» conferma Ania. «Erano orecchini molto belli, di Buccellati. Quando Stefania me lo strappò, io non reagii, sempre per un riguardo nei confronti di lui. [*Ania non dice mai "Bettino" o "Craxi", ma sempre "lui".*] Ma l'aspettai davanti all'albergo, anzi mi misi in macchina nella piazzetta per aspettarla, vederla scendere e... Non arrivò mai, perché quella sera andò a dormire altrove. Se lo avesse saputo, certo non si sarebbe tirata indietro. Comunque, quando risalii [*da Craxi*], con il sangue alla testa, lui mi disse: "Voi due, un giorno, mi farete morire!".»

«È vero,» mi racconta Stefania «mio padre le disse che noi due l'avremmo fatto morire. "Mi farete finire su tutti i giornali..." Quando mio padre morì, Ania mi cercò al telefono a Hammamet, ma io mi rifiutai di parlarle. Poi un giorno, qualche anno fa, mi ha telefonato a Roma. Apprezzai il fatto che si fosse sempre comportata in modo discreto, sempre rispettosa della mia famiglia e della mia mamma. La vidi sotto un'altra dimensione. Ci incontrammo. Lei ha voluto bene a mio padre, mio padre a lei. Lei è stata una parte della vita di mio padre, perciò ho deciso di accoglierla.»

«Non mi ha mai parlato di cose private del partito» riprende Ania «non era uomo che raccontava o si vantava; né ha mai fatto una raccomandazione per me o per la mia famiglia, da nessuna parte, tantomeno in televisione. Il clientelismo non apparteneva alla sua vita, anzi era tutto ciò che odiava.»

Questo, però, non le ha impedito di lavorare a Raidue, la rete di riferimento del Psi... «L'ho fatto una sola volta. Mi diedero una particina in un programma di Gianni Boncompagni, mi pare si chiamasse "Galassia", e fu un fiasco tremendo. Lui non voleva che accettassi. "Non ne hai bisogno" mi diceva. "Perché devi farlo?"»

Craxi voleva Ania tutta per sé e non voleva alimentare i pettegolezzi, che sarebbero tuttavia esplosi, come vedremo, quando lei diventò la regina della televisione privata romana Gbr.

«In dieci anni» mi dice «non ho mai fatto un viaggio per non lasciarlo solo. Come potevo ringraziarlo di tutta la fiducia che riponeva in me, se non votando la mia vita a lui, che la votava a me? Raramente abbiamo frequentato i salotti (salvo eccezioni), anzi lui, coerente con le sue idee, li ha sempre evitati, e anche in questo eravamo simili.»

I salotti frequentati dalla coppia erano di amici fidati, ma mai Bettino e Ania si sono presentati insieme, da soli. Arrivavano separati, o c'era qualcuno che li accompagnava e si fermava per la serata.

«Era un uomo grande e semplice, di una nobiltà d'animo infinita» ricorda Ania. «Non sapeva, al contrario di me, che cosa fosse il lusso, e non lo amava; anzi, quando veniva a casa nostra, disprezzava le nostre tende di seta, per non parlare del titolo nobiliare di mia madre. Diceva che la sua casa aveva tende normali, e che il fatto che chiamassero mia madre marchesa era una cosa ridicola. Io rispondevo, impunita, che fra le tende di seta ero nata e fra le tende di seta volevo morire...

«Se la sera, a mezzanotte, mi veniva fame, e volevo un piatto di spaghetti, mi diceva arrabbiato: "Non si disturba la gente di notte, a quest'ora: tieniti la fame!". Quando uscivamo, io con il mio autista e lui con Nicola, c'incontravamo direttamente in casa di amici, soprattutto da Adelina Tattilo, da Paola Micara o dai Portoghesi, facendo finta di esserci incontrati lì per caso. Poi lui mandava via la scorta, passavamo la serata e si faceva riaccompagnare dal primo che se ne andava con una macchinetta qualsiasi. Alla mia domanda perché un presidente del Consiglio mandasse via la scorta, la risposta era: "Mentre noi ci divertiamo, loro starebbero sotto ad aspettare inutilmente. Hanno famiglia, sai?".

«Che lezioni di vita! Mi insegnava a volare: non voletti, voli immensi, di coerenza, di lealtà, e io imparavo. Quando sono salita al Raphaël da lui la prima volta, aveva una stanza piccolissima e una scrivania sormontata da carte disordinate, un televisore arcaico, senza telecomando, e una valanga di libri a terra da tutte le parti. Sul retro, una piccola stanza con un letto, un bagno e una radio di quelle che si vincono al supermercato con i punti della spesa. Così viveva uno degli uomini più importanti d'Italia, anche se allora era soltanto il segretario del Psi.»

«La mia verità sulla televisione Gbr»

«Il mio primo regalo fu un televisore, ultimo modello, con telecomando. Dopo alcuni anni, cominciai a convincerlo ad allargarci un pochino, giusto lo spazio di tre divani, per consentire a qualcuno di sedersi. Gli regalavo ogni tanto quadri dell'Ottocento italiano: allora non erano così richiesti, e quindi non costavano eccessivamente. Oltre a tutto quello che riguardava Garibaldi, erano i soli a interessarlo.

«Non voleva che facessi cinema o televisione, e non voleva, ovviamente, che continuassi ad avere un fidanzato. Troncai la storia con Roberto Gancia dopo pochi mesi. Anche lui era venuto a sapere del mio mutamento di vita: la mia nuova storia era importante e non era possibile andare avanti. Nel frattempo, Vincenzo Balzamo [*segretario amministrativo del Psi, ucciso da un infarto quando esplose Tangentopoli*] rilevò una televisione, Gbr, dal fallimento. Per loro era molto importante avere una voce a Roma e mi chiesero se volevo occuparmi di trovare gli ospiti per un programma che si chiamava "Falchi della notte". All'epoca Gbr era ancora in uno scantinato in via Veneto, e fui io a portarla ai Parioli, nei locali annessi alla chiesa di San Roberto Bellarmino. Accettai, all'inizio molto timidamente. Poi da un programma me ne inventai un altro, e poi un altro, e poi un altro ancora, e poi tanti per una televisione intera.

«Volevo fare qualcosa di diverso dal solito giro di videocassette che si vedeva in giro. Non avevo soldi da buttare: mi servivano per trasmettere e per mantenere i dipendenti che avevo già trovato. E allora non ho fatto altro che usare la mia educazione, il mio intuito e la mia diplomazia. Che si fa, quando non si hanno i soldi per pagare gli ospiti dei programmi? Si utilizza un altro ambiente: il mio. Certo, nessuno avrebbe osato dirmi di no, e così cominciai a chiedere ad amici, medici, avvocati, casalinghe, nonne, mogli di ministri, lo stesso sindaco di Roma, di fare trasmissioni gratis, per le quali poi avrei cercato la tanto faticosa pubblicità locale. Ci chiamavano "i Garibaldini". Ed ecco il salotto di Paolo e Giovanna Portoghesi, Marta Marzotto, le trasmissioni di Fiorella Mancini, Fabrizia Cusani con la sua architettura, Maria Rita Parsi che risponde ai problemi della gente (con una sola telecamera fissa), Alda D'Eusanio che presenta, un avvocato che recita poesie, un altro che risponde alle domande del pubblico, il mio autista Marcello che suona il piano, Vittoria Cappelli e Lucy Nesbit che presentano anche loro, Adelina Tattilo che parla dei suoi figli, il sindaco di Roma Franco Carraro che risponde ai cittadini... Trasmissioni sulla donna, sulla medicina, sulla lirica, di politica, frasi d'amore durante il giorno. Monica Leofreddi, Simona Ventura, Enrico Papi, Gianni Ippoliti, donne socialiste che entravano e uscivano: parecchi ne ho lanciati, avevo occhio... Ad alcuni facevo addirittura portare l'arredamento da casa, e anch'io svuotavo la mia di quadri e oggetti, pur di attaccare qualcosa alle pareti nelle trasmissioni. Un mio carissimo amico, architetto, faceva le scenografie, dipingendole gratis. Osman Mancini si occupava della parte politica per il partito, e Fabio Alescio della parte sportiva. Era una Tv al femminile, dolce, chioccia, ma grintosa.

«Facevamo grandi presentazioni del palinsesto, ora all'Excelsior, ora al Grand Hotel, e a differenza di quanto si è letto, ottenevo questi spazi prestigiosi sempre gratis, o meglio in cambio di pubblicità. Così facemmo diventare Gbr la prima televisione privata romana, da ultima che era. E, per i socialisti, questa tribuna fu talmente importante che ci chiesero di aprirne anche in Umbria e in Abruzzo. All'inizio facevo dieci lavori insieme: ideatrice dei programmi, regista, aiutoregista, canzoni, trucco, direttore immagine, direttore programmi, direttore pubblicità, prendendo anche, a prezzi stracciati, i diritti sulle partite di calcio. L'unica cosa di cui non mi sono mai, dico mai, occupata era dell'amministrazione, se non per far risparmiare, naturalmente nei limiti del possibile. Anche perché, se avessero dovuto retribuirmi, ci sarebbero voluti troppi soldi. Non ci sarebbe stato davvero prezzo per quello che facevo e per la dedizione con cui svolgevo il mio lavoro. Anch'io, infatti, ero diventata socialista, e ci credevo.»

«Sì, è vero che potevo fare e disfare...»

Questa è la verità di Ania Pieroni sulla televisione romana Gbr. Una verità virtuosa, senza macchie, senza chiaroscuri. La realtà, ovviamente, è più articolata. È indiscutibile che a cavallo della metà degli anni Ottanta, quando Craxi fu per quattro anni contemporaneamente segretario del Psi e presidente del Consiglio, l'Italia visse momenti in cui molti persero il senso della misura e si illusero che la crescita del paese – l'inflazione calava, l'economia tirava, la borsa galoppava – fosse inarrestabile. Ed è altrettanto indiscutibile che, in condizioni di questo genere, la lucidità di chi era al potere – come Craxi, appunto – si appannò, anche per il prestigio e la compiacenza della corte che lo circondava. Si è parlato di «nani e ballerine», e Craxi ne ha avuto intorno molti, ma non erano né gli uni né le altre Lucio Dalla, Riccardo Cocciante, Gianni Morandi, Claudio Baglioni, Massimo Troisi, che cantavano con Bettino e Ania in un prestigioso salotto al Gianicolo, come racconta la Laurenzi nel libro citato, né le personalità di spicco dell'impresa, della finanza e della cultura che si riconoscevano nel nuovo corso socialista e, perché no?, nell'«Italia da bere». L'esplosione di Gbr e il ruolo di Ania Pieroni vanno visti in quest'ottica. Non c'è dubbio che lei si fosse tuffata in quell'avventura anima e corpo, ma è altrettanto indubbio che, se non fosse stata nel cuore di Craxi, quell'opportunità non l'avrebbe avuta.

«Presto la soprannomineranno Claretta» scrive la Laurenzi. «Di lei si mormora sia l'unica persona in grado di dare ordini a Craxi quando Craxi governa l'Italia, la sola che osi contraddirlo, tenergli testa, imporgli scelte e decisioni ... Per Ania, quella dell'asse Craxi-Andreotti-Forlani, divenuto l'emblema negativo della Prima Repubblica, è davvero una stagione d'oro. Sono in tanti a renderle omaggio, a fare la fila per essere ammessi al bacio della pantofola, entrare nelle sue grazie, scaldarsi al riverbero del potere. È temuta, lusingata, corteggiatissima; si mormora che possa creare e distruggere una carriera semplicemente alzando il telefono. Gran dama del socialismo romano, è contesa dai salotti, inondata di suppliche, riverita più di un ministro. A una festa in suo onore viene inalberato uno striscione con un verso parafrasato dalla *Tosca* che le calza a pennello: "E avanti a lei tremava tutta Roma".»

È vero che lei poteva fare e disfare?, chiedo ad Ania Pieroni. «È vero» risponde ridendo. «Ma ritenevo di agire sempre a fin di bene e non credo di essermi mai montata la testa...»

Eppure, penso che qualche suo suggerimento Craxi l'abbia ascoltato. «Certo, mi dava un po' di retta... Chi gli ho consigliato? Per esempio, Giampaolo Sodano per la direzione di Raidue [*designato dal Psi, Sodano si confermò, peraltro, un professionista capace*]. Ma non molto di più. Lui non era uomo che mi chiedesse che cosa doveva fare...»

Parlavate di politica? «Pochissimo. Capitava quando eravamo insieme con altri amici.»

Le confidava disegni politici, ambizioni, delusioni? «Era un uomo troppo grande per confidare questo tipo di pensieri.»

Lei sa quanta gente si diceva fosse raccomandata da Craxi? «E lei sa quanta gente millantava una protezione che non aveva? Lui non ha mai alzato il telefono per raccomandare nessuno.»

Molta gente andava alla televisione di Ania Pieroni solo per compiacerla e per compiacere Craxi attraverso di lei, ma sempre nello stesso libro della Laurenzi c'è chi difende quell'esperienza, come Fiorella Mancini, la stilista veneziana storica amica di Gianni De Michelis: «Gbr era sostanzialmente una televisione di donne, una sorta di gineceo, dove a ognuna di noi era lasciata molta libertà creativa. Io avevo due programmi tutti miei, uno sui gay. Ricordo che non c'era nessuna censura. Ci divertivamo molto, eravamo amiche, sentivamo di far parte di una grande famiglia. Da Giovanna Portoghesi ad Alda D'Eusanio a Marta Marzotto: ognuna con il suo spazio, molto spazio. È stata una stagione straordinaria. Alle tavole rotonde di Gbr correvano tutti. Ricordo Silvio Berlusconi con il suo truccatore personale, attentissimo alle luci. Ricordo Giulio Andreotti. E tutti i leader, tutti i segretari di partito».

«La sera quando tornavo in albergo da noi [*al Raphaël*]» mi dice Ania «passando dall'ingresso sul retro per una forma di rispetto, tentavo di parlargli dei problemi della televisione, ma non voleva saperne. Come si faceva a parlare di queste robette terrene a uno come lui che stava sempre con la testa in altre cose? I commerci non gli interessavano, lui era un idealista, un grande, che amava l'Italia.»

«Ci addormentavamo in terrazzo, come due beduini»

Ecco, Craxi si è perduto proprio per questo. Da autentico leader politico qual era, si occupava dei grandi disegni, considerando quisquilie gli aspetti finanziari, grandi o meno grandi, rilevanti o meno rilevanti che fossero. Conosceva bene il mondo economico e finanziario, sapeva che per ogni lira versata ai partiti i maggiori imprenditori italiani ne guadagnavano dieci, e che la struttura di tutti i partiti – e in particolare del Pci-Pds, che era la più grossa – veniva in larga parte finanziata illecitamente. Dunque, che cosa volete che gli importasse dei conti di Gbr, dei quali verosimilmente era all'oscuro? La sua donna romana, la sua «malattia», era felice di questo «giocattolo» (parola che lei rifiuta sdegnosamente nel nostro colloquio) e lo faceva funzionare bene. A lui bastava. E questa sua indifferenza per il dettaglio, chiamiamolo così, lo ha perduto.

«Anche se stava partendo un mio programma» continua il racconto di Ania «alle 20.30 dovevo tornare in albergo, perché lui mi voleva trovare là. Non potevo nemmeno guardare la trasmissione dalla nostra stanza perché succedeva il finimondo. A quell'ora Gbr non doveva più esistere, c'era solo lui. Ma è anche vero che mi diceva spesso: "Se gli altri osassero parlarmi come mi parli tu, li avrei già buttati dal terrazzo". Io ridevo e lo accontentavo in tutto; in fondo non sbagliava il giornale che mi definì: "Pugno di ferro in guanto di velluto". Lui mi diceva: "Ania, ti voglio bene per come sei dentro, non mi interessa se sei grassa o magra". E io dimenticavo il padrone terribile che era. Mai una sera che mi abbia lasciata sola in albergo, fatta eccezione per quando arrivavano Anna e Stefania, peraltro raramente. Furono anni vissuti, intensamente, in una stanza d'albergo; le nostre serate goliardiche, i suoi discorsi che oggi ci mancano tanto, le passeggiate a piazza Navona, tra le bancarelle dove mi comprava di tutto, a cominciare dalle bambole, a prezzo maggiorato. D'estate, qualche volta ci addormentavamo fuori in terrazzo, come due beduini, con le nostre coperte per terra, ricordandoci di quando andavo con i miei fratelli più piccoli a seminare volantini sulle automobili e ad attaccare poster, nascosti come delle ombre, nel nome del Garofano... Se poi volevo farlo arrabbiare un po', dovevo solo raccontargli di aver chiesto lo sconto in qualche negozio, e allora davvero le mie quotazioni scendevano al minimo. In dieci anni sono salita una sola volta sulla sua automobile di servizio. Non sono mai andata nel suo ufficio a Roma se non quando a Serenella, la segretaria, morì il cagnolino e io gliene regalai un altro. Parlavo con lei da sempre e non ci eravamo mai incontrate di persona. Nell'ufficio di Milano sarò andata tre volte. Non ho mai approfittato del mio ruolo, né lui me lo avrebbe mai permesso. Quando entrava in albergo la sera gli baciavo le mani, e quando usciva gliele riempivo nuovamente di baci. L'ho sempre protetto in questo amore, anche da se stesso. Abbiamo vissuto l'una per l'altro, sono stata una moglie, una madre, una figlia. Poi un giorno, quando lui era ancora "re", sono andata a cercare me stessa, e ho spezzato il mio e il suo cuore.»

Ania racconta con due righe di pudore il dramma sentimentale che interruppe la sua storia d'amore con Bettino. Nel 1991 s'innamorò di un giornalista di Gbr, Osman Mancini, che, come abbiamo visto, seguiva molto da vicino la politica del Psi per conto dell'emittente. Un uomo di assoluta fiducia del partito, quindi, anche se Ania mi assicura che Craxi non lo conosceva, e non c'è ragione di dubitarne.

Prova molto disagio a riferire i dettagli di questa storia: «Diciamo che, dopo dieci anni trascorsi in una stanza d'albergo per proteggere lui da tutto e da tutti, stavo male».

«Meglio Tangentopoli, così non penso ad Ania»

Aveva messo in conto di interrompere la relazione con Craxi? «No, assolutamente. Gli avevo votato la vita. Sapevo che, se un giorno lo avessi lasciato, per entrambi sarebbe stato come morire.»

E allora? «Allora, nonostante tutto quello che ho appena detto, accadde che il rapporto di lavoro con Osman si trasformasse in qualcosa d'altro. Lui mi chiese la testa di Osman, e io non gliela diedi. Dopo un po', Osman si dimise e io dissi che questa era una cattiveria. Se lui [*Craxi*] non avesse fatto richiamare Mancini in Gbr, io non sarei tornata da lui. Lui, invece, si aspettava che fossi io a rinunciare a Osman, che gli dessi la sua testa. Alla fine di questo braccio di ferro, nessuno di noi due tornò indietro e le cose precipitarono. Con la morte nel cuore.»

Scrive la Laurenzi: «L'ira e la gelosia di Bettino, che li ha quasi colti in flagrante, coincidono con il declino dell'emittente. Dopo tanta finanza allegra il giocattolo di Ania versa ormai in pessime acque e ha accumulato un deficit di oltre sei miliardi e mezzo di lire. Analizzando minuziosamente i conti, nel '95 la Guardia di Finanza rileverà che con i fondi di Gbr Craxi pagava fra l'altro anche i fiori, soprattutto peonie, per la Pieroni: che dovevano rigorosamente essere bianchi e soprattutto molti. E preziosi».

Ania smentisce risolutamente di aver mai ricevuto fiori da Craxi («Non era uomo da fiori...») e che, come è stato scritto, mandasse a comprare per lei gioielli nelle aste di Christie's a Londra. «Niente di tutto questo. I regali che mi faceva erano le bambole di piazza Navona, strapagate. Lui era un padrone con un carattere da scappare. Ma poi aveva dolcezze infinite per me e per la mia famiglia. E mi diceva: sei l'unica donna che ho fatto dormire qui.»

Lei sapeva dell'enorme deficit accumulato da Gbr? «Non mi sono mai, dico mai, occupata dei bilanci della televisione. Lo facevano gli amministratori del partito. Noi cercavamo di prendere quanta più pubblicità locale era possibile. Io cercavo soprattutto di far risparmiare, portavo a pranzo i presidenti di Roma e Lazio per avere le condizioni migliori. All'inizio, quando l'abbiamo presa dal fallimento, Gbr era una televisione sputtanata. Non è stato facile risollevarla. Se ci siamo riusciti, mi scusi, lo si deve alla mia abilità e alla capacità di muovermi in un ambiente che conoscevo. «Poi fu Tangentopoli, e nella bufera ci rafforzammo: lui combatté come un leone, io dalle ingiurie ne uscii con onore.»

Lei fu inquisita per la vicenda Gbr... «Sì, ma dopo anni di

indagini ne sono uscita completamente indenne. Si poté constatare che io, con le vicende dell'amministrazione, non c'entravo niente. Io ero disperata per lui, per una tragedia grave quanto la morte. E che alla morte portò davvero ... Una frase mi distrusse, riferita da lui a una nostra amica, Alba Calia: "Meglio Tangentopoli, così non penso ad Ania". Ma il vero amore non finisce mai. Andai più volte con Osman a trovarlo, perché poi anche i loro rapporti si normalizzarono. Sulla riva del mare, parlavamo con le lacrime agli occhi. Mi chiedeva della mia bellissima madre, di mio fratello Sergio, della nostra famiglia a cui lui voleva molto bene, e io gli raccontavo, gli raccontavo, e tutti e tre volevamo che quei momenti, così preziosi in parole e sentimenti, non avessero fine: "Osman, diceva, stai sempre vicino ad Ania". Poi, una telefonata, la voce sottile come un filo, un saluto, non capii. Il giorno dopo, di pomeriggio, il sole si fermò a Hammamet, e l'Africa fu la nostra ultima volta.»

Ania «ha colmato la solitudine di mio padre» ha detto nelle pagine precedenti Stefania Craxi. Dunque, ha torto Marina Ripa di Meana quando in un'intervista del 1994 afferma: «Credo che questa storia abbia fatto vacillare Bettino, penso che sia stato uno dei motivi principali della sua eclissi»? E si sbaglia Cornelio Brandini, strettissimo collaboratore di Craxi, quando attribuisce «ad Ania e agli ozi romani e salottieri il suo personale distacco da Bettino e parte degli insuccessi politici del Psi e del suo leader» (Ceccarelli, *Il letto e il potere*)?

«Ma per carità» reagisce indignata Ania Pieroni. «Io gli ho voluto un bene dell'anima, l'ho salvaguardato in tante occasioni e non ho bisogno di dimostrarlo. Quando ci siamo lasciati, è vero, lui ha avuto un momento molto drammatico, ma quello che dice Brandini è una cavolata. La verità è che Cornelio, come altri, era molto geloso del mio rapporto con lui. E non ne aveva motivo.»

Patrizia Caselli, l'ultimo amore segreto, fino alla morte

Di Ania Pieroni si sapeva tutto, anche se lei prima d'ora non aveva mai parlato. Di Patrizia Caselli non si sapeva nulla, tranne che in una cerchia assai ristretta di congiunti e amici di Bettino Craxi. Nulla, nemmeno il nome. Ma quando lei viene per incontrarmi da Parigi dove vive, una mattina di metà ottobre 2007, dopo due ore di confessioni abbiamo entrambi gli occhi lucidi. Una storia d'amore, la sua e di Bettino, intensa e drammatica come poche, resa limpida – mi pare – dal disinteresse. Patrizia è stata con Craxi nove anni, dal 1991 al momento della morte, il 19 gennaio 2000. Un anno di potere, otto di fuga, di solitudine, di processi, di malattia. Ecco il suo racconto.

«Sono stata la donna di Walter Chiari dal 1979 al 1987. Avevo cominciato a lavorare con Nanni Loy, Walter mi vide, mi fece un'audizione, mi prese in compagnia. Bettino mi notò alla prima di *Hai mai provato con l'acqua calda?*, con Ivana Monti che s'immergeva in una piscina vera. Era amico di Walter: diede una cena per la compagnia nella sua casa milanese di via Foppa. Ci conoscemmo così, ma non ci rivedemmo per anni. Io, intanto, lavoravo nelle televisioni private lombarde, Antenna 3 e Telealtomilanese, con Vittorio Giovanelli, che poi diventò direttore di Retequattro. Niente Roma, fino a quando Mario Raimondo, direttore della sede milanese della Rai, mi segnalò per una trasmissione che si chiamava "Master" e che feci nel 1988 e nel 1989. La storia con Walter era finita nel 1987, quando avevo 27 anni. Una storia appassionata e turbolenta.

«Nel 1989 avevo appena firmato un contratto con Raidue per "Detto tra noi", un programma di Piero Vigorelli che sarebbe poi diventato "La cronaca in diretta", quando mi chiamò Enza Tomaselli, la segretaria di Bettino. Al telefono rispose mia madre: voleva parlarmi una persona importante, l'appuntamento era in piazza Duomo 19 a Milano. Ci andai un lunedì, ignorando che fosse lo studio di Craxi. Mi trovai davanti Bettino, che attaccò con una domanda strana: "Siamo sicuri che Walter stia bene?".

«"Guardi che non stiamo insieme dal 1987..." risposi.

«"Non lo frequenti più?"

«"Ci vediamo raramente. Sono accadute cose spiacevoli. Lui mi ha fatto seguire, io sto con un'altra persona. E sto cominciando per la prima volta un programma importante senza di lui..."

«"Sai che lui va dicendo in giro che c'è una tresca tra noi?" Me lo disse facendo uno di quei sorrisi tra il timido e il seduttivo, perché Bettino amava sedurre... E proseguì: "Siccome di problemi ne ho già abbastanza e mi viene messa in conto una cosa che non è nemmeno vera, be', vediamo di dire a Walter di smetterla".

«Provai una sensazione strana: stavo per dare una svolta alla mia vita professionale e mi trovavo di fronte a un uomo molto potente che avrebbe potuto aiutarmi. Bene, per un curioso paradosso ero io che rappresentavo un problema per lui...

«"Mi dispiace molto" risposi. "Non ne sapevo niente. Lui ogni tanto va a trovare mia madre, ma nei miei confronti è ancora piuttosto aggressivo. Comunque, guardi, farò il possibile..."

«"Ma mi dai del lei?" mi chiese. Io non riuscivo a dargli del tu. "A proposito, per Walter forse è meglio che lasci stare. Chiederò a Paolo Pillitteri di parlargli lui. Tu, piuttosto, che fai?"

«"Una trasmissione nuova. La Rai ha deciso di tenere i programmi per ragazzi sulla prima rete e di sostituire sulla seconda "Pane e marmellata". Su Raidue si vuole sperimentare un format nuovo, di cronaca nera..."

«"Ma che cos'è questa mania della televisione? Non è una buona cosa, hai sempre bisogno di qualcuno che ti aiuti... Non puoi cercarti un'altra professione?"

«"Guardi, ho cominciato questo lavoro quando avevo 18 anni, mi si offre questa possibilità e mi sembrerebbe sciocco non approfittarne. Non voglio arrivare a 40 anni e stare attaccata al telefono aspettando che un autore o un capostruttura mi chiamino per un'apparizione..."

«Bettino a questo punto si ammorbidì. "Se proprio vuoi fare televisione, potrei parlarne con Berlusconi..."

«"Grazie, ma proprio adesso sto per cominciare un programma con la Rai... Penso, peraltro, che sia più utile a chi fa il mio lavoro cominciare con la Rai e poi semmai passare a Fininvest, e non il contrario."

«Lui fece finta di non sentire e si fece passare Berlusconi al telefono. "Silvio, ho qui una persona che vorrei tu incontrassi... No, Silvio, non hai capito. Non uno dei tuoi. Tu... Va bene domani alle quattro?"

«"Sai dov'è via Rovani?" mi chiese. Prese un foglio di carta e ci tracciò una mappa delle strade che vi ci portano. Andai. Berlusconi, naturalmente, fu gentilissimo, ma non gli parve vero di constatare che già avevo un lavoro in Rai. Era la fine di ottobre del 1989: lui è nato alla fine di settembre e si scusò se la stanza era ancora ingombra dei regali che gli avevano mandato un mese prima. Finì lì.»

«Bettino si sedette sul divano e disse: "Tutto è finito"»

«Un mio amico che si muoveva nel mondo della finanza mi disse se ero pazza a lasciar cadere un contatto come quello con Craxi. Così, tornai da lui per raccontargli l'incontro con Berlusconi. Da allora, Bettino ogni tanto mi faceva chiamare. Spesso aveva gente e mi faceva aspettare anche due ore. Poi prendevamo un caffè. Credo che per lui fosse un momento di evasione. Gli parlavo del mondo dello spettacolo, della televisione. Ma quando gli dissi che ormai abitavo a Roma, lui si ritrasse. Era come se considerasse quella città qualcosa da cui tenermi lontana. Per più di un anno andammo avanti così, con lui che mi chiamava magari all'una di notte per parlarmi di un curioso programma che vedevamo a quell'ora entrambi: si chiamava "Itto Ogami", era la storia di un samurai... Finché un giorno mi invitò a pranzo nel suo albergo di Roma, il Raphaël. La nostra storia cominciò così, all'inizio del 1991.

«Non mi era mai capitato prima: sentire una persona parlare, anche con altri, tra la gente, e leggergli l'anima. La chimica, si dice. Be', la chimica non lega due persone soltanto nella passione fisica. La chimica è anche altro...

«Mi trovavo in una situazione curiosa. Il programma con Vigorelli, che tutti pensavano sarebbe stato un fiasco, andava fortissimo. Io volevo star lì, non mi interessava in quel momento la promozione alla prima serata e al contenitore domenicale. Con "Detto tra noi", Craxi non c'entrava niente. E il fatto di avere una relazione con lui non era allora un vantaggio da sfruttare. Non mi giovava che qualcuno dicesse: sta qui perché ce l'ha messa lui...

«La nostra intesa, comunque, era perfetta. Lui così alto e fisicamente così ingombrante riusciva a manifestare i suoi sentimenti con leggerezza, e con un'attenzione che non mi sarei mai aspettata da un uomo tanto impegnato. Non era bello, gli dicevo: guarda che non hai proprio niente che stia al posto giusto. Eppure aveva un grande charme, una grande capacità seduttiva. Lei mi dice che le donne sono attratte dal potere? Certo, all'inizio il carisma del personaggio conta. Poi funzionano altre cose. Bettino era molto generoso. Se a una cena intervenivano le signore con i mariti, lui aveva un pensiero per tutti. Amava molto l'arte, e credo che abbia regalato litografie e anche quadri importanti. Gioielli di gran pregio comprati da Christie's? Su questo abbasserei i toni. Gli piaceva moltissimo fare regali, ma non riceverne. Quando ci provavo, restavo sempre male.

«Poi arrivò Tangentopoli. Quando venne fuori la storia di Mario Chiesa, lui lo chiamò "mariuolo", e tutti pensarono che l'avesse sottovalutata. E invece, no. Bettino aveva capito bene come sarebbe andata a finire. Ricordo perfettamente una sera: passò un momento a casa mia, a Roma, si sedette su un divano e disse: "Tutto è finito". Quando cominciò la raffica degli avvisi di garanzia, lui si sfogava tornando sempre sullo stesso punto: com'è possibile che tutto proceda così speditamente conoscendo i tempi della giustizia italiana? O qualcuno sapeva queste cose da venticinque anni e ha impiegato tutto il tempo per tirarle fuori, o c'è una mano che passa ai magistrati dossier già pronti. Questa velocità è clamorosa e sospetta, diceva. Ma c'era una cosa, soprattutto, che faceva diventare Bettino furibondo: sentirsi trattare come un criminale comune. Lui era dispostissimo a subire un processo politico e ad assumersi, come fece, le sue responsabilità politiche. Ma non accettava il resto.»

«Andò direttamente dal Messico a Hammamet, con un volo privato»

«Alla fine del 1993 andammo insieme a Parigi. Doveva incontrare Mitterrand e chiedergli, penso, se era disposto a farlo rifugiare in Francia. Lo accompagnai all'Eliseo e tornò rabbuiato.

«"La vedo nera" mi disse.

«"Ma come?" provai a rincuorarlo. "Da Roma ci incoraggiano..."

«"No. Non è vero niente, e io non voglio mettere in difficoltà Mitterrand. Sono arrivato lì, lui è stato gentilissimo, mi sono acceso una sigaretta e mi è venuto subito in mente che era malato. Ho cercato con lo sguardo un portacenere che non c'era, lui ha capito, è andato a prendermi una ciotola e mi ha detto: "Continua pure a fumare, il mio cancro è ragionevole...".

«Eravamo soli a Parigi ed era curioso vederlo mescolato alla gente normale. Lui camminava davanti a me e vedevo il disagio di un uomo abituato ormai da tanti anni alle auto di servizio, alle scorte, alla lontananza dal mondo comune. Soffriva della patologia di chi è costretto a immergersi all'improvviso in un mondo che non riconosce. Lo guardavo spaurito ai semafori, provava il disagio di mescolarsi tra la folla, di avere la gente troppo vicina che lo sfiorava. Scoprii che non sapeva usare le cabine telefoniche. Io guidavo l'automobile e lo istruivo: la tessera s'infila da questo lato, e così via. Lui scendeva e cominciava a litigare con le porte delle cabine che erano troppo strette per lui. Poi provava a inserire la scheda e a formare il numero. Non ci riusciva e tornava indietro frustrato. "Ho passato anni in cui si preoccupavano perfino del posto dove potessi sputare. Però dobbiamo andare avanti."

«Nel maggio 1994 Bettino si aspettava ormai il mandato di cattura internazionale. Era una corsa contro il tempo. Lui andò in Messico, e io lo raggiunsi. Arrivai all'aeroporto di Mexico City e la dogana faceva le perquisizioni a campione. Premevi un tasto, se si accendeva la luce verde passavi, se veniva la rossa ti perquisivano. Io non avevo niente da nascondere, ma ero molto nervosa. Quando fu il mio turno, venne la luce verde. Feci con la mano un istintivo gesto di gioia, accesi il cellulare e arrivò subito una chiamata. Era lui.

«"Ma ci vedi?" mi disse di buonumore.

«"Ci vedo, ma non ti vedo. Dove sei?"

«"Guarda in alto..." Vidi dietro un'ampia vetrata al piano superiore un uomo alto, vestito di lino, con un grande panama, che scese a prendermi. Mi disse che saremmo andati a Cuernavaca, a casa della contessa Agusta. Non c'erano né lei né Maurizio Raggio [*il compagno della contessa, depositario di uno dei conti esteri del Partito socialista*]. Bettino era nervoso, agitatissimo. Ma anche in quei momenti drammatici riusciva a regalarti momenti sereni, ricordi dolci, morbidi. La piscina della Agusta era circondata da pietre tagliate a vivo, molto affilate. Bettino inciampò e si procurò un brutto taglio a un piede. Quella ferita non si sarebbe mai rimarginata... Lui andò direttamente dal Messico a Hammamet, con un volo privato. Io lo raggiunsi a fine giugno. Non ero mai andata in Tunisia, e la mia vita cambiò. Era cambiato tutto anche alla Rai. Il mio contratto sarebbe scaduto in novembre, e il direttore di Raidue Giampaolo Sodano, che stava per essere sostituito, mi offrì un'opzione. Gli dissi di non farlo. "Detto tra noi" era arrivata al capolinea: Vigorelli viveva da due anni sotto scorta, io mi trovai nell'automobile uno dei sequestratori latitanti di Carlo Celadon, avevamo tante denunce sulle spalle... Sodano attivò ugualmente l'opzione. Fu un gesto gentile, anche se la mia vita era ormai cambiata per sempre.

«Presi una camera d'albergo a Nabuil, vicino a Hammamet, dove stava Bettino, e mi tornò subito in mente una conversazione fatta con lui appena un anno e mezzo prima, alla fine del 1992, sulla terrazza del Raphaël. "Non capisco che cosa voglia fare Andreotti" mi disse. Si doveva eleggere il presidente della Repubblica, Bettino pensava di tornare di nuovo a palazzo Chigi. Pochi mesi, e sembravano ricordi di un altro secolo. Lui decise di stabilirsi in Tunisia quando capì che non gli avrebbero permesso di tornare in Italia in condizioni degne di un ex presidente del Consiglio. Diceva: non mi metteranno mai le mani addosso come si fa con un delinquente comune. Decise di restare a Hammamet, e io decisi di restare accanto a lui.

«In Italia non avrei mai visto questi colori, questi tramonti...»

Per quattro mesi stetti in albergo, ma già nell'ottobre 1994 presi la prima casa in affitto. Ne ho cambiate otto in pochi anni. Perché? Ci furono furti, una volta trovai un coltello sul letto. Nessuno di noi si sentiva sicuro, eravamo in pochissimi a restare fedeli a Bettino, ci veniva in mente la lista delle assenze, una lista lunga...

«Tenga conto, poi, che io non avevo il diritto di risiedere in Tunisia. Il presidente Ben Alì aveva assicurato la protezione a Craxi, e il governo lasciava cadere il discorso ogni volta che da parte dell'Italia si chiedeva di consegnargli Bettino. Anche con i miei lunghi soggiorni sono stati sempre tutti comprensivi, tolleranti. Non mi hanno fatto mai pesare la mia condizione, ma non potevo esagerare. Io ero la vera clandestina di Hammamet. Tutti sapevano che Bettino stava a Hammamet: lui poteva scrivere, comunicare. Io no. Non potevo dire dove stavo e con le persone che conoscevo dovevo inventare l'inenarrabile per giustificare le mie lunghe assenze dall'Italia. Mi sono chiesta quanta gente sapesse che ero lì. Per molto tempo, solo qualche persona, oltre ai miei familiari. Mia madre vedeva il mio sacrificio senza speranze, ma non mi ha mai ostacolata. Mi diceva al telefono: sta' su, Ninnina – lei mi chiama così –, sta' su e tieni duro.

«Le nostre giornate? Al mattino lui guardava la rassegna stampa che gli arrivava per fax dall'Italia, e può immaginare che roba fosse. Mi chiamava, mi raccontava quel che era successo e quel che stava scrivendo, mi mandava gli articoli. Tenga conto che ho sempre abitato a non più di quattro chilometri dalla casa di Bettino. Ci incontravamo a volte a pranzo, più spesso a cena. Andavamo per ristoranti e, la notte, lui tornava sempre a casa. Abbiamo avuto sempre grande rispetto per la presenza delle persone che già esistevano nella sua vita. Sì, mi riferisco ad Anna. Non l'ho mai incontrata, ma lei era al corrente della nostra relazione, così come lo erano i figli. Tant'è che, negli ultimi tempi, Bettino mi disse di aver parlato a Stefania e a Bobo: "Guardate, ci sono persone che nella mia vita mi sono entrate nel cuore. C'è vostra madre, innanzitutto. Ci siete voi. E ci sarà un'altra persona di cui, quando non ci sarò più, bisognerà tener conto. Sapete chi è, come si chiama e sapete che vive qui".

«Quando Anna andava a Parigi, Bettino e io facevamo dei brevi viaggi attraverso la Tunisia, ma i momenti più belli erano certe sere a Hammamet. Spesso, al tramonto, andavamo in una spiaggia libera di Sidi Maherse. Camminavamo sulla battigia, che è morbida e non faceva soffrire Bettino. Parlavamo di tutto. Ogni tanto lui si fermava, guardava in direzione dell'Italia e diceva: lasciamo perdere tutto quel che mi è successo, ma se fossi rimasto là, giornate come questa, momenti come questi, me li sarei sognati. Sarei crepato – diceva proprio così, crepato – senza aver mai visto questi tramonti, questi colori, questi momenti struggenti.

«Durante una delle nostre passeggiate su questa spiaggia, ci piovve accanto una palla. Da un cespuglio spuntò una testa, poi un'altra. Spuntarono cinque teste di bambini. Vivevano in condizioni miserrime, con la vecchia nonna, in una capanna senza servizi igienici. Cominciammo a occuparci di loro, e lo facemmo fino alla fine. Ho una foto di Bettino che arriva carico di borse con la spesa. Gli comprò un barbecue, rese meno indecente la loro vita. Per lavarli, li portai a casa. Restarono affascinati dal televisore. Si misero a sedere davanti all'apparecchio spento. Anche senza immagini, per loro era una fonte di magia.»

«Quelle poesie scritte sul retro dei fax»

«Bettino traduceva dal francese le poesie di un poeta persiano, una specie di ubriacone che gli piaceva molto. E scriveva lui stesso tante poesie. Le scriveva sul primo foglio che gli capitava a tiro sulla scrivania. Erano quasi tutti fotocopie degli articoli che lo riguardavano e che gli mandavano ogni giorno dall'Italia via fax. Così, da un lato trovavi le polemiche sui finanziamenti delle Coop rosse, e sul retro le poesie di Bettino. Conservo quei fogli: c'è davvero tutta la sua doppia vita.

«Quando nel 1999 fu ricoverato in ospedale, per me fu più difficile incontrarlo. Conoscevo gli orari in cui Anna era da lui e ne sceglievo ovviamente altri. Qualche volta Stefania prendeva l'aereo da Roma e arrivava soltanto per dormire su un divano accanto al padre, e ripartiva la mattina dopo. Bettino apparentemente protestava ("Ma che cosa vieni a fare? Hai un marito, i figli, il lavoro. Perché vieni fin qui per dormire su un divano?"), ma io gli leggevo negli occhi il piacere di queste visite. Mi è sempre dispiaciuto non avere rapporti diretti con Stefania. Non le ho mai parlato. Peccato. Sono depositaria di cose bellissime che il padre diceva su di lei. Cose che le appartengono e che mi piacerebbe lei sapesse. Ma Stefania ha voluto ricostruire la verità sulla vita sentimentale del padre fermandosi dove il padre non si era fermato.

«Ci incontrammo con Bettino il giorno precedente il ricovero durante il quale doveva essere operato. Restai ininterrottamente a Hammamet nei mesi di novembre e di dicembre 1999, pur sapendo che non avrei potuto vederlo. Sarei stata completamente abbandonata se non mi avessero assistito con discrezione i cinque uomini della scorta di Bettino, militari dei reparti speciali messi a disposizione dalla presidenza della Repubblica tunisina. Nonostante questo, la polizia voleva sapere assolutamente tutto di noi. Chi incontrava

Craxi in casa mia? A chi telefonava? Erano gentili e ospitali, ma volevano capire. Un giorno la domestica mi disse: la polizia è venuta a casa mia, mi ha chiesto di fotocopiare tutto quello che trovo qui e di riferire sui movimenti di Craxi. Ho provato a dire che c'era la scorta a sorvegliare, che voi parlavate in italiano e io non capivo. Io l'ho incoraggiata: ubbidisci, i poliziotti in fondo fanno il loro lavoro e tu devi rispondere a tutte le domande. Lei reagì con orgoglio: no, madame, io non ci riesco. Ho detto loro che non faccio la spia. Se sono interessati a quel che accade in questa casa, vengano loro a cercare le carte nei cestini.

«Quando non riuscivo a comunicare con lui, avevo notizie quotidiane dalla scorta e da Nicola, l'autista di Bettino. A dicembre, un mese prima di morire, rientrò a casa. Era molto debole. Mi mandò una foto con Francesco Cossiga, che era andato a trovarlo. Vidi che stava su una sedia a rotelle.

«"Mi hanno consigliato di fare fisioterapia, appena mi sento. Ma non ne ho voglia" mi disse al telefono. Parlava a fatica.

«"Devi farla" gli risposi. "Devi farla subito. Ho visto la foto. Tu in casa mia con la sedia a rotelle non entri. Impiegheremo un'ora per i pochi passi che separano la casa dall'automobile, metterò tappeti dappertutto perché il pavimento ti sia morbido. Ma tu entri in casa mia solo con le tue gambe." Un giorno arrivò. Si mosse lentamente sui tappeti. Si sedette sul divano che avevo messo nel patio vicino all'entrata. E mi disse: "L'ho fatto per te". L'avevo salutato dicendogli, a proposito dell'intervento: "È andato tutto bene...". E lui: "Non dirmelo, non è andata bene per niente. Guardami".»

«Prima di morire, volle salutare i pescatori»

«Venne a trovarmi ancora due volte. Arrivava alle 6 del pomeriggio, caracollante. Avevo rivoluzionato la disposizione dei mobili per accorciargli il percorso. Mi chiedeva di preparargli zuppe di verdura e tutto doveva essere apparecchiato per bene.

«"Voglio così perché non riesco a portarti a cena fuori" mi

diceva. Voleva darmi l'idea che tutto fosse quasi normale, che fossimo una coppia qualunque che sta insieme a tavola.

«Nei giorni successivi lui volle andare a salutare i pescatori. Erano una famiglia che lui aveva conosciuto nella zona meridionale di Hammamet all'inizio del suo esilio (o della sua latitanza, come la chiamate voi), prima che arrivassi io. Una famiglia molto dignitosa. Il padre era andato via, la mamma è una donna energica, i due figli maschi pescavano. Gli avevano costruito una capanna in riva al mare perché lui potesse star bene accanto a loro. Bettino gli aveva insegnato a cucinare gli spaghetti pomodoro e basilico, e loro gli preparavano l'agnello secondo la tradizione tunisina. Oltre a tanti piatti di pesce. Quando Bettino li conobbe, lavoravano su una barca sgangherata senza motore. Lui gli procurò un piccolo peschereccio. E quando il pesce arrivava in abbondanza, telefonavano perché ne mandassimo a prendere un po'.

«Per tutto questo, prima di morire volle salutarli. Scese dalla macchina e i pescatori gli portarono subito una sedia. Li salutò uno per volta. Lo fece passandogli la mano sul viso. Non era un saluto, era un addio.

«Quando risalimmo in auto, gli dissi: "Bettino, fino a oggi ti ha sorretto una volontà di ferro. Oggi tu hai deciso di congedarti da tutti noi. Se, con la tua volontà, hai deciso di andartene, questo accadrà. Non farlo, ti prego. Mi stai dando un dolore inimmaginabile. Il dolore di vedere invertito il percorso della tua volontà. Se questo è vero, tu ti stai lasciando davvero morire". Lui non rispose. Fu l'ultima volta che ci vedemmo.

«Sono partita da Hammamet per Milano il 10 gennaio. Abbiamo continuato a sentirci ogni giorno. La sera del 18, la sua ultima sera, mi chiamò, e lo sentii molto stanco. Lui aveva un rapporto forte con il cibo e per tenerlo su gli dissi: "Sapessi che piatto di spaghetti ho davanti...". "Non ho fame" rispose. E la risposta non mi piacque.

«Poi aggiunse: "A proposito, non sai che cosa mi ha combinato Bobo. Stavo parlando con lui al telefono e mi dice: aspetta, ti passo una persona. Era Martelli [*Craxi non aveva mai voluto parlare con Martelli da quando nel 1992 si era convinto che quello che era stato il suo braccio destro aveva tramato alle sue spalle per diventare presidente del Consiglio*]. 'Bettino, scusami, dobbiamo vederci, io devo parlarti...'" "E tu?" "Io gli ho detto: sì, sì, va bene, magari più avanti..."

«L'indomani mattina, il 19, Bettino mi chiamò alle 11. Poi entrai in un posto dove il cellulare non riceveva e ne uscii alle 15 per andare a casa. Trovai altre due sue chiamate intorno alle 13. Appena riaccesi il telefono, mi chiamò Piero Vigorelli, che non sentivo da tempo. Una telefonata strana: "Come stai? Novità? Scusa, ti richiamo". Perché mi aveva chiamato?

«Feci il numero del cellulare di Bettino. Squillò a vuoto. Riprovai. Qualcuno lo aveva staccato. Chiamai Nicola, l'autista, che in quel momento era a Roma. Mi disse urlando: "Il presidente non c'è più! Il presidente non c'è più!". Non disse mai: è morto. Crollai. Poco dopo mi chiamò un'amica per chiedermi se sapevo come rintracciare Anna a Parigi. Ero sconvolta: da giorni temevo di sapere la notizia solo dal telegiornale. Mi richiamò l'amica: abbiamo rintracciato Anna a Parigi, ma devo dirti una cosa bella. Credo che in questi anni la famiglia di Bettino ti debba molto. Se ancora negli ultimi giorni stava in piedi e non sulla sedia a rotelle, lo si deve a te.»

«Allungai la mano, come per impossessarmi di quel corpo»

«Partii per Hammamet il giorno dopo. L'aereo era pieno di giornalisti, misi gli occhiali scuri e tirai avanti, consumata dal dolore. Andai in casa, c'era il ragazzo che me la teneva. Per lui, Bettino era come un padre. Quando io ero via, Bettino passava ogni giorno di lì a controllare, giocava con il cane, salutava il guardiano, vedeva il Tg4, mi chiamava per dirmi che era tutto a posto e tornava a casa sua. Quel giorno e nei giorni successivi, nessuno mi chiamò, nessuno mi cercò.

«Telefonai a Nicola e gli chiesi di poter vedere Bettino.

«"Se lo ricordi com'era, signora" mi rispose.

«"Nicola, io ho bisogno di vederlo."

«"Signora, non posso fare niente per lei."

«"Nicola, dov'è?"

«"All'obitorio dell'ospedale, ma non si può entrare, perché l'ospedale è presidiato."

«Alle 18.30 era notte. Caricai il guardiano sulla mia Peugeot con targa tunisina e andammo verso l'ospedale. C'era uno schieramento di poliziotti davanti al cancello. Ho giocato di sorpresa. "Sono la figlia di Craxi" ho detto forzando l'ingresso.

«Qualche istante dopo, qualcuno deve aver detto a chi mi aveva fatto passare che la figlia era già arrivata e vidi nello specchietto retrovisore i poliziotti che correvano per fermarmi. Mi sentivo perduta, quando dal buio uscirono i ragazzi della scorta di Bettino.

«Capirono al volo la situazione, fermarono i poliziotti e mi accompagnarono all'obitorio, una stanza piccolissima. Chiesero di mostrarmi Bettino e uscirono, lasciandomi sola: "Tutto il tempo che crede, signora".

«Allungai la mano, come per impossessarmi di quel corpo.»

Il racconto di Patrizia Caselli finisce in lacrime. Anch'io sono turbato. Ci salutiamo senza riuscire a scambiarci una parola. So che durante i funerali lei è rimasta in casa sua, consolata dalle donne di Hammamet. È tornata regolarmente in Tunisia. Nel 2005 si è sposata con un medico italiano e vive a Parigi. È stata a Hammamet l'ultima volta poco prima del nostro incontro, a metà ottobre 2007.

Ania Pieroni si è sposata nel 2001 con un imprenditore napoletano, titolare di un'importante acciaieria, vedovo con tre figli. L'ha condotta all'altare Osman Mancini, il giornalista di Gbr che l'aveva strappata a Craxi. «Da allora fino al 2005» mi confida «ogni anno sono tornata con mio marito a deporre fiori sulla sua tomba.»

«Mia madre» mi dice Stefania Craxi «vive a Hammamet con la nonna, che ha 97 anni ed è ormai la ragione della sua vita. A Roma non viene mai. Quando d'estate ci raggiunge all'Argentario, è come se facesse un volo diretto Hammamet-Orbetello. Bobo va più spesso in Tunisia. Per me, la nostra casa di Hammamet è un carcere vuoto.»

Stefania non dimentica. Alle sue spalle, dietro la scrivania nello studio alla Fondazione Craxi, c'è appeso un foglietto scritto a mano dal padre durante gli anni dell'esilio, o della «latitanza», per dirla con i giudici di Milano. Scritto con la sua calligrafia spumeggiante e autorevole su un taccuino a righe, recita così: «In questo processo, in questa trama di odio e di menzogne, devo sacrificare la mia vita. Per le mie idee, la sacrifico volentieri. Dopo quello che avete fatto alle mie idee, la mia vita non ha più valore. Sono certo che la storia condannerà i miei assassini. Solo una cosa mi ripugnerebbe: essere riabilitato da coloro che mi uccideranno».

Credo che, alla fine, nemmeno quest'ultimo suo desiderio sarà esaudito.

VIII

Amori comunisti / 1
Da Gramsci a Berlinguer via Togliatti

Gramsci: «Per una notte ho fatto solo l'innamorato»

L'album di famiglia degli amori comunisti comincia con il nonno di Walter Veltroni: Antonio Gramsci, detto «Nino». Gramsci fu la figura più limpida di leader comunista della storia italiana. Un risoluto ed eroico antifascista. Ma l'unico, al tempo stesso, che ebbe il coraggio di opporsi alle prime purghe staliniane, anche in danno di comunisti italiani, e che contestò fin dall'inizio il sistema della confessione estorta per incriminare gli innocenti. È inutile dire che Palmiro Togliatti non fece mai nulla del genere.

Se ce n'è arrivato un ricordo sbiadito, se le reali dimensioni del suo dramma personale e politico sono state svelate soltanto da studi recentissimi, la responsabilità è proprio di Togliatti e dei suoi eredi. Gramsci fu vittima di Mussolini, che lo fece arrestare nel 1926 e gli concesse la piena libertà soltanto poco prima della morte, nel 1937. Ma fu vittima anche di Stalin e, purtroppo, in qualche modo di Togliatti, che non fecero nulla di serio per liberarlo: il dittatore sovietico perché lo considerava – ingiustamente – un pericoloso trotzkista, il politico italiano perché legò l'asino dove voleva il padrone. E il Duce, che aspettava una formale richiesta sovietica per uno scambio di prigionieri politici che avrebbe usato per la sua propaganda, non mosse – ovviamente – un dito. Se ci occupiamo di tali vicende in questa sede, come dire?, sentimentale, è perché il pugno di Stalin arrivò a colpire Gramsci anche negli affetti più cari.

Quando, nel maggio 1922, Gramsci fu chiamato a rappresentare il giovane Partito comunista d'Italia all'Internazionale comunista di Mosca, era così malato e depresso che il presidente dell'Internazionale, Grigorij Zinov'ev, insistette per farlo ricoverare in un sanatorio («Il bosco d'argento») alla periferia di Mosca. Qui Gramsci incontrò una donna di qualche anno più vecchia di lui, che gli si legò profondamente. Si chiamava Eugenia Schucht, una delle cinque figlie di un colto aristocratico antizarista, vissuta a lungo a Roma con la famiglia. Eugenia era prostrata per una gravissima forma di esaurimento psicofisico. La compagnia di Antonio, di cui la donna si era a poco a poco innamorata, le fu di sollievo. Ma, poche settimane dopo il loro incontro, Gramsci conobbe una delle sorelle di Eugenia, Giulia, che aveva studiato violino al conservatorio romano di Santa Cecilia. Se ne innamorò subito, e fu corrisposto. Lui aveva 31 anni e non aveva mai conosciuto l'amore, pur avendo una straordinaria sensibilità; lei, 26. Fra i due nacque una relazione dolcissima, seguita presto dal matrimonio, con esiti dolorosi, addirittura drammatici. «Sono, è vero, da molti, da molti anni abituato a pensare che esista una impossibilità assoluta, quasi fatale, a che io possa essere amato» le scrisse in una delle prime lettere. E ancora: «La mia vita è stata sempre una fiamma fredda, uno sterpeto. Come ho potuto dirle che le voglio bene?».

L'amore per Giulia aveva addolcito e perfino trasformato il carattere di Gramsci, uscito intanto dal sanatorio e protagonista di una delicata mediazione tra Mosca – che voleva la riunificazione di comunisti e socialisti dopo l'espulsione dal Partito socialista del riformista Filippo Turati – e il leader italiano del Pcd'I Amadeo Bordiga, che non voleva sentirne parlare. Nella sua biografia (*Vita di Antonio Gramsci*) Giuseppe Fiori racconta che, quando nel 1923 arrivò nella capitale sovietica la notizia di un mandato d'arresto spiccato in Italia contro Gramsci, i compagni trovarono vuota la sua stanza all'albergo Lux e girarono in automobile senza esito per tutta

Mosca. Tornato finalmente in albergo, il ricercato disse ai compagni interdetti: «Per una notte ho voluto fare soltanto l'innamorato».

Eletto alla Camera nel 1924, Gramsci poté tornare a Roma coperto dall'immunità parlamentare. Malgrado le sue insistenze, Giulia non lo seguì. Era triste e debole, vittima dei primi sintomi dell'esaurimento nervoso che negli anni successivi l'avrebbe portata alle soglie della follia. A nulla valsero le tenerissime lettere di Antonio: «Troverei le cose più ingegnose per farti sorridere. Farei degli orologi di sughero, dei violini di cartapesta, delle lucertole di cera con due code ... Ti racconterei delle altre storie, sempre più meravigliose, della mia fanciullezza un po' selvaggia e primitiva, tanto diversa dalla tua. E poi, ti abbraccerei e ti bacerei tante volte per sentirti tutta vivente in me, vita della mia vita, come sei». E ancora, il 18 agosto 1924: «Cara Julca [*il nome russo di Giulia*], devi sentire sui tuoi occhi le mie labbra, devi sentirti tutta stretta a me in una carezza di tutto l'essere, devi sentire tutta la mia felicità di amarti, di essere una sola cosa con te nella gioia di avere creato una nuova vita».

Il viaggio a Mosca, tra il marzo e l'aprile 1925, consentì a Gramsci di conoscere il primo figlio, Delio, che aveva già otto mesi, e di constatare il peggioramento delle condizioni della cognata Eugenia, che voleva a ogni costo essere considerata la co-mamma del bambino. Il rientro a Roma coincise con lo spegnersi delle ultime, flebili libertà.

Nell'ottobre 1925 Giulia andò a Roma con il bambino e la sorella malata. E incontrò un'altra sorella, Tatiana, con la quale non aveva rapporti da anni: fu Gramsci a dirle del suo legame con Giulia. Per il leader comunista fu l'ultimo periodo di serenità: trascorreva ore con Delio, che manifestava un giocoso interesse per il pianoforte nonostante avesse soltanto un anno e mezzo. Giulia ripartì in attesa di un altro bimbo, che il padre non conoscerà mai.

La cappa del partito sui rapporti familiari

Quando Gramsci fu arrestato, l'8 novembre 1926, era già cominciato il suo isolamento politico e personale. Politico, perché una sua lettera a Stalin e al comitato centrale del Partito comunista russo in cui – pur dando ragione al dittatore nella polemica con Trockij – riconosceva il contributo del grande rivoluzionario alla causa proletaria, aveva irritato profondamente Togliatti, in quel momento rappresentante del partito a Mosca. Personale, perché gli era nato un secondo figlio, Giuliano, e la moglie non gli dava notizie. Per sua fortuna, la cognata Tatiana gli era vicina, acquistando progressivamente un pur simbolico ruolo di supplenza coniugale. Con ogni probabilità ha ragione Massimo Caprara (*Ritratti in rosso*), che fu segretario di Togliatti, quando scrive che fu Tatiana «forse ad amarlo d'un sentimento profondo, assoluto, che altro non domanda se non una carezza attraverso le sbarre, o un sorriso di gratitudine, la ricompensa d'uno sguardo benigno».

Quel che atterrisce l'osservatore di oggi è la cappa del partito che pesava su ogni rapporto, politico, personale o familiare che fosse. In un libro recentissimo (*Gramsci tra Mussolini e Stalin*) Giuseppe Vacca, presidente dell'Istituto Gramsci, e Angelo Rossi osservano che Gramsci pagava due volte la sua disgrazia. Perché sospettato di non essere fedele a Stalin, a causa della lettera su Trockij, e perché prigioniero dei fascisti, e quindi sottoposto a loro eventuali pressioni: doppiamente inaffidabile, dunque. Qual era il modo migliore di controllarlo? Sorvegliare la moglie a Mosca e il detenuto in Italia attraverso la cognata. Il padre di Giulia, che non amò mai Gramsci («Il segretario di un partito comunista non deve sposarsi»), gli fece sapere che la moglie non gli scriveva perché sottoposta a un rigidissimo controllo da parte degli uomini di Stalin. L'ambasciata sovietica a Roma, e non la censura fascista – scrivono Vacca e Rossi –, bloccava le lettere di Tatiana alla famiglia in Russia. E Piero Sraffa, il grande economista incaricato di tenere i contatti fra il partito e Gramsci, sparse sale sulle piaghe di Antonio dicendogli che a Delio, l'amatissimo figlio, era stato perfino taciuto che il padre era in carcere «poiché della prigione e dei detenuti egli ha un concetto negativo».

A Gramsci fu fatto capire che sarebbe stato meglio per la moglie e per i figli se essi avessero definitivamente interrotto i rapporti con il prigioniero. E lui acconsentì, scrivendo lettere che sono monumenti di letteratura e di dolore. Comprendeva le mogli di tanti detenuti condannati a lunghi anni di carcere che si erano sentite libere dal vincolo. «Perché» scrisse nel novembre 1932 alla cognata Tatiana «un essere vivo deve essere legato a un morto o quasi? ... Io penso che Giulia, pur non essendo più una giovinetta, possa ancora crearsi liberamente una nuova fase di vita ... Io rientrerei nel mio guscio "sardo". Non voglio dire che non soffrirei. Ma ogni giorno che passa mi rende sempre più insensibile e adattabile. Potrei sopportare, mi abituerei...»

E Delio Gramsci disse: «Papà vi ha tradito»

La sua solitudine fu aggravata dal tremendo sospetto di essere stato tradito anche dal partito. Una lettera fattagli pervenire nel 1928 dal compagno Ruggero Grieco e intercettata dalla censura fascista lo svelava come leader del Partito comunista d'Italia, aggravandone quindi la posizione processuale. Gramsci la giudicò «criminale, scellerata, famigerata». Il peso sul suo animo di questo episodio fu così forte che egli non ebbe per quattro anni il coraggio di parlarne nemmeno con Tatiana. Finalmente le scrisse il 5 dicembre 1932: «Si trattò di un atto scellerato, o di una leggerezza irresponsabile? È difficile dirlo. Può darsi l'uno e l'altro caso insieme». Un giovane magistrato sardo, Enrico Macis, incaricato della prima istruttoria su Gramsci e di cui Antonio si fidava, gli disse un giorno: «Onorevole Gramsci, lei ha degli amici che certamente desiderano che lei rimanga un pezzo in galera...».

Per orgoglio personale e politico, Gramsci non chiese mai una grazia che pure gli sarebbe stata accordata, come scrisse Mussolini alla segreteria di Stato vaticana. Quando, nel 1931, la cognata gli fece sapere che il Pcd'I non poteva far nulla per la sua liberazione e non riteneva di poterla sollecitare a Mosca (che non intervenne nemmeno nei momenti in cui i suoi rapporti con il fascismo erano migliori), egli scrisse di sentirsi condannato a un «doppio carcere», deciso non solo dal fascismo, ma anche dal suo partito. Eppure, come ricorda Massimo Caprara (*Ritratti in rosso*), il sostituto della segreteria di Stato vaticana, Giuseppe Pizzardo, nell'estate del 1932 visitò il carcere di Turi esclusivamente per lasciare all'indirizzo dell'illustre detenuto un biglietto da visita con la sola parola «Ossequi». La Santa Sede propose che Gramsci fosse scambiato con l'arcivescovo di Mogilev, condannato a morte in Russia. Il vescovo fu liberato, ma Mosca non avanzò mai la richiesta che lo fosse anche Gramsci, né Togliatti fece nulla per sollecitarla.

Stanco e fiaccato oltremisura nel fisico, restò nel carcere per detenuti malati di Turi isolato dai suoi stessi compagni di sventura. Scrive Fiori: «Anche i comunisti compagni di prigionia l'isolano: pettegolezzi, meschinità, beghe, sgarbi, perfino gli rinfacciano i pochi "privilegi", la cella da solo, la carta, l'inchiostro per scrivere, il cibo caldo...».

Il 7 dicembre 1933 fu ricoverato in una clinica di Formia e, l'anno successivo, gli fu accordata la libertà condizionale. Fu poi trasferito alla clinica Quisisana di Roma, dove la notizia della liberazione definitiva gli fu comunicata il 21 aprile 1937. Sei giorni dopo, Gramsci moriva a 46 anni. Il feretro fu seguito solo dalla cognata Tatiana e dal fratello Carlo.

La persecuzione continuò anche dopo la morte. Togliatti entrò in possesso di tutti i suoi scritti e ne pubblicò edizioni purgate delle molte pagine «imbarazzanti». Solo nel 1990 si seppe, dal libro di Aldo Natoli *Antigone e il prigioniero*, che dal 1923 al 1930 la moglie di Gramsci, Giulia, era stata inquadrata nei servizi segreti sovietici. E soltanto nei quindici anni seguenti – fino a oggi, in pratica –, attraverso la progressiva scoperta di lettere inedite, il dramma politico, personale, sentimentale di un grande e integro rivoluzionario è emerso per intero.

Né Giulia né sua sorella Eugenia dissero mai a Delio e

Giuliano Gramsci chi fosse stato davvero il loro padre. Caprara racconta nel libro citato che nel 1947, decennale della morte di Antonio Gramsci, Togliatti organizzò una grande manifestazione al teatro Adriano di Roma, alla quale invitò i due figli dello scomparso. Caprara stava accompagnando i ragazzi a vedere lo stabile di via Trapani dove il padre aveva abitato con Giulia nel 1925, quando Delio gli chiese a bruciapelo: «Perché mio padre vi ha traditi?». Caprara restò interdetto, ma il ragazzo insistette: «Mio padre vi ha traditi. L'ha detto il partito bolscevico».

Nel ricordare l'episodio, Gabriele Nissim, che in anni recenti ha incontrato Giuliano Gramsci a Mosca, osserva che la madre dei ragazzi e la zia Eugenia li educarono a studiare il pensiero di Stalin piuttosto che quello del loro papà. Quando l'ambasciata italiana a Mosca propose a Giuliano di dare lezioni di russo ai figli dei funzionari, egli fu informato dalle autorità sovietiche che sarebbe stato autorizzato solo se fosse diventato confidente della polizia politica. Giuliano rifiutò l'incarico per non subire quella violenta umiliazione (*Una bambina contro Stalin*).

Fatto sta che nel 1947, quando vennero a Roma per celebrare Gramsci, i due ragazzi – ricorda Caprara – «alludevano al padre con un misto di imbarazzo e mistero ... Si muovevano assieme come gemelli inermi, spauriti, incuriositi di tutto, con timore. Sfioriti, pallidissimi...». Questo ritratto è particolarmente doloroso se si pensa alla tenerezza con cui Gramsci aveva scritto ai suoi due figli fino al momento della morte. Soprattutto a Giuliano, che non vide mai. «Caro Julik [*il nome russo di Giuliano*], hai visto il mare, per la prima volta. Scrivimi qualche tua impressione. Hai bevuto molta acqua salata facendo i bagni? Hai imparato a nuotare? Hai preso dei pesciolini vivi o dei granchi? ... Tuo papà.»

Giulia morì nel 1980, Delio l'anno dopo a 57 anni, Giuliano è deceduto il 23 luglio 2007, a 81 anni. Era ricoverato da tempo in un ospedale di Mosca, in condizioni economiche disagiate. Tutta la famiglia Gramsci è vissuta sempre in povertà: ignorata dal partito sovietico, dimenticata da quello italiano.

Nelle settimane successive alla morte di Giuliano, il figlio Antonio ha posto il problema dei diritti d'autore sulle opere del nonno. E, rivangandone la storia, si riaprono antiche ferite.

Lo storico Piero Craveri («Il Sole-24 Ore», 26 agosto 2007) ricorda che nel 1938 Giulia e Tatiana scrissero a Stalin dicendo che il Partito comunista italiano non aveva fatto nulla per salvare il loro congiunto e sostenendo che questa era anche l'opinione del prigioniero. A loro avviso, dunque, la curatela delle opere doveva essere affidata al Partito comunista sovietico e non a quello italiano. Con la sua leggendaria abilità, Togliatti riuscì invece a ribaltare la situazione e ad assicurarsi la gestione delle opere, che – come abbiamo detto – censurò in tutti gli aspetti per lui più scomodi. I diritti d'autore furono poi versati dalla casa editrice Einaudi al Pci, che li girò all'Istituto Gramsci.

Il presidente del Gramsci, Giuseppe Vacca, sostiene invece («Corriere della Sera», 13 agosto 2007) che nel 1938 Giulia condivise la scelta di Mosca di affidare le opere del marito al Pci e che, fino al 1996, la metà dei diritti d'autore è stata versata alla famiglia, quota salita all'80 per cento dopo quell'anno. Antonio, viceversa, assicura che la famiglia non ha ricevuto nulla fino al 1996 e intende ridiscutere anche l'accordo di quello stesso anno.

Comunque vadano le cose, si resta annichiliti al pensiero che cinquant'anni di diritti delle opere di un pilastro della storia europea, con un elevato valore letterario, siano stati valutati in soli 40 milioni di lire, ovvero quanto incassa oggi l'autore di un libro da diecimila copie.

E Palmiro leggeva a Nilde l'Ariosto

Sfiorammo il nido d'amore di Palmiro Togliatti e Nilde Iotti il 1° luglio 1994. Massimo D'Alema era stato appena eletto segretario del Partito democratico della sinistra, battendo ai punti Walter Veltroni. Alla Fiera di Roma, dove si era svolto il consiglio nazionale, c'era una confusione indescrivibile. «Non c'è più il Partito comunista italiano» mi disse D'Alema, rimpiangendo la ferrea organizzazione del Pci, «e qui è tutto un gran casino. Andiamocene a Botteghe Oscure.»

La sua stanza, dove trovammo seduto ad aspettarlo Luciano Violante, era un po' triste. E allora, per l'intervista al Tg1, salimmo al sesto piano del palazzo, per poi uscire all'aperto. Sul pavimento della terrazza, completamente disadorna, erano ammucchiati dei mattoni. «Stanno qui dal 1956» mi spiegò «quando dovemmo difenderci dagli attacchi dei fascisti dopo la rivoluzione d'Ungheria.» A pochi passi da noi, al sesto e ultimo piano del Bottegone, oggi trasformato in appartamenti signorili, Palmiro e Nilde vissero in felice clandestinità i primi momenti del loro amore.

«Le donne, i cavalier, l'arme, gli amori / le cortesie, l'audaci imprese io canto...» Politicamente, Togliatti aveva sullo stomaco una pelliccia impenetrabile. Ne sanno qualcosa i dirigenti comunisti polacchi, gli anarchici spagnoli e anche i comunisti italiani massacrati da Stalin con il suo consenso, espresso o tacito. Ma era un uomo di grande caratura culturale, un intellettuale raffinato che amava mantenere le distanze con chi ne sapeva meno di lui (con i compagni, ma anche con le compagne, alle quali si rivolgeva sempre con il voi). Così, quando decise di conquistare Nilde Iotti, non esitò a far ricorso a uno dei suoi autori preferiti, Ludovico Ariosto.

Il 20 giugno 1946 – giorno d'inizio dei lavori dell'Assemblea costituente, di cui si erano svolte da poco le elezioni – alla buvette di Montecitorio il segretario del Pci chiese al cronista parlamentare Emmanuele Rocco chi fosse la giovane deputata, appena robusta ma molto carina, che stava passando. «È Nilde Iotti, viene da Reggio Emilia» gli disse il giornalista. Si avvicinarono alla ragazza, e Rocco le presentò il segretario del partito. Laura Laurenzi (*Amori e furori*) racconta che qualche tempo dopo, alla fine di una riunione del gruppo parlamentare comunista, Togliatti invitò i compagni a presentarsi a Montecitorio vestiti correttamente. E additò a esempio proprio la Iotti: «Ecco, la giovane compagna di Reggio Emilia ha un vestito adeguato». Nilde indossava un abito al cui modello sarebbe rimasta affezionata a lungo: lino blu ornato di un pizzo bianco. Lei arrossì vistosamente, lui la invitò a cena. «Accettai» racconterà in una rara intervista all'«Unità» sulla sua vita privata. «Cominciò quella fase gioiosa e terribile che vivono tutti gli innamorati, ma con tante complicazioni in più: il moralismo dell'Italia di allora, il legame ufficiale ma ormai consunto con Rita Montagnana, il divorzio che non c'era.»

Rita proletaria, Nilde borghese

Già, la Montagnana. Quando conobbe la Iotti, Togliatti aveva 53 anni, Nilde 26 e la moglie del segretario 51. Rita e Palmiro erano sposati da ventidue anni e avevano un figlio, Aldo, che avrà un destino tristissimo. Rappresentavano la tipica coppia di comunisti uniti prima nell'idea e nell'azione rivoluzionaria, e poi nella vita. Rita, ebrea piemontese, aveva cominciato a lavorare a 14 anni in fabbrica come apprendista sarta e si era subito infiammata per le lotte del proletariato torinese. A 22 anni, già impiegata alla Banca commerciale italiana, era dirigente del comitato femminile regionale socialista. Conobbe allora Antonio Gramsci e Umberto Terracini. A 26 anni, diventata comunista, fu delegata del partito al congresso della Terza internazionale a Mosca. A 29 sposò Togliatti, che aveva conosciuto nella redazione dell'«Ordine Nuovo» di Gramsci. Era stata attiva nella lotta clandestina antifascista, aveva seguito il marito a Mosca con il figlio, lavorando nell'apparato della Terza internazionale. Nell'Italia finalmente libera del dopoguerra era stata eletta deputata alla Costituente. Proprio come Nilde, che aveva metà degli anni della rivale e, alle spalle, una vita completamente diversa.

Le origini della Iotti erano ugualmente modeste: padre ferroviere, madre per metà casalinga e per metà lavandaia. Ma la sua era una di quelle famiglie operaie di un tempo, che la sera leggevano riunite *I promessi sposi, Guerra e pace, I miserabili.* Nilde fu formata al cattolicesimo e studiò in istituti religiosi. Il padre, socialista seguace di Camillo Prampolini, diceva: «Meglio i preti che le camicie nere». Diplomata al liceo con ottimi voti, in difficoltà economiche per la morte del padre, s'iscrisse all'Università Cattolica di Milano grazie a una provvidenziale borsa di studio per gli orfani dei ferrovieri. I suoi genitori, sposati solo civilmente, erano considerati dalla Chiesa «concubini», ma padre Gemelli non fece pesare questa «macchia» sulla ragazza. Durante la guerra, nelle riflessioni fatte nel suo abbaino davanti alla Scala, nei magri pasti – a base di riso al burro e uova al tegamino – divisi con gli amici, Nilde capì che il rigoroso formalismo fascista della Cattolica, dirà a Maurizio Chierici per il «Corriere della Sera», «nascondeva una sostanza diversa: forse un trucco. I professori si chiamavano Dossetti e La Pira. C'erano Fanfani e Lazzati».

Sentì progressivamente venir meno la solidità della fede: «Continuai ad andare a messa e a frequentare l'università» racconterà a Oriana Fallaci per «L'Europeo» (1962) «ma solo col sentimento, non con la convinzione profonda che fino allora mi aveva sorretto».

Laureatasi a pieni voti in lettere nel 1943, ebbe un ruolo marginale nella Resistenza, pur avendo maturato un'ormai profonda convinzione antifascista. La Liberazione la trovò affascinata dall'idea comunista: suo cugino Valdo Magnani, comunista della prima ora, poi emarginato dal partito, ebbe su di lei una forte influenza. Nilde aveva intanto guadagnato una cattedra e uno stipendio ormai sicuro, quando le fu offerto di entrare nell'Unione donne italiane, dove si fece apprezzare al punto che nel 1946 il segretario della federazione comunista di Reggio Emilia le propose di candidarsi prima per le elezioni amministrative di marzo e, poi, per quelle dell'Assemblea costituente di giugno.

Allora era una «indipendente di sinistra», ma se fu messa in lista e poi eletta lo deve paradossalmente proprio al fatto di essere un'«esterna». Nel suo *Nilde*, Gianni Corbi osserva che la Iotti fu aiutata dalla necessità del partito di annacquare una lista troppo «dura» e di affiancare a tante persone di modesta levatura culturale una brillante laureata, che nell'Udi aveva dimostrato di essere anche un'ottima organizzatrice. Conferma Aldo Magnani in *Sessant'anni di un militante comunista reggiano*: «Ancora negli anni Cinquanta, il partito era poverissimo di forze intellettuali. Aveva soltanto operai, contadini, braccianti, artigiani».

«Ora tu ostenti l'astrakan Bukara...»

Eccola, dunque, Nilde approdare alla Camera ed entrare addirittura nel gotha del Parlamento: quella «Commissione dei 75» incaricata di stendere materialmente la Costituzione. La Montagnana, con quel po' po' di curriculum, ne era stata esclusa.

Le due donne vengono da mondi diversi, hanno temperamenti diversi, Rita potrebbe essere la madre di Nilde. Marta Boneschi (*Poveri ma belli*) ne ha scrutato il carattere attraverso il modo di vestire: «Quadrate e sgraziate, Teresa Noce [*moglie di Luigi Longo*] e Rita Montagnana non si prendono cura dell'abbigliamento, e non a causa del loro aspetto, ma dell'ideologia ... Non è fabbricata della stessa pasta Nilde Iotti. Lei è una donna moderna. Quando le tocca, ancora una volta [*la prima, come vedremo tra poco, sarà nel 1948*], sorreggere Togliatti colpito da un malore, durante il comizio del 1° maggio 1955 a Trieste, lo fa destreggiandosi in un tailleur diritto con camicia chiara a collettone. Severa femminilità, questa. È la divisa preferita delle maestre, delle professoresse e delle dottoresse, che hanno intrapreso per prime le professioni dell'emancipazione femminile». Aggiunge, un po' acida, la Noce: «Rita era un'ebrea, una proletaria, una funzionaria di partito, quindi della casa se ne infischiava. Nilde Iotti invece è una piccolo borghese, cattolica. Allora evidentemente lei curava la casa, aveva la donna di servizio, aveva le cose ben tenute. Be', certo che a una certa età questo poteva far piacere a Togliatti».

Racconta Miriam Mafai (*L'uomo che amava la lotta armata*), che conosce questa storia dall'interno essendo stata la compagna di Giancarlo Pajetta: «A Nilde piaceva cucinare? Nilde voleva in casa uno scaldabagno? Nilde amava le camicette ricamate? Anche questo sembrava a uomini come quelli che allora comandavano alle Botteghe Oscure, un segno di frivolezza, un residuo di "mentalità piccolo borghese", da punire e contrastare, di cui la ragazza avrebbe dovuto emendarsi».

Nell'intervista alla Fallaci, la Iotti confessa i suoi gusti borghesi con la predilezione per i foulard di Hermès. Censura il modello sessuale di Brigitte Bardot («le vamp esprimono qualcosa di profondamente negativo») e, quando la giornalista le chiede se – nel caso diventasse ricca – si terrebbe i miliardi, risponde candidamente: «Certo che me li terrei. Che dovrei farne? Buttarli via? E perché? Cosa risolverei ...? Le sorti del mondo?».

La Iotti vestì sempre con molta cura, anche se senza particolare sfarzo. Sono perciò da derubricare a pura polemica politica i versi micidiali con cui l'ha sferzata sul «Borghese» una brillante giornalista di estrema destra, Gianna Preda: «Ora tu ostenti l'astrakan Bukara / Tieni i tuoi gioielli dentro il cassettone / Ma quando sei nei comizi fai cagnara / Ostenti vecchi stracci di cotone».

Attaccata da destra, per molti anni Nilde Iotti ha suscitato grandi diffidenze nell'ala «dura e pura» del suo stesso partito. Non era stata iscritta in gioventù all'Azione cattolica? Non si era laureata nell'università del famigerato padre Agostino Gemelli? Non sarà una spia del Vaticano o degli americani all'interno della vita stessa del segretario del Pci?

Massimo Caprara (*Quando le botteghe erano oscure*) racconta che il primo a sapere ufficialmente della relazione tra Togliatti e la giovane deputata di Reggio Emilia fu Eugenio Reale, l'amministratore del partito. Il segretario lamentava che la direzione del Pci, con un voto di maggioranza, gli avesse imposto riservatezza in pubblico. Allora a Botteghe Oscure il puritanesimo regnava sovrano. Renato Guttuso, che non ha condotto una vita di castità, amava ripetere: «È l'Urss, se Dio vuole, il paese dove le giovani donne vanno ancora vergini al matrimonio».

«La dilazione senza fine della mia sistemazione personale» scrisse Togliatti a Reale «sta creandomi una situazione non più solo difficile, ma intollerabile, dalla quale temo venga fuori non un argine a eventuali chiacchiere, ma un dilagare di esse.»

Nilde ricorderà questi disagi con maggiore romanticismo: «Andavamo in trattorie fuori mano. Ci incontravamo tra una riunione e una votazione. Parlavamo e parlavamo. Non mi stancavo mai di ascoltarlo. Cercavamo di seminare Armandino [*Armando Rosati*], il compagno che vigilava su Togliatti. Ci infilavamo in negozi con doppie uscite, caffè che davano su strade diverse. Quando finalmente lo perdevamo, eravamo contenti come ragazzi».

Togliatti fece la doppia vita per appena tre mesi. All'inizio dell'autunno lasciò la bella casa accanto a piazza del Popolo – che era stata di Luigi Federzoni, il fondatore del movimento nazionalista –, dalla quale ovviamente Rita Montagnana non volle muoversi, e si trasferì nel piccolo e scomodissimo «nido» del Bottegone: un abbaino di due stanze con il soffitto incatramato che bolliva ancora alla fine dell'estate del 1946 e ghiacciava nell'inverno successivo. Ne erano informati in pochissimi: tra questi, Massimo Caprara, il segretario di Togliatti, che la mattina, con un gioco di prestigio, faceva «comparire» il suo principale in ufficio. Purtroppo, del «nido» non era informata nemmeno la vigilanza. Così una notte, insospettito per certi rumori, un vigilante sparò contro l'uscio della precaria abitazione tre colpi di rivoltella, per fortuna andati a vuoto.

E Nilde perse il bimbo di Togliatti

Da molto tempo, il matrimonio tra Togliatti e la Montagnana era poco più che formale. Nei dieci anni di permanenza a Mosca, fra il 1934 e il 1944, Palmiro aveva avuto più di un'avventura. Corbi ricorda quella con Elena Lebedeva, una bella ragazza che lavorava come interprete all'Internazionale giovanile comunista. Rita, sfinita pure dal peggioramento delle condizioni fisiche e psichiche del figlio Aldo, si era dedicata anima e corpo al partito, ma certo non apprezzò il distacco, anche fisico, del marito. Lavorare alla Camera nello stesso gruppo parlamentare con la rivale era fonte di grandi imbarazzi, che Togliatti evitò candidando nel 1948 la moglie al Senato e, dal 1953 in poi, escludendola di fatto dalla vita di partito.

La relazione con Togliatti costò tuttavia alla Iotti parecchie umiliazioni. Nonostante il buon lavoro fatto alla Costituente, la base del Pci non voleva ricandidarla alle elezioni del 1948. «È comodo abbandonare le vecchie compagne per pigliare delle giovani!» gridava Cesare Campioli, sindaco comunista di Reggio Emilia e capofila di quanti non amavano la sua concittadina. Per due ragioni: era l'amante del segretario, e questo avrebbe nociuto al partito; non aveva fatto la Resistenza, come la Montagnana, e aveva quindi un pedigree sospetto. Alla fine ci si rimise alle decisioni di Pietro Secchia, capo dell'organizzazione del Pci: Nilde fu messa in lista ed eletta con un buon numero di voti.

In quel periodo la Iotti rimase incinta e poi perse il bambino. Fu un'interruzione spontanea di gravidanza? Fu un aborto? Teresa Noce raccontò che nel partito era proibito accennare all'argomento. Lei stessa non riuscì a cavare una parola di bocca dal marito, Luigi Longo. «Eravamo in un periodo di austerità morale in cui i compagni che sgarravano venivano aspramente criticati. Anche l'unione di Nilde con Togliatti non era stata perciò ben vista. Ma io pensavo che un bambino era sempre un bambino, di chiunque fosse. Perciò quando rividi Nilde mi avvicinai a lei mentre eravamo sole ... morivo dalla voglia di vedere il bambino e di sapere se era maschio o femmina. Le sussurrai all'orecchio: "Me lo farai vedere?". Nilde divenne pallida come un cencio: "Non lo sai? È morto appena nato".» E prosegue: «Nilde mi raccontò ... che i compagni non vedevano di buon occhio il fatto che lei desse un figlio a Togliatti, anche se questi invece lo desiderava molto ... Era certa che la morte del bambino li liberava da molte preoccupazioni. Mi disse con amarezza che tutti avevano pensato soltanto allo scandalo, perché Togliatti non avrebbe potuto riconoscere il bambino legalmente, né dargli il proprio nome» (*Rivoluzionaria professionale*).

L'ipotesi dell'aborto nasce anche da un'inchiesta condotta alla fine degli anni Settanta da Daniela Pasti (*I comunisti e l'amore*). La giornalista riferisce che alcune testimonianze, molto reticenti, avrebbero avallato la tesi dell'interruzione volontaria della gravidanza e che, addirittura, la decisione fosse stata presa in una riunione della segreteria del partito. «Appare strano» scrive «che nessuno in realtà si ricordi di aver visto Nilde Iotti in stato di avanzata gravidanza, mentre lei stessa ha accennato, in alcune occasioni, a un "grande dolore" intervenuto durante la sua vita con Togliatti.» La stessa Iotti, in un'intervista a Lina Coletti dell'«Europeo», disse: «Mi creda: il coraggio ci volle per non volerlo, quel figlio. Perché le regole della società io le avrei anche potute sfidare: ma che diritto avevo di mettere al mondo qualcuno destinato a subirle?». Un'ammissione implicita?

Della delicata faccenda si occupò Mario Spallone, il medico personale di Togliatti. «Dovetti partire di corsa per Reggio Emilia» mi racconta il professore, che ha compiuto 90 anni a fine ottobre 2007, «e portai Nilde a Roma nella clinica Fioretti, dove c'era il dottor Donadio, zio di Giulio Andreotti.»

Stalin: «Gli amici non hanno protetto Togliatti»

Tenuta nascosta alla bell'e meglio per un paio d'anni, la relazione diventò in qualche modo ufficiale il 14 luglio 1948. Alle 11.20 Palmiro e Nilde uscirono da un ingresso secondario della Camera dopo aver assicurato all'inseparabile Armando Rosati che il segretario sarebbe uscito dall'ingresso principale non prima delle 13. «Andiamo a prendere un gelato qui vicino, al bar Giolitti» dissero a Ugo La Malfa. Appena usciti, vennero affrontati da un giovanotto con la pelle olivastra, camicia bianca, abito gessato. Il siciliano Antonio Pallante era un anticomunista viscerale, appassionato delle opere di Hitler, senza collegamenti con alcun partito. Aveva comprato una pistola Hopkins e scaricò quattro colpi contro Togliatti. La Iotti si gettò addosso al suo uomo dopo il terzo colpo (il più grave, che perforò un polmone), e questo impedì all'attentatore di mettere a segno il quarto, mortale, che ferì solo di striscio il segretario del Pci. Nilde gridò «Assassino!» all'indirizzo dell'aggressore e urlò ai passanti di fermarlo.

Un deputato democristiano, Raimondo Borsellino, medico a Palermo, prestò i soccorsi d'urgenza, mentre il medico della Camera chiamò l'ambulanza, che corse al Policlinico dove il più illustre chirurgo del tempo, Pietro Valdoni, era già pronto in sala operatoria. La Iotti aspettò l'esito dell'intervento in un corridoio accanto a Marcella Ferrara, segretaria di «Rinascita» – la rivista ideologica del Pci fondata da Togliatti – e madre di Giuliano. Qualcuno tra gli stessi compagni avrebbe voluto allontanarla perché non aveva alcun titolo giuridico per stare accanto al suo uomo. Ma nessuno osò farlo, anche per evitare la reazione di Nilde, che avrebbe provocato lo scandalo.

Togliatti sopravvisse e si preoccupò subito di lanciare ai compagni un appello alla calma: la periferia rossa era, come si può immaginare, in ebollizione e sarebbe bastata una scintilla incontrollata a far esplodere la situazione. La Iotti passò giorni amarissimi. Un telegramma firmato da Giuseppe Stalin, nel riconoscere il ruolo di Togliatti nel movimento comunista internazionale, criticava «gli amici del compagno Togliatti» per non averlo protetto adeguatamente. Amici? Perché amici e non compagni?, si chiesero angosciati Longo e Secchia, i due vicesegretari del Pci. Non avrà anche Stalin voluto insinuare qualche dubbio sulla presenza di quella donna dal passato poco rivoluzionario? Non sarà stata Nilde a imborghesire il compagno segretario sino a fargli dimenticare le regole fondamentali della vigilanza rivoluzionaria? Dirà nel 1981 la Iotti alla giornalista Chiara Valentini: «Provi ad essere, per almeno dieci anni, in un'organizzazione politica il sospettato, la persona su cui si addensano tutti i sospetti. Ci vogliono le spalle buone per reggere». Nilde le aveva, ma quanta fatica...

Dopo l'attentato, la coppia non tornò nell'abbaino del Bottegone. Il partito aveva comprato una casa nel quartiere di Monte Sacro, e Togliatti mandò la Iotti da Secchia a proporgli di condividere la palazzina. Al primo piano avrebbe abitato il segretario, al secondo il suo vice. A giudizio della Mafai, Secchia accettò perché finalmente avrebbe potuto controllare da vicino la vita della coppia. Il compito fu svolto egregiamente da Giulio Seniga, un vecchio partigiano che era l'ombra di Secchia e che allestì un'efficace rete spionistica per controllare il segretario e la sua compagna. Come racconta Miriam Mafai (*Botteghe Oscure addio*), il Pci usava mettere a disposizione dei propri dirigenti appartamenti in stabili di sua proprietà. L'intero palazzo era abitato, dunque, da funzionari comunisti. Erano naturalmente comunisti anche i portieri e le domestiche che pulivano gli appartamenti: la sorveglianza era così assicurata, secondo un costume mutuato dall'Unione Sovietica dove è rimasto in vigore – almeno per gli stranieri residenti – fino alla caduta del Muro.

Nilde cercò di arredare la casa facendola finalmente assomigliare a quella di una normale coppia borghese. Non ci fu mai la televisione, tanto è vero che parecchi anni dopo il trasloco, quando cominciarono le trasmissioni politiche, si scendeva a vederle in casa del portiere. C'erano in compenso molti libri e un cane, un molosso napoletano chiamato Birbone: mordeva gli ospiti che non gli erano simpatici (una volta toccò ad Aldo Natoli).

Mancava un bimbo. L'occasione perché arrivasse fu tragica. Il 9 gennaio 1950, a Modena, sei operai furono uccisi dalla polizia durante violentissimi scontri seguiti a una manifestazione sindacale. Uno di essi, Arturo Malagoli, lasciava otto fratelli in condizioni economiche disagiate. Fu allora che Togliatti si offrì di ospitare a Roma per gli studi una delle sorelle, Marisa, che aveva sette anni. La bimba raggiunse la coppia in aprile, accompagnata dal padre che, dopo qualche giorno, se ne andò. «Indossavo un abitino nuovo, rosso scuro, che mi aveva cucito mia sorella Silvia» ricorderà Marisa. La bambina si trovò benissimo. Togliatti, che nel pomeriggio passava molte ore in casa, la seguiva nei compiti: «Ho ancora i quaderni corretti dalla sua piccola calligrafia... Mentre Togliatti scriveva i suoi articoli e i discorsi, io facevo i compiti».

Rita Montagnana si rifiutò categoricamente di autorizzare

l'adozione e anche l'affiliazione (istituto oggi scomparso), che consentiva all'affiliante di dare il proprio cognome all'affiliato, ma non di farne l'erede in presenza di altri figli. L'affiliazione gli fu concessa soltanto nel 1961, quando Marisa aveva 18 anni. Spallone sostiene che Togliatti non accettò mai che la ragazza lo chiamasse papà. Preferiva «zio». (Stessa cosa per la Iotti.) Tuttavia è sempre stato premurosissimo. Quando nel settembre 1963 Marisa dovette operarsi di appendicite, pregò Giorgio Amendola di sostituirlo alla Festa dell'Unità di Firenze perché era trattenuto a Roma dai doveri di un «papà».

Il 22 agosto 1950 Togliatti, mentre raggiungeva la Valle d'Aosta per le vacanze, rimase seriamente ferito in un incidente stradale che lasciò illesi gli altri passeggeri, tra cui Nilde e Marisa. Un ematoma al cervello stava per costargli la vita. Per aprirgli la scatola cranica, il professor Valdoni (assistito dal celebre internista Cesare Frugoni) voleva assolutamente un'autorizzazione scritta. Nilde non aveva nessun titolo per firmare: lo fece Longo. L'intervento, che per tante ragioni fu tardivo, alla fine lo salvò, ma lui – appena superata la crisi – chiamò Secchia e gli chiese a quattr'occhi di fare un'indagine riservata su quel che gli era accaduto. Alcuni temettero un attentato: non si seppe mai chi guidasse il camioncino carico di ortaggi che aveva tagliato la strada all'auto sulla quale viaggiava. Quando il segretario del Pci fu convocato a Mosca da Stalin, Berija – il più famigerato inquisitore del regime – disse a Longo e Secchia: «Certo che un uomo come Togliatti qui da noi non avrebbe potuto andarsene in automobile dove voleva...».

Qualcuno temette, poi, che Togliatti fosse vittima di un lento processo di avvelenamento, ma su entrambi gli episodi Spallone taglia corto: «Non ci fu nessun attentato nell'incidente d'auto, e niente avvelenamento. Erano le voci maliziose del partito: qualcuno diceva che Secchia voleva avvelenare il segretario...».

All'uscita dalla clinica, tre mesi dopo l'incidente, erano presenti – autorizzati da Togliatti – cronista e fotografo dell'«Europeo». L'ultima pagina del settimanale, dedicata al segretario del Pci e alla Iotti, era la partecipazione ai dirigenti e alla base del partito che Nilde era a pieno titolo la compagna di Togliatti.

Nilde gli era accanto anche quando Togliatti fu colpito dal malore mortale nel pomeriggio del 13 agosto 1964. La coppia si trovava a Jalta, sul Mar Nero, in attesa della visita di Nikita Chruščëv, il successore di Stalin. Era un viaggio strano. I rapporti tra il Pci e il partito fratello sovietico non erano eccellenti: Mosca aveva litigato con Pechino, e non si sa quanto fosse gradita la mediazione di Togliatti. Per di più, il segretario italiano voleva capire di persona se Chruščëv fosse davvero forte. Fatto sta che il capo del Pcus, contravvenendo a ogni regola del galateo comunista, non andò a ricevere Togliatti all'aeroporto, ma vi mandò Leonid Brežnev, dicendo che avrebbe visto Togliatti a Jalta. Qui il nostro si affaticò molto e scrisse – facendolo battere a macchina dalla Iotti – il famoso «memoriale» in cui cercava di chiarire i termini delle incomprensioni con Chruščëv, che in fondo detestava, ricambiato. A Jalta lo colse un'emorragia cerebrale.

«Ero accanto al suo letto» racconterà Nilde «gli tenevo la mano in silenzio. Sapevo, sapevamo, che non c'era più nulla da fare. Eppure lui, in stato di semincoscienza, cercò l'anello che avevo al dito e che testimoniava del nostro matrimonio inesistente.»

Una settimana più tardi, il 21 agosto, dopo un intervento chirurgico compiuto da un'équipe russa, Togliatti morì. I telegrammi di cordoglio furono rivolti a Nilde come sua moglie. E ai memorabili funerali, che partirono dalle Botteghe Oscure per snodarsi lungo i Fori Imperiali, la Iotti seguiva il feretro accanto a Luigi Longo, prima di tutti gli altri dirigenti del partito. Quelli che quasi mai l'amarono e che aspettarono diciotto anni a cederle il passo.

Al contrario di quanto era accaduto a Rita Montagnana e a Teresa Noce, dopo la morte di Togliatti Nilde non subì dal partito ostracismo alcuno e, anzi, fu una parlamentare di grande peso, fino a raggiungere la presidenza della Camera dopo Pietro Ingrao.

Sorte amarissima ebbe invece il figlio di Togliatti e della Montagnana, Aldo. Gli anni di Mosca hanno lasciato su di lui – come su quasi tutti i figli dei comunisti italiani che vissero lì all'epoca di Stalin – un segno profondo. Rientrato in Italia, abitò a Torino con la madre.

«Veniva pochissimo alle Botteghe Oscure» ricorda Caprara «e sempre si comportava come Delio e Giuliano [*i figli di Gramsci*]. Aspettava in piedi dietro la porta che il padre lo ricevesse e poi lo guardava di sottecchi, con un affetto insicuro che neppure Togliatti sapeva come s'esprimesse: con un abbraccio, un sorriso, un bacio?»

L'ultima sua apparizione pubblica fu nel 1964 ai funerali del padre. Poi scomparve. Ha compiuto 82 anni il 29 luglio 2007. Dal 1981 è ricoverato sotto il nome di «Aldo» – senza cognome – a Villa Igea, una clinica privata di Modena convenzionata con il servizio sanitario nazionale dove c'è un reparto per malati di mente.

Nel 1993 Sebastiano Colombini, un cronista della «Gazzetta di Modena», scoprì la vera identità del «misterioso» paziente. Nel giugno 2007 è tornato in quella clinica l'inviato della «Stampa» Alberto Mattioli, che, filtrando le maglie di una privacy doverosa, parla di un uomo somigliante al padre in modo impressionante: dalla gestualità (nel modo di passarsi le mani tra i capelli, per esempio) alla calma dell'intellettuale («Ha letto più libri lui di me» diceva il coltissimo Togliatti), alla scelta degli occhiali dalla pesante montatura. L'esilio in Urss, la tristezza dei collegi sovietici, l'incubo dell'hotel Lux, «dove ogni mattina a colazione si scopriva chi era sparito», l'angoscia per la lunga permanenza del padre in Spagna, dove si era reso responsabile della fucilazione di tanti anarchici, l'abbandono della madre e della famiglia al rientro in Italia… Nel 1950, a 25 anni, ad Aldo venne diagnosticata una schizofrenia con spunti autistici. «Noi» mi dice Spallone «dovevamo sorvegliarlo continuamente, perché si lasciava andare a frasi violente che ci mettevano in apprensione.»

Per ventinove anni ha vissuto con la madre, colpita da una triplice tragedia: l'abbandono del marito e del partito, e la malattia del figlio. Poi, a due anni dalla morte di Rita Montagnana, avvenuta nel 1979, il ricovero a Modena. Lunghi anni trascorsi a riempire le pagine della «Settimana enigmistica» – lui, ingegnere e intellettuale – e a fumare pacchetti su pacchetti di sigarette Stop, tra le più pesanti. Da lungo tempo, ormai, non riesce a leggere. Sta a letto. Ai suoi bisogni provvede un compagno di Modena. Si fa chiamare «l'Ingegnere», perché Aldo si fida soltanto degli ingegneri.

Quando il padre morì, ne ereditò i risparmi: 1.374.000 lire depositati al Banco di Santo Spirito di Roma. Rita Montagnana chiese invano che le fosse assegnata la raffinatissima e preziosa biblioteca di Togliatti: 7000 volumi, finissime prime edizioni, libri antichi e una serie di pezzi, ovviamente unici, come gli scritti di Gramsci e di altri grandi dirigenti del comunismo internazionale con le sue annotazioni a mano. Dopo la morte di Nilde Iotti, avvenuta il 4 dicembre 1999, nel 2000 Marisa Malagoli li ha venduti alla biblioteca universitaria di Roma Tre, che ne ha fatto un fondo unico.

E papà Longo sbottò: «Brutta, povera, comunista...»

«Con tante ragazze in giro per il mondo, dovevi trovartene proprio una brutta, povera e comunista!» Il papà di Luigi Longo era un ricco contadino del Monferrato, diventato agiato commerciante a Torino. Nel 1923 il figlio studiava ingegneria, anche se negli ultimi tempi aveva trascurato gli esami per la lotta politica: era già un dirigente giovanile del nuovo Partito comunista. La sua ragazza (che aveva la sua stessa età: erano nati entrambi nel 1900) aspettava un bambino e Luigi voleva sposarla. Ma all'epoca, per farlo prima dei 25 anni, occorreva il consenso dei genitori. E papà Longo lo negò, con una feroce battuta in cui peraltro non c'era nulla di forzato: perché Teresa Noce era in effetti brutta, povera e comunista. Tre aggettivi che lei incarnava, anzi, al superlativo. E tuttavia, era una donna straordinaria.

Abbandonata subito dal padre, una madre e un fratello maggiore che come lei non possedevano né cappotto né scarpe (calzavano zoccoli, come tanti poveri del tempo), Teresa consegnava il pane a domicilio prima di andare a scuola. Finite le elementari, poco dopo i 10 anni entrò in una sartoria. Capì ben presto che cosa fosse lo sfruttamento e maturò una solida coscienza di classe quando nel 1915, allo scoppio della guerra, entrò alla Fiat nel reparto che produceva pezzi per camion. A 18 anni perse il fratello al fronte e la mamma per la febbre spagnola. Marta Boneschi, che le ha dedicato una bella biografia (*Di testa loro*), racconta che la ragazza – molto intelligente – si era formata sui grandi romanzi: Manzoni, Tolstoj, Hugo, Dumas, Dostoevskij.

All'inizio dell'attività politica, restò affascinata dal giovane Luigi, che aveva rinunciato ai privilegi borghesi per impegnarsi nella lotta proletaria. Fecero in tempo ad avere due figli (a Luigi Libero, detto «Gigi», seguì Giuseppe, che morì subito di meningite) prima che Longo raggiungesse, con i 25 anni, l'età per sposarsi senza il consenso dei genitori. Nel 1929 nascerà un terzo figlio, Giuseppe Piero, detto «Putisc».

È impossibile raccontare in poche pagine la storia tempestosa e affascinante di questa coppia coraggiosa, di autentici combattenti antifascisti che non ebbero mai un solo momento di debolezza. Furono entrambi ripetutamente incarcerati; lei seguì il marito a Mosca, a Parigi, a Colonia, e in Italia non cessò mai di svolgere la sua militanza antifascista. Quando i nazisti la internarono nel campo di lavoro di Holleischen, in Cecoslovacchia, per fabbricare proiettili dodici ore al giorno con una sola pausa di quindici minuti, Teresa ebbe il coraggio di renderli inservibili lasciando cadere una goccia d'acqua sulla vernice. Pagò il sabotaggio abbattendo, con altre due compagne, trentasei alberi in dodici ore.

Teresa Noce diventò famosa per la sua perentorietà. Con voce forte e stentorea, che certo non aiutava la sua femminilità, metteva a tacere i maggiorenti del comunismo internazionale. Dopo un loro colloquio a Mosca, il fondatore del Partito comunista d'Italia Amadeo Bordiga la definì «madonna Tempesta».

La bruttezza di Teresa era leggendaria. All'inizio degli anni Trenta, racconta la Boneschi, fu incaricata da Togliatti di riannodare le file del movimento. Era necessario un nome di battaglia, e il Migliore propose Estella. «No» protestò lei. «Preferisco Lina. Estella è un nome adatto a una ragazza giovane e bella.» «Appunto» lui la fulminò. «Così nessuno penserà a te.»

Nell'immediato dopoguerra, un giorno Longo convocò a Botteghe Oscure Massimo Caprara, giovanissimo affiliato al Pci destinato a diventare il segretario di Togliatti. «Compagno,» gli disse «fammi il favore di andare alla stazione Termini. Con il treno da Milano arriva la compagna Estella. Accompagnala qui.»

«Chi è Estella?» chiese l'altro, che non conosceva ancora bene la vecchia guardia del partito.

«È Teresa Noce, mia moglie.»

«Non la conosco. Come faccio?»

«Non puoi sbagliarti. È la più brutta che scende dal treno.»

Matrimonio annullato a San Marino. Senza saperlo

Longo era un uomo di gran fascino. Comandante delle brigate internazionali in Spagna (dove con Togliatti aveva fatto sterminare gli anarchici accusati di simpatie trotzkiste), e più tardi comandante delle brigate Garibaldi (che, dopo il 1943, avevano combattuto i nazifascisti al Nord), quanto a compagnie femminili non aveva che da scegliere. E lo fece, infatti, senza negarsi nulla. Durante la guerra di Spagna aveva per compagna la sua segretaria, a Mosca aveva flirtato con Felicita Ferrero, una comunista conosciuta a Torino. E non mancò chi, commentando il nome di battaglia che si era dato nella clandestinità («Gallo»), pensò che Longo non lo avesse scelto a caso.

Quando, di lì ad alcuni anni, dopo lo strazio e le peripezie della guerra, rivide Teresa, aveva accanto un'altra coraggiosa militante comunista, Rina Picolato, il suo nuovo amore. Qualcuno ha scritto maliziosamente che il trovarsi sempre in un posto diverso dalla moglie non fosse nel caso di Longo una fatalità dovuta alla lotta clandestina, ma una precisa scelta per proteggere la propria libertà da «madonna Tempesta».

La coppia visse separata anche i primi anni del dopoguerra: lei, segretario generale della federazione dei tessili Cgil (il posto che per tanti anni avrebbe poi occupato Fausto Bertinotti), a Milano insieme ai figli; lui a Roma, alla direzione del partito. Infine Teresa gli concesse la separazione consensuale, ma quando Longo le chiese di facilitargli l'annullamento del matrimonio per sposare la compagna Bruna Conti, che si era ritirata dall'attività politica per non aprire un nuovo caso Iotti, e che aspettava un bambino, Teresa si oppose fieramente.

Un giorno dell'ottobre 1953 Teresa apprese dal «Corriere della Sera» che il suo matrimonio era stato annullato dal tribunale di San Marino. In quel periodo erano molte le coppie benestanti che ricorrevano a quella corte per ottenere il divorzio, non ancora legale in Italia. Il Pci aveva ovviamente condannato questi mezzucci borghesi, e mai l'inflessibile rivoluzionaria avrebbe immaginato che il partito ne avrebbe fatto uso ai suoi danni. E già, perché anche Longo – come tutti i dirigenti comunisti – aveva dovuto porre il problema al vertice del Pci. (Come ricorda Daniela Pasti nel suo libro già citato, altri compagni avevano risolto il problema divorziando in Bulgaria, ma le loro storie erano coperte dalla massima discrezione.)

In passato, per molto meno, Teresa Noce aveva creato con la sua voce il ciclone magnificamente musicato da Leopold Stokowski in *Fantasia* di Walt Disney. Telefonò, dunque, furiosa al quotidiano milanese, esigendo la smentita, ma si sentì rispondere che, purtroppo, la notizia era vera e veniva dalla direzione del Pci. La donna non ci vide più e sollevò letteralmente dalla sedia il povero Edoardo D'Onofrio, che alla direzione del partito si occupava delle questioni delicate.

Lui cercò invano di fermarla, ma Teresa scrisse ugualmente la smentita. Venne fuori, allora, tutta la dolorosa realtà. Longo aveva fatto certificare dal tribunale di San Marino di essere stato costretto al matrimonio dai propri genitori preoccupati di porre riparo alla gravidanza della ragazza. Sappiamo bene che è vero il contrario. Per di più, Longo dichiarò che la moglie era d'accordo con l'annullamento e che aveva sottoscritto un documento in proposito: naturalmente, la firma era falsa. Il partito contava evidentemente sulla discrezione della «vittima». Anche se resta un mistero come avesse potuto immaginare una reazione pacifica da parte di «madonna Tempesta».

Poi, la Noce si precipitò a Roma da Togliatti, che la stimava molto, ricambiato, e la ricevette in casa. Ma la reazione del segretario, riferì Teresa alla Pasti, «fu quella di Don Abbondio: la viltà».

Invece di risarcire una combattente davvero eroica, il partito la punì: fu subito allontanata dalla direzione del Pci e lasciò il Parlamento nel 1958. Ebbe un posto da pensionata al Cnel.

Dalla «bigamia» di Terracini ai reggiseni della Castellina

Un giorno Umberto Terracini arrivò negli studi della Rai di via Asiago a bordo di un taxi che pagò di tasca propria. Era stato invitato da una programmista, Lilli Fabiani, che doveva intervistarlo. La Fabiani sapeva che Terracini amava il cantautore francese Gilbert Bécaud e gli aveva fatto trovare un disco, *Nathalie*: raccontava la storia di un uomo in viaggio a Mosca che si era innamorato della propria interprete. Appunto, Nathalie. «Anch'io mi sono innamorato della mia interprete» disse il senatore. «Si chiama Alma, e l'ho sposata.»

Terracini era stato tra i fondatori del Partito comunista. Avvocato brillantissimo dall'eloquio affascinante e amico di Gramsci, aveva polemizzato con Lenin e, nel dopoguerra, presieduto l'Assemblea costituente.

Anche lui – come Togliatti, come Longo, e come tanti altri compagni – in fatto di donne ha avuto una vita tormentata.

Quando incontrò la Fabiani, Terracini aveva sistemato Alma Leks a Parigi, con un incarico internazionale, e si era messo con un'avvenente attrice, Maria Laura Gaino. Il presidente della Costituente era così coinvolto in questo rapporto che presentò a tutti la giovane donna come sua moglie. In questa veste, ricorda Filippo Ceccarelli nel già citato *Letto e potere*, Maria Laura fu investita del ruolo di first lady della Repubblica in occasione della visita di Stato di Evita Perón: dette il braccio a Enrico De Nicola, capo provvisorio dello Stato, che era scapolo.

Maria Laura era tuttavia sposata con un altro uomo, il capitano Bisazza. Se ne accorse Ugo Zatterin, giovane cronista di «Oggi», e scoppiò il putiferio. (Il capitano, travolto anche lui dallo scandalo, biascicò di aver dato il consenso all'annullamento del matrimonio.) A Terracini fu chiesto di dimettersi: non lo fece e passò momenti terribili. Si disse perfino che il Pci aveva manovrato la storia per mettere in difficoltà il maggiore avversario interno di Togliatti. Si disse anche che lo scandalo era stato pilotato da Botteghe Oscure, ma non era vero. Zatterin rivelò in seguito che la sua fonte era lo scrittore Ignazio Silone.

Sentimentalmente, tuttavia, Terracini non si chetò e continuò a frequentare il mondo dello spettacolo, dove le occasioni d'incontro sono più frequenti che altrove.

Il Partito comunista cercava sempre di salvare la propria immagine pubblica di moralità e, in alcuni casi, di coesione rivoluzionaria anche nelle unioni familiari. La Pasti racconta che quando si venne a conoscenza di una relazione adulterina di Rosario Bentivegna, il medico che fece esplodere le bombe nell'attentato di via Rasella, sia lui che la moglie (Carla Capponi, protagonista anche lei dell'azione) furono convocati da Aldo Natoli, che li scongiurò (invano) di non separarsi: «Siete una coppia troppo famosa...».

Alla fine degli anni Quaranta il numero di dirigenti comunisti che avevano lasciato la moglie, spesso conosciuta negli anni più duri, per unirsi a compagne più giovani era tale che Giancarlo Pajetta propose di tassare quanti di loro avevano sconvolto il proprio stato civile. «Il partito» diceva «sarebbe diventato ricchissimo.» Lui stesso ebbe diverse relazioni, dopo aver lasciato una cugina che aveva preso in moglie e prima dell'unione finale con Miriam Mafai, a sua volta reduce da altre esperienze. Tant'è vero che quando da giovane decise di sposarsi, Miriam fu convocata da Edoardo D'Onofrio, temutissimo responsabile dell'ufficio «quadri» del partito, che si congratulò vivamente: «Finalmente hai messo la testa a posto».

D'Onofrio, che abbiamo incontrato come vittima di un'indimenticabile sfuriata di Teresa Noce, era il grande inquisitore del partito anche nelle questioni familiari complesse. Maria Antonietta Macciocchi, la celebre eretica della sinistra italiana, ha raccontato il proprio «processo» affidato da D'Onofrio al suo braccio destro, un certo Macchia: «Una ragazza si sentiva già rea prima di arrivarci ... Vidi un tipo tristissimo e silenzioso che col mutismo e la mestizia doveva prepararmi alla severità con cui sarei stata trattata. Lui conosceva il dossier. Anche D'Onofrio lo conosceva. Il suo problema era di farmi sentire colpevole nella prima fase del dialogo, poi offrirmi la salvezza nella seconda».

Il partito interveniva anche per coprire le situazioni più scabrose. Mario Alicata, uno dei dirigenti storici del Pci, si era separato dalla moglie Giuliana Spadini per unirsi a Sara Caccioppoli. Ebbe però una terza relazione e, durante un incontro clandestino, morì in casa dell'amata. Per evitare lo scandalo i funzionari del partito provvidero a trasferirne in una clinica, nella massima discrezione, il corpo esanime.

Nei casi più delicati si scomodava perfino Togliatti. Il segretario convocò Alfredo Reichlin quando entrò in crisi il suo matrimonio con Luciana Castellina, che si sarebbe poi unita a Lucio Magri, a sua volta grande amore di Marta Marzotto, che lo fu per Renato Guttuso fino al momento della morte. Luciana Castellina è stata sempre bellissima e fin dall'immediato dopoguerra, prima di prendere la tessera del Pci, aveva seminato sconcerto nel partito per i suoi comportamenti spregiudicati. Nel 1947, scrive la Pasti, Luciana partecipò al congresso internazionale degli studenti che si teneva a Praga. Non aveva fissa dimora: dormiva ora qui, ora là. Un giorno chiese ospitalità a Bubi Campos per lavare e stendere la propria biancheria intima. Compagno di stanza di Campos era Enrico Berlinguer che, rientrando, restò di sasso nel vedere la camera attraversata da un filo da cui pendevano reggiseni e mutandine.

Berlinguer: «Compagne, siate come Maria Goretti...»

Era lo stesso Berlinguer che pochi giorni prima, alla conferenza nazionale giovanile del Pci, aveva invitato le compagne a ispirarsi alla «moralità e allo spirito di sacrificio di cui sono così ricche le tradizioni italiane, le tradizioni di Irma Bandiera e Maria Goretti».

Berlinguer fu uno dei custodi più severi della «moralità comunista». Negli anni Cinquanta c'era una rivista giovanile del Pci, «Pattuglia». Un giorno, sfogliandola, a Togliatti venne un colpo: in una vignetta, una procace ragazza mostrava il bel sedere poco coperto da un costume da bagno sbrindellato, e un giovanotto commentava pesantemente: «Signorina, ha un buco nel sedere?». Poco dopo Berlinguer, segretario della Fgci, si vide recapitare un biglietto siglato T.: «Non credi che sarebbe meglio sopprimere un giornale che pubblica queste sconcezze?». Il giornale non fu soppresso, ma lui rimosse all'istante il direttore Gillo Pontecorvo sostituendolo con Ugo Pecchioli, che già all'epoca prometteva di diventare uno dei più rigidi uomini dell'apparato comunista (Chiara Valentini, *Il compagno Berlinguer*).

In quel periodo il gruppo dirigente del partito era impegnato a contrastare la dura polemica dei cattolici contro il concetto comunista del libero amore elevato a sistema di vita. Veniva volantinata una celebre frase di Lenin: «Nella società comunista soddisfare i propri istinti sessuali è tanto semplice e tanto insignificante quanto bere un bicchier d'acqua». Per i compagni neofiti questa era una speranza, per i dirigenti – che, pure, nel loro privato erano spesso molto liberi – un incubo.

Berlinguer, sotto questo profilo, sembrava uscito da un

gruppo di preghiera dell'Azione cattolica. Assomigliava certo assai più a Oscar Luigi Scalfaro che alla maggior parte dei compagni dirigenti. Racconta la Valentini che una volta Enrico, trovandosi a un campeggio estivo di ragazze comuniste per tenere alcune conferenze, si invaghì di una bella parrucchiera sedicenne che lavorava in Liguria. Non ebbe il coraggio di corteggiarla, ma, rientrato a Roma, pregò un dirigente che stava andando in Liguria di cercarla e recapitarle il seguente messaggio: «Enrico ti manda a chiedere: posso sperare?». La risposta della ragazza, chiamata fuori del negozio mentre stava pettinando una signora, fu la seguente: «Rispondi al compagno Berlinguer che sono lusingatissima dalla sua proposta. Lo stimo e lo ammiro enormemente, ma amo il mio fidanzato, che è anche il segretario della mia cellula. Proprio in questi giorni abbiamo deciso di sposarci».

Il puritanesimo (almeno di facciata) dilagava anche nelle manifestazioni giovanili in cui venivano coinvolti celebri simpatizzanti del partito, da Fausto Coppi a Claudio Villa. (Del resto, anche «Pattuglia», passata nelle mani solide di Ugo Pecchioli, si rifiutava di mettere in contatto compagni innamorati.) Ai concorsi per Miss Pattuglia il Campionissimo sperava che vincesse «non una delle solite miss, ma una ragazza che possa dare, con un sorriso, fiducia nella vita». E il Reuccio, autarchicamente, suggeriva di sostituire il titolo di «miss» con quello, nostrano, di «signorina». Un anno la vincitrice del concorso, una studentessa di danza classica con il volto acqua e sapone, avrebbe dovuto ballare con il segretario della Fgci. Ma Berlinguer, che non aveva e non avrebbe mai ballato in vita sua, cedette il passo al direttore di «Pattuglia».

Letto così, il ritratto di Berlinguer sembra quello di un secchione. In realtà, fin da piccolo Enrico fu un ribelle. «All'età di tredici, quattordici anni» disse al corrispondente del «Times» Peter Nichols «non riconoscevo più alcuna autorità. La religione, lo Stato, le convenzioni sociali, tutte le concezioni che avevo imparato erano state a quell'età respinte e in seguito sottoposte a una critica spietata e imparziale.» Bravissimo in storia e filosofia, negato in matematica e scienze, tirava tardi la notte a giocare d'azzardo con le carte al bar dei fratelli Rubattu a Sassari. Fu qui che conobbe persone più adulte di lui e di ceto proletario. Fu qui che si avvicinò a una politica diversa da quella che aveva respirato in casa. Proveniva infatti da una famiglia borghese, illuminata e colta. «Un ambiente di anticlericali» scrive la Valentini «che però fanno battezzare e cresimare i figli (e anche Enrico lo sarà regolarmente alla parrocchia di San Giuseppe), di benestanti che detestano gli sprechi e le volgarità, di contestatori che si sposano sempre e solo all'interno del loro ambito sociale.»

Escluso dal richiamo alle armi per una leggera malformazione a un piede, quando nel giugno 1943 il padre Mario, avvocato liberale, lanciò «Sardegna Libera», Enrico non collaborò al periodico antifascista, al contrario del fratello Giovanni, che aveva 19 anni, due meno di lui. Diventò comunista nel 1943, non fece la Resistenza, ma si distinse per aver partecipato a una rivolta popolare contro il rincaro dei generi di prima necessità. Incarcerato, il padre provvide a farlo uscire subito.

Prima della fine della guerra, i Berlinguer si trasferirono a Roma, dove le frequentazioni giovanili erano ovviamente maggiori. «Enrico» testimonia il regista Carlo Lizzani «piaceva molto alle ragazze, forse per una specie di mistero che si portava addosso, per il suo stile di vita e anche, così, fisicamente. Aveva un viso che piaceva. A volte ci si trovava insieme alle nostre compagne, si andava a cena da qualche parte e io avevo la netta sensazione che questo suo modo di essere suscitasse nelle ragazze molta curiosità.» Lizzani era innamorato di Tonia Canova, raffinata studentessa di lettere, occhi azzurri e capelli biondi. Ma Tonia guardava Enrico e, forse forse, ebbe con lui un piccolo flirt.

La vita con Letizia, mai comunista

La donna della sua vita arrivò nel 1948. Letizia Laurenti, romana, figlia di un funzionario del Senato, era allegra e piacente: occhi neri, capelli castani, bellissime gambe messe in mostra proprio in quei balli che Enrico avrebbe sempre rifiutato. E anche ribelle e talvolta testarda: arrivata alla terza liceo del Mamiani, interruppe gli studi (un po' svogliati) prima della maturità e mai più li riprese. Si conobbero da alcuni cugini di Berlinguer, la potente famiglia Siglienti, in un'abitazione di fortuna al quartiere Prati. Si frequentarono per anni senza un grande interesse reciproco. La Valentini annota che allora Enrico preferiva appartarsi a chiacchierare con la cugina Lina Siglienti, studiosa e appassionata di Wagner, con la quale trascorreva spesso le vacanze. E proprio durante una vacanza in Valle d'Aosta, Enrico e Letizia si innamorarono. Testimonia Lina: «Anche se così diversi avevano trovato quasi subito un'intimità tutta loro, un mondo comune in cui non c'era posto per gli altri. C'era qualcosa di profondo che li univa».

Si sposarono nove anni dopo il primo incontro, il 26 settembre 1957, in Campidoglio. Enrico aveva ormai 35 anni, Letizia 29. Lo sposo era in blu, la sposa in grigio chiaro, con un nastro di seta tra i capelli. Presenti solo i parenti stretti, che festeggiarono con sobrietà nei locali annessi al teatro Eliseo. Viaggio di nozze, assai poco romantico per un sassarese e una romana, a Cagliari. Due anni dopo, nel 1959, nacque Bianca, oggi conduttrice del Tg3, e nel 1961 Maria. Alle due bambine furono imposti i nomi delle nonne materna e paterna. Dopo altri due anni arrivò Marco. La quarta figlia, Laura, nacque solo nel 1970.

Com'era in casa Enrico Berlinguer? In un altro suo libro Chiara Valentini (*Berlinguer il segretario*) riferisce la testimonianza di Livio Labor, già presidente delle Acli e fondatore di un movimento di cattolici vicini al Pci: «A casa sua Berlinguer era un'altra persona. Mentre aspettavamo che sua moglie Letizia finisse di preparare la cena si era alzato più volte per vedere i compiti dei figli. A tavola parlammo di musica, di libri, di pittura. Non si accennò neanche per un attimo alla politica». I compagni di partito erano esclusi dall'intimità domestica, con la sola eccezione di Tonino Tatò, che fu il suo segretario, il suo consigliere, il suo potentissimo portavoce.

La famiglia trascorreva tutta insieme le vacanze a Stintino, in Sardegna. Nel 1977 – l'anno dell'«eurocomunismo», in pieno «compromesso storico» – Berlinguer era il politico di gran lunga più assediato dai giornali e dalle televisioni. Per le sue vacanze fu scelta perciò una baia bella e tranquilla dell'Elba, Procchio. Fuori del proprio ambiente, il segretario si annoiava. Un giorno, per rinverdire il suo passato giovanile di velista, uscì in barca con il fratello Giovanni e la figlia Bianca. Il mare s'ingrossò e i tre si legarono con una cima a uno scoglio, in attesa che la buriana passasse. Ma il mare non si placava e si sparse la voce che il segretario del Pci avesse fatto naufragio e fosse disperso in mare. Il questore di Livorno si agitò moltissimo (ebbe un malore sulla nave che guidava i soccorsi): avvertì il ministro dell'Interno Francesco Cossiga, che peraltro era cugino dei Berlinguer, e scattarono imponenti ricerche che si conclusero quando i presunti naufraghi, ignari del trambusto, approdarono a Portoferraio dove si erano fatti trainare da un peschereccio.

Come accadeva negli anni Settanta a molti dirigenti della sinistra, i figli di Berlinguer contestavano (da sinistra) le scelte paterne. Nel 1977 – angoscioso preludio del tremendo 1978 – Bianca, Maria e Marco frequentavano lo stesso liceo classico romano e partecipavano, ovviamente, ai «collettivi» studenteschi dove era facile infuocarsi. Il padre li aveva indirizzati nelle letture (anche quelle più impegnative, come le *Lettere dal carcere* di Gramsci) e anche alla politica: in disaccordo, in questo, con la moglie, che giudicò prematura, per esempio, la scelta di Maria di iscriversi alla Fgci a soli 14 anni (Maria lo fece senza dirglielo).

Quando la ragazza contestò per la prima volta il padre, Enrico ci restò assai male. E rimase basito quando seppe che Marco, appena uscito dalle medie, aveva partecipato a un corteo di protesta sfilato sotto il palazzone delle Botteghe Oscure.

Letizia Berlinguer non diventò mai comunista. Anzi, scrive la Valentini, «fino all'ultimo polemizzerà con Enrico, anche di fronte agli amici ... Non mette mai piede a un comizio o a una manifestazione. E quando parla di politica dice spesso "voi comunisti", guardando Enrico un po' ironica». I figli confermano che la madre non si è mai iscritta al partito e non lo ha mai frequentato, ma aggiungono che ha avuto sempre una forte intesa con il marito sui valori sociali e morali.

Un altro biografo di Berlinguer, Giuseppe Fiori (*Vita di Enrico Berlinguer*), ricorda il dolore di Letizia durante il caso Cossiga-Donat-Cattin. L'allora presidente del Consiglio fu accusato – ingiustamente – di aver rivelato a Carlo Donat-Cattin, uno dei più autorevoli ministri democristiani, che suo figlio Marco era ricercato per fatti di terrorismo. Nella polemica che ne seguì, Berlinguer fu il più duro contro Cossiga e chiese invano – contro il parere dei maggiorenti del Pci – di trascinarlo dinanzi all'Alta Corte di giustizia. Quando Giulio Andreotti lo rimproverò per questo accanimento («Ma è tuo cugino!»), Berlinguer gli rispose sardonico: «Con i parenti si mangia l'agnello, non si fa politica».

Il destino volle che né Letizia né i quattro figli fossero accanto a lui nel momento della morte. Nella primavera del 1984 il segretario del Pci era impegnato nella difficile campagna elettorale per le elezioni europee. Difficile perché gli anni del «compromesso storico» avevano ceduto il passo al solido accordo tra l'ala moderata della Dc e Bettino Craxi, e i rapporti tra Pci e Psi erano diventati pessimi. Proprio nei giorni che precedettero il comizio di Padova e la sua morte, Berlinguer aveva raccontato divertito a Peppino Fiori, giornalista e senatore della sinistra indipendente, che Craxi era stato fischiato durante una partita di basket, mentre invece parecchia gente si era stretta intorno a lui allo stadio Olimpico, dove era andato per assistere alla finale di Coppa dei Campioni Roma-Liverpool.

La sera del 7 giugno Enrico Berlinguer parlava a una gran folla radunata in piazza della Frutta a Padova. Primi attacchi al governo, primi applausi. Poi una frase – «Siamo di fronte a un momento pieno di insidie per le istituzioni della Repubblica. Ma è certo che...» – s'interruppe a metà. Chiese un bicchier d'acqua, fu colto da conati di vomito, qualcuno nella folla gridò: «Sta male, fatelo smettere». Ma lui volle continuare, e si trascinò sofferente fino alla fine del discorso. «Ho un gran sonno» disse a Tonino Tatò che l'aveva portato di peso in albergo. Un medico si accorse che, invece, era entrato in coma, colpito da una gravissima emorragia cerebrale.

L'inutile operazione avvenne nella notte, mentre lo stato maggiore del partito si riuniva e Letizia con i figli erano partiti in treno per raggiungerlo. Nei quattro giorni di agonia, arrivarono a Padova i più importanti uomini politici. Sandro Pertini, presidente della Repubblica, che avrebbe poi riportato a Roma la salma sul suo aereo, fu accolto con calore. Bettino Craxi non fu fischiato soltanto perché Giovanni Berlinguer pregò i militanti di trattare tutti con rispetto. Ma né Letizia né i figli lo vollero incontrare.

Sergio Siglienti, cugino di Enrico, ha raccontato a Chiara Valentini: «Letizia si dimostrò molto forte. La mattina del 10 giugno, domenica, raccolse attorno a sé i quattro ragazzi per dire che ormai non c'era più speranza. "Vostro padre dovrà certamente morire" furono le sue parole. Lauretta cominciò a piangere e non riuscimmo più a farla smettere».

Poco dopo, Letizia e Marco ritornarono a Roma. La Valentini ha scritto che il pretesto per il viaggio fu un esame che il ragazzo doveva sostenere, ma che la vera ragione era comunicare ai dirigenti di Botteghe Oscure che Enrico non doveva essere sepolto al Verano accanto a Togliatti, Longo e Amendola, ma accanto al padre, nel periferico cimitero di Prima Porta.

In realtà, Marco doveva dare veramente un esame (anche se poi non lo fece perché gli eventi precipitarono) e la madre lo accompagnò perché i medici avevano detto che i tempi della morte di Enrico non erano prevedibili. Non ci sarebbe stato invece bisogno della trasferta romana per comunicare la volontà sulla sepoltura al vertice del partito, perché era tutto presente a Padova.

L'annuncio della morte di Enrico Berlinguer fu dato alle 9.30 di lunedì 11 giugno 1984. I funerali, che si svolsero due giorni più tardi in piazza San Giovanni, furono memorabili.

Incaricato di raccontarli in cronaca diretta per il Tg1 (per la prima volta in una circostanza del genere una telecamera fu montata su un elicottero), registrai una gigantesca emozione fra la gente e momenti di storia (la presenza dei segretari comunisti francese e spagnolo, Georges Marchais e Santiago Carrillo, protagonisti con Berlinguer dell'«eurocomunismo») alternati a episodi di cronaca (Pertini acclamato, Craxi fischiato). Lauretta non smise un solo istante di singhiozzare.

Quattro giorni dopo, alle elezioni europee, il Pci superò di qualche decimo di punto la Dc. Sarebbe stata la prima e l'ultima volta.

IX
Amori comunisti / 2
Da Occhetto a Veltroni via D'Alema e Fassino

Adele Natta e l'amarezza di Alessandro

«Be', certo, se Sandro avesse visto questo sbriciolamento della sinistra che accade oggi, ne avrebbe molto sofferto...» Adele Morelli, vedova Natta, ha compiuto novant'anni il 25 marzo 2007, ma ha una memoria di ferro, una formidabile capacità di analisi e una freschezza di conversazione che lascia interdetto l'interlocutore. Ha festeggiato la sua fantastica età nella villa di famiglia sul Colle del Melogno, alle spalle di Savona. Della proprietà faceva parte una chiesetta di fine Ottocento, intitolata alla Madonna di Lourdes. Se ne parlò nel 1987, quando la famiglia Morelli la donò all'arcivescovado con l'impegno di tenerla aperta e farvi celebrare la messa. Visto che l'iniziativa era stata di Adele, e Alessandro Natta, allora segretario del Pci, l'aveva condivisa e partecipò alla cerimonia della donazione, i giornali mostrarono una certa curiosità.

«Io non vado a messa» mi spiega la signora Natta «ma i patti erano chiari. I primi sacerdoti li mantennero, poi dal 2000 non celebrarono più le funzioni. Non vi hanno celebrato il matrimonio di chi voleva sposarsi lì, né battezzato un bambino. Ho protestato con il vescovo. Sa, mi ha detto, abbiamo pochi preti... Mi dispiace moltissimo che vada in rovina, io sono stata battezzata lì...»

Alla festa del Melogno per i novant'anni di Adele c'erano

la figlia Antonella, astrofisica che vive a Firenze, il nipote Alessandro, che ha vinto un concorso per lavorare in Irlanda, altri parenti e gli amici. Non Sandro, che se n'è andato a 83 anni all'alba del 23 maggio 2001, nella casa di Oneglia. «È morto come sognava di morire» mi racconta la moglie. «Aveva il terrore che l'enfisema polmonare gli procurasse una lunga agonia. Invece, quella mattina alle 6 ebbe una piccola crisi, provai a chiamare i medici, nessuno mi rispose. Gli feci fare delle inalazioni, mi sembrava che stesse meglio, si distese sul letto. Prova a riposare un po', gli dissi. Lui chiuse gli occhi e non li riaprì.»

Erano sposati dal 1945, si conoscevano dal 1930. «La mia famiglia era benestante e, secondo l'uso di allora, mi mandò a studiare dalle suore. Poi papà decise che a un certo punto era meglio passare alla scuola pubblica e cercò un collegio laico. Ce n'era uno solo tra Genova e Ventimiglia. Andai lì e incontrai Sandro. Io avevo 13 anni, lui 12.»

Non si persero più di vista: lei ricca, lui povero. Lei figlia di un noto medico, lui sesto figlio di un macellaio. «Quando finì le medie, gli dissero: per il figlio di un macellaio, il ginnasio è sprecato. Vai alle magistrali. Lui si diplomò alle magistrali, ma lì non si studia il greco. E allora studiò un anno da privatista e si diplomò anche al classico. Fece il concorso alla Normale di Pisa e arrivò primo.»

Si era appena laureato quando scoppiò la guerra. «L'8 settembre lo trovò sottotenente d'artiglieria a Rodi. Il suo reparto combatté contro i tedeschi. Sandro fu rinchiuso in un campo di concentramento lì, poi trascorse venti mesi in un lager in Germania. Tornò nel 1945 e ci sposammo.» In chiesa.

Che marito fu? «Viveva per il partito: era il suo lavoro, la sua passione. Passava i giorni a leggere e studiare, non si occupava delle faccende domestiche. Mi lasciava libera di fare quel che volevo ed è stato il padre noioso di questa figlia che, tacendo a tutti il cognome Natta, è venuta su bene...»

Alessandro Natta diventò deputato nel 1948 e lo restò per nove legislature. Si mise con Enrico Berlinguer, nella scia di Palmiro Togliatti, e lo aiutarono a disfarsi dell'ala più intransigente di Pietro Secchia. Sostennero Luigi Longo, e si collocarono al centro del partito quando la destra di Giorgio Amendola litigava con la sinistra di Pietro Ingrao. Natta fu l'implacabile accusatore del gruppo del «manifesto», espulso per frazionismo dal Pci nel 1969, e quando Berlinguer salì al potere, lo appoggiò nella linea del compromesso storico. La morte improvvisa del segretario, nel 1984, ne rese scontata la successione «conservatrice». Una delle sue vittime, Armando Cossutta, bollò Natta come «lucidatore della linea di Berlinguer».

Per il partito furono anni difficili: alle elezioni del 1987 il Pci perse oltre 3 punti rispetto al 1983 e il 10 per cento del suo elettorato. S'imponeva una svolta. A Natta era stato imposto un vicesegretario, Achille Occhetto, che non lo amava e non ne era riamato. E Occhetto lo sostituì nel 1988: a maggio e all'improvviso, mentre Natta era ricoverato in ospedale, e non in ottobre, come gli aveva appena assicurato l'amico Giancarlo Pajetta. Uomo d'apparato, Natta sopportò in silenzio, anche quando «l'Unità» si rifiutò di pubblicare la sua lettera di protesta. Ma non dimenticò mai il torto subìto.

La signora Adele parla malvolentieri di quell'episodio e degli anni successivi, in cui il marito restò isolato, a passeggiare per Oneglia e a parlare di politica con qualche vecchio pescatore: «Ogni tanto qualcuno lo invitava da qualche parte, ma dalla direzione di Roma non si è mai fatto vivo nessuno».

Perché questo lungo silenzio? «Erano imbarazzati, evidentemente. Sandro non amava parlarne: è andata così, diceva, non voglio pensarci più.» Però soffriva per quella che considerava, innanzitutto, una forma d'ingratitudine. «Berlinguer non amava i cambiamenti. Ma Sandro gli diceva: Enrico, noi siamo stati fortunati, abbiamo saltato una generazione [*Berlinguer fu segretario saltando la generazione di Ingrao, Amendola, Pajetta*], e oggi dobbiamo aiutare questi ragazzi della Fgci a venir fuori, ad assumere grosse responsabilità.» Il gruppo al quale si riferiva era quello che adesso è ai vertici dei Ds. Natta non s'iscrisse mai al Partito democratico della sinistra, perché riteneva che il nuovo gruppo dirigente stesse imboccando una strada non coerente con la propria: «Sandro» mi racconta la moglie «diceva: non mi importa quel che mi hanno fatto, ma avessero concluso qualche cosa, anche un partito socialdemocratico, però una linea chiara...». È difficile, in questi casi, segnare i confini tra risentimento personale e valutazione politica.

Natta morì poco dopo la sconfitta elettorale dell'Ulivo del 2001. «Ai funerali» mi confida la signora Adele «mi trovai davanti D'Alema. Grazie di essere venuto, gli dissi piangendo, ma Sandro non poteva perdonarti di aver tradito te stesso.» D'Alema restò colpito: «Tradire è una parola grossa. Forse possiamo aver sbagliato. Ma tradito, mai».

Aureliana e il bacio: «Io e Achille, giovani e fiduciosi»

Achille Occhetto passerà alla storia del Pci per una svolta politica e una, come dire?, d'immagine. La prima è del 12 novembre 1989, tre giorni dopo la caduta del Muro di Berlino: da un anno segretario del partito, era stato invitato a commemorare in Emilia-Romagna il 45° anniversario della battaglia di Porta Lame (partigiani contro tedeschi) alla Bolognina. Ne approfittò per annunciare che sarebbe «cambiato tutto», anche il nome del glorioso Partito comunista italiano.

La seconda, invece, è dell'estate dell'anno precedente e verrà ricordata come la «svolta del bacio». Giorgio Dell'Arti, allora redattore capo del «Venerdì di Repubblica», si era attivato per pubblicare in anteprima un bel servizio fotografico sul nuovo segretario del Pci, ma a Botteghe Oscure avevano nicchiato. A fine giugno, raccontò poi Dell'Arti, l'ufficio stampa del partito si era fatto vivo e gli aveva detto che Elisabetta Catalano, una famosa fotografa, aveva alcune belle immagini di Occhetto e della moglie, la senatrice comunista Aureliana Alberici. Grazie, ma abbiamo già provveduto, rispose lui. La Catalano aveva infatti venduto al settimanale ottantacinque foto della coppia ripresa in un momento di relax a Capalbio, località della Maremma molto amata dalla sinistra chic. Non erano, ovviamente, scatti «rubati». La stessa Catalano, amica dei coniugi Occhetto, rivelò che si era trattato di un lavoro di tre ore, con molte pose e perfino cambi d'abito. Due di queste foto mostravano il segretario e la moglie mentre si scambiavano un bacio casto e, insieme, appassionato. Dell'Arti non fece in tempo a montarci la copertina, ma quando il «Venerdì» andò in edicola scoppiò il finimondo.

Incautamente, Occhetto dichiarò al Tg2 che quell'abbraccio era stato «carpito». L'evidenza era tutt'altra, e lo scontro tra favorevoli e contrari alla «svolta» tenne banco per mesi. Il lettore di questo libro avrà notato quanto siano stati riservati e, insieme, tormentati gli amori della maggior parte dei dirigenti comunisti, e come la loro vita privata si sia a lungo – e talvolta drammaticamente – intrecciata con quella del partito. Nel ricordare che gli italiani videro in pratica per la prima volta Letizia Berlinguer ai funerali del marito, Fabrizio Rondolino, già portavoce di D'Alema, avrebbe raccontato sulla «Stampa» – oltre agli amori già noti ai nostri lettori – le turbolenze sentimentali di Pietro Secchia, Ugo Pecchioli, Sergio Garavini, Lucio Libertini, Mario Alicata (il quale morì, secondo quanto già accennato nel capitolo precedente, come aveva vissuto la sua bella vita e fu rimpianto da molte signore), fino ad arrivare alla drammatica confessione di Emanuele Macaluso fatta nella sua autobiografia (*Cinquant'anni nel Pci*), scritta con Paolo Franchi. Macaluso, sposato, era legato sentimentalmente a Erminia Peggio, sorella di Eugenio, importante dirigente del Pci: «Erminia mi chiese di metterci insieme; io però per viltà non ero in grado di rompere tutti i ponti con la mia famiglia e le dissi di no. Erminia si offese, si amareggiò. Era una donna molto fragile: dopo alcuni mesi si suicidò».

Amendola chiese allora a Peggio di formalizzare l'accusa di «scorrettezza morale» contro Macaluso, al quale non fu mai chiaro se l'iniziativa fosse dettata da «eccesso moralistico» o se – come d'uso nella Terza internazionale – il tragico episodio venisse strumentalizzato perché tra i due, in quel momento, c'erano contrasti politici.

Si capisce, dunque, perché su un partito come il Pci la «svolta del bacio» sia piovuta come un ciclone. Si parlò di «ansia nuovista», di «americanizzazione della politica italiana». L'ex comunista Saverio Vertone tuonò sul «Corriere della Sera»: «Occhetto ha molti treni da far partire, ma difficilmente troverà la paletta se si metterà a cercarla nel guardaroba del playboy». Fabio Mussi, al contrario, difese il servizio fotografico, e dall'opposto versante democristiano Clemente Mastella proclamò: «Guai se la politica dovesse schiacciare i sentimenti».

Nonostante nella base del partito le reazioni non fossero in prevalenza negative, gli Occhetto presero male le polemiche. Lui non volle mai più tornare sull'argomento; lei fece una sola eccezione, sei anni dopo. Spiegò a Valeria Numerico di «Epoca» che l'invito alla Catalano in Maremma era nato dall'impossibilità del marito di recarsi nello studio della fotografa, e aggiunse: «Lei non si accontentò di fare solo l'uomo politico. Da allora ho imparato una lezione: non puoi fidarti di chi ha un mestiere, perché quel mestiere lo metterà a frutto. Io sono una che non vende nulla, figuriamoci se vendo i miei baci...».

La seconda eccezione, a tredici anni dalla prima e a quasi vent'anni dal celebre bacio, Aureliana Alberici la fa per questo libro: «La tentazione è di non dire nulla, poiché di quelle foto è ormai stato detto tutto. Alcuni le hanno collocate tra gli avvenimenti che hanno segnato un'epoca nel costume. Posso dirle, sinceramente, che non mi interessa più niente di quelle polemiche. Sono passati circa vent'anni e ciò che mi piace ricordare è che, in quelle foto, io e Achille eravamo giovani e molto fiduciosi. Belle foto, piaciute a tante persone che allora, e ancora adesso, spesso me lo ricordano, persino sconosciuti per strada. Alla gente piacciono, anche in politica, facce belle e trasparenti. Soprattutto di questi tempi».

Si sposarono con una raccomandazione della Dc...

Lo scoop di Dell'Arti fu tanto più clamoroso perché Occhetto e la Alberici si erano sposati appena tre mesi prima, un sabato di marzo 1988. Matrimonio civile, riservatissimo, e con un retroscena assai curioso. Per evitare pettegolezzi e fotografi, Achille e Aureliana avevano scelto un paese della provincia di Bolzano, Nova Levante. E avevano deciso di sposarsi di sabato. Il sindaco, Manfred Viedenhofer, era della Südtiroler Volkspartei e da diciannove anni amministrava i suoi concittadini con regole rigide e un po' burocratiche. Una di queste era che il municipio restasse chiuso di sabato, per non pagare al personale gli straordinari. Occhetto insisté, implorò, si adirò. Niente. Alla fine, la questione fu risolta con un'operazione da «compromesso storico». Il vicepresidente della giunta provinciale di Bolzano, Remo Ferretti, democristiano, fece aprire d'autorità la sala del consiglio comunale. Eccezionalmente, un dipendente fu autorizzato agli straordinari, e il matrimonio fu infine celebrato. Lui in gessato grigio scuro, con panciotto verde a scacchi e papillon fantasia. Lei in gonna viola e corpetto nero, decorato da una grande spilla d'argento. Dopo la prima notte, entrambi tornarono a Roma a poche ore di distanza l'uno dall'altra. Lei aveva 47 anni, lui 52.

Per Occhetto non era il primo matrimonio. Era stato sposato per pochi anni con Nina Raselli, figlia di un industriale lombardo. Poi aveva avuto due figli, Malcolm e Massimiliano, dalla bella attrice somalo-pugliese Kadigia Bove, che aveva lavorato con il musicista Luigi Nono e aveva fatto sognare molti italiani recitando nello spot delle cucine Atlantic. Kadigia e Achille rimasero insieme dal 1968 al 1979. Appena si lasciarono, ecco comparire nella vita di Occhetto Aureliana Alberici.

I due, per la verità, si conoscevano da tempo. Emiliana, figlia di un commerciante di calzature e di una casalinga, famiglia cattolica, Aureliana s'iscrisse alla facoltà di pedagogia dell'università di Bologna. Non aveva mai fatto militanza politica. Un professore l'avviò al marxismo, convincendola ad abbandonare la tesi su Giovanni Gentile per un'altra sul rapporto tra Antonio Gramsci e gli intellettuali. Fece il '68 nel Movimento studentesco, mentre l'uomo che sarebbe diventato suo marito dirigeva la federazione giovanile comunista.

La carriera di Aureliana nel partito cominciò subito dopo

la laurea con una specializzazione nei problemi della scuola: prima da assessore a Castel San Pietro, vicino a Bologna, poi da assessore di Renato Zangheri nel capoluogo emiliano dal 1975 al 1983, mentre insegnava all'università Alma Mater di Bologna. Nel 1984 diventò responsabile del Pci per la scuola e si batté per portare a sedici anni l'obbligo scolastico. «Il mio rapporto con Occhetto, che conoscevo da molto tempo,» mi racconta «cominciò nel 1979 a Bologna, la convivenza venne nel 1984 a Roma.» Nel 1987 il salto in Parlamento. I nemici del segretario erano in agguato e, quando due anni dopo la moglie fu nominata ministro dell'Istruzione nel «governo ombra» del Pci, lo accusarono di favoritismi familiari. «Avevo tutti i titoli per ricoprire quell'incarico» precisa «e, per la verità, non ricordo particolari polemiche. Ma mio marito non mi parlò mai di possibili incarichi di governo se i progressisti avessero vinto le elezioni del 1994.» Fu confermata senatrice nel 1992 e nel 1994.

Dopo la sconfitta subita a opera di Berlusconi alle elezioni politiche del 1994, aggravata dal risultato delle elezioni europee della stessa primavera, Occhetto decise di dimettersi, e la moglie gli fu vicina mentre scriveva il discorso di commiato. Quando le chiedo se sia stata la consigliera politica del marito, risponde: «Non so se posso definirmi così. Certo, noi parlavamo e parliamo ancora di politica. Anche delle dimissioni abbiamo parlato, e ogni tanto lo facciamo ancora. È però vero che Achille e io abbiamo sempre, sul terreno politico, mantenuto una precisa fisionomia e autonomia di giudizio e di pensiero. D'altra parte, le decisioni sono un fatto che appartiene alla biografia di una persona. Di fronte a decisioni così rilevanti, si è sempre soli».

«Ingratitudine verso Achille? L'ombra di Banco...»

Dopo le elezioni del 1996, quelle vinte da Romano Prodi e le prime dopo le dimissioni di Occhetto, Aureliana Alberici lasciò l'attività politica e tornò a quella universitaria. «Non posso negare che dopo le dimissioni di mio marito» mi racconta «qualcuno nel partito ha pensato che anch'io, forse, ero di troppo. In ogni caso, poiché sono una donna autonoma e combattiva, se avessi voluto continuare la mia esperienza politica l'avrei fatto. Ma la politica per me è passione e progetto, e già allora non mi piaceva un modo di fare politica senz'anima.»

La svolta di Occhetto nel 1989 segnò la storia del Pci e la moderna storia italiana, ma verso l'ex segretario il Pds mostrò una certa ingratitudine. Come la spiega?, chiedo alla moglie. «Molti potrebbero obiettare che la gratitudine e il suo contrario non sono categorie applicabili alla politica. Io, invece, ritengo che lei faccia una constatazione corretta, se si considerano fatti e comportamenti verificatisi in questi anni. Non saprei dare spiegazioni politiche. Si potrebbe richiamare la psicologia del profondo, "i complessi di colpa", o, con Shakespeare, il timore dell'"ombra di Banco". O, forse, si potrebbe spiegare con una frase di Machiavelli che un amico inviò ad Achille durante la svolta, incorniciata in un quadretto: "E debbasi considerare come non è cosa più difficile a trattare, né più dubbia a riuscire, né più pericolosa a maneggiare, che farsi capo a introdurre nuovi ordini. Perché lo introduttore ha per nemici tutti quelli che degli ordini vecchi fanno bene, e ha tepidi defensori tutti quelli che degli ordini nuovi farebbono bene" [*"Il principe", cap. VI*]. In ogni caso, la migliore risposta potrebbero darla soprattutto amici e compagni dei Ds.»

Dopo tre anni di silenzio, fu ancora lei nel 1997 a stimolare il marito a partecipare al congresso del Pds, il primo da ex segretario. Abituato ai tempi lunghi, Occhetto faticò non poco per ridurre della metà – come un dirigente qualunque – un discorso di mezz'ora che, da segretario, sarebbe stato perfino troppo breve. Negli ultimi dieci anni, comunque, per lui c'è stato l'oblio.

Aureliana Alberici non ha voluto figli per non turbare l'equilibrio dei due ragazzi di Occhetto: «Due maschi di 8 e 4 anni» disse nel 1994 a Valeria Numerico nell'intervista citata «che avevano una loro mamma ben presente e alla quale non mi volevo assolutamente sostituire. ... Li amo tanto, e non come una madre. Rimpianti di non avere un figlio? Finora no. Anche perché so bene che, se davvero l'avessi voluto, l'avrei fatto».

«È il mio parere anche oggi» mi conferma. «E aggiungo che Malcolm e Massimiliano sono stati e sono tuttora una realtà importante e coinvolgente nella mia vita, oltre che un valore nel mio rapporto con Achille Occhetto.»

Appassionata di lirica, di fiori, di letteratura mitteleuropea, la Alberici sembra aver cancellato l'attività politica dalla sua vita. Otto pagine di curriculum consultabili su Internet riportano il suo stato di professore ordinario di scienze della formazione all'università di Roma Tre, i sei volumi che ha scritto e gli otto ai quali ha dato il suo contributo, decine di articoli, seminari e convegni. Ma non una riga sull'attività politica e parlamentare.

Un giorno, quando molti anni fa si parlò di una sua crisi con Occhetto, rispose stizzita: «Il nostro è un bel matrimonio. Lo rifarei domani». Conferma? «Certo, e non ne vorrei nessun altro.»

Linda D'Alema: «Io sono innamorata di mio marito»

«Caro dottor Vespa, io sono innamorata di mio marito con il quale sto condividendo da più di vent'anni una splendida avventura fatta di impegno politico, passione civile, gioia di avere in comune una casa e una famiglia. Anni caratterizzati, come lei sa, da preoccupazioni ed entusiasmi, speranze e delusioni...»

Che Linda Giuva, 53 anni, e Massimo D'Alema, 58, siano innamorati come due ragazzi è documentato *per tabulas*. Alla fine di giugno 2007 il ministro degli Esteri e sua moglie s'illusero di potersi ritagliare qualche ora di romantica solitudine nell'isola di Ponza, dove spesso attraccano con la loro bella barca a vela, comune passione di tanti anni. Piantarono la scorta, chiesero a un amico le chiavi di un gommone e salparono dal porto per una delle tante belle e riparate calette. Purtroppo per loro, furono visti da un invisibile reporter, che li seguì. Il risultato fu un servizio fotografico apparso sul numero di «Oggi» dell'11 luglio 2007: *Il Massimo della passione*. Sottotitolo: «Mai visto un D'Alema così focoso. In gommone con la moglie Linda, la bacia, l'abbraccia, le spalma la crema. Poi un mozzarella-party. E il gran finale: lei in topless, lui in ammirazione». Occhiello: «La metamorfosi del ministro degli Esteri: da antipatico a tenerone». Seguono sei pagine di fotografie che rispecchiano ogni parola del titolo e vengono commentate da un ampio articolo di Anna Checchi. Dopo il bagno, il relax: «SuperMax sembra addormentarsi al sole. Poi si avvicina a Linda, la guarda, l'abbraccia. La prende per mano. È uno spot dell'amore coniugale. Il suo family day personale, altro che quelli del centrodestra...».

Lei è innamorata, lui ricambia con la fedeltà. «I miei amici cattolici» mi dice il ministro degli Esteri «hanno la possibilità di confessarsi. Io no, e quindi mi comporto come un buon cattolico...»

Quando uscì il servizio, D'Alema e – soprattutto – la moglie rimasero di sale. Lei dovette anche sorbirsi una telefonata della madre, sorpresa di averla vista ritratta in topless.

«In questi anni di esposizione mediatica» mi scrive Linda Giuva «ho imparato ad apprezzare l'anonimato come condizione di libertà. Purtroppo non dipende tutto dai nostri comportamenti. Se lei ha seguito un po' i rotocalchi di questi mesi estivi, avrà visto che la mia famiglia ha conquistato "l'onore" della prima pagina perché fotografi indiscreti, quanto ben accorti professionisti, hanno carpito immagini di intima affettuosità. La cosa mi ha turbato e creato imbarazzo come quando si scopre di essere spiati dal buco della serratura. E ha rafforzato in me la convinzione che, almeno per quanto sta nelle mie possibilità, bisogna sfuggire il più possibile a occasioni da "esposizione".»

Mi assicura di aver reso rigoroso questo costume dal 2004: quel che è uscito dopo, soprattutto in due libri, è stato dichiarato in quell'anno. La spiegazione non sta soltanto nella riservatezza che, come abbiamo visto, ha caratterizzato diverse compagne di leader politici nell'arco di alcuni decenni. Sta piuttosto nel desiderio di Linda Giuva, insegnante di archivistica generale all'università di Arezzo, di non parlare più come «moglie di» e di essere conosciuta e riconosciuta soltanto per il suo lavoro. Con due importanti colleghi, ha scritto un libro pubblicato da Bruno Mondadori a metà del 2007: *Il potere degli archivi. Usi del passato e difesa dei diritti nella società contemporanea*. Per promuoverlo, mi dice, la casa editrice ha selezionato le sole interviste «che mi garantiscano che non venga nemmeno citata la parola D'Alema».

Quando chiedo al marito di commentare lo spasmodico desiderio della moglie di essere menzionata solo per la sua attività professionale, la risposta è questa: «Senza avere accanto una donna dalla personalità così forte, difficilmente avrei potuto fare quel che ho fatto. Lei ha saputo difendere la sua libertà, ma ha reso me più libero di poter condurre la mia vita matta e disperata. Ha saputo da professore universitario seguire la sua carriera e i suoi successi, ma ha anche saputo dedicare alla famiglia e ai figli il tempo che io non avrei mai potuto trovare».

Non è possibile dire quanto durerà il legittimo proposito della signora Linda. Già nel 1995, dopo la sbornia mediatica dell'anno precedente, quando il marito era stato eletto segretario del Pds, cercò di staccare la spina: «Non mi va più di farmi intervistare. I giornalisti mi cercano perché sono la moglie di Massimo D'Alema, mica perché mi chiamo Linda Giuva e sono, o almeno credo di essere, una buona archivista» («Venerdì di Repubblica», 21 luglio 1995). Il problema è che le mogli dei politici, in tutto il mondo, fanno notizia. Gli archivisti, no. A meno che – come le capitò l'11 febbraio 2006 – non stringano la mano al Venerabile Gran Maestro della Loggia P2 Licio Gelli mentre consegna il proprio archivio allo Stato. Ma fu la notorietà di un momento. E se fosse stata nubile, la notizia non sarebbe apparsa da nessuna parte.

Fin dal 1996, tuttavia, Linda dovette ripensarci. C'erano le elezioni politiche, e il marito, che ha le antenne lunghe, aveva capito che il passaggio da un'opposizione di cinquant'anni alla maggioranza di governo richiedeva un approccio mediatico diverso: migliorò radicalmente il taglio dei vestiti e delle camicie (lo spezzato triste da funzionario di partito diventò un elegante «tre bottoni» di sartoria napoletana) e a «Porta a porta» fu trasmesso il memorabile filmato del risotto cucinato da Massimo in casa di Nicolino Latorre. («In cucina» riconosce lei «è più bravo lui.»)

Alla fine del 1998 venne poi l'inopinata ascesa di D'Alema alla presidenza del Consiglio e, subito dopo Capodanno, la riservatissima Linda si trovò due titoli identici (con annessi servizi fotografici) su «Gente» e «Donna moderna»: *Per la prima volta la signora D'Alema ci apre la sua casa*. Guido Quaranta ironizzò sull'«Espresso», il settimanale che tradizionalmente non ha mai amato il marito: «Giorni fa la moglie del premier ha aperto il salotto, la cucina, la terrazza e persino il bagno di casa ai cronisti di due settimanali ... usciti contemporaneamente. E spostandosi da un vano all'altro dell'alloggio, la signora ha parlato di sé, del consorte, dei figli Giulia e Francesco e del cane Lulù. Così si è saputo che lavora all'Archivio di Stato, è superstiziosa e le piace Paolo Conte, i suoi ragazzi sono piuttosto vivaci, il cane è tanto paziente e il marito (che chiama rispettosamente "il presidente del Consiglio") si commuove quando vince la Roma di cui è tifoso».

Spiegò Stella Pende su «Panorama»: «In tuta dal macellaio, compita dal papa, piaciona con i giornali. ... La nuova regia di palazzo Chigi la vuole protagonista, per sfatare il mito del premier "antipatico"».

«La nostra storia sembrava una società di mutuo soccorso...»

Linda e Massimo si conobbero nel 1979, in Puglia. Lei figlia di un impiegato (socialista) delle Poste di Foggia e di una casalinga, lui figlio di un deputato del Pci. Da ragazza, Linda passò dai gruppi del volontariato cattolico locali a quelli femministi del «manifesto» negli anni dell'università a Bari. S'iscrisse al Pci nel 1977, l'anno terribile in cui il Partito comunista si trovò violentemente contestato da sinistra dagli «autonomi». Quasi contemporaneamente si laureava in lettere con una tesi sulle lotte bracciantili in Puglia, terra di Giuseppe Di Vittorio. D'Alema, da due anni segretario della Fgci, girava l'Italia e conobbe la ragazza. Il loro rapporto si approfondì nel 1983 quando lui diventò segretario regionale del Pci per la Puglia. Erano pronti, come dire?, per avviare una storia.

D'Alema era reduce da un matrimonio finito male: aveva sposato nel 1973, quando aveva solo 24 anni, Gioia Maestro. Il divorzio era arrivato presto, come la felice unione con una ragazza destinata a segnarne la vita: si chiamava Giusy e morì in un tremendo incidente stradale nell'estate del 1984, la stessa della scomparsa di Enrico Berlinguer. D'Alema ne era profondamente innamorato e per molto tempo tutti i suoi pensieri andavano a lei, anche quando era cominciata la sua storia con Linda, che, a sua volta, veniva da una travagliata vicenda amorosa.

Si misero insieme nel 1985. «Mi colpì il suo atteggiamento, quello che del resto colpisce chiunque, di persona fredda, distaccata, tutta d'un pezzo. Mi guardava con una certa diffidenza.» Poi andò meglio.

Disse Linda Giuva a Stefano Marroni del «Venerdì di Repubblica»: «In principio fu ... una società di mutuo soccorso, un modo di darci una mano... Poi capii che non si poteva vivere una storia tutta rivolta al passato, che dovevamo darle una prospettiva o finirla. Decisi di finirla, lo lasciai, non ci vedemmo per tre giorni, ricordo. E poi decidemmo insieme che potevamo cominciare da capo e tutto andò molto in fretta. Ricordo benissimo il giorno in cui gli telefonai per dirgli che ero incinta di Giulia, era a Firenze, al congresso del Pci in cui venne eletto in segreteria con Natta».

Si sposarono il 20 settembre 1986 a Roma, in Campidoglio, celebrante Walter Veltroni. «Ho deciso di comprarmi il vestito due giorni prima anche perché, essendo incinta di 6 mesi, non potevo acquistarlo in anticipo, crescevo a vista d'occhio. Comprai un bel vestito alla Cicogna facendo scandalizzare le commesse dicendo: "Vorrei un abito da cerimonia, quindi un po' elegante". Che cerimonia?, chiesero. Un matrimonio. E loro: "Benissimo". Ma poi tra me e la mia amica si svolse una conversazione da cui si capì che la sposa ero io, e allora la commessa che ci serviva rimase senza parole. Non era scandalizzata tanto dal fatto che fossi incinta, ma che mi compravo il vestito due giorni prima delle nozze. Un abito a fiori, molto vivace, senza alcuna particolarità» (Giovanni Fasanella, *D'Alema*). D'Alema non fece per il matrimonio alcun investimento sartoriale: acquistò soltanto una cravatta a Bologna da mettere sul vestito carta da zucchero scura, quello delle buone occasioni. Comprarono le fedi il giorno prima delle nozze e non fecero in tempo a far incidere la data. In ogni caso, non le usano. A lei va stretta, a lui – come spesso accade agli uomini – procura allergia. («È vero» giura la moglie.)

Quando offrì i bambini per cena a Roberto Benigni

Lo sposo aveva 37 anni, la sposa 32. Il viaggio di nozze a Montefalco, in Umbria, dove il padre di D'Alema ha un bel casale, durò tre giorni. Giulia nacque poche settimane dopo il matrimonio, Francesco arrivò di lì a tre anni. Linda ha sempre fatto del marito-padre un ritratto perfetto. Lui usciva la mattina presto per accompagnare i figli a scuola, e lei andava a riprenderli. La sera, al rientro, Massimo vinceva la stanchezza per giocare «al combattimento» con il figlio («Anche qui i combattimenti, dopo tutti quelli che ho fatto fuori?»). Combattimento pacifista, con i cuscini e non con le spade, che piacevano a Francesco ma furono eliminate dal padre.

Linda, che in cucina – per sua stessa ammissione, come abbiamo visto – se la cava peggio del marito, gli ha fatto sempre il lavoro «sporco»: «Mi dice tutto quello che devo fare, perché lui arriva alle 8 di sera e deve trovare tutto pronto come i grandi cuochi. Tutto pulito, lavato, messo a sgocciolare. Se c'è un sugo di base, va fatto; se c'è un brodo di base, dev'essere pronto, così il soffritto... Lui arriva e ci mette l'arte».

«Sono molto migliorato rispetto al rozzo risotto che fu mostrato a "Porta a porta"» mi dice il ministro degli Esteri. «Con l'avanzare dell'età si mangia meno carne, e allora mi sono messo a studiare il pesce, una specializzazione legata anche al mio collegio elettorale e nella quale ho raggiunto un certo livello di qualità. Un esempio? C'è un piatto pugliese tradizionale, una minestra fatta con i tubettini che prevede un sugo di pesce. Io uso la pescatrice, lo scorfano, pesce assai difficile per via delle spine, ma il piatto che ne deriva è davvero molto buono.»

Linda si definisce «pasticciona», dimentica i tempi e le cose. Una volta, per recuperare il ritardo, usò la pentola a pressione, e il marito la annichilì con lo sguardo, con quel sottile, affilatissimo disgusto con cui pronuncia una frase quando vuole distruggere un amico o un avversario politico. Ogni tanto torna buona la storica battuta che circolava nell'immediato dopoguerra («I comunisti mangiano i bambini»). Una volta i D'Alema ospitarono a cena Roberto Benigni e sua moglie Nicoletta. Poiché l'invito era stato appunto quello – «Vieni che mangiamo insieme i bambini» –, gliene fecero trovare quattro schierati all'ingresso: «Questo è per l'antipasto, poi il primo, il secondo e il dessert».

Nel 1994 Achille Occhetto, come abbiamo visto, fu sostituito alla segreteria del Pds dopo la sconfitta subita da Berlusconi alle elezioni politiche di marzo e alle europee di giugno. D'Alema diventò segretario del partito, battendo «lo zio Walter» – come lo chiamavano i suoi figli – dopo un drammatico confronto.

Questa carica lo espose maggiormente, nel 1995, alla campagna di Affittopoli condotta dal «Giornale», diretto allora da Vittorio Feltri. La famiglia D'Alema abitava nella casa di proprietà di un ente pubblico al quartiere Portuense, fra Trastevere e il celebre mercato di Porta Portese. Il canone, come tutti quelli del genere allora vigenti, fu giudicato basso: D'Alema s'irritò per la durissima campagna di stampa, diede in televisione l'annuncio che avrebbe cambiato abitazione entro pochi mesi, rifiutò diverse offerte d'affitto che subito gli fecero compagni e simpatizzanti, e preferì comprare un ampio appartamento nella più comoda zona dei Prati, vicino a viale Mazzini. («Fui io a deciderlo» disse la moglie. «Stavo male, i ragazzi erano molto provati...»)

Nell'autunno del 1998 D'Alema salì a palazzo Chigi. Romano Prodi ritenne di essere rimasto vittima di un complotto tra D'Alema, Marini e Cossiga, che aveva fondato l'Udr proprio per appoggiare il nuovo governo. Il segretario del Pds era perplesso: andare a presiedere un governo senza elezioni confermava la tesi che gli ex comunisti restavano figli di un dio minore. Francesco Cossiga lo convinse ad accettare l'incarico, assicurandogli che tutti i Poteri Forti erano d'accordo, e anche gli americani, sicuri che il suo governo non avrebbe battuto ciglio al momento di bombardare il Kosovo. Franco Marini, che si aspettava in cambio di salire al Quirinale, indusse il presidente Scalfaro ad assumersi la responsabilità di mandare per la prima volta al governo un «comunista». E D'Alema andò. Quando, il primo giorno, gli chiesi quale sentimento l'animava, mi rispose con franchezza: «La paura».

«Quando si rischia di persona, bisogna decidere da soli»

Fu allora che Linda si aprì al mondo, a giornali e giornalisti, accusando il marito – che detesta la categoria alla quale pure appartenne come direttore dell'«Unità» – di trattarli troppo male. Cossiga non aveva avvertito il Vaticano della sua sponsorizzazione di D'Alema. Anche per questo, forse, quando dopo l'insediamento il presidente del Consiglio andò in visita dal papa con la famiglia, Linda era particolarmente emozionata e dirottò l'ansia di quel giorno sulle preoccupazioni che il piccolo Francesco, una peste, facesse qualche gaffe irreparabile. Invece andò tutto bene, e il bambino corse a mostrare agli amici le medaglie che aveva ricevuto in dono da Giovanni Paolo II.

Caduto il governo D'Alema nel 2000, perse le elezioni nel 2001, Linda è entrata in un cono d'ombra. Dopo la vittoria elettorale del 2006, ha vissuto nella riservatezza le notevoli soddisfazioni del marito in politica estera, e ha sofferto per la mancata realizzazione di due obiettivi: prima, la presidenza della Camera, che in qualche modo gli era stata promessa; poi il Quirinale, il cui torrino imbandierato si era pure affacciato pudicamente nei sogni della famiglia. Quando fu eletto Giorgio Napolitano, lei se ne disse lieta. «Mai pensato di diventare first lady di niente e di nessuno» dichiarò. Ma poi fu costretta ad ammettere: «Certo, sono stati giorni che in casa abbiamo vissuto con uno stato d'animo facilmente immaginabile».

Chiedo a D'Alema se si sia mai consigliato con la moglie prima di prendere decisioni difficili. «Penso a tre decisioni fondamentali della mia vita: dimettermi da presidente del Consiglio nel 2000, presentarmi l'anno dopo alle elezioni nel solo collegio maggioritario senza la rete di protezione della lista proporzionale, e cambiare casa. Bene, l'unica decisione su cui ha influito mia moglie è stata nel comprare casa. Le altre scelte le ho compiute da solo, perché credo che nella vita politica, quando si rischia di persona, bisogna compiere atti solitari.»

Un altro stato d'animo, meno febbrile, più malinconico, dovette raggiungere la casa dei Prati quando su D'Alema piovvero le intercettazioni telefoniche che ne documentavano l'interesse per l'affare Unipol-Bnl. Linda e il marito reagirono con fughe d'amore a Ponza. A chi le chiedeva se sapevano dove nascondersi, rispose: «Sì, in mezzo al mare». Incauta.

«Nei momenti difficili» mi dice il ministro degli Esteri «la mia famiglia è stata sempre estremamente solidale ed è stata capace di sdrammatizzare tante situazioni anche in modo simpatico. Quando cadde il governo dopo il voto del Senato sulla politica estera, la mattina come sempre ci vedemmo intorno al tavolo della colazione, che di solito preparo io. Le femmine in genere sono più affettuose, e Giulia mi disse: forza papà, noi ti sosteniamo. Francesco disse invece: io sono un dissidente e mi astengo. Bastò una battuta ad alleggerire il clima. Insomma, per la mia famiglia non fa poi una gran differenza se io sto al governo o all'opposizione...»

«Si potrebbe cambiare nome al gruppo socialista europeo»

D'Alema è tornato dalla sua prima missione in Vietnam appena in tempo per votare Veltroni alle primarie del Partito democratico, tenutesi il 14 ottobre 2007. La collocazione internazionale del partito, che unisce le diverse anime della Margherita (ex democristiani, in primo luogo) ai figli del Pci, è complicata. Quelli che vengono dal Pci-Pds-Ds non possono immaginare una collocazione diversa dall'Internazionale socialista. Quelli che vengono dalla Dc non accetteranno per nessuna ragione di morire socialisti. Dunque? «Dunque» mi risponde D'Alema «la questione si risolverà cambiando nome al gruppo socialista al Parlamento europeo. Posso immaginare, a titolo personale, che potrebbe chiamarsi socialista e democratico. Ci collegheremo comunque alle forze riformiste europee senza dare il senso di un'omologazione a quel che esiste attualmente. D'altra parte, in campo internazionale ci muoviamo in contatto con forze che vanno dai Democratici americani al partito indiano del Congresso. Avremo quindi rapporti con i partiti socialisti, ma anche con altre forze progressiste di centrosinistra.»

Ironizza, come d'abitudine, quando gli chiedo se la Germania della Merkel e la Francia di Sarkozy non rischiano di isolare l'Italia in politica estera. «Ma è stato il ministro degli Esteri tedesco a telefonarmi allarmato quando la Francia chiedeva le sanzioni unilaterali dell'Europa contro l'Iran, proposta che ha poi dovuto rimangiarsi... Basta guardarsi in giro per accorgersi che semmai i francesi sono isolati, non noi. Non possiamo andar dietro a quattro mentecatti di commentatori italiani. L'Italia non è mai stata così poco isolata come in questo momento.»

Addirittura... «È una campagna fondata sul nulla. Il rapporto con gli Stati Uniti è ottimo.»

Davvero? «Che interesse aveva Bush alla fine del suo mandato a invitare negli Stati Uniti Napolitano e Prodi? Perché la Rice mi ha telefonato dopo il mio giro in Medio Oriente? Perché si comprano da noi gli aerei C27J, dopo aver comprato gli elicotteri durante il governo Berlusconi? Lo stesso Stato d'Israele ha il suo vantaggio ad avere un partner come l'Italia, che ha un'influenza anche sul mondo arabo.»

Il ministro degli Esteri ribadisce che l'Italia ha buoni rapporti a tutto campo, «dall'Europa agli Stati Uniti, dall'India alla Cina, dal mondo arabo alla Russia. Ancora esempi? Siamo entrati nel Consiglio di sicurezza dell'Onu con il voto contrario di soli sei paesi rispetto a tutti quelli dell'organizzazione; subito dopo siamo entrati nel comitato per i diritti umani e Padoa Schioppa fa parte del Fondo monetario internazionale con una votazione a scrutinio segreto...».

Tornando al nostro paese, chiedo a D'Alema se il Partito democratico cesserà di partecipare a coalizioni troppo ampie e litigiose come quella dell'Unione, che ha paralizzato il governo Prodi. «Questo è un difetto assoluto del sistema italiano, che spinge i partiti a grandi alleanze per non perdere le elezioni e non per governare. In nessun paese europeo occorre il 51 per cento per vincere. Blair ha governato con il 38 per cento, negli altri grandi paesi il partito di governo oscilla tra il 38 e il 42 per cento. Da noi c'è la distorsione della legge elettorale, anche se è vero che pure il sistema precedente con il turno unico produceva lo stesso risultato.»

Vista l'impossibilità di trovare un accordo sulle elezioni a doppio turno (che penalizzerebbero il centrodestra), D'Alema pensa che il sistema elettorale tedesco (proporzionale con sbarramento al 5 per cento) sarebbe il migliore.

Sollecitato da una mia domanda, ritiene «un correttivo utile dover chiarire prima delle elezioni a quale coalizione si appartiene, anche se nel sistema tedesco il capo del partito che prende più voti diventa cancelliere. Quel sistema, con la sfiducia costruttiva, rafforza il governo, semplifica il processo legislativo con una sola Camera, riduce il numero dei deputati. Ah, se ci fosse anche da noi una legge elettorale ragionevole...». (In verità, il governo Berlusconi aveva approvato una riforma costituzionale che prevedeva esattamente queste cose, ed è stata travolta dal referendum. Ma questo è un altro discorso...)

Anna Fassino: «Zarina a me?»

Anna Serafini in Fassino, la parlamentare ds più uguale delle altre. Quando legge titoli come questo (Giancarlo Perna, «il Giornale», 26 marzo 2007), la senatrice non batte ciglio. È abituata, e sa incassare. Le chiedo chi ha coniato per lei il soprannome di «Zarina», e la signora Fassino ammette onestamente: «C'è molta malizia dentro il partito». Se il lettore ha avuto la pazienza di scorrere le pagine precedenti, non se ne meraviglierà di certo. Basti vedere quel che si disse su Nilde Iotti.

«Oggi» sottolinea «si fa ancora difficoltà a vedere insieme moglie e marito operare in ruoli distinti, quando questi sono vicini. È un retaggio che ci trasciniamo dietro da millenni e che è duro a morire.» Già, ma perché Zarina? «È il termine che si usa per persone forti. E se io lo sono, lo devo alle cose che ho fatto, al modo con cui opero.»

La signora Fassino ha dalla sua un dato incontestabile: è diventata parlamentare ben sette anni prima del marito (lei nel 1987, lui nel 1994). Quando diventò deputata, aveva 34 anni e un pezzo di vita non banale alle spalle. La sua famiglia è di Piancastagnaio, in provincia di Siena. Suo padre è stato commerciante all'Amiata dai 16 ai 40 anni. Poi, con quattro figli agli studi, cercò un posto fisso in miniera. «Era invalido di guerra» mi racconta «e avrebbe potuto starsene in ufficio. Andò invece a scavare mercurio. E questo accelerò la sua morte.»

Suo padre amava la musica, e lei con il primo stipendio gli comprò un mandolino. «Il primo stipendio me lo guadagnai in una colonia marina.» Assistente? «No, inserviente, dai 14 ai 19 anni. Dopo arrivò l'incarico di assistente e, infine, quello di direttrice di cinquecento persone, tra adulti e bambini. Non so di quanti chili dimagrii...»

Erano i tempi in cui Anna faceva scalpore con minigonne ridottissime... Cito Mirella Serri («Corriere Magazine», 11 maggio 2006): «Quando la ragazza con la strepitosa minigonna arancione e cinturona verde sui fianchi fece il suo ingresso nella sede Arci-piccì di Piancastagnaio, tutti gli uomini si stropicciarono gli occhi. Non erano pronti ad accogliere il gentil sesso e tantomeno una reginetta di bellezza che aveva pure vinto la locale gara di ballo alla Casa del Popolo...». «È vero» mi conferma la signora Anna. «La minigonna era il simbolo di una generazione, come per le ragazze d'oggi l'ombelico scoperto. A 15, 16 anni eravamo tutte magrine e vestite tutte uguali.»

Poi, però, arrivò l'eskimo... «Sì, sopra la minigonna.»

Ha respirato l'aria del Pci fin dall'infanzia. «Mamma no, era socialista. Mio padre era iscritto al Pci, ma non ha mai avuto un incarico. Militavano nel partito anche i miei due fratelli maggiori, che contribuirono con la musica, il teatro, al rinnovamento culturale dell'Amiata, oggi una delle aree più ricche della provincia di Siena.»

Dopo la laurea in filosofia con una tesi sul pensiero teorico di Eduard Bernstein, uno dei padri del socialismo tedesco, perfezionò gli studi per quattro anni a Berlino («Ovest ed Est» precisa) diventando una specialista del sistema politico tedesco. Il suo maestro, Aldo Zanardo, che era anche direttore di «Critica marxista», la rivista teorica del Pci, le offrì un incarico all'università. C'era anche la disponibilità di un posto all'Istituto Gramsci. Lei preferì lavorare nel partito, a Siena. Era il 1982. Cinque anni dopo era deputato. La sua esperienza tedesca la portò subito a curare i rapporti con la sinistra europea, soprattutto quella tedesca, che i comunisti (e i postcomunisti) italiani hanno sempre considerato la più interessante.

«Per farsi perdonare mi chiese di sposarlo»

Nel 1991 Piero Fassino, responsabile esteri del Pds, chiese alla Serafini una relazione sulla struttura organizzativa della Spd, il Partito socialdemocratico tedesco. Ma il primo vero colloquio tra i due avvenne quando ad Anna fu offerta la responsabilità del coordinamento delle parlamentari del partito. Lei si consultò con Fassino (avrebbero lavorato insieme alla sezione Esteri) e lui le consigliò di accettare. Non si frequentarono subito, perché a causa di una malattia del padre Anna rimase a lungo a Siena. Quando lui morì, l'affetto di Piero andò ben al di là di quello in uso tra compagni di partito.

«Piero» mi racconta «era rimasto molto scosso dalla morte di suo padre, quando era adolescente, perciò mi fu molto vicino alla morte del mio. Mi scrisse una bellissima lettera, alla quale seguirono molte telefonate. Mi chiese di accompagnarlo in un lungo viaggio di lavoro in America latina per distrarmi, e in Brasile, dove andammo al congresso del partito di Lula, accadde un episodio molto curioso. Piero ha qualche familiarità con il portoghese e aveva preparato con molta cura il suo intervento. Al congresso i trotzkisti erano molto forti, non apprezzavano il riformismo di Lula, e meno che mai la svolta che il Pds aveva appena maturato cambiando nome. La nostra delegazione fu perciò bersagliata da contestazioni continue e l'intervento di Piero slittava. Alla fine lui dovette andare a un appuntamento con Cardoso, che sarebbe poi diventato presidente della Repubblica. Poiché io era la più alta in grado della delegazione, Piero mi chiese di sostituirlo nella disgraziata ipotesi che lo chiamassero al podio mentre lui non c'era. Avevo appena fatto in tempo a dare una scorsa ai fogli che fui chiamata. I trotzkisti si scatenarono, Lula dovette salire sul podio accanto a me per proteggermi e, alla bell'e meglio, riuscii a leggere l'intervento. Quando Piero tornò e si rese conto di quello che era accaduto, mi venne incontro pallidissimo. La sera invitò tutta la delegazione a cena e, per farsi perdonare, mi chiese di sposarlo. Io avevo 37 anni e non avevo mai convissuto. Rientrati in Italia, andammo a vivere insieme e nel 1992 ci sposammo.»

Fassino aveva 43 anni e una più complessa vita sentimentale alle spalle: un matrimonio con la giornalista Marina Cassi, una convivenza con la sociologa Luciana Conforti, e la fama di incallito dongiovanni.

Anna e Piero scoprirono una prima, grande, passione comune: il ballo. «Dopo il matrimonio nel municipio di Siena» continua la signora Fassino «andammo a festeggiare a Montalcino. I miei fratelli, a sorpresa, ci fecero trovare un'orchestrina e ballammo fino a esserne sazi.»

Cominciò una vita comune senza figli. La ricordo la sua dichiarazione a un giornale: «Se mai decidessimo di adottare un bambino, non andremmo a raccontarlo prima alla stampa». Me lo conferma con un sorriso luminoso, e per me è sufficiente.

È vero che usa medicine omeopatiche? «Negli ultimi anni sono diventata sempre più attenta ai prodotti che vengono dalla natura, a cominciare dal cibo. Cucinare è la cosa che mi piace di più. Faccio bene le torte di mele e la parmigiana di melanzane, che mi ha insegnato mia madre e che assomiglia molto a quelle in uso nel Sud. Piero, al massimo, riesce a cuocersi un uovo al tegamino. È vero, però, che sparecchia e che cura i conti. Io in questo campo sono assolutamente negata, fin da quando ero piccola. Una domestica? Sì, a mezzo tempo: va via alle due e mezzo.»

Deputata nel 1987, Anna Serafini fu confermata nel 1992 (l'anno della preferenza unica: arrivò prima nel suo collegio toscano battendo il presidente del Consiglio Giuliano Amato, allora socialista), nel 1994 e nel 1996. Poi accadde qualcosa. «Accadde che nel 1999 mi candidai contro Barbara Pollastrini per il ruolo di responsabile del movimento femminile dei Ds. Piero non era d'accordo, ma io insistetti. Avevo un approccio più riformista di Barbara, ero più aperta, e ritenevo pericoloso il rischio di un ripiegamento ideologico delle nostre donne. Il mio principio è che le donne non devono essere considerate in quanto donne, ma valgono per quello che sanno fare. Se io voglio il loro voto, devo dire quel che faccio per loro. L'elezione avvenne a scrutinio segreto. Tutto il gruppo dirigente del partito (tranne Claudia Mancina) stava con la Pollastrini, ma io presi ugualmente parecchi voti. Imparai a mie spese che il pluralismo politico non vale per tutti. Gli uomini vengono premiati, le donne punite. Così, dopo quell'episodio, non fui protetta politicamente e, alle elezioni del 2001, fui candidata a Teramo, un collegio molto difficile, e non venni rieletta.»

In compenso, nacque il «gruppo delle Serafine», che si riunisce ogni tanto in un ristorante del centro, il Riccioli Café... «Be', ho mantenuto un rapporto umano e politico con le compagne che mi furono vicine in quella circostanza.»

Nel 2006, il grande scandalo. Nonostante la bocciatura di Teramo, la Serafini aveva quattro legislature alle spalle. Le vecchie regole del Pci – poi mutuate dai Ds – prevedono che dopo due legislature si vada a casa, tranne casi eccezionali. E, per molti, quello della moglie del segretario del partito non lo era. Così dissero che Anna fu candidata (e rieletta al Senato) perché moglie di Piero Fassino.

«Su questo punto occorre essere chiari» precisa. «Se il limite delle due legislature è una regola generale, allora deve valere per tutti, anche per gli uomini. Se non vale, entra in gioco il valore politico. Allora discutiamone. Qual è il criterio per cui il limite non vale per Livia Turco, Anna Finocchiaro, Giovanna Melandri, e deve valere per me?»

A proposito di Livia Turco, il 30 novembre 2006 scoppiò la bomba. Anna Serafini (che è presidente della Commissione bicamerale sull'infanzia) votò con l'opposizione e fece approvare un ordine del giorno contro il decreto del ministro della Salute che raddoppia il limite di detenzione legale di cannabis. Scrisse «la Repubblica» in prima pagina: «Dovrebbero arrossire tutti e due, Piero e Anna, perché ribadiscono un disvalore dell'identità nazionale: la famiglia innanzitutto, il tengo famiglia, l'italianissimo "lo faccio per la mia signora" ... Se l'Anna Serafini ... non fosse stata sua moglie, Fassino l'avrebbe punita, sospesa, censurata per grave intelligenza col nemico».

Quando le ricordo l'episodio, lei non fa una piega: «Non sono affatto pentita di aver mandato un segnale che le droghe fanno male. Alla base di quel decreto c'è un'errata concezione dell'educazione. Non si è articolata bene la distinzione tra la necessità di non avere un approccio punitivo all'uso di certe sostanze e il rischio di mandare segnali sbagliati, quando l'uso delle droghe è in aumento. No, non sono affatto pentita».

In Anna Serafini c'è il tentativo costante (e spesso vano) di rivendicare un ruolo politico distinto da quello del marito. Il 9 ottobre 2006 le capitò in una trasmissione radio di dire che non capiva come mai D'Alema fosse contrario a un Partito democratico guidato da Prodi, visto che aveva sempre sostenuto il contrario. «Il Giornale» titolò: *Lady Fassino attacca D'Alema*. E lei s'infuriò: «Non sono la ventriloqua di Piero». Lo scrisse al «Giornale», ma lo disse anche all'«Unità», visto che la cosa aveva fatto ovviamente molto rumore all'interno del partito.

Arriviamo all'oggi, allo stress degli ultimi tempi, alle polemiche sul Partito democratico, che suo marito avrebbe guidato volentieri, alle intercettazioni telefoniche sulla scalata Unipol alla Banca nazionale del lavoro. Tutto questo ha cambiato profondamente l'umore di Fassino, con una diretta ricaduta, ovviamente, sulla vita di coppia.

«Uno dei motivi per i quali ci siamo scelti» mi confida la moglie «è stata la curiosità che ci accomuna e che ci ha portato a fare tanti bei viaggi in automobile in Portogallo, in Francia, perfino in Islanda. Piero è del segno della Bilancia (io sono dei Pesci). Bene, è proprio vero che le persone della Bilancia hanno un profondo senso estetico. L'eccesso di impegno lo limita proprio negli aspetti più piacevoli del suo carattere. Negli ultimi anni la nostra vita è stata così austera, così tremendamente austera...»

Durante la nostra conversazione le ho chiesto se è gelosa. «Piero piace...» l'ho stuzzicata. Mi ha risposto parlando dello stress del marito. Quasi a dire: con questi chiari di luna, ci mancherebbe solo che facesse il piacione...

E lui? Prese in mano il partito dopo la tremenda sconfitta del 2001, sopravvisse agli insulti dei girotondini nell'inverno successivo («Con questi non vinceremo mai» sentenziò Nanni Moretti), lo ha risollevato con le diverse vittorie elettorali. Aveva un solo obiettivo, legittimo dopo tanto lavoro: diventare segretario del Partito democratico. All'ultima curva è spuntato Veltroni, e lo ha bruciato. Aveva un punto decisivo di vantaggio su Fassino: non sarebbe stato soltanto il segretario del Partito democratico, ma il candidato della sinistra alla presidenza del Consiglio. Il primo «comunista» a poter osare tanto. E Fassino? Ancora a lavorare come se niente fosse, a mediare tra Walter e Romano Prodi, a correre per l'Italia fino alle primarie del 14 ottobre, come se il candidato fosse davvero lui. Le dure leggi della politica: tenersi le delusioni dentro e combattere anche quando hanno vinto gli altri.

Flavia Veltroni: la Jacqueline Kennedy italiana?

Eccola, la nuova candidata first lady. Si chiama Flavia, come la signora Prodi, first lady in servizio con contratto – sussurra qualcuno – in scadenza. È perfetta. Ci incontriamo, in una splendida sera di luglio 2007, al teatro romano di Ostia Antica per il premio Roma. Seduto a qualche metro da lei e dal marito Walter Veltroni, li guardo e li studio per un paio d'ore, ammirato. E già, perché qui siamo di fronte a due grandi professionisti. Se Walter, invece di andare chissà quando in Africa, aprisse un'agenzia specializzata nella costruzione dell'«immagine» di personaggi in carriera, diventerebbe milionario. Perché lui, la sua, l'ha costruita con la stessa cura che ha avuto Michelangelo nel dipingere la Cappella Sistina.

Roma è la città con le strade più dissestate d'Europa, ma se vostro figlio cade con il motorino, troverà il sindaco a soccorrerlo. Walter non manca un colpo: non c'è funerale, celebrazione, intitolazione di strade, notte bianca, festival del cinema, viaggio ad Auschwitz con gli scolari, incontro con ebrei e musulmani, manifestazione di solidarietà, a cui non sia presente.

In questa serata a Ostia Walter e Flavia sono, ovviamente, in prima fila: sembrano due compagni di scuola ancora innamorati come il giorno in cui si sono incontrati al college. Lei porta gli anni meglio di lui; lui ha l'aria sobria di chi ha fatto carriera all'università ma è comprensivo con gli studenti, lei quella di chi ha rinunciato alla sua per amore della famiglia. Cordialità sincera ma misurata con tutti, abbigliamento «normale» ma adatto all'occasione.

Erano perfettamente in tono con le foto apparse all'inizio di maggio sul settimanale «Diva e Donna»: una passeggiata mano nella mano a villa Borghese, un bacio «rubato» dal fotografo. Il pensiero corre subito a quello tra Achille e Aureliana Occhetto, ma allora, sappiamo, c'era premeditazione. «Quando sono uscite quelle foto, eravamo molto imbarazzati» mi dice Flavia Veltroni. «Non c'eravamo accorti della presenza del fotografo. Poi l'abbiamo visto, lo abbiamo pregato di lasciarci in pace, ma lui ci ha seguito ugualmente, dato che una delle foto ci ritrae all'uscita di un supermercato.»

Il debutto di Flavia come candidata first lady era avvenuto, però, il sabato precedente, alla festa per i quarantacinque anni di attività dello stilista Valentino. 950 ospiti internazionali divisi in 79 tavoli da dodici posti, rigorosamente assegnati. Passeggiata all'interno della galleria Borghese. Esclamazioni contenute di stupore per chi non conosceva il *Ratto di Proserpina* di Gian Lorenzo Bernini, alla vista della mano di Plutone che affonda con sensuale violenza nelle marmoree carni della figlia di Cerere. Sosta nella sala dei Caravaggio: sì, è l'autore che si ritrae nel *Bacchino malato*. Poi nei giardini sorseggiando champagne e, infine, l'ingresso nella grande tenda, magistralmente allestita dal premio Oscar Dante Ferretti per ospitare i magnifici mille.

Il cartoncino d'invito era tassativo: cravatta nera per lui, abito da ballo per lei. Ecco, dunque, Flavia Veltroni sorridere con timidezza al fuoco dei fotografi in agguato lungo il *red carpet*, il tappeto rosso dei divi che ormai è di rigore a Roma in tante manifestazioni. È elegantissima nella sua giacca di seta, con motivi etnici rossi e neri, sui larghi pantaloni del pigiama palazzo. «Bellissima» l'ha salutata Valentino, nella testimonianza di Maria Corbi della «Stampa», che ha domandato a diversi stilisti famosi come l'avrebbero vestita. «Per la signora vedrei uno dei miei tailleur doppi» risponde Lella Curiel. «Basta cambiare la gonna, e si usano per la mattina e per la sera.» Fausto Sarli pensa, invece, per lei a «un cappottino-mantella essenziale, discretamente chic». E Lorenzo Riva a un «tubino plissé, un lungo abito nero, ma con uno spacco sexy». «Finalmente!» la saluta Beppe Modenese, presidente onorario della Camera della Moda. «Flavia Veltroni ha un magnifico portamento e bellissimi lineamenti, grande classe. Potrebbe essere una Jackie italiana, ma meno arrogante.»

Walter e Flavia cantarono «Fratelli d'Italia»

Lei, timidissima, prese posto al tavolo di Valentino, accanto a un'altra coppia che, in fatto di relazioni pubbliche e di «immagine», la sa lunga: Francesco Rutelli e Barbara Palombelli (in un Valentino bianco). Quello di sabato 7 luglio fu dunque salutato come il debutto di Flavia Veltroni in società, una specie di «ballo delle diciottenni» postdatato di trent'anni. Perché lei, per scelta e per carattere, è stata finora sempre dietro le quinte. Se ha deciso finalmente di esporre il suo bell'ovale, i capelli e gli occhi nerissimi, è perché il marito ha scelto di non essere soltanto il leader del nuovo Partito democratico, acclamato dalle elezioni primarie del 14 ottobre 2007, ma di correre come successore di Romano Prodi a palazzo Chigi.

Walter ha sempre amato gli americani e, da sempre, ha il mito di John F. Kennedy. Quanto giovò a Kennedy avere al fianco una donna bella e intelligente come Jacqueline? Quanto gioverà a Veltroni, in campagna elettorale, essere accompagnato dal sorriso timido e accattivante di Flavia? Ne parleremo tra poco.

Torniamo ora per un momento al teatro romano di Ostia Antica la sera di martedì 10 luglio. Quando la banda dei carabinieri intona l'inno nazionale, guardo le labbra di Walter e Flavia con la stessa attenzione con cui guardai quelle di Benedetto XVI nella Moschea Blu di Istanbul mentre si associava alla preghiera del Gran Muftì. E che vedo? Cantano entrambi *Fratelli d'Italia*. Non sussurrano, cantano proprio:

«L'Italia s'è desta / Dell'elmo di Scipio / S'è cinta la testa...». A quanti italiani escono di bocca queste parole? Fino a qualche anno fa, quasi a nessuno. Ancora adesso a pochi. E quanti di questi pochi fanno parte del popolo dei Ds? Ve lo immaginate, tanto per fare un nome, Massimo D'Alema che canta *Fratelli d'Italia*? In tutta la storia del partito, da Gramsci a Fassino, quanti l'hanno fatto? Nessuno. Ebbene, Walter e Flavia Veltroni lo stanno facendo: «Stringiamoci a coorte / Siam pronti alla morte / Siam pronti alla morte / L'Italia chiamò. Sì». Applauso finale.

Se bastano piccoli gesti a documentare grandi idee, è in questo momento – soltanto in questo momento – che capisco dove arrivano le aspirazioni di Walter Veltroni. Partire dalla conquista del Partito democratico alla conquista di palazzo Chigi. Con Flavia al seguito.

Facciamo due conti. Nella storia del Pci, Gramsci è il fratello maggiore di Togliatti e di Longo, il padre di Berlinguer, il nonno di Occhetto, D'Alema, Fassino e del più giovane Veltroni. E già, perché Walter, comunista allo stato puro, lo è stato per una quindicina d'anni. Nato nel 1955 da Vittorio, che fu il primo direttore del telegiornale e morì prestissimo, ha sempre avuto una grandissima passione per il cinema: da direttore dell'«Unità», tra il 1992 e il 1996, allegò al giornale – quando l'abbinamento non era abituale come oggi – le videocassette di celebri film. A 21 anni fu consigliere comunale, a 28 membro del comitato centrale del Pci, a 32 deputato. E appena eletto alla Camera, nel 1987, trattò con autorevolezza ed efficacia – come responsabile Comunicazione del partito – l'apertura al Pci della grande lottizzazione della Rai, ottenendo che il suo partito diventasse l'editore di riferimento di Raitre e Tg3.

Quando cadde il Muro e il nascente Pds si trovò in mezzo al guado, con la scissione di Armando Cossutta da un lato (Rifondazione comunista) e lo smarrimento della base riformista dall'altro, Veltroni andò con D'Alema a trovare Bettino Craxi per invitarlo alla moderazione. Lui prima li esortò invano a chiamarsi socialisti, poi disse che non poteva fare all'infinito il Gianburrasca della politica italiana, evitò di chiedere le elezioni anticipate (che il capo dello Stato, Francesco Cossiga, gli avrebbe subito concesso) e segnò così la propria fine e la rinascita del Pds. Dinanzi al ciclone Berlusconi del 1994, Occhetto si dimise, e Veltroni e D'Alema si giocarono democraticamente la successione. Veltroni vinse la «guerra dei fax» con la periferia, ma al consiglio nazionale prevalse D'Alema. («Lo zio Massimo ci ha salvato le ferie» disse Walter alle sue bambine.) *Il pugno del Partito* tuonò «la Repubblica», che simpatizzava per il primo. Il resto è noto: vicepresidente del Consiglio e ministro dei Beni culturali nel primo governo Prodi, segretario dei Ds quando nel 1998 D'Alema sostituì il Professore a palazzo Chigi, sindaco di Roma dal 2001 quando Rutelli si dimise per correre contro Berlusconi, confermato nel 2006.

«Bene Walter, ma non rinnego la storia del Pci»

Tre mesi dopo quella bella serata di luglio, domenica 14 ottobre 2007 Walter Veltroni è stato acclamato leader del nuovo Partito democratico. 3 milioni e mezzo di votanti, oltre il 75 per cento di consensi, a una distanza siderale da Rosy Bindi ed Enrico Letta, i suoi principali competitori che si sono divisi la quota residua. Flavia lo ha seguito emozionata sia nella notte del trionfo sia nella mattina alle urne, insieme alle figlie (emozionate anch'esse) Martina, 20 anni, e Vittoria, 17, che votava per la prima volta. Ha prelevato dal bancomat i 100 euro che il marito ha depositato nella cassetta delle offerte e ha capito che da quel momento, suo malgrado, avrebbe avuto gli occhi addosso un po' più del solito.

La provoco dicendole che in fondo le donne, con la candidatura di Rosy Bindi, hanno cercato di imprimere al voto una certa innovazione. «Le donne» mi risponde «portano anche in politica le loro caratteristiche di maggiore attenzione verso gli altri, rispetto agli uomini molto impegnati nella carriera. Naturalmente, ci sono delle eccezioni. Mi dispiace che certe donne si mascolinizzino e tirino fuori un'aggressività che non mi piace. Perdono, in questo caso, tutta la loro peculiarità.»

È un trasparente riferimento alla Bindi, mi pare... «Parlavo in generale.»

Il Pd ha messo insieme molti ex democristiani e moltissimi ex comunisti. Flavia (1° dicembre 1958, segno zodiacale Sagittario, di tre anni più giovane del marito) è cresciuta a pane e Pci. «Mia madre Franca» mi racconta «era senatrice del Partito comunista, mio padre Massimo ha diretto la federazione statali della Cgil. Io do molto valore al fatto di essere cresciuta in una famiglia comunista. Andare in sezione da bambina era molto divertente, come lo era portare i panini ai nostri compagni che facevano gli scrutatori alle elezioni. Il partito era un insieme di persone molto motivate, entusiaste di quel che facevano; non vorrei dire una cosa banale, ma era davvero una grande famiglia, unita da una profonda solidarietà. I miei genitori mi hanno trasmesso un grande rispetto per le istituzioni, anche se la bandiera italiana era per noi legata a un passato diverso e tutto quello che era venuto dopo era stato conquistato con la fatica e il sangue. Certo, adesso non ho nostalgia dell'importanza che si dava all'Unione Sovietica. È un mondo definitivamente superato, ma non lo rinnego, perché è stato molto importante per me aver fatto quell'esperienza ed essermi arricchita di certi valori di onestà e di lealtà.»

Affermare che Flavia Veltroni sia riservata è poco. Ogni volta che si accorge che qualcuno la guarda, arrossisce e vorrebbe che si aprisse una botola sotto i suoi piedi. Non vi dico che faccia fece quando, in quella famosa serata di luglio, le anticipai che l'avrei cercata in autunno per chiederle della sua vita con Walter. Credo che, prima di questa, l'unica intervista che ha rilasciato sia quella, alla vigilia delle elezioni del 1996, a Barbara Palombelli, giornalista politica della «Repubblica» e moglie di Francesco Rutelli, anch'egli candidato. Le raccontò di aver saputo della svolta della Bolognina, nel novembre 1989, mentre era fuori a cena con il marito. Walter fu chiamato al telefono, tornò, le riferì quel che era successo, «e io mi sentii mancare la terra sotto i piedi. Ma siete matti?, gli dissi. Poi, passata la botta, finii con l'essere d'accordo».

Oggi mi conferma l'episodio: «L'impatto fu traumatico. Il Pci aveva una presenza notevole nella mia vita familiare. Scoprire che avevano deciso di cambiargli il nome e tutto il resto... Poi, naturalmente, ho condiviso la scelta».

«Mia moglie era angosciata come tanti compagni» mi dice Veltroni. «Aveva le mie stesse preoccupazioni, le mie stesse tristezze. Quella rimane una delle pagine più intense della storia politica italiana.»

Allora, lei certo non avrebbe mai immaginato che sarebbe stato suo marito il carrozziere che avrebbe definitivamente rottamato la vecchia macchina postcomunista. «Chi me l'avrebbe detto...» sorride. «Però, sono davvero convinta che sia la strada giusta.»

Sindaco e leader di un grande partito. Ce la farà? «Ce la metterà tutta, ma spero che voglia farsi aiutare. Già l'impegno di sindaco è molto gravoso...»

«Non seguo Walter in giro, ma lui accetta i miei consigli»

Walter e Flavia si sono conosciuti nel 1973 al Festival della gioventù comunista di Berlino. Lei non aveva ancora 15 anni, lui ne aveva 18 ed era responsabile degli studenti della federazione giovanile comunista. Al rientro a Roma, le chiese di mettersi insieme. «Gli risposi che era meglio restare amici» mi racconta. «Ero così giovane... Lo tenni un anno in stand-by...»

«Sì, mi tenne un anno fermo» conferma lui. «Fu un anno devastante. Io ero timido, discreto, soffrivo in silenzio.»

Il rapporto sentimentale, per quanto se ne sa, non ha avuto sbandamenti. Si racconta che nel 1981 una bella ragazza della Fgci si prese una cotta per Walter, e lui gentilmente le regalò un libro. Ma il flirt finì prima di nascere. Le compagne consigliarono la ragazza di lasciar perdere: «Walter è uno di quei tipi che nascono fidanzati».

Si sposarono nel 1982: lei architetto, lui dirigente del Pci (sarebbe entrato nel comitato centrale l'anno successivo e in Parlamento nel 1987). «Il rito fu celebrato da Maurizio Ferrara, il padre di Giuliano, che era un mio carissimo amico» ricorda Walter. «Era il suo primo matrimonio, si confuse e chiese a Flavia se voleva prendermi in moglie. Abbiamo celebrato le nozze d'argento il 2 ottobre 2007 andando a cena con Vittoria, la nostra figlia minore, che fa la seconda liceo, è appassionata di moda e disegna grandi vestiti. L'altra, Martina, era fuori: assistente alla regia, sta lavorando al suo quarto film.»

Che cosa vi ha unito? «Bella domanda» risponde lei. «Ci vogliamo molto bene, abbiamo trascorso insieme larga parte della nostra vita. Ci ha unito la condivisione di ideali e di valori che sono ancora presenti.»

«Ci ha unito il piacere della vita semplice» dice lui. «Siamo due persone normali che stanno insieme da trentatré anni e non ne sono stanche.»

Ho letto in vecchi ritratti che la coppia avrebbe una grande passione per il cinema e vede spesso un film due volte («Sarà capitato una volta nella vita» smentisce lui) e antiche predilezioni per trasmissioni televisive come «La freccia nera» (Walter strabuzza gli occhi, incredulo).

In casa si parla poco di politica.

«Se vuole, lo fa lei.»

«Quando vedo Walter stanco, mi intristisco, per questo parliamo poco della politica che si legge sui giornali. Parliamo, invece, molto con i figli delle cose terribili che accadono nel mondo e della società che cambia.»

«Le nostre ragazze, in effetti,» riprende lui «sono molto più attratte da quel che è accaduto in Birmania che dalla politica quotidiana.»

E aggiunge: «Flavia ha percepito che sono molto migliorato rispetto al passato. Da quando faccio il sindaco, sono molto più sereno. Lei, da cittadina, è attratta molto più da iniziative come la navigazione sul Tevere o la riqualificazione di villa Borghese che dalle vicende politiche».

«Il mestiere del sindaco» mi spiega la moglie «è come

quello del medico. Il lavoro di Walter è aperto su mille fronti e presenta situazioni familiari drammatiche e aspetti umani molto coinvolgenti, che ti segnano.»

Lei non ha seguito la campagna elettorale del marito per le primarie del Pd, come del resto aveva fatto anche per le precedenti («Ho il mio lavoro di architetto. Mi piace e mi impegna»). Nel 2006, all'immediata vigilia del voto, Veltroni si ammalò, e lei lesse al suo posto il discorso di chiusura. «Leggevo velocemente» ricorda «perché non mi piace avere gli occhi addosso. Ma non è vero che sia stata costretta a farlo. Anzi, per dirla tutta, l'idea di leggere io il discorso è stata mia. Era una riunione di donne romane, ci sarei andata comunque, e allora perché lasciare ad altre la lettura di un intervento di mio marito?»

Flavia non segue Walter, ma mi confida di essere «molto attenta ai punti di partenza. Così, è vero che ho letto in anticipo il discorso con cui a Torino Walter si è candidato alla guida del Pd, è vero che mi chiede spesso suggerimenti ed è vero che spesso li raccoglie».

Quanto alla vecchia battuta sul celebrato «buonismo» del marito, precisa: «Il confine tra buono e fesso è sottile. Detto questo, Walter nel suo lavoro non è affatto tenero e, se deve perseguire un obiettivo, lo fa con durezza».

A proposito, in cucina come va?

«Così... Flavia non è Vissani» scherza lui.

«È stato gentile a rispondere in questo modo» commenta lei. «Poteva dir di peggio. Le figlie? Mmmm...»

Né il Campidoglio né la sede del Partito democratico stanno in Africa. E allora, la vecchia promessa di Veltroni di dedicarsi alle sfortunate popolazioni di quel continente?

«Io l'ho accompagnato una volta in Ruanda» risponde la moglie «e chi decide di dedicarsi a quelle popolazioni non ha che l'imbarazzo della scelta. L'Africa resta un pensiero comune. E non l'abbiamo abbandonato.»

«Otto mesi per le riforme istituzionali, poi il voto»

In attesa dell'Africa, dal 14 ottobre Veltroni ha per le mani una bella gatta da pelare. Tutto quello che ha promesso, adesso deve farlo. Conosco «SuperWalter», come lo chiama Giampaolo Pansa, da quando sta in politica. Vado a trovarlo nel suo studio in Campidoglio, mi affaccio al balconcino sul Foro Romano che lascia senza fiato tutti gli ospiti del sindaco di Roma, e lui mi assicura che non mollerà questa stanza fino alla scadenza del mandato (2011), nonostante la leadership del Pd e tutto il resto. Gli chiedo a bruciapelo: a sentirti parlare, sembri Tony Blair quando cominciò la ricostruzione del Partito laburista massacrato dalla Thatcher. Dici cose ragionevoli, che in parte piacciono anche alle persone del centrodestra. Ma ti sei dimenticato il contesto. Come pensi di poter convivere con un governo così condizionato dalla sinistra radicale? E, una volta partita la campagna elettorale, con quali alleati pensi di fare tutto questo?

SuperWalter non batte ciglio: «Sono sempre accompagnato da due considerazioni. La prima è che il mio sostegno al governo Prodi è fuori discussione. Fra l'altro, il contenuto della sua azione è migliore dell'immagine di divisione e litigiosità che trasmette: ha ridotto il deficit pubblico, è arrivato all'avanzo primario [*quello che non considera i 70 miliardi all'anno di interessi sul debito*], ha avviato le liberalizzazioni, si sta occupando di sicurezza... La seconda considerazione è che si deve girare pagina rispetto al bipolarismo forzoso di questi anni e agli schieramenti imposti dalla costrizione. Ricordi quando mandai quel famoso bigliettino a Casini? Gli scrissi: è normale la tua coalizione con Bossi e Tremaglia? È normale la mia con Dini e Caruso? Il Partito democratico si propone di votare la prossima volta con una legge elettorale che consenta di superare questo stato di cose e, soprattutto, con un assetto istituzionale diverso. A fine ottobre è cominciata la discussione sulla riforma per ridurre i parlamentari e dare maggiori poteri al primo ministro. Bastano otto mesi per sbloccare il paese. E questa deve essere per tutti una priorità assoluta».

E le alleanze, allora? «Il Pd non farà un'alleanza contro qualcuno. Metterò in campo dieci idee programmatiche e verificherò chi è d'accordo.»

E se fosse difficile trovare compagni di strada? «Vorrà dire che il Pd estenderà la sua vocazione maggioritaria.»

Che significa? «Se non ci saranno alleanze, il Pd correrà da solo. La priorità è il programma, non l'alleanza.»

È una delle tue solite utopie? «No, l'elettorato italiano è molto più mobile di quanto non si creda. Negli ultimi tredici anni, Berlusconi è stato al governo per più di sei, e la prossima sarebbe la quinta candidatura. Bene, tra una proposta seria e fresca e la riedizione di una cosa già sperimentata cinque volte, la forza elettorale della nuova proposta sarebbe molto maggiore. I sondaggi ci dicono che, se il Pd si presentasse mettendo al primo posto il programma, potrebbe prendere dieci punti in più di quanti ne avrebbe presentandosi con una normale coalizione.»

Faccio presente a Veltroni che il suo disegno è suggestivo, ma a mio giudizio prematuro. Prevede, infatti, anche una scomposizione del centrodestra che l'inefficienza del governo Prodi e l'alta probabilità di elezioni anticipate hanno di fatto bloccato. «Sono troppo in anticipo? Credo, in realtà, che il nostro ritardo è di dieci anni. Il paese ha sempre cercato di voltare pagina, vuole uscire al più presto dal tunnel, ma non può permettersi un'altra stagione di tensioni. Posso ricordarti, per esempio, che il centrodestra ha avuto una maggioranza enorme nella passata legislatura, ma la spesa corrente è aumentata?»

«Comunisti, democristiani? Il mondo è cambiato...»

Credo che il governo Berlusconi abbia commesso degli errori (quello sulla spesa pubblica, per esempio), ma abbia fatto anche buone riforme che sono state sottovalutate. Per ritornare al centrosinistra di oggi, non trovi che abbia commesso diversi errori? «Onestamente, una cosa che avrei fatto all'inizio della legislatura era assegnare una carica istituzionale alla Casa delle Libertà per garantire un certo equilibrio ai vertici dello Stato e per decongestionare la tensione politica. Ma sarebbe stato necessario un altro clima, un altro linguaggio. E, invece, è stato tutto un rimpallarsi gli insulti. Comunque, ormai è acqua passata. Io ho deciso unilateralmente di non fare battutacce. Se avessi fatto la mia campagna in continuità con i tredici anni di guerra dichiarata, avrei avuto una strada più facile. Ho scelto quella più difficile. Vedremo se funziona...»

A proposito, sei convinto che ex comunisti ed ex democristiani andranno d'accordo? «Il Pd è il partito del nuovo millennio. Capisco il riferimento alle radici, ma molti dei giovani che sono venuti a votare il 14 ottobre, nel 1989, quando è caduto il Muro di Berlino, non erano ancora nati...»

D'accordo, ma in Europa i partiti popolari e conservatori stanno da una parte, i partiti socialisti e socialdemocratici dall'altra. Non sarà facile spiegare a tutti che sono in ritardo sulla storia. E voi, infatti, non sapete dove andare. «Sono convinto da tredici anni che si debba cercare un campo comune dei socialisti e dei democratici. Non basta cambiare il nome al Partito socialista europeo. Se guardi l'ultimo documento del congresso socialista europeo, trovi una modernità incomparabile con il passato...»

Torno sul tema della difficile convivenza del nuovo Pd con il governo Prodi. Veltroni, naturalmente, non vede incompatibilità. O, almeno, dice di non vederne, e non potrebbe fare diversamente. «È normale e fisiologico che un partito nato con l'ambizione di diventare il primo in Italia debba avere un orizzonte lungo e la prospettiva di far uscire il paese dalla crisi. Questa linea può aiutare il governo a trovare forme di mediazione più avanzata.»

Che vuol dire, in pratica? «Vuol dire che nel paese si profila un'innovazione riformista e che chi governa può trovare una mediazione tenendone conto.»

Il discorso, naturalmente, scivola sull'antipolitica. «Il paese è veloce» mi dice Veltroni «e la politica è lenta. Così fanno frizione. L'impresa, la finanza, la comunicazione corrono, la politica non ce la fa a seguirle, anche perché è troppo "grossa": 1000 parlamentari, 400 più degli Stati Uniti. La gente si rassegnerebbe ad accettare un organismo pletorico, se producesse decisioni. Invece...»

Ecco il perfetto terreno di coltura per Beppe Grillo. «Distinguiamo le polemiche sulla "casta" dalla campagna di Grillo. Quando si attaccano la politica e i partiti, bisogna pur dire con che cosa sostituirli.»

Resta la possibilità di un voto molto prossimo. «Non ho idea di quando si voterà. L'ideale è che si possa votare dopo le riforme istituzionali. Portiamo avanti il paese. Poi, chi governa governa.»

X

Amori a sinistra
Da Bertinotti a Rutelli via Marini

Lella Bertinotti: «Forse era meglio un farmacista...»

«Ah, se avessi sposato un farmacista...» mi dice Lella Bertinotti. Me lo dice socchiudendo i begli occhi con un gesto per metà sognante e per metà provocatorio. «Sì, un farmacista. Ma non un farmacista particolarmente colto. Uno di quelli che, la sera, ti propongono una lettura distensiva e magari affogano la stanchezza, che so?, in un libro leggero, nel "Corriere dei Piccoli". Fausto, invece...»

Invece? «Quando avevo 17 anni mi ha imposto, con la sua cortesia squisita, *Il capitale* di Marx e i testi di Galvano Della Volpe. Capisce? A me piacevano Hemingway e Natalia Ginzburg, e lui veniva con quella roba lì. Guai se non li leggevo. Sempre con squisita cortesia, naturalmente, mi interrogava. Perciò, ogni tanto, penso al farmacista...»

«Sì, so che Lella dice che non mi risposerebbe» commenta asciutto Fausto Bertinotti. «Se devo interpretarla, rischiando i suoi strali, penso che ci sono momenti in cui soffre il mio essere portatore di insicurezze. Hanno pesato lo stipendio precario del sindacalista, le dimissioni per diventare funzionario del Psi in vista di un congresso che perdemmo e che mi fece perdere anche il lavoro. Insomma, ha desiderato qualcuno che le desse sicurezza...»

Gioca, Lella Bertinotti. E se non giocasse? E se davvero nei quarantadue anni di matrimonio felice ogni tanto avesse sognato un'evasione? Non dal marito, in senso stretto. Ma dal suo fascino culturale, dalla sua voce dolce e avvolgente, dalla cortesia galante con cui ha imposto alla sua donna di sorbirsi Marx e Galvano Della Volpe?

Eppure è impensabile (anche per lei, anche per lui) immaginare Fausto senza Lella, e Lella senza Fausto. Si sono conosciuti nel 1962, in una colonia elioterapica di Varallo Pombia, in provincia di Novara, il paese di entrambi. O meglio, Fausto è nato a Milano, perché lì lavorava il padre ferroviere che ha avuto sul figlio un fascino enorme: «Ero un bambino incantato da questo padre straordinario. Andò a 16 anni in una miniera di carbone, fu richiamato al fronte della prima guerra mondiale con i ragazzi del '99, copiava in trincea sul Carso le poesie, da Dante a Olindo Guerrini ("Quando giacerai dimenticata sotto terra..."). Riprese, poi, a lavorare con il carbone, caricando i silos delle stazioni ferroviarie e poi i tender delle macchine a vapore e poi la fornace della macchina, per diventare finalmente macchinista del treno... E la domenica in cui si votava era una festa grande: l'abito scuro, la camicia bianca, le scarpe nere lucidate a perfezione, il cappello a larghe falde che sostituiva il basco quotidiano...».

Al momento della pensione paterna, la famiglia Bertinotti era tornata nel luogo d'origine. E ci fu l'incontro in colonia: Fausto, 22 anni, era il direttore, Gabriella Fagno detta «Lella», 16 anni, la sua assistente. «Ogni mattina facevamo l'alzabandiera e cantavamo *Fratelli d'Italia*. Anche Fausto? No, Fausto assisteva.»

Per la verità, Fausto aveva incrociato lo sguardo di Lella già l'anno prima. Ma la ragazza, quindicenne, aveva un fidanzato. «Chi era? Un ragazzo molto ricco. I miei erano commercianti, e questo matrimonio li avrebbe resi felici. Invece ho sposato il più povero del paese. Bello scherzo, vero? Comunque, quando ero fidanzata, Fausto non si perse d'animo e fece subito centro.»

Quando gli parlo del fidanzato di Lella, Bertinotti socchiude gli occhi, con la paziente indolenza dell'elefante al quale si suggerisca il confronto con la mosca: «Fidanzata? Direi di sì. Non ho mai pensato a un confronto. Nei miei pensieri c'era solo Lella, e non mi arrivava quel che lei aveva intorno».

Che cosa colpì Lella Bertinotti? «A 15-16 anni, occhi azzurri e mani affusolate hanno il loro fascino» mi racconta. «Certo, Fausto non era il solo con questi requisiti, ma gli altri non avevano il suo eloquio e non scrivevano poesie. E questo mi ha colpito.»

Fausto, tra poesie segrete e tante lettere d'amore

Poesie?

«Le ha scritte dappertutto. Su un libro regalato per un anniversario, su un biglietto che accompagnava un mazzo di fiori, le ha scritte per me e le scrive tuttora. Poesie scritte sul mondo intero e mai pubblicate.»

«L'unica che le abbia lette è Lella» mi conferma il marito. «Poesie d'amore? No, sono poesie civili. D'amore ci sono le lettere. Gliene ho scritte moltissime e può capitarmi di scriverne ancora.»

Un corteggiatore irresistibile... «Per la verità, Fausto non mi ha mai corteggiato. Lui sostiene di avermi corteggiato moltissimo, ma io non me ne sono mai accorta. Ero troppo piccola per capire quanto fossimo diversi.»

Chiedo a Bertinotti se sia stato un corteggiatore, come dire?, romantico. «Lella dice di non essersene mai accorta. Lei guarda alla manifestazione di questo sentimento, e riconosco che le mie manifestazioni in questo senso sono state molto contratte. Sento un forte pudore, l'incapacità di esprimere una vena sentimentale che c'è, anche se definirla romantica mi pare eccessivo. Nella politica le manifestazioni sono pubbliche, nella vita privata prevale lo schermo del pudore, una contrazione che può rendere difficile la percezione diretta della mozione sentimentale.»

Torniamo agli anni giovanili.

«Fausto è perito industriale» racconta la moglie «ma ha ripetuto tre volte gli esami per diventarlo. Alle medie era bravissimo, dopo la licenza la professoressa d'italiano scongiurò i genitori di mandarlo al liceo classico, "Non rovinatelo!", ma non c'erano soldi. Così andò alle industriali. Il problema è che, invece di andare a scuola, passava le giornate in biblioteca. E quindi veniva bocciato.

«Dopo l'incontro alla colonia, ci frequentammo ai cineforum. Ricorda la moda di allora? Film impegnati e dibattiti. Poi lui dovette partire militare. Fece il primo addestramento ad Ancona, dove riuscì a rompere un radar. Non aveva la più pallida idea di quello che stava facendo. Poi lo mandarono a Mantova, in artiglieria. Ma lui mi parlava solo di Mantegna. Al ritorno, di nuovo serate al cineforum. Balli? Sta scherzando? Non siamo mai andati a ballare, non abbiamo mai avuto una nostra canzone. Niente di romantico. Niente. Terribile, col senno di poi. Anzi, per dirla tutta, una canzone la cantavamo sempre: *Bella ciao*. Al Nord la Resistenza era molto sentita, ma non si può definire *Bella ciao* una canzone romantica.

«Mentre Fausto era militare, ci scrivemmo per un anno e mezzo. Quando tornò, era molto interessato al sindacato. Prese contatto con la Camera del lavoro di Novara e lo assunsero nell'apparato dei tessili. Entrò in segreteria, poi divenne segretario provinciale dei tessili di Novara, poi segretario della Camera del lavoro di Novara.»

Il matrimonio arrivò nel 1965. «Ci sposammo in chiesa» ricorda Bertinotti. «Lo volevano i suoi genitori, lo voleva mia madre. Oppormi mi sarebbe sembrata una violenza nei loro confronti. La comunione? Non ricordo d'averla presa...»

Com'è stato possibile? «Ci fu una qualche complicità... Ci sposò un sacerdote straordinario, don Mario, mio insegnante di religione. Ricordo dibattiti intensissimi sull'esistenza di Dio.»

A proposito, lei va in ritiro dai monaci, si parla con insistenza crescente di un suo avvicinamento ai misteri della fede... «Sto compiendo un percorso religioso, con molta fatica per il rischio costante dell'esibizione. Il sentire è sempre lo stesso, ogni giorno ha il suo passo. La chiave è sempre la stessa: non la ricerca di Dio, ma quella del pensiero su Dio.

So che il confine è mobile, ma questo tipo di ricerca non consente di parlare di passi in avanti o indietro.»

«Quando ci sposammo» ricorda la signora Lella «io avevo 19 anni e Fausto 25. I miei genitori dovettero dare il consenso perché ero minorenne. Eravamo molto innamorati. Fausto faceva un lavoro che lo impegnava molto. Aveva la necessità che gli stessi accanto. Qualcuno pensò che mi sposassi così presto perché ero incinta. Ho aspettato invece di avere 23 anni per avere un bambino: prima mi sentivo immatura.»

Avete vissuto insieme prima del matrimonio? Lella Bertinotti sgrana gli occhi: «Noooooo, assolutamente. A casa mia dovevo rientrare non oltre le 11 di sera. Per andare di nascosto ai funerali di Togliatti, nel 1964, feci telefonare da una compagna che c'era una riunione a Roma. Tornammo a casa in nottata».

E continua: «Appena nacque Duccio, a Novara nel 1970, Fausto si trasferì a Torino, alla segreteria regionale della Cgil guidata da Garavini. L'anno dopo andai anch'io a Torino con il bimbo, lasciando l'amministrazione provinciale di Novara dove lavoravo dal 1968. Alla Provincia di Torino sarei rimasta fino al 1985, per trasferirmi dal 1985 al 1997 alla Provincia di Roma, sempre nel settore istruzione e cultura. Nel 1975 Fausto diventò segretario regionale del Piemonte, sostituendo Garavini che era diventato segretario dei metalmeccanici Cgil. Poi venne a Roma nella segreteria della Cgil con Lama segretario e ci restò fino al 1994, quando sostituì Garavini – una vita in parallelo con la sua – come segretario di Rifondazione comunista. Quando nacque Rifondazione, Fausto entrò nella stanza di Garavini dicendogli: tienimela bene, perché un giorno qui arriverò io. Ma quando Fausto diventò segretario di Rc, Garavini non c'era più da oltre sei mesi».

«Non è stato un padre, ma è un nonno divertente»

Come siete cambiati nel tempo? «Siamo cresciuti insieme e, come ho già detto, solo nel corso degli anni ho capito quanto fossimo diversi, anche su un fondo di affinità. Tra noi c'è una certa distanza psicologica, ma ci siamo integrati perché abbiamo gli stessi ideali. Lui è rimasto sempre lo stesso. Fausto è per il viaggio, e ogni tanto cita Itaca, io sono per l'approdo. Lui ha bisogno di progetti di lungo termine, io sono invece per l'immediato. Lui guarda lontano e ha un progetto del mondo, io sono per le risposte veloci. Anche quando si esprime nel privato, le sue costruzioni sono complicate. Non direbbe mai, per esempio, mi secca quel tuo atteggiamento, oppure non mi piace quella persona. Ci arriva per altre strade.»

Com'è stato come padre? «Non è stato... Non perché non sia stato presente, ma perché ha fatto il padre-amico, quello che tutti sconsigliano. Ha dato a Duccio il pesce senza insegnargli a pescare. Studiava con lui per nottate intere, ma non lo ha mai rimproverato, facendo confusione sul concetto di libertà.»

Sarebbe? «Questo senso sbagliato della libertà, Fausto l'ha ereditato dal padre. Un ferroviere intelligente e colto, che scriveva poesie e romanzi. Ma gli ha insegnato che libertà è fare quel che si sente e che si vuole. L'unico suo impegno genitoriale è stato nell'imporre a Duccio di finire gli studi. Sia Fausto che io non abbiamo completato l'università. Duccio studiava filosofia, e il padre gli diceva: non preoccuparti se ti bocciano e se arrivi a trent'anni, ma devi completare il tuo corso. Così Duccio si è laureato e gli ha detto: ecco la laurea che volevi, te la regalo, arrivederci. Si è sposato con una filosofa e fa il dj di reggae. Mai che mi capitasse un notaio, un farmacista...»

«È vero» riconosce il marito. «Abbiamo trasmesso a Duccio la formazione classica come indispensabile, e lui ha fatto il suo percorso come assolvendo a un dovere. Si è laureato con 110 e una bella tesi su Locke, e poi ha scelto un'altra strada.»

«Con le idee di Fausto» continua la moglie «ho dovuto fare io il padre, e questo mi ha tolto la dolcezza. In una famiglia il padre è quello che impone una regola in più. Io sono stata per Duccio, invece, una specie di carabiniere. Lui diceva agli amici: se non do l'esame all'ora giusta del giorno giusto, mia madre sta male...»

Su questo punto Bertinotti usa parole sfumate: «Le avrei tolto la dolcezza materna? Diciamo meglio: ho lasciato aperto lo spazio della paternità e, anche se il lavoro mi ha portato lontano da Duccio, ho avuto con lui un intensissimo rapporto di complicità».

A quanto pare, il presidente della Camera sa essere un nonno divertente. «Con Davide e anche con Lisa, i miei due nipoti, giochiamo con la cerbottana. C'è una lunga lavorazione per costruire dei buoni cartocci e poi comincia un gioco molto affascinante di potenza e di precisione, con regole assai sofisticate. Come direbbe Gramsci, guerra di posizione e guerra di movimento. Se vieni colpito dieci volte, hai perso. "Muori", come si dice nella formula di gioco...»

Attento con i nipoti, distratto dappertutto... «Sì, è vero, come dice Lella, che ho lasciato qualche volta l'automobile senza benzina. Se per questo, alle scuole medie mi capitava ancora di uscire da scuola senza cartella. Il portaocchiali appeso al collo nasce dalla disperazione di cercare gli occhiali. Per fortuna, riesco a trovare il telefonino formando il mio numero...»

È vero che il sigaro è la sua coperta di Linus? «Ho bisogno di molte coperte. La penna riposta nell'astuccio, la borsa sempre con me, la matita, la gomma, il temperamatite...»

Si è detto che Lella Bertinotti sia sempre stata su posizioni più radicali del marito. «Be',» precisa lei con un certo orgoglio «al contrario di Fausto, io non sono mai stata nel Psi. Sono entrata nel Psiup nel 1964 e, quando il Psiup si sciolse nel 1972, entrai con Fausto nel Pci. E quando diventò segretario di Rifondazione, per noi comunisti avere un segretario socialista (e Fausto è socialista nel profondo) è stata una pena non lieve...»

«È entrata prima di me anche in Rifondazione» conferma Bertinotti. «Lei da militante, io da amministratore delegato... Lella ha posizioni politicamente più nette delle mie. Diversamente da quel che sembra, io, al contrario, le ho più sofferte.»

«Gelosa? Molto peggio. Lui è di mia proprietà»

Le ha mai suggerito di far uscire Rifondazione dal governo Prodi? «Credo di sì, ma quando uscimmo nel 1998, pur condividendo la scelta, non ero sicuro che al mio posto l'avrebbe fatta. Lei su molti terreni non ha una visione radicale, ma è molto portata all'indignazione. Politicamente accorta, ma moralmente intransigente. Anche oggi, sull'onda dell'indignazione, potrebbe rompere. Ma poi, in nome di quel che si aspetta il popolo della sinistra, decide che è meglio di no.»

Il giorno in cui Fausto Bertinotti fu eletto presidente della Camera, ero accanto a sua moglie. A che pensa?, le chiesi. Le lampeggiarono i begli occhi: «Mai più con Bertinotti». L'anatema del 1998: «Quando, dalla sera alla mattina,» ricorda oggi «gente che credevamo amica ha smesso di invitarci, ha evitato di incontrarci. Mai più con Bertinotti, dicevano, né in politica né tantomeno a cena...».

«La ferita del 1998 è stata grave» conferma il marito. «Grave sotto il profilo umano. Io le assorbo meglio, perché ho la corazza del conflitto politico. Ma chi, come lei, ne subisce i rovesci è portato all'indignazione. Perché frequentazioni che ci furono fino al giorno prima si interruppero con lei? Questo rimise in discussione tanti rapporti e il senso stesso dell'amicizia.»

Chiedo alla signora Lella se sia gelosa. «Molto peggio: sono possessiva. Lui è una mia proprietà, e basta. Fausto è stato molto corteggiato, ma non ne ha mai approfittato. Un po' strano, vero? No, assolutamente: Fausto è molto corretto.»

E lui è geloso? «Lui dice di esserlo, ma io non me ne sono mai accorta. Quando eravamo giovani e qualcuno mi faceva dei complimenti, lui diceva che era un fascista. O se mi corteggiava un notaio, diceva che era un avvocato...»

Premuroso? «Fausto mi ha sempre portato il caffè a letto, non ha mai dimenticato un compleanno o un anniversario. Ma mai, anche nei momenti difficili, ha pensato di fare nella vita altro da quello che ha fatto. Se io gli avessi detto: vedi Fausto, abbiamo fatto tanti sacrifici per un socialismo che non è mai arrivato, forse dobbiamo rivedere la nostra vita, lui non avrebbe capito. Non gli ho mai chiesto, infatti, di fare un altro lavoro, ma di dedicarsi al suo in maniera un po' meno totalizzante. Bene, lui non ha mai immaginato di poterlo fare. Gli ho chiesto soltanto di essere un po' più disponibile.»

Be', vi si vede però spesso insieme, siete ospiti di molte cene... «Ah, le cene. Non trova che in fondo siano del lavoro straordinario? Adesso la nostra vita ha ritmi diversi, ma un segretario di partito non ha serate per la famiglia. Dedica ad altro le sue nottate. Io ho due amiche, una vedova e una divorziata. Dico sempre: io il marito ce l'ho, ma esco con voi due...»

A proposito, com'è cambiata la vostra vita da quando Fausto è diventato presidente della Camera? Ho apprezzato, per esempio, la vostra decisione di vivere qui, nell'appartamento di servizio a Montecitorio. Niente spostamenti casa-ufficio con auto di scorta, l'appartamento è piacevole pur senza sfarzo... «Abbiamo deciso subito di abitare qui, anche se Fausto ha ridotto al minimo i servizi di protezione. Per me sarebbe stato impossibile dividermi tra due case, peraltro non vicine tra loro. E qui ho fatto pochissimi cambiamenti.»

«Quell'unico cachemire al mercatino di via Sannio...»

Con la casa è cambiato anche l'umore di suo marito? «Gli manca la trincea, ma mi hanno stupito il suo grande senso di responsabilità e il grande rispetto per le istituzioni. Fausto è davvero un uomo democratico. Sa che cos'è la democrazia, e la applica.»

Anche troppo. In aula dà la parola a tutti, perfino quando non sarebbe necessario e, forse, nemmeno consigliabile. «Lui conosce davvero il pluralismo. Mi ha stupito il suo grandissimo impegno nello studio dei regolamenti e delle procedure. La sera sale qui in casa con certi faldoni di carte...»

A questo proposito, ricordo a Bertinotti alcune critiche per la sua interpretazione «interventista» del ruolo di presidente della Camera. «È stata riconosciuta dagli osservatori più autorevoli la correttezza costituzionale della mia interpretazione del ruolo di presidente della Camera. E, quando mi si è mosso qualche rilievo, è perché le tesi proposte non erano gradite, non per la reale coscienza di un'infrazione. Ricordiamo, peraltro, che il presidente della Camera in Italia non è lo speaker della tradizione anglosassone. La stessa interpretazione viene data dal presidente del Senato. E, per quel che mi riguarda, non mi muovo in modo diverso da Nilde Iotti e da Pietro Ingrao, di cui ricordo con emozione un discorso sul lavoro e il conflitto sociale alla Camera del lavoro di Torino...»

È cambiato anche l'atteggiamento di tanta gente nei vostri confronti... «Ah, questo sì» mi dice la signora Lella. «Io, per esempio, sono diventata alta, magra, con i capelli biondi e gli occhi azzurri... A parte le battute, c'è una maggiore considerazione.»

Non trova che suo marito abbia un sorriso disarmante? «Non esageriamo, non è una mammoletta. È molto gentile, ma molto determinato. In fondo, non fa nulla per farsi piacere. I suoi ideali prevalgono su tutto. Quel che mi piace moltissimo di lui è che è rimasto il ragazzo di tanti anni fa, quello che voleva un mondo migliore, con più uguaglianza.»

Mi scappa la battuta dei suoi nemici: uguaglianza del cachemire... «Nella nostra vita abbiamo comprato un unico pullover di cachemire tanti anni fa al mercatino di via Sannio, per 25.000 lire. Poi, è vero che gli amici gliene hanno regalati tanti...»

Alla fine, lo risposerebbe? «Con molta sincerità, non lo so. Non è tutt'oro quel che luce. Tante gioie, tanti dolori. Sono stata moglie di un sindacalista senza stipendio...»

Non lo pagavano? «Gli davano l'acconto di un acconto... Io, alla Provincia di Novara, guadagnavo il doppio del suo stipendio. Gli ho permesso di concentrarsi su se stesso, di correre. Ho fatto il doppio lavoro: funzionaria della Provincia e pubblicitaria. Ho lavorato per trent'anni e allevato un figlio per diciotto. Non siamo stati sulle terrazze romane, come scrivono. Siamo stati molto più spesso sulle scale delle Camere del lavoro, e io nelle scuole, nelle riunioni con le altre mamme per i decreti delegati...

«Non è stata una vita semplice, la nostra, ma abbiamo incontrato tanta gente interessante. Fin dai primi tempi, quando andavamo a parlare con il prete o la farmacista di altri paesi perché erano degli intellettuali. Devo la mia emancipazione a Fausto e alle persone che mi hanno aiutato a crescere. Ma, accanto a questi privilegi, ho avuto una vita molto difficile. Adesso sono stanca e mi trovo quindi a pensare che se qualcuno mi dicesse "ricomincia", non so se ne avrei la forza.»

Ecco spuntare il fantasma del farmacista o del notaio...

«Ma no, forse lo dico perché non esiste una prospettiva del genere. Penso che, in fondo, mi sarei annoiata...»

Già, si sarebbe annoiata.

«Resterei anche con un governo di larghe intese»

A questo punto, Fausto Bertinotti lascia l'abito di casa per indossare quello politico. C'è tra noi un interrogativo rimasto in sospeso dall'autunno del 2006, quando nel colloquio per il mio libro *L'Italia spezzata* mi sembrò di capire che il presidente della Camera si chiedesse se il proprio ruolo istituzionale fosse compatibile con un eventuale governo di larghe intese, di cui si parlava fin da allora. Fu più un garbato sfogo – come dire?, retorico – che non una valutazione politica, e a un anno di distanza Bertinotti chiarisce senza possibili malintesi: «Le istituzioni devono saper costruire un legame con i cittadini in proprio, in quanto istituzioni, indipendentemente dalle forme di governo. È quello che abbiamo cercato di fare: innanzitutto il presidente della Repubblica, ma anche i presidenti del Senato e della Camera, che non a caso hanno lavorato insieme come mai era stato fatto prima».

Comunque sia, Bertinotti non crede che in Italia ci sarà «una grossa coalizione, e nemmeno la sua variante minore e più sghemba che è il "governo istituzionale", una formula camuffata della Grande Coalizione». E aggiunge: «L'assenza di alternative di breve e di lungo periodo tende a stabilizzare la salute precaria di un governo malaticcio, ma vitale».

Perché, allora, si parla continuamente di adunate al centro, di rilancio del centro, di governi centristi? «Tutto questo è frutto di un effetto ottico determinato dalla reale tendenza al centro, con uno schieramento la cui vastità ha pochi precedenti. La nuova borghesia italiana con forte collocazione internazionale esce da una contesa interna con i banchieri infedeli, i capitalisti senza capitale, con processi corruttivi di ogni genere che hanno prodotto una crisi imponente della classe dirigente. Questa borghesia emergente tende a ripulire il capitalismo italiano, ma lo fa mettendo in mora la politica, non più necessaria perché sostituita dal carattere scientifico delle proposizioni che avanza. Essa è il fulcro del nuovo centrismo. Basta guardare i grandi quotidiani, che sono ormai soggetti politici organizzati a questo scopo.»

Bertinotti crede che il disegno dei «nuovi centristi» vada al di là delle pressioni per ottenere una politica centrista dal governo Prodi. «No, loro come Deng Xiaoping: qualunque gatto va bene, purché sappia prendere i topi. Nonostante sia così forte, l'ipotesi centrista è immatura politicamente. Perché? Perché non è in grado di organizzare il consenso, ma è in grado di seminare instabilità, lasciando intendere che fuori dell'ipotesi centrista ci sono soltanto il dissenso, la disaffezione, la protesta, la rabbia. I centristi farebbero volentieri a meno della sinistra, ma come si fa? La borghesia è tuttavia riuscita a spezzare il rapporto tra mondo sociale e mondo politico, con un processo subìto dal proletariato.»

«I lavoratori del Nord sono fuori della grazia di Dio»

E qual è stata la sua reazione? «I lavoratori del Nord sono tutti fuori della grazia di Dio. C'è una potente disaffezione dalla politica, una critica da sinistra alle forze politiche, comprese naturalmente quelle di sinistra in linea con questo processo di obliqua modernizzazione che investe il mondo del lavoro, con propensione a votare Lega o a non votare. Tutti i sistemi classici di rapporti tra governo, sindacati, forze di sinistra e ceti popolari sono saltati.»

Che cosa li ha sostituiti? «Quelle che una volta si chiamavano "masse popolari" sono partecipi di due conflitti: uno tra destra e sinistra, l'altro fra l'alto e il basso della società. Uno è lo schema politico classico, l'altro è un conflitto di sistema. Se c'è un governo di destra, i due schemi si sommano, e siccome il governo scontenta il popolo, il popolo lo manda via. È quello che è accaduto nel 2006.» Quando la sinistra è andata al governo... «Bene, se a suscitare la sfiducia è il governo di centrosinistra, il conflitto destra-sinistra è sostituito dal "noi popolo contro voi politici", all'insegna del "i politici sono tutti uguali". Questo produce o l'astensione o la protesta.»

Perché, in Francia, Sarkozy ha avuto tanto successo nonostante fosse l'uomo forte di un governo che non ha soddisfatto il paese? «Se fosse stato giudicato come ministro dell'Interno del precedente governo, sarebbe stato stroncato. Ha vinto proponendo un'idea della Francia. In campagna elettorale conta come ti presenti per il futuro.»

C'è un Sarkozy italiano? «È Berlusconi. Sarkozy ha compiuto in Francia un'operazione di unificazione e ridefinizione del centrodestra con il recupero della tradizione gollista e bonapartista sul terreno identitario. Berlusconi ha compiuto la riunificazione della destra italiana sul terreno economico sociale, mettendo insieme liberismo e populismo.»

La mia sensazione che alle prossime elezioni la sinistra radicale possa perdere consenso per la generale disaffezione alla politica è smentita da Bertinotti. «Se quella che viene definita la "sinistra radicale" riesce a fare massa critica aprendo una costituente unitaria e, su questa sfida, chiede consenso, ce la può fare.»

Bertinotti è semmai più propenso a immaginare una crisi della sinistra riformista, visto che in Germania, per esempio, dopo la Grande Coalizione i socialdemocratici hanno perso consenso rispetto alla sinistra radicale. Ma lo scenario che vede è comunque drammatico. «Siamo di fronte a un bivio storico, perché i processi in corso rischiano di cancellare la sinistra – anche quella cattolica – dalla politica. Se una parte della sinistra dismette ogni radicamento di classe e si configura come forza politica che si rivolge a tutti i cittadini indipendentemente dalla condizione sociale (è il caso del Partito democratico), avremo una sinistra con i voti, ma senza classe. Il problema è che la sinistra radicale cerca la classe, ma rischia di non trovare i voti.»

Il presidente della Camera non ritiene che la manifestazione del 20 ottobre 2007 della sinistra radicale su lavoro e pensioni, interpretata da tutti come un'iniziativa contro il governo, lo abbia indebolito. «Un centrosinistra con la vista lunga deve guardare con complicità ai movimenti, anche a quelli critici nei suoi confronti. Il governo dovrebbe essere interessato ad avere un interlocutore critico che si proponga di scuotere un contesto sociale dominato dai Poteri Forti. Perché può intercettare i consensi che derivano da un'azione del genere.»

Ha invece giudicato opportuna l'assenza di ministri dal corteo: «La loro partecipazione sarebbe stata letta come una sgrammaticatura. Ognuno faccia il suo mestiere. Ma questa è tattica. La strategia è quella che ho esposto poco fa».

Naturalmente, Bertinotti non si espone sulla possibilità che il governo superi lo scoglio di una legge finanziaria molto critica: «Si tende a fare dichiarazioni rassicuranti considerando acquisito quel che ci si aspetta. Ma non possiamo confondere le speranze con le previsioni».

Marini: «L'antipolitica va oltre Beppe Grillo»

«Nello sfascio dell'antipolitica, c'è sempre qualcuno che dentro i partiti cerca di portare acqua al proprio mulino. Il problema è che io non vedo il mulino...» Franco Marini era inquieto: aveva trascorso le belle giornate del primo autunno romano tra le battaglie del Senato – estenuanti per l'Unione – e le smentite, in privato e in pubblico, a chi guardava a lui come capo di un governo istituzionale al momento della crisi del governo Prodi. Viveva un curioso paradosso. Silvio Berlusconi l'ha sempre considerato l'unico leader del centrosinistra personalmente amico e politicamente affidabile, ma, proprio perché lo conosce bene, ha smorzato sul nascere ogni ipotesi di governo Marini: con un timoniere così abile, la barca non si sarebbe fermata all'approdo di una nuova legge elettorale.

Così, quando «il Giornale», della famiglia Berlusconi, lo ha pugnalato in prima pagina rimproverandogli l'acquisto a un prezzo scontato del villino dove abita ai Parioli, il presidente del Senato ha capito che non sarebbe bastata la smentita («È lo stesso prezzo praticato dall'ente a tutti gli inquilini che occupavano gli appartamenti da dismettere»). In quell'attacco, infatti, ha visto un forte segnale politico: il Cavaliere non avrebbe dato il proprio consenso al suo approdo a palazzo Chigi. L'avrebbe fatto certamente subito dopo le elezioni, ma allora l'Unione tirò dritto e, adesso, era troppo tardi.

L'amarezza di Marini era tuttavia più ampia, visto che lui non ha mai ammesso di voler presiedere un governo di transizione. Riguardava il trionfo dell'antipolitica, il dilagare di Beppe Grillo, che insultava governo e governanti dalle Feste dell'Unità, il clima sfilacciato che si respirava in ogni angolo del Palazzo. «Il problema» mi dice «non sono le liste civiche annunciate da Beppe Grillo per le elezioni amministrative. Questo tipo di liste c'è sempre stato. Il problema è la tentazione del rifiuto in blocco delle istituzioni, del Parlamento e dei partiti, che restano forme organizzative obbligate.» E continua: «Non credo a governi istituzionali e, non credendoci, figuriamoci se penso di guidarne uno. Spero che si trovi una "piccola intesa" per cambiare la legge elettorale. Un accordo in questo senso è gestibile in tempi brevi».

Marini viene dalla Dc, è stato segretario del Partito popolare e ha sempre tenuto all'identità, ma non crede più a un partito di centro che decida dopo le elezioni di allearsi a destra o a sinistra. «Ho sempre considerato il bipolarismo il sistema più idoneo per assicurare un veloce ricambio dei gruppi dirigenti. A due condizioni: legare in modo molto più esplicito d'ora l'alleanza elettorale alle decisioni programmatiche e non illudersi che le alleanze possano essere scelte a urne chiuse. Il cittadino deve conoscere prima del voto programmi e coalizioni per realizzarli. È l'unico modo per reagire ai ricatti dei partiti più piccoli.»

Nell'autunno del 2006, per il mio libro *L'Italia spezzata*, Marini mi disse: «Non ce l'abbiamo fatta». Gli erano bastate poche settimane per capire che l'Unione avrebbe avuto enormi difficoltà di governo e non aveva il fiato lungo per superare le contraddizioni al suo interno. Un anno dopo era l'ultima persona a voler dare con una dichiarazione il colpo di grazia a un governo morente, ma anche l'ultimo a fingere che le cose andassero bene: «I sondaggi d'opinione danno il senso reale di una delusione nei confronti del governo anche da una parte dell'elettorato che lo ha votato. Io trovo ingiusto questo giudizio, perché il governo si è sforzato di fare il possibile, ma i dati restano. Avevo avvertito subito il rischio che alcuni punti generici del programma portassero a una forte litigiosità. Ce n'è anche dall'altra parte, ma, facendo un bilancio complessivo, riconosco che di là c'è maggiore coesione».

Alla domanda se Walter Veltroni non porti avanti un vero programma di governo alternativo a quello di Prodi, Marini risponde escludendo una competizione tra i due. «Prodi» mi ricorda «ha detto che si ritirerà alla fine della legislatura. Dov'è dunque l'incompatibilità tra i due? La nascita del Partito democratico è un'iniziativa stabilizzante e destinata a produrre scelte analoghe anche nella sinistra radicale. Designato come segretario del Pd il 14 ottobre, Veltroni risulterà un elemento di stabilità per il governo.»

Luisa: «Quando lo vidi con il cappello da alpino»

La moglie di Franco Marini si chiama Luisa D'Orazi, ha sette anni meno di lui, che ne ha compiuti 74, è un medico in pensione e trascorre molte ore da sola da quando il figlio Davide, 32 anni, è andato a lavorare a Edimburgo come ingegnere delle telecomunicazioni. Ha molte cose in comune con il marito: un carattere solido, idee chiarissime e poche parole per arrivare al punto.

Si conobbero a Rieti, dove sia il padre di lui che quello di lei lavoravano in uno zuccherificio.

«Ci vedemmo per la prima volta» ricorda lei «quando eravamo molto giovani: io entravo al ginnasio, lui usciva dal liceo. Era un bel ragazzo, si dava da fare come tutti i suoi coetanei, aveva fama di gran conquistatore.»

«Fesserie» la corregge lui. «Ero soltanto simpatico...»

«Ci rivedemmo alcuni anni dopo» continua la moglie «sempre a Rieti, quando un ragazzo mi pregò di accompagnarlo alla stazione degli autobus perché arrivava un suo amico. Era Franco, militare, che tornava dal Battaglione addestramento reclute.»

L'incontro decisivo, forse, avvenne poco dopo a Roma, dove lei si era iscritta all'università e lui lavorava alla Cisl. Marini, aquilano di San Pio delle Camere, era entrato nel sindacato giovanissimo. Il suo primo incarico di segretario lo ebbe ad Avezzano, dove Gianni Letta, di due anni più giovane, era il corrispondente locale del «Tempo». I due sono amici da allora.

«Quando incontrai Franco a Roma» mi racconta la signora Luisa «passeggiava con una mia amica. Era ancora militare e l'avevano trasferito a Bressanone. Da lì mi scrisse una lettera molto carina, che conservo ancora. E io gli risposi con una certa simpatia...»

Lui minimizza: «Che mi colpì in Luisa? Non accadde niente di stratosferico. Mi colpì quel che colpisce un uomo quando da giovane incontra una ragazza che gli piace. Così arrivai presto alla decisione...».

«Un giorno andai a prenderlo alla stazione Termini» prosegue lei «e io avevo un po' di disagio a girare con uno che aveva il cappello con la piuma in testa. Così gli chiesi di toglierselo e lo misi nella borsa.»

Il marito rettifica: «Non fu Luisa a dirmi di togliermi il cappello. Capii dalla sua espressione che era imbarazzata, allora me lo tolsi e lo portai in mano, pronto a indossarlo di nuovo se avessi visto da lontano qualche ufficiale che avrebbe potuto punirmi». Era il 1960 e si fidanzarono.

Lui era democristiano fin nel midollo, lei figlia fieramente laica di genitori comunisti: due laureati in chimica diventati militanti del Pci durante la guerra, quando erano stati attratti dall'ideale partigiano. La partecipazione dei genitori di

Luisa alla vita di partito era attiva. Il padre è stato vicesindaco di Rieti, e in casa loro capitavano Terracini, Napolitano e altri importanti dirigenti. Come fu accolto un fidanzato politicamente così lontano?

«La prima volta che andai da loro» ricorda Marini «fu al Terminillo, dove avevano una villetta. Era inverno, c'era un metro e mezzo di neve. Trovai mio suocero sull'uscio: mi lanciò una pala e mi chiese di aiutarlo a togliere la neve. Il mio imbarazzo sparì di colpo. Lui era professore, lei farmacista, Luisa studiava medicina. Nonostante fossero comunisti, forse qualche riserva sul mestiere di sindacalista l'avevano...»

«Mio padre» racconta la moglie «avrebbe preferito che sposassi un medico, per condividere anche la vita professionale. Vedrai, mi diceva, quanto è difficile mandare avanti la famiglia con la tua professione. Per questo, dopo aver fatto l'assistente universitaria a Roma a scienza dell'alimentazione, mi sono specializzata prima in igiene e poi in medicina di laboratorio. Otto anni al San Filippo Neri, diciotto al San Giacomo. Poche urgenze, un ménage più ordinato e compatibile con la famiglia.»

La differenza di idee politiche – abissale in quegli anni – non fu considerata negativamente dai genitori di Luisa. «Loro guardavano alla moralità. Su questo erano molto rigidi. Vedevano malissimo le convivenze prematrimoniali e mia madre era contraria perfino a che andassi a ballare. "A che ti serve?" diceva. "Hai bisogno di mostrarti?" Contraria anche ai flirt giovanili. "Non ti elevi spiritualmente." Al tempo stesso, a 16 anni mi mandò sola a Milano e mi ha sempre lasciato molta libertà di movimento. "Tu sai bene" diceva "quel che è bene e quel che è male."»

«Ricorda l'anniversario di nozze solo dopo le Torri Gemelle»

Anche Luisa analizzò Franco con molta attenzione prima del passo finale: «Sì, d'accordo, tra noi c'era feeling. Ma allora si era convinti che il matrimonio dovesse durare tutta la vita, e non bastava che Franco fosse un bel ragazzetto. Poi vidi che aveva princìpi sani, si comportava molto seriamente con la sua famiglia, e mi convinsi».

Fu forse per rassicurare in qualche modo i genitori che, per sposarsi, Luisa impose a Franco di completare l'università. «Gli mancavano due esami per laurearsi in legge, lui protestava che doveva lavorare, e io gli rispondevo: vuoi sposarti? Allora laureati.» Era il 1965.

«La nostra differenza di carattere» mi confessa Marini «è notevole. Un esempio? Se io ho una questione irrisolta dentro di me, non lo mostro mai. Mia moglie, che pure è una donna riflessiva, lo fa vedere benissimo. Sarà che io sono del segno dell'Ariete...»

«Non ci sono episodi particolarmente divertenti della nostra vita coniugale» mi confida la signora Luisa. «Lui è troppo chiuso, io non scherzo. Romantico? A modo suo, sì, ma si vergogna di esserlo. Prima non si ricordava mai degli anniversari di matrimonio, e io mi seccavo molto. Dal 2001 se ne ricorda sempre. E sa perché? Perché ci siamo sposati l'11 settembre, lo stesso giorno delle Torri Gemelle. Compleanni e onomastici? Io li ricordo sempre, mio figlio anche, Franco poco. Qualche volta mi manda dei fiori. Rose gialle, a prescindere dal significato. E anche qualche mazzetto primavera. Quando arrivano, mi allarmo: che cosa avrà mai fatto?»

Luisa Marini ha il pollice verde. «Un giorno constatai che come medico vedevo soltanto gente che sta male. Allora cominciai a interessarmi di botanica e sono diventata brava. Il fiore preferito? Le peonie: sono un fiore romantico. Belle ed effimere.»

Gelosia? «No, perché parto dal presupposto che le cose vanno bene. Ma se ci penso un momento, sarei pronta a cavare gli occhi a chiunque...»

Le chiedo se è stata favorevole al passaggio del marito dal sindacato alla politica: «Perché no? A me la politica piace, ci sono vissuta in mezzo fin da bambina. Lui in casa ne parla poco, e io non ho mai interferito nelle sue decisioni».

«È vero, ne parliamo poco» conferma lui «e quando ne parliamo, Luisa mi dice quel che pensa, ma non interferisce certo nelle mie scelte. Comunque, non abbiamo mai litigato sulla politica.»

Lui ha sempre votato Dc e ricorda che, quando ha conosciuto la moglie, lei era iscritta alla gioventù comunista. Lei mi dice di aver votato sempre repubblicano, mai comunista, nonostante i genitori, «perché si sapeva bene come si stava nel mondo sovietico».

«Non le ho mai chiesto per chi votasse prima di entrare nel seggio» mi rivela Marini «ma glielo chiedevo all'uscita. Ha cominciato a votare Dc soltanto a partire dal 1992, quando io mi presentai alla Camera e presi più preferenze di Vittorio Sbardella. Poi, da quando è nato l'Ulivo, ha sempre votato per il centrosinistra.»

Un anno prima di entrare in Parlamento, Marini fu ministro del Lavoro (1991-92) nel governo Andreotti, per rappresentare la sinistra sociale della Dc dopo l'abbandono di Carlo Donat-Cattin. Quando domando alla moglie che impressione le fece questo primo (e unico) incarico di governo, la risposta è secca: «Mi dava fastidio la gente che fino al giorno prima non mi salutava e poi si profondeva in salamelecchi».

Nonostante la dichiarata passione per la politica, Luisa Marini non ha mai seguito il marito in un comizio, un congresso, una manifestazione qualsiasi. Fece un'eccezione il giorno dell'apertura del Senato, dopo le elezioni del 2006. Marini era certo di essere eletto subito presidente e il gioco dei franchi tiratori lo fece penare parecchio. Ero in tribuna accanto a lei e al figlio Davide, e sono testimone di una sofferenza silenziosa e stupita. Non disse una parola, non chiese né a me né ad altri che cosa stesse capitando.

«In Senato non posso comprare nemmeno una candela»

Quando finirono le votazioni del mattino, l'accompagnai fuori dall'aula, incontrammo il marito, proseguimmo in silenzio fino a un ristorante lì vicino.

Immaginai che poi si fosse sfogato, e invece la signora Luisa mi rivela: «Non mi raccontò niente. Quel giorno si chiuse nel silenzio. Franco, in quelle circostanze, non parla. Molti pensano che mi racconti tutto, ma non è vero. Tante cose le scopro ascoltando la radio e la televisione, ma anche se non mi dice nulla, capisco al volo quel che gli frulla in testa». Aggiunge: «Non avevo mai assistito a una seduta parlamentare, da idealista ero entrata tutta compunta in Senato ed ero rimasta sconvolta nel vedere la gazzarra che accompagnava quelle votazioni».

Mi conferma il marito: «Quel giorno le dissi soltanto che, con i numeri che avevamo al Senato, l'elezione era difficoltosa. Certo, quella mattina Luisa restò delusa, ma se non fossi stato eletto, non se la sarebbe presa più di tanto. Avrebbe assistito alla mia prima sconfitta in politica, visto che alla Cisl non avevo mai perso».

Nel 1991 l'abbandono di Marini, dopo sei anni, della carica di segretario generale della Cisl per entrare al governo causò uno dei rari dissensi con la moglie. «Ebbi una qualche influenza sulla scelta del mio successore Sergio D'Antoni» mi racconta il presidente del Senato «e lei, che pure è amica di D'Antoni, lo era ancor di più, da prima che ci sposassimo, di Eraldo Crea. Perciò restò perplessa. "Ma sei proprio sicuro?" mi disse.»

Quando, nel 1999, si votò per il presidente della Repubblica (fu poi eletto Carlo Azeglio Ciampi), c'era un patto tra D'Alema e Marini secondo il quale il primo sarebbe andato a palazzo Chigi al posto di Prodi e il secondo al Quirinale alla scadenza del mandato di Scalfaro. Il patto, com'è noto, fu violato. Marini ruppe per anni i rapporti con D'Alema. Come reagì Luisa?

Secondo tradizione, il marito smentisce l'evidenza: «Non si è mai preparata al Quirinale per la semplice ragione che le ho detto che non era un'ipotesi realizzabile».

Con l'elezione del marito alla presidenza del Senato, anche la vita di Luisa Marini è cambiata. «Non si è mai posto il problema di trasferirmi nell'appartamento di palazzo Giustiniani» mi dice. «Che avrei fatto chiusa lì dentro senza poter uscire in giardino, togliere le foglie, veder crescere le piante e i fiori? A pranzo, però, qualche volta vado lì, e a cena, prima della partenza per la Scozia, si univano ogni tanto anche Davide con la sua ragazza. A dormire siamo sempre tornati qui, a casa.»

Perfezionista com'è, tuttavia, Luisa Marini non si limita a essere qualche volta ospite a pranzo del marito. «Vorrei cambiare tante cose che non mi piacciono: le tende, per esempio. Ma Franco dice che non si può spendere, nemmeno per comprare una candela. Per me è stato un piccolo shock: qui in casa gestisco i soldi, lì non si può spendere un euro.»

In alcuni viaggi ufficiali, la signora Luisa segue il marito («Mi piace girare»). Nel settembre 2007 un incontro con la comunità italiana in Canada ha dato a Marini l'occasione di rivedere i cugini abruzzesi di San Pio delle Camere. Gli hanno regalato due foto dell'infanzia che il presidente del Senato aveva dimenticato. Nella prima c'è lui bambino in bicicletta, le gambette magre, lo sguardo tenero. Nella seconda abbraccia la sorellina Alide, la mano sulla spalla, un bacio sulla guancia. «È tenero e protettivo» dice la moglie «ed è rimasto così.»

«In comune» continua «abbiamo il senso della casa intesa come nido. Non usciamo mai. Lui non sa ballare, io ho imparato il valzer da mio padre, che veniva dal collegio militare. Non sa nemmeno cucinare. A lui basta un letto e una cassetta come comodino. A me, no. A nostro figlio Davide ho insegnato a rifarsi il letto e a cucinare. Quando mi ha comunicato che voleva partire, gli ho detto che doveva imparare ad arrangiarsi: mettere in ordine la casa, saper caricare una lavatrice e farsi l'indispensabile per mangiare.»

Hanno definito Franco e Luisa Marini «due diesel». La signora ci si riconosce: «Pensiamo molto prima di fare una cosa. Ma poi...».

Vi risposereste?

«Certo» risponde lui. «Per tutto quello che le ho detto finora e per quello che vede quando siamo insieme.»

«Certo» gli fa eco lei. «Come non potrei?»

A proposito, li ho incontrati separatamente. Lui in Senato, lei nella casa dei Parioli.

Rutelli: «Barbara consigliere personale di una vita»

Barbara Palombelli, mia vecchia e ancor giovane collega, non è andata a votare alle primarie per il Partito democratico domenica 14 ottobre 2007. «Il Pd è nato per raffreddare le emozioni, non per alimentarle» mi dice. «Le emozioni durano poco: basta guardare quel che è accaduto a Romano Prodi che, pure, era stato acclamato alle primarie dell'Unione. Non puoi ordinare il pranzo al ristorante ed essere chiamato dal cuoco in cucina a controllare la cottura di ogni piatto...»

Mi giura che come consigliere politico del marito è uguale a zero. Io non ci credo, e lei mi spiega: «Io conosco il Palazzo meglio di Francesco, perché da giornalista parlamentare l'ho frequentato per una vita. Ma né io né in genere le mogli degli altri leader hanno un ruolo di consigliere del marito. Semmai sono un radar, hanno un sesto senso. Prendi la moglie di Bettino Craxi. Se lui e gli altri che hanno avuto guai avessero ascoltato le mogli, non si sarebbero infilati in tanti pasticci. I politici sono troppo immersi nelle loro cose per controllare tutto quello che gli capita intorno».

In ventotto anni trascorsi insieme qualche consiglio da giornalista politica sarà capitato... «Nei momenti difficili gli ho detto di stare tranquillo, di aspettare che la nottata passasse. Meglio osservare, guardare. In politica, non aver fretta è la carta migliore per durare.»

«Barbara consigliere politico? No, consigliere personale in quanto compagna di tutta la vita» mi dice Francesco Rutelli. «Ci confrontiamo su tutto, c'è un dialogo continuo, ma le strategie politiche sono diverse.»

Come si vive con una giornalista politica? «Lei ha un'interpretazione della società italiana tra le più acute e penetranti. Non ha mai preso un'auto blu, guida la sua macchina ogni giorno nel traffico di Roma per decine di chilometri, fa la spesa al supermercato, mi è enormemente utile nel capire la burocrazia, il fisco, le professioni, le realtà economiche. E mi aiuta anche la sua visione disincantata del rapporto tra il potere politico e il resto della società.»

Mai pensato di cambiar vita?, domando a lei. «Se lui lasciasse la politica, sarei prontissima a fare un'altra vita. Ma lui ha sempre detto che pagherebbe per fare politica. Non ha cambiato idea negli ultimi trent'anni. Quando era un giovane dirigente radicale gli chiesi: quanto guadagni? Nulla, anzi pagherei per fare quello che faccio. Andava avanti con una piccola rendita della madre. Buona famiglia, ma pochi soldi. Non aveva nemmeno l'automobile. Il motorino, una giacca, e via. Quasi trent'anni dopo, la situazione patrimoniale di Francesco è peggiore di quando l'ho conosciuto. Quando abbiamo dovuto fare dei lavori importanti in casa, ho dovuto vendere due quadri fiamminghi attraverso la casa d'arte Finarte.»

Sposati due volte. E sempre in segreto

Si conobbero un giorno del 1979 e, una settimana dopo, decisero di andare a vivere insieme.

«Ero candidato alla segreteria regionale del Partito radicale» racconta Rutelli «e Barbara era una simpatizzante. Aveva fatto volantinaggio in favore della legge sul divorzio all'inizio degli anni Settanta quando io leggevo, al massimo, il "Corriere dello Sport". Ci conoscemmo in via della Palombella, presentati da un amico comune. Io conclusi un fidanzamento che stava esaurendosi e ci mettemmo subito insieme.»

«Francesco voleva consigli sulla radio» ricorda lei. «Io ero appena entrata all'"Europeo" di Mario Pirani, ma avevo collaborato come inviato per due anni a "Sala F", versione femminista del "3131". C'erano quattro conduttrici: Donatella Raffai, Flaminia Morandi, Anna Vinci e Filomena D'Amico. Direttore di Radiodue era Corrado Guerzoni, amico e consigliere di Moro. Seguimmo in diretta tutti i due mesi del sequestro... Dicevo di Francesco: avevamo entrambi 26 anni, lui ha otto mesi meno di me. Avevo una piccolissima casa nel centro di Roma, nel rione Monti. Fu lui a trasferirsi da me.»

I Rutelli si sono sposati due volte, la prima in municipio, la seconda in chiesa. E sempre in segreto. «Ci sposammo il 7 novembre 1982 in municipio. Io aspettavo Giorgio, che sarebbe nato un mese dopo. Avevamo fatto le pubblicazioni da un po' di tempo e un giorno ci accorgemmo che stavano per scadere. Un sabato Francesco chiamò il sindaco Ugo Vetere e gli chiese se potevamo sposarci la mattina dopo. Lui disse va bene, tanto a novembre non si sposa nessuno, venite un quarto d'ora prima delle 9. Arrivammo in sette, genitori e fratelli compresi. Poi andammo a pranzo ai Canottieri Roma e Francesco andò a vedere la partita della Lazio. Io non lo seguii, sono romanista. Ovviamente, niente viaggio di nozze.»

Giorgio ebbe poi un fratello e due sorelle, tutti adottati. «Avrei voluto tanti figli, ma non sono arrivati. Ci furono alcune gravidanze non portate a termine, ma io sono fatalista, non ho voluto alcuna pratica medica artificiale. Giorgio voleva assolutamente un fratello e nel 1993 arrivò Francisco dall'Ecuador. Nel 2000, grazie alle stesse suore che ci avevano aiutato con Francisco, arrivarono Monica e Serena, che erano ospiti del loro istituto a Roma.»

Il 30 aprile 1995, il matrimonio in chiesa. Che alimentò molte maldicenze: lui radicale, lei femminista...

«Certo, dissero che Francesco voleva prepararsi il terreno adatto al Giubileo del 2000. La storia è più complicata. Sia lui che io veniamo da due famiglie di forte tradizione cattolica. La mia, romana da otto secoli, è imparentata con due pontefici, un papa Marcello e Pio XII. Ma anche con chi si era opposto a Pio IX: una prozia, Teresa Narducci, diede un grande pranzo per festeggiare l'assassinio del ministro papalino Pellegrino Rossi. Eppure era cattolica... È vero che io e Francesco ci eravamo allontanati dalla pratica religiosa. Fu Giorgio a riportarci in chiesa lungo gli anni Ottanta: il catechismo, la preparazione alla comunione, la frequentazione degli scout. Poi la svolta con le suore missionarie che favorirono l'arrivo di Francisco.»

«Giorgio fu battezzato nel 1983» ricorda Rutelli. «Lo iscrivemmo alla frequenza dell'ora di religione già alle elementari, quando io ero militante del Partito radicale. Il nostro riavvicinamento alla fede praticata è stato forte e tranquillo. E, alla fine, fu naturale riportare la nostra unione sotto la benedizione cristiana.»

Immagino che abbia contribuito anche il rapporto con Giovanni Paolo II.

«Francesco fu eletto sindaco, dopo il ballottaggio con Fini, il 7 dicembre 1993» continua la moglie. «L'8 dicembre di ogni anno il papa va a onorare la statua dell'Immacolata in piazza di Spagna. La mia famiglia ha abitato molto a lungo in una casa all'angolo tra la piazza e via del Babuino, ed è stata sempre legatissima a quella cerimonia. Quando Francesco andò a ricevere il papa come sindaco, l'emozione fu fortissima. Papa Wojtyła era ancora giovane e gagliardo, e fu affettuosissimo con i bambini. Voleva sempre che fosse presente la famiglia al completo. Lo stesso anno, al *Te Deum* del 31 dicembre in Sant'Ignazio ci presentammo tutti insieme, e lui ci disse scherzando: signora, mandi i bambini a "skiare"...»

«Giovanni Paolo II ha influito moltissimo sulla nostra scelta» conferma Rutelli. «È stato un potente acceleratore di questo processo. Da sindaco avevo la possibilità di incontrarlo diverse volte all'anno, e lui si informava su tutto. Si era creato tra noi un rapporto straordinario.»

Pronubo delle nozze religiose fu il cardinale Achille Silvestrini, il prelato romano che ha avuto sempre ottimi rapporti con la sinistra cattolica. «Don Achille seguì nella riservatezza più assoluta la lunga pratica (durata oltre un anno) per "condonare" con la cerimonia religiosa il matrimonio civile» ricorda Barbara. «Anche il cardinale Ruini ne era informato. Fu Silvestrini, il 30 aprile 1995, a benedire le nozze in segreto nella cappella interna al Campidoglio. Non c'era bisogno di testimoni. Erano presenti soltanto don Achille e il cappellano dell'Ara Coeli. Nessuno, nemmeno i figli, sapevano nulla. E non esiste una sola foto della cerimonia.»

Che restò riservata per sei mesi.

«Un pomeriggio di ottobre Francesco era in ufficio, io nella redazione della "Repubblica" e mi dissero che il Tg1 di Carlo Rossella aveva trasmesso la notizia del nostro matrimonio. Successe una mezza tragedia. Chi aveva rivelato la notizia?

Un giovane cronista collaboratore di don Achille che, in questo modo, entrò nel mestiere dalla porta principale.»

«Nessuno aveva notato» osserva Rutelli «che da mesi io facevo la comunione in pubblico. Se non ci fossimo sposati anche in chiesa, non avrei potuto farla...»

Rutelli e la Palombelli hanno festeggiato nell'autunno del 2007 le loro nozze d'argento. Mai stanchi l'uno dell'altro?

«Stiamo insieme da 28 anni» risponde Barbara «eppure questo pezzo di vita non ci sembra tanto lungo. Li abbiamo vissuti correndo giorno per giorno, e non ci siamo annoiati. Ognuno di noi è riuscito a fare quel che voleva. Io forse ho fatto qualche sacrificio in più, ma sono riuscita a far quadrare tutto abbastanza bene.»

«Hanno dipinto il nostro matrimonio come una convivenza di comodo per ragioni di immagine» osserva il marito. «Ma noi ci vogliamo bene. Senza un'intesa piena non si starebbe insieme per quasi trent'anni. Siamo stati aiutati dalla reciproca autonomia. Lei non si è mai imbarcata nelle mie intraprese politiche, ne ha condiviso quasi sempre l'ispirazione ideale, ma ne ha anche criticate alcune, come le primarie del Partito democratico.»

Barbara: «Avrei non so quante licenze di autonoleggio...»

I ricordi politici più belli sono ormai lontani. «Il passaggio definitivo di entrambi dall'adolescenza prolungata alla maturità» racconta Barbara «avvenne nel 1981, quando Francesco diventò segretario dei radicali. Allora i partiti contavano. Assumere quel ruolo significava entrare nelle istituzioni. La prima conseguenza? Ci misero in casa il telefono, che non avevamo. I radicali, allora, erano molto corteggiati e, al tempo stesso, osteggiati dai socialisti. Craxi immaginava di rosicchiare voti da quella parte.»

Il salto avvenne con l'elezione di Rutelli a sindaco di Roma. «Il clima era incandescente. Dopo aver votato al ballottaggio, ci sentimmo con Daniela Fini e andammo insieme nella notte elettorale a Telemontecarlo, allora diretta da Sandro

Curzi, per fare un appello congiunto alla calma. Chiunque avesse vinto, temevamo che i sostenitori di entrambi si sarebbero ammazzati...»

«C'era un clima pazzesco» conferma il marito. «Si era prodotta nella città di Roma una divisione particolarmente aspra. Durante un dibattito in una televisione locale, mi chiamò un ascoltatore di Casalpalocco: "Quando voi comunisti governerete la città, verrete a togliermi i denti d'oro...".»

Nacque allora la storia di Barbara Palombelli proprietaria occulta della società che gestisce i parcheggi a pagamento. «La vulgata diceva, per la verità, che le proprietarie saremmo state tre: oltre a me, venivano indicate la moglie di Walter Tocci, assessore al Traffico, e Maria De Filippi, moglie di Maurizio Costanzo. Saremmo state le titolari della Sta, che invece è una società comunale al cento per cento.»

Come nacque la voce? «La inventarono e la misero in giro alcuni tassisti: nella mentalità del tassista, il sintomo della ricchezza è avere licenze, parcheggi, beni in qualunque modo legati al traffico. È una leggenda metropolitana che ha colpito tutte le mogli dei sindaci. A quella di Nicola Signorello, sindaco democristiano amico di Andreotti, fu attribuita la proprietà di garage vicino alla stazione. E lo stesso Andreotti, di cui sono lontana parente, mi ha detto che, per la consueta leggenda, la sua famiglia sarebbe stata proprietaria delle autolinee Zeppieri, che a suo tempo assicuravano i collegamenti tra Roma e il Lazio. La calunnia di rubare ai romani mi ha molto ferito. Anche perché capisci che parecchia gente ci crede e ti guarda male. Ho vinto molte cause e incassato parecchi risarcimenti. L'ultimo aggiornamento della storia? Avrei non so quante licenze di autonoleggio...»

I figli come l'hanno presa? «Da giornalista riesco a dare il peso giusto a simili notizie. So come nascono, e anche come muoiono. E ho sempre spiegato ai miei figli questi meccanismi. Soprattutto quando i giornali scrissero per un'estate intera che Francesco avrebbe ricevuto 5 miliardi in contanti per la vicenda Telecom al Bolognese di piazza del Popolo. Nel giorno indicato, fra l'altro, il ristorante era chiuso.»

Gelosie? «Mai avuto drammi del genere. Io non controllo molto, lui nemmeno. Ognuno ha viaggiato liberamente per conto suo. Ho lavorato per dodici anni nei quotidiani: tornavo a casa alle 11 di sera, ho girato il mondo con i leader politici...»

Le astuzie della giornalista hanno mai difeso il politico dai rischi del mestiere? «Una volta, quando Francesco era tesoriere del Partito radicale, gli chiese un appuntamento Roberto Calvi, il banchiere dell'Ambrosiano che, all'epoca, controllava anche la Rizzoli. Accadde prima che scoppiasse lo scandalo della P2. Io misi in tasca a mio marito un potente microregistratore, che gli consentì di avere copia della conversazione.»

Compromettente? «No, Calvi non gli chiese nulla. Era soltanto molto interessato ai finanziamenti pubblici all'editoria, e i radicali erano assolutamente contrari. Ho conservato per molto tempo quella cassetta in bagno.»

«Io la cassetta non l'ho mai ascoltata» rivela Rutelli. «Quel potenziale Belzebù voleva fare soltanto un giro d'orizzonte. Ma la precauzione era giustificata.»

Consigli permanenti?, chiedo a lei. «Fare attenzione alle case e alle persone che si frequentano. Molti politici sono caduti sulle frequentazioni in barca. Bene, Francesco soffre il mal di mare ed è un'ottima scusa per rifiutare tutti gli inviti sulle barche importanti.»

«Io sogno le Partecipazioni statali, Francesco le liberalizzazioni»

Gusti politici?

«Io ho frequentato molto per lavoro i potenti della Prima Repubblica e resto innamorata di quel periodo. Io sogno il ritorno alle Partecipazioni statali, Francesco è per le liberalizzazioni» risponde Barbara.

«La critica di Barbara alla qualità del capitalismo italiano» commenta Rutelli «è in effetti più pronunciata della mia. In realtà, noi abbiamo un problema di fondo. L'infelicissima battuta di Tommaso Padoa Schioppa, che ha definito "bamboccioni" i trentenni che restano a casa, lo è ancor di più perché, al di là dei giovani timidi e pigri che restano a crogiolarsi tra le braccia della mamma, è l'intera società italiana a non essere competitiva e a cercare una protezione dal rischio di essere giudicata sul merito.» E fa il paragone con gli Stati Uniti: «In America ci sono grandi spazi, viaggi con il fucile sul sedile posteriore dell'automobile, la vita è dura e competitiva, ma se sei licenziato, il giorno stesso ti procuri un nuovo lavoro e chi fallisce non è un disonorato: la sua storia fa parte del gioco. In Italia il sistema di protezione sociale, per fortuna, è ben più ampio, ma la scommessa competitiva viene giocata da una quota ultraminoritaria di cittadini». Qui matura la differenza tra i coniugi. «Barbara ritiene, nella sostanza, che il capitalismo italiano sia per la gran parte finto. Io sono più ottimista e di vedute più liberali, ma credo che, nel momento in cui la Cina comunista diventa selvaggiamente capitalista, gli italiani, fatte salve le garanzie di opportunità per tutti, devono imparare a nuotare.»

L'Italia non sa nuotare, ma intanto segue Beppe Grillo nell'antipolitica. «A un'assemblea tenuta a Roma» mi dice Rutelli «ho ricordato che qui è nato Pasquino: dietro il torso inanimato della statua che sta alle spalle di piazza Navona si nascondeva la voce anonima di prelati, intellettuali e burocrati della Roma papalina, scontenti del potere. Ma un conto è l'esercizio della critica, che in Italia è l'arma prediletta, e un conto nominare il Gabibbo amministratore del proprio condominio. Ricorda i girotondi? Il loro inventore, Pancho Pardi, si è presentato alle elezioni e ha preso pochissimi voti. Una cosa è l'urlo, altro è la sintesi politica. Quando i Gabibbi si sono messi alla prova, gli italiani ci hanno pensato due volte prima di farsi governare da loro... Questo non toglie che sia nostro urgente dovere rendere la politica più efficiente.»

Gli obietto che lo sposalizio elettorale tra riformisti e sinistra radicale, che ha portato alla paralisi il governo Prodi, non si è rivelato il modo migliore per rendere efficiente la politica. «Il governo non sta facendo male. Ha commesso diversi errori, ma ha compiuto anche molte scelte buone. È zavorrato dalla frammentazione partitica e dalla conseguente, esasperata ricerca di visibilità da parte di quelli che Giuseppe De Rita chiama i "partiti-coriandolo". Forze che, per esistere, devono necessariamente essere antagoniste.»

Rutelli, naturalmente, dà la colpa alla legge elettorale e all'obiezione che anche il sistema precedente aveva portato l'Ulivo agli stessi risultati (tre governi di centrosinistra in cinque anni, contro i cinque anni di governo Berlusconi) e mi ricorda che nel 2001 – pur non avendo il sostegno di Bertinotti, Di Pietro e i radicali – lui perse contro il Cavaliere per meno di mezzo milione di voti. «In ogni caso, la legge è indispensabile. Il doppio turno francese sarebbe ideale, il sistema spagnolo (proporzionale con collegi piccoli) sarebbe il migliore per il Pd, sul tedesco (proporzionale con sbarramento al 5 per cento) si può trovare un buon compromesso. Comunque, se si arrivasse al referendum, questo si porterebbe dietro le elezioni anticipate.»

«Dal 14 ottobre sono più libero...»

Il 14 ottobre è nato il Partito democratico, ma è morta la Margherita. Rimpianti? «No, è stata una mia scelta. Chi oggi guarda alle anime del Partito democratico, quando nacque la Margherita si chiedeva come potessi far convivere nello stesso partito Fioroni e Bordon, Dini e Rosy Bindi. Abbiamo compiuto, al contrario, un percorso utile e virtuoso.»

Ma tenere la barra dritta al Pd sarà più complicato. «La vocazione del Partito democratico non può che essere un centrosinistra fortemente competitivo verso il centro dello schieramento politico. Con il tempo diventerà così.»

Nell'estate del 2005 sembrava che l'Unione avrebbe vinto le elezioni a tavolino, la Casa delle Libertà si sarebbe disintegrata, e Berlusconi sarebbe andato in felice esilio alle isole Bermuda. Una sera Rutelli mi fece la previsione che, nella scomposizione del centrodestra, si sarebbe potuti tornare a un centrosinistra riformatore come quello di Amintore Fanfani nei primi anni Sessanta. Dopo il sorprendente risultato del 2006, ammise onestamente che la sopravvivenza del Cavaliere (e quale sopravvivenza!) vanificava il progetto, almeno nei tempi brevi. Ora che è nato il Pd, quanto tempo ci vorrà per riprenderlo? «Se avremo una legge elettorale che garantisca coerenza nelle coalizioni, e quindi governabilità, anche i programmi dovranno adeguarsi. È una sfida cruciale. In luglio pubblicai quello che fu definito il "Manifesto dei coraggiosi": chi guida il paese e punta a modernizzarlo non può farsi né scudo né schiavo delle costrizioni della coalizione. È l'unico modo che ha il centrosinistra per tornare a vincere. Se resta inchiodato nel suo "continuum" da Mastella a Diliberto, certamente non vincerà. Un fortissimo Pd riformista, equilibrato, moderno con alleati moderni, può conquistare la maggioranza del paese.»

E se la riforma elettorale non fosse approvata prima delle elezioni? «Sarebbe peggio per tutti. Il centrodestra ha vinto due volte le elezioni e non ha saputo governare. È fortissimo nel marketing negativo d'opposizione e, onestamente, noi gli stiamo dando una mano, ma nelle condizioni attuali non combinerebbe nulla ancora una volta.»

Dunque? «Dunque, dal 14 ottobre sono più libero, potrò parlare schietto e m'impegnerò su questa battaglia che riguarda i fondamentali del nostro paese.»

Come si può pretendere chiarezza dal Pd se non si sa nemmeno a quale famiglia europea dovrà appartenere? «Ci vuole buon senso e rigore. Il mandato che ebbi nell'ultimo congresso della Margherita travalicava la nascita del Partito democratico e arrivava alle elezioni europee del 2009. Fino ad allora ognuno resterà nel suo gruppo d'origine. Poi, occorrerà entrare in una realtà nuova.»

Con i socialisti? «Sì, ma non dentro il Partito socialista europeo.»

XI

Amori a destra
Da Fini a Bossi via Casini

Daniela Fini: «La separazione è maturata lentamente»

«Dopo tanti anni di matrimonio, può accadere che certi sentimenti cambino: noi ce ne siamo resi conto con immenso dispiacere ma anche con lucidità, e la decisione di separarci è stata presa di comune accordo.»

Daniela Fini parla per la prima volta dopo la separazione dal marito. Venticinque anni trascorsi insieme, diciannove di matrimonio, chiusi sabato 16 giugno 2007 con un comunicato congiunto affidato a Giulia Bongiorno, avvocato, deputato di Alleanza nazionale e, soprattutto, amica di entrambi: «Percorsi di vita differenti hanno determinato un progressivo allontanamento che, se non ha minimamente intaccato sentimenti di stima e affetto reciproci, rende tuttavia impossibile continuare il rapporto coniugale con la serenità e lo spirito di condivisione necessari».

Che cosa è accaduto? E, soprattutto, quando è accaduto? Ricordo alla signora Daniela una sua intervista rilasciata a Giulia Cerasoli del settimanale «Chi» il 6 marzo 2007, pochi mesi prima dell'annuncio di separazione. Sembrava innamoratissima del marito, parlava di intesa perfetta sotto ogni aspetto e, alla domanda se la infastidisse che Gianfranco Fini piacesse molto alle donne, rispondeva secca: «No, mi inorgoglisce. Le donne lo apprezzano, ma resta mio marito. Dopo venticinque anni fa piacere». Non ebbi la sensazione di una risposta forzata. Dunque? Una decisione improvvisa, o ha ragione Assunta Almirante quando, nel commentare la notizia, disse che la decisione era maturata lentamente?

«È ovvio che decisioni così gravi non si prendono d'impulso» mi spiega la signora Daniela «soprattutto quando si hanno dei figli, ma maturano lentamente.»

I giornali esaurirono in pochi giorni il rumore intorno alla notizia, ma, come accade in casi del genere, si sbizzarrirono nell'azzardare le motivazioni più diverse: affettuose amicizie di entrambi, anche se persone vicine alla coppia escludono che abbiano avuto un'influenza sulla decisione le vecchie voci circa una presunta simpatia tra Gianfranco Fini e l'ex ministro di Forza Italia Stefania Prestigiacomo. Ancora: una supposta presa di distanza di Fini dalla moglie quando lei, che ha interessi nel campo sanitario, fu coinvolta in un'inchiesta con Francesco Storace, già presidente della regione Lazio, e con Francesco Cosimi Proietti, capo della segreteria del marito.

La signora Daniela non si meraviglia: «Le illazioni sui motivi della nostra scelta non ci hanno turbato particolarmente. I personaggi pubblici e le loro famiglie ci sono abituati». E aggiunge: «La scelta di essere assistiti, in questa fase così delicata, da un unico legale, l'avvocato Giulia Bongiorno, penso la dica lunga sul fatto che tra di noi non c'è alcun risentimento. La mia stima nei confronti di Gianfranco è la stessa di prima e nutro ancora nei suoi confronti un grande affetto. Per capire bene il nostro rapporto, non si deve dimenticare che noi abbiamo una figlia: entrambi mettiamo Giuliana al primo posto nelle nostre vite, dunque avremo per sempre un meraviglioso progetto comune, che è più importante di qualsiasi altra cosa».

Altra ipotesi: è vero che le prime incomprensioni nacquero alla vigilia delle elezioni del 2001? Secondo alcuni, lei era rimasta dura e pura, e vedeva il marito adeguarsi alle esigenze di una società fatalmente più fragile e salottiera. È un fatto che da anni Fini non si faceva accompagnare dalla moglie negli incontri mondani, ma occorre però riconoscere che lui stesso non ne è un assiduo frequentatore. «No, lo escludo categoricamente» mi risponde. «Per me Gianfranco è un formidabile uomo politico e non credo affatto che si sia "adeguato" alle esigenze che lei dice: credo, invece, che si sia evoluto. Intendo dire che quelli che i giornali chiamano "strappi" sono in realtà segni di intelligenza e dimostrazioni di capacità critica. Solo chi è cretino non si evolve.»

«Non sono una pariolina, è una garanzia, no?»

«Sono nata il 5 marzo 1955 nel quartiere Don Bosco, a Roma. Dicono che non sono una pariolina, è una garanzia, no? Sui prati intorno a Cinecittà ho respirato l'amore e la verità della gente vera.» Così nel 1996 Daniela Di Sotto si presentò a Stella Pende che la intervistava per «Grazia». Figlia di un maresciallo dell'aeronautica (votava Msi senza militanza attiva), la politica «le arrivò addosso per caso». Era «grassa come una bomba» e un giorno forzò un picchetto per entrare nella sua scuola, il Margherita di Savoia. Le urlarono «fascista!» e le saltarono addosso. «Andai al circolo di via Noto, al Fronte della gioventù, e da allora la politica non l'ho più lasciata.» Con lei c'erano Teodoro Bontempo, detto «Er Pecora» per i suoi modi ruvidi (ma ricordo i suoi figli educati come principi di Galles), Francesco Storace e Francesca Mambro, che sarebbe poi diventata terrorista dei Nar e che, secondo Daniela, «credeva che un giorno la destra e la sinistra sarebbero state insieme per abbattere il regime».

Conobbe Gianfranco Fini nel 1971. Lui 18 anni, lei 16. «Me lo ricordo ancora il primo incontro» raccontò ad Aldo De Luca del «Messaggero» nel 1995, alla vigilia dello strappo di Fiuggi che dalle spoglie del Msi fece nascere Alleanza nazionale. «Portava un cappotto nero ed era magrissimo, un chiodo... Era fidanzato con una ragazza molto carina, che si chiamava Laura Caruso.»

Erano anni duri per la destra. Quando un giorno del 1994 li rievocai con Fini per il mio libro *Il cambio*, lui mi sgranò un rosario di intolleranze, di attentati, di tragedie. Nel 1973 ci fu la spedizione punitiva di Achille Lollo e di altri esponenti di

Potere operaio che andarono a incendiare di notte la casa di Mario Mattei, il segretario della sezione missina di Primavalle, e gli ammazzarono due figli. Qualche mese dopo, quando Giorgio Almirante si fermò all'autogrill Cantagallo, sulla Firenze-Bologna, i camerieri entrarono in sciopero perché «a un fascista non si dà da mangiare». «Nel 1975 Daniela Di Sotto, che sarebbe diventata mia moglie» ricordava Fini «rischiò di morire insieme a un amico nella sezione Quadraro-Cinecittà, che fu assalita a colpi di molotov. Ma i terroristi fecero di più: dopo aver buttato le bombe incendiarie nella sezione che era ricavata in una specie di garage, chiusero la saracinesca dell'ingresso con un lucchetto perché Daniela e l'altro ragazzo morissero bruciati. Per fortuna lì vicino lavorava un carrozziere che corse con gli attrezzi e arrivò appena in tempo per aprire la saracinesca. Daniela uscì senza capelli [*li aveva lunghissimi, bruni, e furono i primi a prendere fuoco*]. L'altro ragazzo [*che aveva tentato di soccorrerla*] era moribondo, irriconoscibile: se la cavò portandosi dietro le cicatrici per quindici anni. Noi avevamo l'impressione nettissima di essere come i neri in Sud Africa...» «Il ragazzo che stava per ammazzarmi» racconterà lei «frequentava il mio istituto, e qualche anno dopo finì nelle Brigate rosse...»

Daniela e Gianfranco andranno a vivere insieme soltanto dieci anni dopo il loro primo incontro del 1971. Tra questi due momenti, lei visse una parentesi drammatica. «Nel 1975 conobbi Sergio Mariani, l'uomo di cui m'innamorai e che sposai a 21 anni. Lo chiamavano "Folgorino" perché era stato nella Legione straniera. Era un tipo duro, a Roma faceva l'attivista del Fronte e negli scontri era sempre in prima linea. Ci sposammo in chiesa il 25 aprile 1976 a Ponte Galeria, vicino al lago di Bracciano. Fecero da testimoni tre camerati: Teodoro Bontempo, che allora era il capo del Fronte, Donato Lamorte e Paolo Meucci ... A gennaio 1977 rimasi improvvisamente sola. Sergio fu ritenuto un pericolo pubblico e mandato al soggiorno obbligato in Sardegna, dove rimase per un anno» (Goffredo Locatelli e Daniele Martini, *Duce addio*).

La tragedia con Sergio, poi venne Gianfranco

«Quando tornò, riprese a fare l'attivista a tempo pieno, perché non aveva un altro lavoro. E io cominciai a rendermi conto che il nostro rapporto così non funzionava. Vivevamo con il mio stipendio di tastierista al "Secolo", in tipografia ero costretta a lavorare senza sosta. Anche di domenica, a Pasqua, a Natale. Per mantenere me e lui. Con Fini, in quel periodo, avevo solo un rapporto di amicizia e di militanza politica. Gianfranco e Sergio, ambedue dirigenti del Fronte, caratterialmente erano assai diversi, ma si volevano bene e si frequentavano ... No, non è vero che all'insaputa di Sergio ci fosse già un flirt tra me e Gianfranco. Lui ha avuto tante ragazze. In quel tempo era legatissimo a Laura Caruso, una bella giovane dagli occhioni azzurri con cui faceva coppia fissa. I miei contrasti con Sergio nacquero e divennero insanabili perché avevamo sensibilità diverse. A me non piace essere comandata e trattata come una donna oggetto. Alla fine non ce la feci più a resistere in quel clima insopportabile. Volevo uscire da quell'incubo perché avevo capito che il mio matrimonio era stato un errore imperdonabile. Credevo che fosse meglio per tutti e due la separazione consensuale, invece non ci fu verso: mio marito era ostinatissimo e non voleva saperne. Un inferno...

«Il 10 marzo 1980 il nostro rapporto coniugale era finito da tempo: da quattro mesi io e lui dormivamo separati, uno in camera da letto e uno nel salone ... Io stavo uscendo dall'appartamento al sesto piano, dove abitavamo, per andare a viale Trastevere dal mio legale, Gaetano Patta, uno del Pci. "Dove stai andando?" mi urlò dietro Sergio. "Vado dall'avvocato per la separazione" gli risposi dura, imboccando l'uscio. Proprio quando stavo per entrare nell'ascensore mi richiamò sbraitando. Un attimo dopo sentii un colpo di pistola che rintronò nel palazzo. Tornai indietro, corsi in casa e la scena del salotto mi agghiacciò: il sangue, la pistola, il corpo esanime... Tentai disperatamente di chiamare il 113, ma non ci riuscii. Subito dopo chiamai il partito per chiedere aiuto.

Tentai di parlare con Francesco Massobrio, il segretario di Almirante, trovai Fini. Fecero arrivare sul posto la polizia e un'ambulanza. Poi Gianfranco venne direttamente al Policlinico per informarsi delle condizioni di Sergio.»

I militanti del Msi, ricordava Daniela, sospettarono che la ragazza fosse già legata a Fini, ma non era vero. «Quelli del partito emisero subito la loro odiosa sentenza: si schierarono tutti contro di me. Ero colpevole e basta, senza appello. Colpevole di un tradimento che non c'era stato e che mi addebitavano senza prove ... Dopo il ferimento di Sergio, la mia vita cambiò del tutto: me ne andai definitivamente per la mia strada e mi ritrovai completamente sola. Allora credevo moltissimo nell'amicizia. Per via della militanza politica di tanti anni pensavo di essere compresa. M'illudevo. E presi solo fregature ... In questo stato d'animo crebbe e divenne a mano a mano profonda la mia amicizia con Gianfranco. Così nell'81 decidemmo di andare a vivere insieme ... Con Fini mi sentii come un cagnolino abbandonato per strada: quando trova uno che gli fa una carezza, gli scodinzola dietro. Sì, in quel momento io cercavo affetto. Credo che anche Gianfranco cercasse un rapporto stabile ... Io provavo e provo profonda stima e tantissimo affetto nei suoi confronti...» (*Duce addio*).

Del matrimonio sfortunato con Sergio Mariani, le è rimasto anche un doloroso ricordo: «Avemmo un figlio, nato vivo e morto quasi subito. Un dolore grandissimo, che porto sempre dentro di me».

Nel 1985 nacque Giuliana («Doveva chiamarsi Giada, unendo le prime lettere del nome mio e di quello di Gianfranco, ma poi morì mio padre e cambiammo idea»). I tempi della separazione e del divorzio imposero alla madre l'umiliazione di non riconoscerla fino al 1988, quando – finalmente di nuovo libera – Daniela poté sposarsi con Fini, che da un anno era diventato segretario del Msi. «Gianfranco avrebbe desiderato un figlio maschio» mi dice «ma, come sempre accade in questi casi, dal momento che ha visto Giuliana se n'è innamorato ed è sempre stato un padre orgoglioso della figlia. In questo, credo sia uguale a milioni di altri uomini!»

Vivevano serenamente in un villino a Boville, ai piedi dei Castelli Romani, prima del trasferimento nel quartiere Trieste della capitale. Un'esistenza semplice, con Gianfranco che aveva perfino imparato a potare le rose.

«Ancora oggi tifo per Fini più che per la Lazio»

Fini era stato segretario del Fronte della gioventù dal 1977 al 1987 (nel 1983 era diventato deputato), quando Giorgio Almirante, dopo le elezioni politiche, lo designò alla propria successione. Fu il salto clamoroso di una generazione, quella dei Rauti, dei Valensise, dei colonnelli del Msi, che non la presero affatto bene. E infatti, due anni dopo, nel 1989, in una famosa riunione all'hotel Bernini di Roma decisero di sostituirlo con Pino Rauti. Fini mi disse che i suoi due anni di segreteria erano stati incolori e, come segnale di riscossa, mi citò una frase della moglie: «O mostri di avere le palle o è finita». Le diede retta e si riprese la segreteria nel luglio 1991, dopo che alle elezioni regionali il partito era sceso al 3,9 per cento, il minimo storico.

«Sì, sono stata presente sia al momento in cui ha perso la segreteria sia quando l'ha riconquistata» mi racconta oggi la signora Daniela allorché le ricordo quell'episodio «perché ho sempre fatto il tifo per lui, in maniera poco appariscente ma non per questo meno appassionata: rendo l'idea se le dico che tifo Fini persino più che Lazio?»

In tutto il nostro colloquio, Daniela (che ho qualche disagio a chiamare Daniela Di Sotto, ma che non posso più chiamare Daniela Fini) mantiene un tono basso, quasi volesse ridimensionare il suo ruolo accanto al presidente di Alleanza nazionale, verso il quale non usa una sola parola che non sia di stima e di affetto. «Sarebbe presuntuoso da parte mia autodefinirmi importante nella vita di un'altra persona. Senza dubbio, però, spero di essere stata una buona moglie e una compagna solidale. Credo per esempio, per quanto riguarda Giuliana, che il mio impegno assoluto nel crescerla e nello starle vicino sia stato di grande sostegno per Gianfranco, che invece per forza di cose era fisicamente meno presente di me.»

Daniela si è sempre detta innamoratissima del marito: «Fino alla morte» dichiarò ad Aldo De Luca a Fiuggi, nonostante per una con la sua storia lo scioglimento del Msi non doveva essere una scelta senza traumi. Le qualità? «Dolcezza, onestà morale, lealtà e, soprattutto, l'immenso amore per la figlia.» Difetti? «È un testone. È testardo, testardissimo e orgoglioso come pochi. E quando fa il testone, non lo sopporto.»

Nove anni dopo, nel 2004, sembrava tutto immutato. A Flora Lepore di «Chi» confidò: «Gli anni trascorsi insieme sono stati belli, pieni di amore, con le tensioni politiche tenute fuori casa. Gianfranco è il mio migliore amico, il mio amante. Ci vediamo così poco che la passione è ancora tanta tra noi. Mi vuole bene perché sono il suo opposto: testarda, capocciona, antipatica, ma sono una buona moglie e un'ottima madre. ... È una brava persona. ... Ha una sensibilità unica, che nasconde dietro quella corazza in cui vive e che non si toglie. Non ci si può dimostrare deboli in politica, sennò si finisce come Achille. Ti colpiscono dove sanno di farti male».

Ancora oggi, durante il nostro colloquio, Daniela non rinnega i bei ricordi di tanti anni vissuti insieme: «Quando mio padre si ammalò di broncopolmonite, nel giugno 1985, e io ero incinta di sette mesi, i medici mi avevano proibito di assisterlo perché temevano che potesse contagiarmi: lui era già gravissimo e Gianfranco annullò immediatamente tutti i suoi impegni per stargli vicino, sino all'ultimo. Lo fece con la massima semplicità, senza farlo pesare: non lo dimenticherò mai. Per il resto mi sembrerebbe banale elencare episodi che descrivano il nostro rapporto o mettermi a parlare di regali, di fiori, di gioielli, di sorprese. Ci sono state cose bellissime, ma credo che si rovinerebbero se le raccontassi. Mi sembra giusto dire che, pur avendo dedicato tutta la sua vita alla politica, Gianfranco ha saputo essere partecipe e affettuoso, anche quando è stato fisicamente lontano».

«Abbiamo affrontato la separazione con serenità»

Vennero soddisfazioni e traguardi impensabili ai tempi in cui lei era una militante missina di periferia dura e pura, e lui il segretario del Fronte della gioventù. Lo sdoganamento da parte di Berlusconi (novembre 1993: «Tra Rutelli e Fini come sindaco di Roma preferisco Fini»), la prima vittoria elettorale, la trasformazione del partito da un movimento reduce della Repubblica sociale in una destra moderna, un'opposizione lunga e coerente, la vittoria del 2001 con la vicepresidenza del Consiglio e, poi, il ministero degli Esteri, l'accreditamento internazionale.

Nel dare l'annuncio della separazione, «la Repubblica» corredò l'articolo di una foto del marzo 2005: Fini e signora sulla carrozza reale durante la visita di Stato alla regina Elisabetta. Il primo viaggio all'estero al seguito del marito era dell'anno precedente. «Se vuoi accompagnarmi...» le propose Gianfranco. Lei andò, travolta dai tempi strettissimi del cerimoniale, ma insieme inebriata della Casa Bianca, della splendida residenza del nostro ambasciatore, villa Firenze.

Non si facevano più alle sue spalle le battutacce di una volta, che lei stessa raccontava: «Come si chiama la moglie di Fini? Ah, Hillary...». Certo, la domenica andava ancora allo stadio a gridare il tifo per la Lazio, ma rispetto ai tempi della «bomba» dei prati di Cinecittà era tutt'altra donna. Fisico asciutto ed elegante, taglio e colore di capelli raffinati, abiti di sartoria, da Sarli a Cavalli. «Non ho mai fatto ricorso alla chirurgia estetica» mi assicura oggi. «Posso dirle che mi limito a nutrire la pelle con micropunture di vitamine. Tutto qui. Per il resto mangio in modo genuino – cercando di privilegiare pesce, verdura e frutta –, e vado regolarmente in palestra. Cerco, insomma, di usare il buon senso, di fare cose che mi aiutino a star bene.»

Tre mesi prima della separazione, Giulia Cerasoli di «Chi» le aveva chiesto: «È possibile che in questi venticinque anni di matrimonio non ci sia mai stata una crisi? Si è chiacchierato molto sul pettegolezzo che riguardava i rapporti tra suo marito e l'ex ministro Prestigiacomo». E lei aveva risposto: «In quell'occasione mi è dispiaciuto che il pettegolezzo riguardasse una signora con un figlio piccolo. Tra noi due abbiamo risolto tutto parlando, come sempre».

È andata diversamente, e oggi mi dice: «Separarsi può essere un'esperienza devastante, e se noi siamo riusciti ad affrontarla con serenità, è stato proprio per questo, perché l'affetto e la considerazione sono rimasti, e spero rimarranno sempre, intatti».

E lui? Non una parola, nemmeno con gli amici e i collaboratori che gli stanno accanto ogni giorno. Alla ripresa dei talk-show televisivi è stata notata l'assenza della fede nuziale al suo anulare. Per il Fini politico è cominciata una nuova stagione: fedeltà a Berlusconi, ma ricerca dell'identità, a partire dalla grande manifestazione «Meno tasse, più sicurezza» che sabato 13 ottobre 2007 ha riunito a Roma una gran folla. Le elezioni non si annunciavano lontane e, per la prima volta, il presidente di An si preparava a combattere senza avere al fianco la donna che lo ha accompagnato in tante battaglie.

«Caro Pier, mi hai fatto venire il mal di testa»

«Ma tu, quest'anno, hai seguito la politica italiana o quella della Papuasia?» mi chiese Pier Ferdinando Casini. «Ho seguito la tua politica, e ogni sera ho dovuto prendere un Aulin per il mal di testa» gli risposi secco. Era il 15 settembre 2007 e il mio vecchio amico Pier mi aveva invitato a intervistarlo davanti alle migliaia di persone convenute a Chianciano Terme per la festa annuale dell'Unione dei democratici cristiani e di centro. Avevamo fatto il viaggio insieme in automobile ed ebbi conferma di alcune cose: non sentiva Silvio Berlusconi da sei mesi, aveva congelato i rapporti politici con Gianfranco Fini, e con la Lega, di fatto, non li aveva mai avuti. In piazza fui piuttosto incalzante: d'altra parte, a giudicare dalle cadenze degli applausi e dalle successive reazioni, lo stesso popolo dell'Udc – che non ha mai smesso di considerare Casini il proprio leader assoluto – voleva capire da che parte lo stesse portando il capo.

«Tu sei come Mao» gli dissi in viaggio. «Anzi, stai un gradino sopra. Perché lui, almeno, conservò la carica di presidente del partito, tu sei il Grande Timoniere dell'Udc senza un solo grado sulla divisa. Un bel lusso... Qual è la tua rotta?»

Per come me l'ha spiegata, in pubblico e in privato, credo di aver capito quanto segue, senza far ricorso all'Aulin. Al di là di un rapporto personale di simpatia, Casini è politicamente agli antipodi di Berlusconi. La scuola democristiana gli ha insegnato a tenere le briglie sciolte, figuriamoci se può accettare uno che vuole comandarlo. All'obiezione che il Cavaliere – pur provvisto del grave difetto di avere una concezione «proprietaria» della politica – ha i voti che ne legittimano la leadership, Casini risponde con la richiesta di una legge elettorale che gli dia autonomia e con il sogno di essere domani l'ago della bilancia della politica italiana.

Su un punto è stato chiaro: non andrà mai con la sinistra. Gli ho ricordato, a questo proposito, di aver perso una pesantissima scommessa dopo il passaggio del nostro comune amico Marco Follini al Partito democratico (area Veltroni, più che area Prodi). Uno che fino all'altro ieri era il vicepresidente del Consiglio con Berlusconi... Casini non sottovaluta il problema e sa che la scelta di Follini gli ha tirato addosso parecchi sospetti. Ma li respinge con forza, e io gli credo, se non altro perché, a sinistra, il suo spazio oggi sarebbe ridottissimo e l'Udc sarebbe massacrata dalle defezioni interne e dal voto popolare. Qualcuno, a sinistra, ha perfino pensato di fargli fare il presidente del Consiglio di un governo ponte (con l'appoggio esterno di Rifondazione) verso un futuro governo Veltroni, rinviando le elezioni al 2011 e incamerandolo definitivamente nello schieramento alternativo al centrodestra. Ma Casini non è pazzo. Dunque, resta nel centrodestra e rassicura il suo popolo (anch'esso inquieto, in larga misura) sparando a palle incatenate contro Prodi e tutto quello che gli sta intorno.

Il problema è capire a quale centrodestra si riferisce il leader dell'Udc. Lui ha ragione nel ricordarmi che sta da quella parte fin da prima che Berlusconi scendesse in politica, quando nella Dc litigava con Rosy Bindi e Mino Martinazzoli. Ma adesso i tempi sono cambiati, e il bipolarismo attuale non piace alla gente perché il ricatto fatale nelle coalizioni non consente al vincitore (ieri Berlusconi, oggi Prodi) di governare con maggiore decisionismo. Per questo invidia Nicolas Sarkozy che, appena arrivato all'Eliseo, ha cominciato a fare quel che aveva promesso. Ma, bipolare, l'elettorato rimane nell'animo, e segue con difficoltà i discorsi su un domani migliore, su un Centro ideale che raccolga Mario Monti, Savino Pezzotta, Luca Cordero di Montezemolo e Andrea Riccardi della Comunità di Sant'Egidio. Gente, cioè, che non andrebbe mai con Berlusconi e nemmeno con la sinistra. Il disegno è affascinante, ma i tempi non sono maturi perché i grandi progetti passino dal tavolo dell'architetto alle mani del muratore. Oggi il popolo di centrodestra, piaccia o no, invoca Berlusconi, e con lui, con i suoi pregi di grande sognatore e i suoi difetti di proprietario, bisogna fare i conti.

Ecco, dunque, Casini vagheggiare quel sistema elettorale alla tedesca che, grazie al proporzionale, mette tutti i partiti sulla stessa linea di partenza, lasciandoli liberi di scegliere dopo le elezioni. Il leader dell'Udc sa che, se una simile legge sarà approvata per evitare il referendum del 2008, richiederà – nella versione italiana – di scegliere comunque prima il lato in cui schierarsi. Casini mi dice che sceglierà il centrodestra, ma non vuole il premio di maggioranza, perché desidera che l'Udc risulti determinante. Probabilmente il sistema consentirà a ogni partito – quindi anche al suo – di candidarsi alla premiership rinviando le alleanze al dopo. Se Casini, pur restando nel centrodestra, dovesse candidarsi a palazzo Chigi, la campagna elettorale vedrebbe spaccati e competitivi i partiti di quella che fu la Casa delle Libertà, con pessimi auspici per la governabilità futura.

Quel che ho cercato di spiegare al mio amico Pier – credo con modesti risultati – è che lui ha vent'anni meno di Berlusconi, e che il Cavaliere tra un po' dovrà cedere la mano: sia palazzo Chigi, sia – eventualmente – il Quirinale. Allora la partita finale sarà tra lui e Fini, e la vincerà chi avrà guadagnato di più, o perso di meno, nella fase preliminare. Ma chiedere a un politico di saltare un giro, a quanto pare, è contro natura.

Azzurra Caltagirone, editrice di successo

Durante il nostro viaggio a Chianciano, Casini ebbe una breve ma dolcissima telefonata con Azzurra Caltagirone, diventata sua moglie alla fine di ottobre 2007 dopo essere stata per sette anni la sua compagna. In coerenza con lo spirito di questo libro, il mio interesse prevalente è per la vita sentimentale di Pier Ferdinando. È stato un bel ragazzo, è un bell'uomo, ha avuto successo con le donne e le ha scelte sempre belle. Nel 1982 conobbe a Ponza la sua prima moglie, Roberta Lubich: famiglia trentina benestante, laurea al Dams di Bologna, un'attività nel mondo della produzione di eventi e spettacoli televisivi. Erano quasi coetanei: lui 27 anni, lei 29. Si sposarono due anni dopo, quando Pier era appena entrato in Parlamento con la Dc (amico e figlioccio politico di Toni Bisaglia, alla sua morte si legò ad Arnaldo Forlani e, dopo la scissione del 1993, fondò il Ccd con Clemente Mastella). Nel 1990 nacque Maria Carolina, nel 1991 arrivò Benedetta. Si separarono nel 1998. «Ho mantenuto un ottimo rapporto con Roberta» mi dice Casini. «Le mie figlie abitano a trecento metri da qui. Ci vediamo spesso; stanno con me a Natale e durante l'estate.»

Poi lui si legò per un anno a una nobildonna siciliana, Ferdinanda Stagno d'Alcontres, ed era in sua compagnia quando incontrò Azzurra Caltagirone per la prima volta.

Azzurra è la figlia diletta di Francesco Gaetano Caltagirone, costruttore, finanziere e editore di prima grandezza, uno degli imprenditori più abili e ricchi d'Italia. È nata nel 1973 e, dopo la maturità scientifica, ha studiato per due anni e mezzo arte al Victoria and Albert Museum, uno dei più raffinati musei londinesi. Anche questa sua passione la lega al padre, proprietario di una straordinaria collezione che spazia dal Rinascimento agli impressionisti. Quando, a metà degli anni Novanta, Caltagirone entrò nell'editoria con l'acquisto di uno storico giornale romano, «Il Tempo», Azzurra scrisse una decina di articoli su temi d'arte.

Ma era altro che le interessava. E questo «altro» maturò poco dopo quando il padre, lasciato «Il Tempo», comprò «Il Messaggero», quotidiano leader di mercato a Roma e uno dei più importanti d'Italia. La misero in prima linea: relazioni sindacali, che quando c'è da trattare con giornalisti e poligrafici è un mestiere da non augurare a nessuno. Con la quotazione in Borsa della holding editoriale di famiglia, nel 1999, Azzurra cominciò a fare l'editrice a tutto campo, insieme con Albino Maiore, il manager di riferimento e colonna portante del gruppo: al «Messaggero» si aggiunsero via via «Il Mattino» di Napoli, il «Gazzettino» di Venezia, il «Quotidiano di Lecce», il «Corriere Adriatico» di Ancona e soprattutto «Leggo», il quotidiano gratuito che in due anni e mezzo ha raggiunto 1 milione di copie diffuse nelle quindici edizioni italiane.

Azzurra si considera la mamma di «Leggo». «Nel 2001 eravamo agli albori dell'editoria gratuita» mi racconta. «In Italia c'era soltanto "Metro", con le due edizioni di Milano e di Roma, e la sola pubblicità locale. L'idea fu di fondare un quotidiano nazionale. Cominciammo con un accordo in esclusiva con Grandi Stazioni, che gestisce i quindici più importanti terminal italiani, poi vennero le edizioni locali e oggi il giornale ha 2 milioni e 100.000 lettori (il "Corriere della Sera" ne ha 2 milioni e mezzo).»

L'impresa dei Caltagirone va a gonfie vele: in un decennio «Il Messaggero» è passato da 200 milioni di lire di utili a una cifra oscillante fra i 10 e i 20 milioni di euro all'anno. Quello che, malignamente, fu definito il giocattolo per la figlia di papà è diventato un'avventura professionale affascinante e molto redditizia.

Quando Pier portò Azzurra al Quirinale

Azzurra e Pier si erano visti una prima volta fuggevolmente e non si considerarono più di tanto. Si rividero nell'estate del 1999 sulla barca di un amico a Panarea, alle Eolie. «Io ero già a bordo da solo e mi divertivo molto» racconta lui. «Quando mi dissero che sarebbe arrivata Azzurra con la sua amica Cristina Mazzantini, non posso dire di essermi entusiasmato. Durante la vacanza, però, simpatizzammo. A Capri, galeotto fu il motorino... Una sera eravamo andati a ballare all'Anema e core, e rientrammo in barca in motorino. È importante saper guidare il motorino...» «... e soprattutto saperlo guidare audacemente» sorride lei «in modo che il passeggero sia costretto a stringersi al conducente...»

La vacanza comune, tuttavia, si interruppe presto: lui proseguì con le figlie verso la spiaggia di Serra degli Alimini, a Otranto, dove va da diversi anni; lei se ne andò con la sua amica a Cortina. Rientrati a Roma, Pier fece il passo decisivo, «ma lei mi mandò a pedalare: non aveva nessuna voglia di essere coinvolta in una vita affettiva e familiare complicata come la mia».

I buoni propositi ressero fino a novembre. Pier e Azzurra s'incontrarono per caso allo stadio Olimpico dove giocava la Roma e dove lui era in compagnia delle sue due bambine. «Ne approfittai per invitarla alla prima della stagione lirica del teatro Comunale di Bologna, e quella sera ci mettemmo insieme.» «Era il 27 novembre 1999» aggiunge lei, che – come avrete capito – nella coppia è la più precisa.

I giornali scrissero che Azzurra comunicò ai suoi genitori la notizia alla vigilia di Capodanno («Non vengo ai Caraibi con voi, vado con Pier a Cortina»), ma non è vero. «Mantenemmo anche con i miei il segreto fino alla primavera» mi confida. «È vero che a Cortina trascorremmo il Capodanno insieme, ma senza che a nessuno venisse qualche sospetto.» «Io ero in casa di Giuliano Adreani [*amministratore delegato di Publitalia*]» ricorda Pier «Azzurra in casa sua. Misi a letto le bambine e c'incontrammo dopo la mezzanotte.»

«In primavera informai mio padre» prosegue Azzurra. «È una persona estremamente liberale, ma certo la sua reazione non fu euforica. "Vedi un po' tu..." mi disse. Lo preoccupava soprattutto la differenza di età: io avevo 27 anni, Pier 45.»

Le voci sulla loro unione crescevano, senza mai essere confermate. «Decidemmo allora di andare insieme al ricevimento del 2 giugno al Quirinale e di farci fotografare. Così le illazioni cessarono.»

Era il 2000 e Casini, come segretario dell'Udc, non ricopriva cariche istituzionali. In fondo, andare al Quirinale in buona ed elegante compagnia, anche se non formalizzata da un legame ufficiale, non era uno strappo al protocollo.

Diversa la situazione l'anno dopo, quando il 2 giugno Casini era presidente della Camera, la terza carica dello Stato. Non poteva presentarsi senza avvertire e, a parte i pasticci di Terracini (non si capiva più chi fosse sua moglie, di cui peraltro nessuno ricordava – o addirittura sospettava – l'esistenza), in anni recenti non era mai avvenuto che un suo omologo si presentasse con la «compagna». Casini prese il toro per le corna, e al Quirinale capirono che, se non avessero accettato la coppia, avrebbero perso anche lui.

«Ero emozionatissima» ricorda Azzurra. «Avevo 28 anni, non conoscevo il protocollo e nessuno me lo spiegò. Pier fu bravissimo e la signora Ciampi molto cordiale.»

«Pier, un elefante generoso»

Azzurra Caltagirone era finita sui giornali qualche settimana prima, quando aveva assistito dalla tribuna d'onore di Montecitorio al discorso d'insediamento di Casini, insieme con le due figlie di Pier, la madre e i fratelli di lui. Con un gesto che non sfuggì a fotografi e cronisti, il neopresidente della Camera si girò verso la tribuna per salutarli. «Francesco D'Onofrio [*oggi capogruppo dell'Udc in Senato*]» ricorda Azzurra «era l'unico esperto accanto a noi che contava i voti necessari all'elezione. Qualche secondo prima degli altri mi disse: "È stato eletto", e scoppiò a piangere.»

«Avevamo dormito soltanto qualche ora» continua «perché avevamo passato la notte a rivedere il discorso...»

«S'intende che il discorso l'ho scritto io...» interviene sospettoso Casini.

«Sì, l'hai scritto tu» ribatte lei. «Tu lo rileggevi e io facevo la parte del pubblico. Ma quando mi chiedi qualche suggerimento, io ti dico come la penso. E, qualche volta, hai cambiato opinione dopo avermi ascoltato.»

Per esempio? «Quando parlammo della politica fiscale, convenimmo che, a prescindere dalle leggi, il cittadino non ha un reale interesse a farsi rilasciare ricevute o fatture se non ci guadagna nulla. Se prende in affitto una casa e non può detrarre nulla dalla sua denuncia... Un'altra volta facemmo uno studio dettagliato della legislazione sul lavoro e gli illustrai tutte le differenze tra la legge Biagi e la precedente legge Treu: per esempio, con la Biagi si hanno molti più diritti sulla maternità e sulle ferie rispetto ai vecchi co.co.co.»

Il 23 luglio 2004 nacque Caterina. «Mi ha fatto diventare più giovane» dice lui. «Avere avuto a cinquant'anni il dono di una figlia mi ha fatto tornare indietro nel tempo e rivivere le emozioni di quando sono diventato padre di Maria Carolina e Benedetta. Come l'hanno presa le mie prime due figlie? Sono legatissime a Caterina, che a sua volta le considera dei piccoli miti...»

«L'arrivo di Caterina mi ha addolcito molto» riconosce Azzurra. «Sono più tranquilla, addirittura più mansueta...»

Una volta Pier Ferdinando dichiarò: vorrei dieci figlie. Perché dieci, e perché figlie al femminile?

«Lui esclude a priori i maschi» conferma lei.

«È vero,» dice lui «per una forma di vigliaccheria. Ho preso le misure alle donne, anche se, con la mia sensibilità da elefante, non riuscirò a capire le loro permalosità nemmeno a cent'anni. E vorrei evitare nuove esperienze...»

«Dieci figlie sono troppe» riflette lei. «Ma almeno un'altra la vorrei.»

A proposito di «sensibilità da elefante», quali difetti avete?

Lei su Pier: «È, appunto, un elefante nella cristalleria. Urla, è frenetico fino allo spasimo, non è modesto».

Lui su Azzurra: «È permalosa, riflette troppo sulle cose e, talvolta, ci si incarta, diventando tenebrosa...».

Pregi?

«Azzurra è la persona più intelligente che abbia mai conosciuto. È molto affettuosa e ha una grande lealtà in ogni occasione e con tutti i suoi amici.»

«Pier è generosissimo. Ha davvero un cuore enorme. Ed è un uomo divertente.»

Infine, il matrimonio. Ultimo sabato d'ottobre

Differenze caratteriali? «Totali» risponde lui. «Io sono estroverso e Azzurra è introversa. Io parlo a voce alta e lei usa i toni bassi. Lei è riflessiva e io sono impulsivo. A me piace la confusione in casa con Caterina e lei la educa per bene. C'è tra noi un rapporto vivace e per questo andiamo d'accordo. Abbiamo anche molte complicità e siamo molto in sintonia nei giudizi sulle persone.»

Gelosia?

«Pier non è geloso.»

«Azzurra neppure. Se penso com'ero vent'anni fa, il merito è suo. Ho meno grilli per la testa, meno voglia di evasione...»

Siamo arrivati al matrimonio: ultimo sabato d'ottobre 2007, il 27, in Toscana, pochissimi invitati (tutti familiari o amici di vecchia data), con rigorosa esclusione del mondo politico. Tra le eccezioni: Lorenzo Cesa, uno dei testimoni con la sorella di Pier, Maria Teresa, e il fratello Federico; Rocco Buttiglione, presidente dell'Udc, e Francesco D'Onofrio, presidente dei senatori del partito. Testimoni della sposa, tre amici di sempre: Cristina Mazzantini (che lo fu anche del loro primo incontro in barca), Lucia Gramazio, Gabriele Israilovici.

Rito civile, perché Pier è divorziato. Smentita secca alle voci che parlavano di un annullamento del precedente matrimonio.

«Abbiamo tardato a sposarci» mi racconta Pier Ferdinando

«perché questa scelta coinvolgeva anche le mie figlie, ed era opportuno aspettare qualche anno. Non ho avviato la procedura per annullare il mio matrimonio per tante ragioni, ma tra queste anche perché da presidente della Camera non volevo che qualcuno pensasse all'utilizzo del mio ruolo istituzionale per avere corsie preferenziali. Comunque, un uomo pubblico deve assolvere ai suoi doveri verso lo Stato in modo particolarmente rigoroso: per questo, il 2 giugno 2001, sono andato al Quirinale con Azzurra. L'ho fatto perché tutti sapessero che intendevo coinvolgerla pienamente nella mia vita.»

Casini risponde anche a chi – come Beppe Grillo – lo ha gratificato della facile battuta (buona anche per Berlusconi): «Tiene tanto alla famiglia da averne due». «Proprio la mia vicenda personale mi ha aiutato a capire l'importanza della famiglia. Io sono un tradizionalista. E ho imparato appunto dalla mia condizione a non dare giudizi sugli altri, a non ergermi a giudice di nessuno. Questo non solo non mi spinge a demolire la famiglia sul piano legislativo, ma mi ha portato invece a rafforzarne le prerogative. Quando c'è stata la discussione per portare il divorzio a due anni dalla separazione, io – che pure ero interessato al tema – sono stato risolutamente contrario: la mia esperienza mi induceva a ritenere giusto un supplemento di riflessione temporale.»

Per la verità, da convivente, è stato anche contrario alla proposta di legge sulle coppie di fatto... «Quando si parla di convivenze, bisogna riflettere bene. Ce ne sono di diversi tipi. La prima – è stato il caso mio e di Azzurra – riguarda la convivenza temporanea di persone che per ragioni diverse hanno differito la data del matrimonio, ma intendono sposarsi. La seconda è quella di persone che non intendono sposarsi: per esempio, per non perdere l'assegno pensionistico di reversibilità. Ci sono poi persone che ideologicamente rifiutano la condivisione di diritti e di doveri tipica del matrimonio. Ma tutte queste categorie mi sembrano francamente poco interessate alle norme proposte per le unioni civili. Tali formule – i Cus – si giustificano alla fine solo se si intendono parificare le famiglie omosessuali a quelle eterosessuali. Ma questo è impedito dal concetto di famiglia previsto dalla Costituzione. Non sarebbe male, tuttavia, se su questo punto si facesse una discussione a carte scoperte...»

Con il matrimonio, la vita di Pier e di Azzurra non cambia. Poche frequentazioni esterne, serate tranquille nella nuova, bella casa ai Parioli: «Niente salotti come prima» sottolinea Casini «e, nonostante lei abbia diverse barche, le nostre vacanze sono divise tra un villaggio di Otranto e una settimana con mia madre a Milano Marittima. Però...».

Però? «Però dopo il matrimonio non correrò più il rischio di chiamarla "compagna". Ho sempre cercato accuratamente di evitare questo termine riferito ad Azzurra perché l'ho collegato per anni all'ideologia dei miei avversari politici. E, per dirla tutta, al matrimonio tenevamo davvero.»

Lei sorride e annuisce. Che male c'è?

Manuela Bossi, «una carica di femminilità enorme»

Li vidi per la prima volta insieme nel giugno 1994, a Pontida. O meglio, a un tavolo della trattoria Da Ginetto, dove lo stato maggiore leghista si riunì quando era già pomeriggio dopo una memorabile adunata sul mitico prato di Alberto da Giussano. Berlusconi aveva vinto le elezioni in marzo ed era presidente del Consiglio. Bossi non era entrato al governo, esigendo però che Bobo Maroni diventasse ministro dell'Interno: per quei tempi, era quasi come se Osama bin Laden fosse diventato capo della Cia. Ma già in giugno, quel giorno a Pontida, Bossi cominciò ad attaccare il Cavaliere, lasciando presagire il peggio che sarebbe arrivato all'inizio del 1995.

La tavolata da Ginetto era allegra, si parlava più di bei ricordi che della confusa realtà. Annotai nei miei appunti: «Manuela ha fatto scalare Maroni di una sedia per sedersi accanto al marito. Vorrei che Forattini guardasse le tenerezze di Bossi: non potrebbe disegnarlo più così come fa. Roba da far impallidire la Bella e la Bestia. Carezze, coccole, un isolamento sentimentale perfetto, nonostante ci siano nella sala un centinaio di persone urlanti tra involtini alla bergamasca e spaghetti al ragù. E nonostante intorno alla coppia gravitino Speroni e Maroni, Gipo Farassino e chi scrive: oggettivamente non è il massimo per due che farebbero invidia a Peynet».

La Bella s'innamorò a prima vista. «Ci siamo incontrati alla Famiglia Bosina di Varese» mi disse «a un convegno sui dialetti.» Stava infatti preparando un dizionario italo-lumbard. Lui aveva raccontato al suo biografo, Daniele Vimercati: «Mi colpì quella ragazza dolcissima e sorridente, il suo corpo sottile e flessuoso, i suoi occhi chiari, molto espressivi e sinceri». Stringendola, da Ginetto, aggiunse: «Non aveva il ragazzo, giocava con le ceramiche. Teneva tutta per sé una carica di femminilità enorme». Lei arrossì appena e lo ricambiò tracciando il ritratto del padre esemplare: «Sa perché Umberto si ritira qui prima di andare a Pontida? Perché a casa i bambini non lo lascerebbero lavorare. Renzo ha 6 anni, Roberto Libertà ne ha 4 [*Eridanio Sirio, chiamato disgraziatamente così ai tempi della Secessione in onore del dio Po, sarebbe nato nel 1995*]. Lui li vede poco, ma ha con loro un rapporto molto intenso. Giocano sul letto, giocano a palla in cucina. Insomma, non lo lasciano in pace un momento. E invece, prima di Pontida, Umberto non mangia, non dorme, ha bisogno di stare in pace. Che dicono i bambini quando lo vedono in televisione? Niente, credono che tutti i papà vadano in Tv allo stesso modo».

Si conobbero nel 1982, l'anno in cui Bossi divorziò dalla prima moglie, Gigliola Guidali, sposata nel 1976. Sei anni di matrimonio, quasi sei di fidanzamento. Una storia cominciata con un colpo di fulmine e finita male. Mentre nel 1994 l'Italia si chiedeva chi fosse il leader della Lega che Berlusconi aveva coinvolto nelle decisioni strategiche per il paese, Gigliola ne fece un ritratto al tempo stesso romantico e perfido a Rita Cenni di «Oggi»: «Il nostro primo incontro non lo dimenticherò mai. Erano circa le 3 di un pomeriggio di agosto del 1970. Camminavo verso il negozio dove lavoravo come commessa, a Gallarate. Passa rombante un'Alfa Gt verde scuro: accanto al guidatore è seduta una bionda dai capelli al vento, proprio la tipa giusta da Gt. Un minuto dopo l'Alfa torna indietro, inchioda a un metro da me lasciando sull'asfalto i segni delle ruote e quasi mi schiaccia contro il muro. La bionda non c'è più. C'è solo il guidatore che mi abborda: "Scusa, non volevo spaventarti. Sei libera questa sera?"». Quella sera Gigliola Guidali non era libera, ma la domenica successiva sì. Aveva 16 anni, Umberto 29. Si sposarono nel 1976, tre anni dopo ebbero un figlio, Riccardo, che nell'estate del 2007, sposato a sua volta e con una bimba appena nata, ha avuto un contrasto con il padre che non gradiva la sua partecipazione (poi annullata) all'«Isola dei famosi».

La storia tra Gigliola e Umberto non poteva funzionare. Lei aveva immaginato di sposare un futuro medico, mentre Umberto, studente eternamente fuori corso, pensava alla rivoluzione autonomista. Gli serviva una donna che condividesse le sue passioni e le sue follie. Manuela Marrone, la moglie di leader politico più silenziosa e razionale che mi sia capitato d'incontrare, era la persona giusta.

Il film del matrimonio venduto per la campagna elettorale

Glielo ricordò Maroni, amico della prima ora, proprio quel giorno del 1994, a tavola da Ginetto: «Manuela, perché ti ostini a considerare santo Umberto che santo non è? Ricordi i primi tempi nel monolocale che affittasti per renderti indipendente dai tuoi? Facevi la maestra, dovevi alzarti alle 6 e alle 2 di notte Umberto e io giravamo ancora per la stanza a fabbricare colla per i manifesti. I tuoi occhi imploranti guardavano me, mica lui». Manuela si crogiolava quando Umberto ne esaltava la militanza protoleghista: «Ricordi quanti volantini sei andata a distribuire? Sei stata la prima a Bergamo, la prima a Sondrio. E nel 1984 fosti la prima a essere fermata dalla polizia...».

Nel 1983 Bossi portò Manuela ad abitare in un bilocale di via Quarnero, una bruttissima strada alla periferia di Varese. Nel 1991 Daniele Vimercati lo descrisse così: «Il primo locale è una cucina che funge pure da soggiorno. Un vecchio acquaio, un tavolo di legno, un armadio a muro su cui campeggia, tra una paccottiglia senza valore, il Telegatto consegnato da Canale 5 al padrone di casa. L'altra stanza è occupata quasi interamente da un letto matrimoniale, trovano spazio a malapena un altro lettino e una culla...». E già, perché intanto erano nati Renzo (1988) e Roberto Libertà (1990). Nel 1984, il 12 aprile, era nata anche la Lega: Lega autonomista lombarda. Per entrare in Parlamento, Bossi dovette aspettare il 1987: lui in Senato (di qui l'appellativo di Senatùr, che non l'avrebbe mai abbandonato) e Giuseppe Leoni alla Camera. Il botto avvenne alle elezioni regionali del 1990: 20 per cento dei voti in Lombardia, 15 seggi in consiglio regionale. Alle politiche del 1992, mentre la Dc perdeva 26 seggi e il Pci 70, la Lega ne guadagnava 54. E nel 1994, con Berlusconi, arrivò il governo.

Due mesi prima della vittoria elettorale e dopo dodici anni di convivenza, Umberto sposò Manuela. Lei aveva 41 anni, lui 53. Lei aveva smesso di insegnare per fare la mamma. Era finito l'incubo dell'Istituto Maria Ausiliatrice quando, per non mostrarsi incinta – lei non sposata –, indossava vestiti larghissimi.

Si disse che Umberto, poco formalista com'era, non teneva in gran conto il matrimonio. Fu Marco Formentini, sindaco leghista di Milano, a pressarlo poco prima di Natale. Così il 21 gennaio 1994, alle 15.55, fu firmato il verbale della cerimonia. Lui indossava un abito scuro con cravatta fantasia, lei arrivò con un mantello azzurro bordato di volpe: sotto indossava un tailleur Chanel bianco-azzurro e una camicetta di seta bianca. Trentadue invitati in tutto, compreso lo stato maggiore leghista. Testimoni, due fondatori del partito: Giuseppe Leoni per lui, Silvana Bazan per lei. Alla marcia nuziale di Mendelssohn, Formentini scoppiò a piangere. Umberto, che ha sempre suonato, chiese in prestito un violino.

Qualche mese dopo, da Ginetto, rinfacciò a Gipo Farassino un inutile regalo di nozze: «Gipo, che cavolo di pendola a orologeria ci hai regalato? Il suono è buono, ma scambia le mezze ore con quelle intere». Gipo gli rispose serio: «Guarda, Umberto, devi caricarla al contrario. Così, se metti le mezze ore, suonerà alle ore intere». Poi, rivolgendosi verso di noi, aggiunse a bassa voce: «Dove cavolo vado a prenderla un'altra pendola dell'Ottocento?». Bossi se ne accorse e lo fulminò: «Ma quale comprare. Dicci piuttosto in quale villa l'hai rubata...».

Prima del matrimonio, si fece un gran parlare di quanto avrebbe potuto rendere la vendita delle foto in esclusiva a qualche settimanale e si azzardò la cifra di 100 milioni di lire per il partito. Le foto finirono al settimanale «Noi». Poi Bossi fece realizzare mille cassette con il filmino della cerimonia e le vendette a 20.000 lire l'una, devolvendo il gruzzolo alle spese dell'imminente campagna elettorale. Qualcuno arricciò il naso («È culto della personalità»), ma il tesoriere della Lega apprezzò.

Tra padre Pio e Alberto da Giussano

Andai a trovarli di nuovo a fine estate del 1995, quando Bossi aveva rotto i ponti con «Berlusconi affarista e Fini ex fascista», aveva litigato con Maroni, contrario alla crisi di governo, e fatto amicizia con D'Alema, che al congresso della Lega ne aveva parlato come di una «costola della sinistra». Sulla stradina di Gemonio che conduceva alla nuova abitazione di Bossi, all'angolo con un vicolo incontrai Manuela. Aspettava che Roberto Libertà uscisse dall'asilo, un'ora dopo sarebbe andata a riprendere Renzo, che faceva la prima, e portava in grembo Eridanio Sirio. Tra una faccenda e l'altra sarebbe rientrata a prepararci il caffè.

Gemonio, provincia di Varese, è a tre chilometri dal lago Maggiore. Come ci siete capitati?, le chiesi. «Per caso» rispose. «Stavamo in una casa di quaranta metri quadrati, poi Giuseppe Leoni, passando di qui, ha visto questo villino ridotto come non le dico e l'abbiamo preso. Abbiamo più spazio e viviamo in pace. Senza rumori e senza pericoli per i bambini.» Trovai una famiglia da Mulino Bianco, con il padre che gioca effettivamente a palla con i figli sul letto, come mi aveva detto Manuela l'anno prima, in una casa serena e modesta.

Sul camino, un'iscrizione su rame celebrava l'amore coniugale: una U per Umberto, una M per Manuela. Alle pareti, sistemati alla rinfusa, quadretti comuni, foto di Bossi, immagini di Alberto da Giussano. Di là, nella cucina-tinello dove stava preparando il caffè, i pensili erano decorati dai disegni dei bambini: guai a toccarli. Su un carrello, due matrioske facevano compagnia a una lampada con il paralume della Lega Nord. Accanto al camino, un fax sfornava documenti sul Parlamento del Nord, che era stato aperto a Mantova. Il telefono non squillava mai, e non credo che l'abbia fatto nel decennio successivo: Bossi tiene la Lega con piglio militare e si comporta come De Gaulle. Nessuno poteva telefonargli, chiamava lui. Un giorno, nei primi anni di «Porta a porta», perdemmo il collegamento via satellite con il suo ufficio di via Bellerio. Lui era in riunione e nessuno aveva osato disturbarlo per ricordargli l'appuntamento.

Nella cucina di Gemonio è passata la storia della Lega. Mi disse Maroni nel 1995: «Ai miei colloqui con Umberto assisteva e partecipava sempre Manuela. In quindici anni ha assistito a tante di quelle discussioni: almeno la metà finiva con noi due che ci mandavamo a quel paese. L'ultima volta, prima delle dimissioni, Manuela era molto triste. Sapeva che io avevo rappresentato sempre un aiuto importante per Umberto. Il venir meno di questo aiuto rendeva anche per lui tutto più difficile». Ma Maroni era nel cuore di Bossi: dopo una lunga quarantena fu riammesso e oggi, di fatto, è il numero due del partito.

Tornai in quella casa undici anni dopo, nel primo autunno del 2006. Non era cambiato nulla. Appena entrato, chiesi a Manuela Bossi: «Il fax non era su quel mobile accanto al camino?». E lei, sorridendo: «È ancora lì, al ripiano di sotto». Nel giardino dove vidi giocare Renzo e Roberto Libertà, adesso c'erano soltanto i due labrador, Libera e Orione. Renzo aveva ormai 18 anni, era appassionato di computer e stava finendo il liceo scientifico. Era diventato l'assistente del padre, gli fissava gli appuntamenti, domani chissà. Sulle pareti del piccolo e modesto salotto si erano moltiplicate le immagini di Alberto da Giussano e si era aggiunto un quadro dell'Umberto con la spada dell'eroe. Il decennio trascorso era segnato da tre oggetti. Due ricordavano la gravissima malattia di Bossi: sopra l'enorme camino, molto usato, un'immagine di padre Pio collocata tra due croci; sulla stretta mensola che separa la parete dalla bocca del camino, una scritta verde su fondo bianco – «Bentornato Senatùr» – era il regalo di militanti a una festa, al ritorno dall'ospedale. Su un'altra mensola, la foto storica: «Devolution. 16 novembre 2005». Umberto con Manuela e i figli nella tribuna del Senato, quando fu approvata in via definitiva la nuova Costituzione, poi cancellata da un referendum troppo frettoloso. «Che strana sensazione» mi disse Roberto Libertà. «In aula c'era una gran bagarre: il centrodestra applaudiva, gli altri fischiavano. Applaudii anch'io, il commesso mi disse di smettere, io gli risposi: finisco subito, e continuai a battere le mani.»

«Mia moglie è il pilastro della mia vita»

Negli ultimi anni, la vita ha indurito Manuela. Dietro gli occhi belli e fiammeggianti, che ne ricordano l'origine siciliana, la signora Bossi ha sempre avuto un carattere di ferro. Quando nel 1991 il marito fu ricoverato in ospedale per una lieve crisi cardiaca, lei piombò sul posto, neutralizzò con un destro, si fa per dire, giornalisti e fotografi, e con un sinistro un primario poco collaborativo.

Ben altro è successo dopo l'11 marzo 2004. Alle 6.30, proprio mentre i terroristi di al-Qaeda facevano saltare i treni di Madrid, Manuela si era svegliata sentendo il respiro affannoso del marito. «Mi manca l'aria» le aveva detto. Fece per andare alla finestra, ma cadde subito. Il cuore aveva ceduto, provocando anche una crisi neurologica che avrebbe lasciato segni incancellabili sul corpo di Bossi, pur senza toglierli lucidità e intelligenza politica.

Il giorno stesso della crisi, lo stato maggiore leghista si riunì in ospedale con Manuela. Qualcuno temette che, con il marito in rianimazione, assumesse il ruolo della moglie di Mao. Lei, però, fu chiara: «Io faccio il mio compito. Voi fate il vostro. Non chiedetemi di essere una guida spirituale». Ma il fatto stesso che i dirigenti della Lega fossero tutti lì a pendere dalle sue labbra, un significato l'aveva. Manuela non si era mai esposta politicamente in prima persona, se non – come abbiamo visto – agli inizi dell'avventura leghista e poi nel 1989, quando era subentrata a un consigliere provinciale. Ma tutti – proprio tutti – sapevano che la cucina-tinello di Gemonio era la vera sala operativa della Lega. Quando il marito riceveva i suoi colonnelli, lei non si limitava a preparare il caffè. Assisteva, partecipava, interveniva. Durante la malattia di Bossi, mi disse Maroni, «Manuela ha avuto il ruolo di un catalizzatore che trasforma una sostanza liquida in un elemento compatto. Una resina epossidica, quella con cui si fanno le barche. Metti insieme due sostanze liquide, la resina e il catalizzatore. Hai dieci minuti di tempo per modellare la resina. Dopo, diventa dura quanto il ferro».

Senza mai ammetterlo, Manuela esercitò con discrezione pari alla fermezza un autentico ruolo vicario. Selezionò con il contagocce le persone ammesse al capezzale del marito, fece da filtro anche con Berlusconi, e stabilì quali dei dirigenti leghisti avrebbero avuto accesso e quali no. Per molto tempo, ai livelli intermedi del partito non si conobbe nemmeno il luogo del ricovero di Bossi. Nessun giornale seppe che il capo della Lega era stato in una clinica di Bologna dove, mi raccontò lui stesso, fu vicino alla morte.

L'autorevolezza di Manuela era tale che riuscì a chiudere dopo dieci anni l'antica, sorda polemica tra Maroni e Calderoli, nata nel 1995 quando il primo era contrario al ribaltone della Lega e il secondo voleva usare nei suoi confronti la mano più dura.

«Mia moglie è il pilastro della mia vita» mi disse Bossi con la voce roca quando era ormai rientrato in pieno nell'attività politica. «Ha la fortuna di essere figlia di un siciliano orgoglioso delle sue tradizioni, anche se ha rinunciato al dialetto. Che peccato! I meridionali che vengono qui non devono rinunciare alle loro radici.» Poi si abbandonò ai ricordi: «Quando Manuela aspettava il nostro primo figlio, noi non eravamo sposati e lei insegnava in una scuola di religiosi. La gravidanza la gonfiava e lei si giustificava dicendo che stava facendo una cura a base di cortisone. Anche nei momenti più difficili, lei mi ha detto: devi resistere, dobbiamo costruire una società legata alle tradizioni. Spendevamo i nostri pochi soldi per darli agli avvocati. La polizia veniva a pedinarci qui fuori o aspettava Manuela all'uscita della scuola. Lei non s'è mai lasciata intimidire. Resisti, mi diceva. È il pilastro della mia vita, ha avuto un ruolo importante anche nella storia della Lega».

È merito di Manuela se, dopo il lungo freddo, il marito si è riconciliato con Berlusconi prima delle elezioni regionali del 2000.

«Mi chiese quanti figli avesse il Cavaliere» mi raccontò il Senatùr. «Quando le dissi che ne aveva cinque, lei commentò: un uomo con cinque figli non può fare tutte le nefandezze che gli attribuiscono.»

Nonostante la sua voce non sia più quella di un tempo, Bossi resiste. Vuole andare alle elezioni subito, anche per scongiurare il rischio del referendum del 2008 sulla legge elettorale. Gira ogni sera per comizi e ogni notte per acquisire sostenitori. Ha invertito le abitudini della gente normale. Alle 8 di mattina, prima di coricarsi, telefona ai principali dirigenti del partito. Poi va a dormire e riemerge dopo le 14. Manuela è sempre lì, a proteggerne il sonno e la linea politica.

Ringraziamenti

Anche quest'anno, l'uscita del libro con i tempi di un settimanale sarebbe stata impensabile senza l'impegno collettivo della formidabile macchina da guerra della Mondadori, degna dei suoi cent'anni di vita e di successi.

Come sempre, la mia speciale gratitudine va a Nicoletta Lazzari, che al consueto straordinario impegno nell'editing del libro ha aggiunto, stavolta, un lusinghiero interesse femminile.

Grazie alla raffinata attenzione di Paola Miletich che mi ha assistito nelle ricerche, al formidabile Centro documentazione Mondadori (quanto di meglio io abbia conosciuto), ad Anna e Catia, sentinelle affettuose e indispensabili del mio disordine.

Volumi citati

Andreotti, Giulio, *De Gasperi visto da vicino*, Milano, Rizzoli, 1986.

Ardini, Cesare, *Donna Vittoria amore mio*, Padova, Istituto enciclopedico universale, 1976.

Barzini, Luigi, *Le paure di ieri* Roma, Reporter, 1968.

Benincasa, Gabriele, *L'importanza di chiamarsi Enrico*, Roma, Benincasa, 2003.

Berlusconi, Silvio, *Il Partito della Libertà*, Milano, Mondadori, 2006.

Bertoldi, Silvio, *Savoia*, Milano, Rizzoli, 1996.

Bocca, Giorgio, *Storia della Repubblica italiana*, Milano, Rizzoli, 1982.

Boneschi, Marta, *Poveri ma belli*, Milano, Mondadori, 1995.

–, *Di testa loro*, Milano, Mondadori, 2002.

Bottai, Giuseppe, *Diario*, 2 voll., Milano, Rizzoli, 2001.

Calvi di Bergolo, Pierfrancesco, *Ricordi di famiglia*, Milano, Mursia, 2005.

Cambria, Adele, *Maria José*, Milano, Longanesi, 1966.

Caprara, Massimo, *Ritratti in rosso*, Soveria Mannelli (CZ), Rubbettino, 1989.

–, *Quando le botteghe erano oscure*, Milano, il Saggiatore, 1997.

Ceccarelli, Filippo, *Il letto e il potere*, Milano, Longanesi, 2007.

Cederna, Camilla, *Giovanni Leone, carriera di un presidente*, Milano, Feltrinelli, 1978.

Corbi, Gianni, *Nilde*, Milano, Rizzoli, 1993.

Craveri, Piero, *De Gasperi*, Bologna, il Mulino, 2006.

D'Aroma, Nino, *Mussolini segreto*, Bologna, Cappelli, 1958.

De Begnac, Yvon, *Palazzo Venezia. Storia di un regime*, Roma, La Rocca, 1950.

De Felice, Renzo, *Mussolini il duce*, 2 voll., Torino, Einaudi, 1974.

De Gasperi, Alcide, *Cara Francesca*, a cura di Maria Romana De Gasperi, Brescia, Morcelliana, 2000.

De Giorgio, Michela, in *Dizionario del fascismo*, 2 voll., a cura di Victoria de Grazia e Sergio Luzzatto, Torino, Einaudi, 2003.
Fasanella, Giovanni, *D'Alema*, Milano, Baldini & Castoldi, 1999.
Fiori, Giuseppe, *Vita di Antonio Gramsci*, Bari, Laterza, 1965.
–, *Vita di Enrico Berlinguer*, Bari-Roma, Laterza, 1989.
Franco, Massimo, *Il re della Repubblica*, Milano, Baldini & Castoldi, 1997.
Gervaso, Roberto, *Claretta*, Milano, Rizzoli, 1982.
Gorresio, Vittorio, *Il sesto presidente*, Milano, Rizzoli, 1972.
Gramsci, Antonio, *Lettere dal carcere*, Torino, Einaudi, 1965.
Latella, Maria, *Tendenza Veronica*, Milano, Rizzoli, 2004.
Laurenzi, Laura, *Amori e furori*, Milano, Rizzoli, 2000.
–, *Infedeli*, Milano, Rizzoli, 2002.
Locatelli, Goffredo e Martini, Daniele, *Duce addio*, Milano, Longanesi, 1994.
Macaluso, Emanuele con Franchi, Paolo, *Cinquant'anni nel Pci*, Soveria Mannelli (CZ), Rubbettino, 2003.
Mack Smith, Denis, *I Savoia re d'Italia*, Milano, Rizzoli, 1994.
Mafai, Miriam, *L'uomo che amava la lotta armata*, Milano, Rizzoli, 1984.
–, *Botteghe Oscure addio*, Milano, Mondadori 1996.
Magnani, Aldo, *Sessant'anni di un militante comunista reggiano*, Milano, Teti, 1982.
Marzorati, Sergio, *Margherita Sarfatti*, Como, Nodo, 1990.
Mazzantini, Carlo, *L'ultimo repubblichino*, Venezia, Marsilio, 2005.
Milo, Sandra, *Amanti*, Napoli, Pironti, 1993.
Montanelli, Indro e Cervi, Mario, *L'Italia dei due Giovanni*, Milano, Rizzoli, 1989.
Moro, Giovanni, *Anni Settanta*, Torino, Einaudi, 2007.
Mussolini, Edvige, *Mio fratello Benito*, Firenze, La Fenice, 1957.
Mussolini, Rachele, *Benito il mio uomo*, Milano, Rizzoli, 1958.
Natoli, Aldo, *Antigone e il prigioniero*, Roma, Editori Riuniti, 1990.
Navarra, Quinto, *Memorie del cameriere di Mussolini*, Milano, Longanesi, 1947.
Nissim, Gabriele, *Una bambina contro Stalin*, Milano, Mondadori, 2007.
Noce, Teresa, *Rivoluzionaria professionale*, Milano, La Pietra, 1974.
Pasti, Daniela, *I comunisti e l'amore*, Roma, I libri dell'Espresso, 1979.
Petacco, Arrigo, *Regina*, Milano, Mondadori, 1997.
Pieroni, Alfredo, *Il figlio segreto del Duce*, Milano, Garzanti, 2006.
Pozzi, Moana, *La filosofia di Moana*, Roma, Moana's Club Edizioni, 1991.
Prodi, Romano e Flavia, *Insieme*, Milano, San Paolo Edizioni, 2005.
Severini, Paola, *Le mogli della Repubblica*, Milano, Baldini & Castoldi, 2006.

Spinosa, Antonio, *Mussolini. Il fascino di un dittatore*, Milano, Mondadori, 1989.

–, *Edda*, Milano, Mondadori, 1993.

–, *Vittorio Emanuele III, l'astuzia di un re*, Milano, Mondadori, 1990.

Staglieno, Marcello, *L'Italia del Colle*, Milano, Boroli, 2006.

Valentini, Chiara, *Il compagno Berlinguer*, Milano, Mondadori, 1985.

–, *Berlinguer il segretario*, Milano, Mondadori, 1987.

Valentino, Nino, *Enrico De Nicola*, Roma, La navicella, 1989.

Vacca, Giuseppe e Rossi, Angelo, *Gramsci tra Mussolini e Stalin*, Roma, Fazi, 2007.

Vespa, Bruno, *Il cambio*, Milano, Mondadori, 1994.

–, *L'Italia spezzata*, Milano, Mondadori, 2006.

Indice dei nomi

«L'amore e il potere»
di Bruno Vespa
Collezione I libri di Bruno Vespa

Arnoldo Mondadori Editore S.p.A.

Questo volume è stato impresso
nel mese di ottobre dell'anno 2007
presso Mondadori Printing S.p.A.
Stabilimento NSM - Cles (TN)

Stampato in Italia - Printed in Italy